PRATIQUE RÉVISION

690 exercices

A1

Audio disponible en ligne ou en téléchargement sur l'espace digital

pratique.cle-international.com

ou directement en scannant le QR Code ci-dessous :

| Fanny Vittet

Crédits photographiques

Toutes les photographies de cet ouvrage proviennent d'Adobe Stock, sauf mentions contraires.
De gauche à droite et de haut en bas :

p.14 : wajan ; Leonid Andronov ; **p.19** : Azeemud/peopleimages.com ; Drazen ; rh2010 ; Drazen ; Nina/peopleimages.com ; Alessandro Biascioli ; **p.30** : Elena ; Robert Meyner ; SayLi ; Robert Meyner ; Robert Meyner ; Minerva Studio ; Robert Meyner ; Krakenimages.com ; **p.31** : jackfrog ; **p.32** : Elena ; Robert Meyner ; SayLi ; Robert Meyner ; Robert Meyner ; Minerva Studio ; Robert Meyner ; luismolinero ; contrastwerkstatt ; Marco ; Asier ; Анастасия Стягайло ; Kapin ; **p.35** : Sutana ; **p.38** : Eric Isselée ; PawsomeStocks ; gilles lougassi ; Eric Isselée ; Pink Badger ; sommai ; Nynke ; **p.39** : Robert Meyner ; **p.40** : Rudzhan ; Oleksandr Yashchuk ; Alina ; sindjelicmilos73 ; Kyrylenko ; **p.41** : Natis ; **p.42** : みやもとかずみ ; IconKitty ; **p.43** : orfeev ; **p.44** : RamvijayB ; Krakenimages.com ; **p.45** : Yuliia ; amazing_people ; ViDi Studio ; nastia1983 ; marc ; Wayhome Studio ; **p.46** : eugenepartyzan ; OPPERMAN ; Drobot Dean ; Wayhome Studio ; **p.47** : Andrey Popov ; darkbird ; Robert Kneschke ; curto ; **p.51** : deagreez ; wifesun ; **p.52** : ONYXprj ; klyaksun ; **p.54** : ssstocker ; Pixel-Shot ; Goffkein ; mathisalvez ; Africa Studio ; Goffkein ; phpetrunina14 ; Retamosa ; JustLife ; **p.55** : Icons-Studio ; **p.56** : Leonid Andronov ; pixarno ; goodluz ; Jasmina ; Artem Varnitsin ; Sergii Figurnyi ; Florence Piot ; **p.57** : nata777_7 ; picoStudio ; CLE International ; iuneWind ; Andrzej Tokarski ; savelov ; pixelrobot ; Poramet ; bpstocks ; 3dmavr ; 3dmavr ; photosvac ; i-picture ; **p.58** : cherry26 ; Pixel-Shot ; leisuretime70 ; Thierry Hoarau ; frog ; Julien LAURENT ; Swapan ; mbongo ; Bla ; Anna ; pixelrobot ; Nikolai Sorokin ; TheFarAwayKingdom ; **p.59** : kosoff ; **p.60** : Lumos sp ; Agence DER ; DenisProduction.com ; Volodymyr Shevchuk ; unclepodger ; Gandolfo Cannatella ; Schlierner ; Olha ; **p.61** : AlexAvich ; Muenchbach ; Tarzhanova ; DendraCreative ; demidoff ; New Africa ; Art14 ; paulcannoby ; eightstock ; Tarzhanova ; Suresh Heyt/peopleimages.com ; SayLi ; phil12 ; Tarzhanova ; Dzha ; Tarzhanova ; **p.62** : Khvost ; Designpics ; Alexeiy ; yrabota ; zaharov43 ; KONSTANTINOS ; Popova Olga ; nito ; **p.63** : Svitlana Tolmach ; GreenSkyStudio ; **p.64** : ODIN Daniel ; Eli Berr ; kei02 ; ALEX HARIYANDI ; guitou60 ; AlexAvich ; Magdalena ; Taeksang ; vitaly tiagunov ; runrun2 ; mstudio ; **p.65** : Alexandra_K ; aigarsr ; splitov27 ; triocean ; airdone ; New Africa ; Taeksang ; Muenchbach ; iprachenko ; nys ; Patryssia ; **p.66** : Jane Be. The Picture ; zhekos ; MichaelJBerlin ; Maria Kazanova ; tanacha ; Ingus Evertovskis ; Sergey Skleznev ; Tarzhanova ; gennadiy75 ; YuryGulakov ; Dmitriy Kazitsyn ; **p.68** : A_B_C ; svetlanais ; HN Works ; photoschmidt ; Pictures news ; **p.70** : helivideo ; Nomad_Soul ; oscargutierrezfotos ; Samuel Perales ; makieni ; BGStock72 ; **p.73** : elartedenada ; Monkey Business ; Smeilov ; Cristian ; Prostock-studio ; **p.80** : mariesacha ; Bruno Bleu ; **p.84** : Daylight Photo ; 123cheesefr ; NeuralStudio ; **p.86** : Dvid ; Toat ; Vadim Andrushchenko ; ifiStudio ; **p.88** : artjafara ; **p.90** : altitudedrone ; Richard Semik ; **p.91** : Thierry RYO ; jzehnder ; vectorizer88 ; sleg21 ; aksol ; Alexandra Gl ; **p.92** : Eric Isselée ; epiximages ; Kavalenkava ; Thomas Pajot ; photoopus ; coco ; rasica ; TambolyPhotodesign ; hercher ; Luciano Mortula-LGM ; **p.94** : Studio Laure ; **p.95** : dglimages ; **p.96** : Artinun ; ifeelstock ; Uolir ; VanderWolf Images ; Alexandra Lande ; Leonid Andronov ; **p.100** : Ekaterina Pokrovsky ; 拓史 西中 ; AcuaO ; Towfiqu Barbhuiya ; augusta16 ; Natalia ; PL.TH ; amenic181 ; **p.103** : guillaume_photo ; olgache ; **p.107** : dimakp ; ronstik ; vvoe ; **p.113** : Roman Samokhin ; Corinna Gissemann ; grey ; egorxfi ; valery121283 ; Christian Jung ; pluto73 ; TheFarAwayKingdom ; Christian Jung ; Dionisvera ; volff ; Maks Narodenko ; Swapan ; guy ; Touchr ; L.Bouvier ; fergomez ; Natika ; PhotoEd ; margo555 ; gitusik ; Jérôme Rommé ; nata777_7 ; Moving Moment ; grey ; Natika ; Buriy ; tpzijl ; grey ; gavran333 ; ExQuisine ; bergamont ; valery121283 ; Siravich ; **p.114** : ~ Bitter ~ ; **p.116** : azure ; zcy ; Richard Villalon ; M.studio ; ooddysmile ; Tim UR ; Moving Moment ; Marco Mayer ; **p.118** : Colin & Linda McKie ; slawomir366 ; Picture Partners ; uckyo ; exclusive-design ; Mara Zemgaliete ; M.studio ; m_____k____ ; wabeno ; AlenKadr ; koosen ; Gilles Paire ; Brad Pict ; Dreadlock ; Olivier DIRSON ; Ljupco Smokovski ; He2 ; **p.119** : nblxer ; **p.124** : Drazen ; HJBC ; Heorshe ; alhim ; Valerii Apetroaiei ; oka ; **p.127** : Schlierner ; Viktor ; Melisback ; apatchi ; onemorebox ; pbnew ; Frog 974 ; Rashevskyi Media ; Kr_photo ; masyaxa ; **p.128** : meailleluc.com ; Kuzmick ; guy ; Kabardins photo ; goolyash ; illustrez-vous ; **p.129** : Phil81 ; dinostock ; BillionPhotos.com ; janvier ; Fabien ; **p.132** : Photobeps ; seralex ; bergamont ; Maks Narodenko ; AlenKadr ; Roland Magnusson ; Brad Pict ; **p.133** : vejaa ; Patryk Kosmider ; isabelle ; Production Perig ; **p. 134** : JohanSebastian ; Michael Traitov ; underwaterstas ; AnnaStills ; monzenmachi ; Yakobchuk Olena ; Wlad Go ; KayA/peopleimages.com ; **p.135** : .shock ; Pixel-Shot ; fotofabrika ; ElenaMasiutkina ; PintoArt ; **p.136** : Franck Lachaud ; Lotharingia ; Anthony SEJOURNE ; Laurent ; manta94 ; Pierre Antoine LAINE ; **p.137** : guiv5568 ; Gilles Ehrmann ; **p.139** : sharpnose ; Albachiaraa ; Frédéric Prochasson ; nadiinko ; **p.140** : Cali6ro ; Fox_Dsign ; p.141: Martin ; bennymarty ; VittorePhotography ; **p.142** : olenadesign ; Алексей Игнатов ; Alina Nikitaeva ; Rainer Fuhrmann ; Anna Om ; Fernando Astasio ; **p.148** : Pixel-Shot ; Image'in ; digieye ; vladimirhodac ; Léna Constantin ; JenkoAtaman ; malyutinaanna ; Evelyn Kobben ; **p.151** : Map Resources ; **p.160** : venusangel ; MP ; auremar ; Igor Dmitriev ; Photobeps ; Klaus Eppele ; Petr Malyshev ; Nataliya_Ost ; **p.183** : Medard ; EricG ; Natika ; panor156 ; PhotoEd ; gertrudda ; Areerat ; JetHuynh ; AkuAku ; **p.245** : sharpnose ; Albachiaraa ; **p.246** : 4luck ; Jer ; bilderzwerg ; ZAKLEFTY ; **p.251** : New Africa ; uckyo ; Colin & Linda McKie ; pankajsingh ; Droneur.fr ; **p.255** : evgenyi ; Unclesam ; apatchi ; Andrey ; Natika ; BillionPhotos.com ; AlenKadr ; framarzo ; Maurice Metzger ; He2 ; **p.293** : MicroOne ; Irina ; **p. 294** : Nancy Pauwels ; **p.301** : Art_Photo ; Cultura Creative ; standret ; sabine hürdler ; MP Studio ; Michael

Direction éditoriale : Béatrice Rego
Marketing : Thierry Lucas
Édition : Aurore Baltasar
Conception maquette : Dagmar Stahringer
Conception couverture : Sophie Ferrand
Couverture : Dagmar Stahringer
Mise en page : Christine Paquereau
Studio : Lumiiq

© CLE INTERNATIONAL 2024
ISBN : 978 209 0389944

PRATIQUE RÉVISION

Corrigés et transcriptions

Corrigés

1. Mise en route

1. a. consonne ; **b.** minuscule ; **c.** épeler ; **d.** voyelle ; **e.** lettre ; **f.** majuscule

2. a. b - c - d - g - p - t - v - w ; **b.** e ; **c.** f - l - m - n - r - s - z ; **d.** i - j - x - y ; **e.** u ; **f.** o

3. Dupont ; **b.** Duran ; **c.** Martinez ; **d.** Botin ; **e.** Marun ; **f.** Sauvaje ; **g.** Vignon ; **h.** Demortier

4. a. Roger ; **b.** Samira ; **c.** Pascal ; **d.** Louise ; **e.** Christophe ; **f.** Amel ; **g.** Olaf ; **h.** Marjane

5. a. ou ; **b.** hobby ; **c.** là ; **d.** prés ; **e.** maïs ; **f.** noël ; **g.** où ; **h.** hôtel ; **i.** la ; **j.** près

6. a. Philippe ; **b.** Béatrice ; **c.** Rafaelle ; **d.** Zinaïda ; **e.** Stéphanie ; **f.** Katerina ; **g.** Emma ; **h.** Valérie

7. a. Charlotte ; **b.** Aaron ; **c.** William ; **d.** Isabelle ; **e.** Rokhaya ; **f.** Mballe ; **g.** Moussa ; **h.** Naël

8. a. 7 ; **b.** 4 ; **c.** 6 ; **d.** 1 ; **e.** 8 ; **f.** 5 ; **g.** 2 ; **h.** 3

9. a. www.dreamsystem.fr ; **b.** OPICA@wanadoo.fr ; **c.** www.veremes.com ; **d.** po@crpf.fr ; **e.** www.ufcv/asso.fr ; **f.** tomas_ph@yahoo.fr ; **g.** www.studio_publiem.fr ; **h.** SIG@po.org

11. a. 6 ; **b.** 4 ; **c.** 7 ; **d.** 2 ; **e.** 9 ; **f.** 1 ; **g.** 3 ; **h.** 8 ; **i.** 5

12. a. 18 ; **b.** 2 ; **c.** 12 ; **d.** 15 ; **e.** 5 ; **f.** 1 ; **g.** 7 ; **h.** 0 ; **i.** 10 ; **j.** 20 ; **k.** 13 ; **l.** 8

13. a. huit ; **b.** quatorze ; **c.** un ; **d.** neuf ; **e.** onze ; **f.** vingt ; **g.** dix-neuf ; **h.** dix ; **i.** douze ; **j.** quinze

14. a. onze ; **b.** quatre ; **c.** dix-neuf ; **d.** six ; **e.** seize ; **f.** sept ; **g.** huit ; **h.** quinze

15. 21, 31, 41, 51, 61, 71

16. a. vingt-deux ; **b.** cinquante-quatre ; **c.** soixante-trois ; **d.** trente-six ; **e.** quarante-sept ; **f.** soixante-et-onze ; **g.** quatre-vingt-huit ; **h.** quatre-vingt-dix-neuf

17. a. 49 ; **b.** 23 ; **c.** 77 ; **d.** 92 ; **e.** 55 ; **f.** 66 ; **g.** 75 ; **h.** 81 ; **i.** 94 ; **j.** 92 ; **k.** 82 ; **l.** 63

18. a. 03 22 54 71 12 ; **b.** 04 11 25 36 97 ; **c.** 01 15 45 78 96 ; **d.** 02 25 58 74 10 ; **e.** 04 12 36 98 77 ; **f.** 01 78 25 52 36 ; **g.** 06 62 65 74 10 ; **h.** 03 20 50 47 10 ; **i.** 07 72 58 52 13

19. a. 1 ; **b.** 2 ; **c.** 2 ; **d.** 1 ; **e.** 1 ; **f.** 3 ; **g.** 3 ; **h.** 3

20. a. douze ; **b.** seize ; **c.** quinze ; **d.** soixante-dix-sept ; **e.** vingt ; **f.** cinq ; **g.** dix ; **h.** trente-trois

21. a. Vrai ; **b.** Faux ; **c.** Faux ; **d.** Faux ; **e.** Faux ; **f.** Vrai ; **g.** Faux

22. a. 5000 ; **b.** 10 000 ; **c.** 15 000 ; **d.** 12 000 ; **e.** 6000 ; **f.** 2000 ; **g.** 1 000 000 ; **h.** 100 000 000

23. a. 5 ; **b.** 7 ; **c.** 1 ; **d.** 8 ; **e.** 2 ; **f.** 6 ; **g.** 9 ; **h.** 4 ; **i.** 3

24. a. 1492 ; **b.** 1444 ; **c.** 1767 ; **d.** 1789 ; **e.** 1867 ; **f.** 1896 ; **g.** 2014 ; **h.** 2002

Bilan

1. a. Diawara ; **b.** Aya ; **c.** 12 ; **d.** Lacaille ; **e.** 1000 ; **f.** Bruxelles ; **g.** 02 374 16 47 ; **h.** adiawara@ageas.be ; **i.** Tremblay ; **j.** William ; **k.** 2 ; **l.** des jardins ; **m.** QC G1R4S9 ; **n.** 418 843 5491 ; **o.** tremblay.wil@gmail.ca

2. a. 1888 ; **b.** 1889 ; **c.** 330 ; **d.** 18 038 ; **e.** 1665 ; **f.** 5 ; **g.** 3 ; **h.** 7 millions ; **i.** 1956 ; **j.** 1958 ; **k.** 102 ; **l.** 165 milliards ; **m.** 9 ; **n.** 18 ; **o.** 600 000

2. Premiers échanges

25. Situations formelles : Très bien, et vous ? – Bonsoir, Madame ! – **Situations informelles :** Bonjour, Pascal ! – Coucou ! – Salut ! – **Les deux :** À bientôt ! – Au revoir, bonne journée ! – Comment ça va ?

26. Quand on arrive : a. – **Quand on part :** b, c, e, f, h. – **Les deux :** d, g.

27. a. bien – Très – toi ; **b.** Bonjour – va – bien – vous ; **c.** bientôt

28. a. Ça va ? ; **b.** À lundi ; **c.** Merci, et vous ? ; **d.** Coucou ; **e.** À demain ; **f.** Bonjour ; **g.** Ciao ; **h.** Bonne soirée

29. a. Très bien, et vous ? ; **b.** Bonne journée ! ; **c.** À demain ! ; **d.** À plus tard ! ; **e.** Bonjour, Noah. Ça va bien ? ; **f.** Bonsoir, Madame ! ; **g.** Au revoir et bonne soirée ! ; **h.** Merci, et toi ?

30. a. 5 ; **b.** 3 ; **c.** 1 ; **d.** 6 ; **e.** 8 ; **f.** 2 ; **g.** 4 ; **h.** 7

31. a. Je vous en prie. **b.** s'il te plaît ? **c.** Ce n'est rien. **d.** Bienvenue ! **e.** s'il vous plaît ? **f.** Il n'y a pas de quoi. **g.** je suis désolé !

32. a. bienvenue ; **b.** bon anniversaire ; **c.** de rien ; **d.** merci ; **e.** je suis désolée ; **f.** bon appétit ; **g.** s'il te plaît ; **h.** bonnes vacances

33. a. de rien ; **b.** s'il te plaît ; **c.** bon appétit ; **d.** je suis désolée ; **e.** merci ; **f.** bonne vacances ; **g.** bienvenue ; **h.** bon anniversaire

34. a. Je suis désolé(e) ! **b.** Bon appétit ! **c.** Merci beaucoup ! **d.** Bonnes vacances ! **e.** Bon anniversaire ! **f.** Excusez-moi. **g.** S'il vous plaît. **h.** Il n'y a pas de quoi !

35. a. tu ; **b.** vous ; **c.** tu ; **d.** tu ; **e.** tu ; **f.** vous

36. a. On peut se dire « tu » ? **b.** Il n'y a pas de quoi. **c.** Ce n'est pas grave. **d.** Je suis désolé. **e.** Je vous en prie. **f.** Bienvenue chez moi ! **g.** Merci pour votre attention. **h.** Ce n'est rien.

37. Nom : c, f – **Prénom :** b, e, h – **Les deux :** a, d, g

38. a. épeler ; **b.** connaissance ; **c.** nom ; **d.** me présente ; **e.** vous ; **f.** s'écrit ; **g.** m'appelle

39. b. s'écrit ; **c.** m'appelle ; **d.** connaissance ; **e.** présente ; **f.** votre ; **g.** épeler

40. a. 4 ; **b.** 8 ; **c.** 2 ; **d.** 1 ; **e.** 7 ; **f.** 5 ; **g.** 3 ; **h.** 6

41. a. Elle s'appelle Clara, elle a 50 ans. **b.** Il s'appelle Matias, il est né le 31 janvier 2001. **c.** Elle s'appelle Gervaise, elle a 25 ans. **d.** Elle s'appelle Sylvie, elle a 65 ans. **e.** Il s'appelle William, il est né le

22 septembre 1978. **f.** Elle s'appelle Virginie, elle a 35 ans. **g.** Il s'appelle Sofian, il est né le 6 juin 1996. **h.** Il s'appelle Yanis, il a 44 ans.

42. a. 3 ; **b.** 7 ; **c.** 6 ; **d.** 8 ; **e.** 1 ; **f.** 4 ; **g.** 5 ; **h.** 2

43. a. état civil ; **b.** enfants ; **c.** célibataire ; **d.** mariés ; **e.** divorcés ; **f.** séparés ; **g.** enfants ; **h.** veuf

44. a. le ; **b.** l' ; **c.** la ; **d.** le ; **e.** l' ; **f.** la ; **g.** le ; **h.** l'

45. a. France ; **b.** Estonie ; **c.** Syrie ; **d.** Liban ; **e.** Cameroun ; **f.** Portugal ; **g.** États-Unis

46. a. 4 ; **b.** 7 ; **c.** 6 ; **d.** 1 ; **e.** 8 ; **f.** 2 ; **g.** 5 ; **h.** 3

47. a. suisse – suisse ; **b.** sénégalais – sénégalaise ; **c.** brésilien – brésilienne ; **d.** anglais – anglaise ; **e.** indien – indienne ; **f.** chinois – chinoise ; **g.** japonais – japonaise ; **h.** portugais – portugaise

48. Pays où on parle français : la Suisse – le Sénégal ; **Pays où on parle anglais :** l'Irlande – l'Australie ; **Pays où on parle espagnol :** l'Argentine – la Colombie ; **Pays où on parle arabe :** l'Égypte – l'Algérie

49. a. anglais ; **b.** espagnol ; **c.** portugais ; **d.** italien ; **e.** grec ; **f.** chinois ; **g.** japonais ; **h.** français

50. a. artisan ; **b.** garagiste ; **c.** boulangère ; **d.** guide ; **e.** pompier ; **f.** professeur ; **g.** médecin ; **h.** commerçante

51. Il/Elle travaille dans un magasin : la fleuriste – le boulanger ; **Il/Elle travaille dans un restaurant :** le serveur – la cheffe cuisinière ; **Il/Elle travaille dans une école :** l'institutrice – le professeur ; **Il/Elle travaille dans un hôpital :** le chirurgien – l'infirmière

52. a. 4 ; **b.** 6 ; **c.** 8 ; **d.** 1 ; **e.** 2 ; **f.** 3 ; **g.** 5 ; **h.** 7

53. a. poissonnier ; **b.** artisan – boucher ; **c.** chirurgien – infirmier – infirmière ; **d.** chef cuisinier – cheffe cuisinière

Bilan

1. a. va ; **b.** bienvenue ; **c.** présente ; **d.** journée ; **e.** quoi ; **f.** désolé(e) ; **g.** prie ; **h.** bientôt ; **i.** chef cuisinier ; **j.** enfants ; **k.** prénom ; **l.** adresse ; **m.** numéro ; **n.** mariée ; **o.** divorcé ; **p.** célibataire ; **q.** portugais ; **r.** épeler ; **s.** code postal ; **t.** Salut ; **u.** âge ; **v.** Monsieur ; **w.** Australie ; **x.** camerounais.

2. a. Salut ; **b.** m'appelle ; **c.** Enchantée ; **d.** prénom ; **e.** origine ; **f.** belge ; **g.** français ; **h.** Belgique ; **i.** langues ; **j.** anglais ; **k.** allemand ; **l.** Il n'y a pas de quoi ; **m.** Monsieur ; **n.** Madame ; **o.** nom ; **p.** s'écrit ; **q.** prénom ; **r.** adresse ; **s.** rue ; **t.** code postal ; **u.** date de naissance ; **v.** numéro ; **w.** mariée ; **x.** état civil

3. Les proches

54. a. la mère ; **b.** les parents ; **c.** la sœur ; **d.** le fils ; **e.** le grand-père ; **f.** le frère ; **g.** les grands-parents ; **h.** les enfants

55. a. parent ; **b.** petit-fils ; **c.** sœur ; **d.** père ; **e.** parent ; **f.** grand-père ; **g.** grands-parents ; **h.** grand-père

56. a. sœur ; **b.** mère ; **c.** parent ; **d.** père ; **e.** frère ; **f.** grands-parents ; **g.** enfant ; **h.** paternel

57. mère – père – enfants – fils – fille – grand-père – grand-mère

58. a. vrai ; **b.** faux, c'est sa petite-fille ; **c.** faux, Léa est la fille, ce sont les enfants ; **d.** vrai ; **e.** vrai ; **f.** faux, c'est le père ; **g.** faux, c'est le fils ; **h.** vrai

59. a. beaux-parents ; **b.** jumeaux ; **c.** mari ; **d.** oncle ; **e.** nièce ; **f.** cousine ; **g.** tante ; **h.** neveu

60. a. 5 ; **b.** 8 ; **c.** 2 ; **d.** 7 ; **e.** 9 ; **f.** 1 ; **g.** 3 ; **h.** 6 ; **i.** 4

61. a. fils unique ; **b.** tante ; **c.** belle-mère ; **d.** enfants ; **e.** famille ; **f.** grands-parents ; **g.** cousin ; **h.** couple

62. a. nièce ; **b.** belle-sœur ; **c.** frère ; **d.** fille ; **e.** cousine ; **f.** tante ; **g.** cousin ; **h.** beau-père

63. a. demi-sœur ; **b.** beau-père ; **c.** recomposée ; **d.** famille ; **e.** élevés ; **f.** divorce/divorcé ; **g.** monoparentale ; **h.** frère

64. a. faux ; **b.** vrai ; **c.** vrai ; **d.** vrai ; **e.** faux ; **f.** vrai ; **g.** faux ; **h.** faux

65. a. 3, 4 ; **b.** 1, 4, 5 ; **c.** 5, 6 ; **d.** 2, 3, 6 ; **e.** 1 ; **f.** 2

66. famille – divorcés – remariés – femme – belle-mère – filles – mari – fils – demi-frère

67. a. Mon collègue habite Lyon. **b.** Nous rencontrons de nouveaux amis. **c.** Son amie Paola a une sœur. **d.** Pedro est un bon copain. **e.** Vous partagez de bons moments. **f.** Sa compagne est belge. **g.** Ils sont collègues de travail. **h.** Tes voisins sont bruyants.

68. a. amies ; **b.** fréquentent ; **c.** voisines ; **d.** compagnon ; **e.** petite-amie ; **f.** entourage ; **g.** copains ; **h.** ami

69. a. compagnon ; **b.** partagent ; **c.** copains ; **d.** amoureux ; **e.** amis ; **f.** devient ; **g.** s'est fait ; **h.** rencontres

70. a. entourage ; **b.** fréquenter ; **c.** amitié ; **d.** copain ; **e.** collègue ; **f.** compagne ; **g.** relation ; **h.** rencontrer

71. a. 7 ; **b.** 3 ; **c.** 9 ; **d.** 1 ; **e.** 2 ; **f.** 8 ; **g.** 5 ; **h.** 4 ; **i.** 6

72. a. un chat ; **b.** un chiot ; **c.** un chien ; **d.** un lapin ; **e.** un oiseau ; **f.** un poisson ; **g.** un chaton

73. a. oiseau ; **b.** chat ; **c.** chat – chien – lapin – poisson – oiseau ; **d.** chat – chien – lapin ; **e.** chat – chien – lapin ; **f.** oiseau ; **g.** chien ; **h.** poisson

74. a. la femelle ; **b.** nageoires ; **c.** jeune ; **d.** poisson ; **e.** poils ; **f.** plumes ; **g.** L'oiseau ; **h.** museau

75. a. patte ; **b.** poil ; **c.** museau ; **d.** chaton ; **e.** mâle ; **f.** plumes ; **g.** bec ; **h.** chienne

76. a. 5 ; **b.** 6 ; **c.** 7 ; **d.** 1 ; **e.** 2 ; **f.** 4 ; **g.** 3

77. a. les cheveux ; **b.** les yeux / l'œil ; **c.** les oreilles / l'oreille ; **d.** la bouche ; **e.** les sourcils / le sourcil ; **f.** le nez ; **g.** les joues / la joue ; **h.** le menton

78. a. front ; **b.** lèvres ; **c.** cils ; **d.** oreilles ; **e.** langue ; **f.** yeux ; **g.** sourcils

79. a. nez ; **b.** bouche ; **c.** yeux ; **d.** dents ; **e.** cheveux ; **f.** joues ; **g.** menton ; **h.** paupières

80. a. main ; **b.** pied ; **c.** dos ; **d.** bras ; **e.** épaule ; **f.** talon ; **g.** genou ; **h.** mollet

Corrigés

81. a. le tête ; **b.** l'épaule ; **c.** le ventre ; **d.** le dos ; **e.** la hanche ; **f.** les fesses ; **g.** la jambe ; **h.** le pied

82. a. les jambes ; **b.** les doigts ; **c.** le ventre ; **d.** les pieds ; **e.** les bras ; **f.** la cheville

83. a. ventre ; **b.** tête ; **c.** bras ; **d.** pieds ; **e.** doigt ; **f.** dos ; **g.** cheville ; **h.** épaule

84. a. bouche – menton ; **b.** yeux ; **c.** cheveux ; **d.** bouche – menton ; **e.** cheveux ; **f.** bouche – menton ; **g.** cheveux ; **h.** yeux

85. a. châtains ; **b.** bleus ; **c.** lunettes ; **d.** courts ; **e.** barbe

86. marron, châtain ; barbe ; moustache ; lunettes ; cheveux ; frisés ; raide ; rasé

87. a. Régis ; **b.** Esther ; **c.** Laurent ; **d.** Anna ; **e.** Pablo

88. c.

89. a. taille ; **b.** poids ; **c.** taille ; **d.** aspect ; **e.** aspect ; **f.** aspect ; **g.** poids ; **h.** poids

90. a. petite ; **b.** gros/grosse ; **c.** âgé/âgée, vieux/vieille ; **d.** mince ; **e.** grand ; **f.** jeune ; **g.** moche/laid ; **h.** gras

91. a. de taille moyenne ; **b.** vieux/âgé ; **c.** gros ; **d.** belle ; **e.** mince ; **f.** mignons

92. a. 3 ; **b.** 2 ; **c.** 4 ; **d.** 1

93. a. bavarde ; **b.** pessimiste ; **c.** calme ; **d.** heureux ; **e.** triste ; **f.** extravertie ; **g.** gai ; **h.** positif

94. a. extraverti ; **b.** heureuse ; **c.** bavarde ; **d.** mauvais ; **e.** optimiste ; **f.** positive ; **g.** extravertie

95. caractère – ouverte – bavarde – mauvais – timide – réservé – a l'air – optimiste

96. Qualités : gentil – sympa – franc – malin – adorable
Défauts : malhonnête – désagréable – bête – hypocrite – grossier

97. a. positif ; **b.** antipathique ; **c.** méchant ; **d.** intelligent ; **e.** agréable ; **f.** malhonnête ; **g.** avoir mauvais caractère ; **h.** drôle

98. a. 3 ; **b.** 6 ; **c.** 7 ; **d.** 1 ; **e.** 2 ; **f.** 8 ; **g.** 5 ; **h.** 4

99. a. défauts ; **b.** mauvais caractère ; **c.** intelligente ; **d.** drôle ; **e.** sympa ; **f.** honnête ; **g.** nerveuse ; **h.** gentil

Bilan

1. a. grand-mère ; **b.** belle-mère ; **c.** petits-enfants ; **d.** enfants ; **e.** tante ; **f.** belle-fille ; **g.** cousins.

2. a. 4 ; **b.** 7 ; **c.** 5 ; **d.** 6 ; **e.** 1 ; **f.** 3 ; **g.** 2

3. amie – châtain – frisés – yeux – enfants – garçon – filles – moments

4. a. blonde – bleus – cheveux – raides ; **b.** brune – frisés – yeux – noirs

5. Moustapha : sympa – ouvert – bavard – gai ;
Amandine : impolie – calme – introvertie – triste

4. Au quotidien

100. 1. a, b, c, e, f ; **2.** b, d, g, h, i

101. a. se coucher ; **b.** se réveiller ; **c.** se déshabiller ; **d.** enlever ses chaussures ; **e.** se reposer ; **f.** se raser ; **g.** rentrer

102. a. se doucher ; **b.** se déshabiller ; **c.** se lever ; **d.** se coucher ; **e.** s'endormir ; **f.** se raser ; **g.** se coiffer ; **h.** se brosser les dents

103. a. dînent ; **b.** brossent ; **c.** coiffer ; **d.** petit-déjeuner ; **e.** endort ; **f.** déjeuner ; **g.** repose ; **h.** préparer

104. a. balayer ; **b.** faire la poussière ; **c.** repasser ; **d.** promener son chien ; **e.** faire la vaisselle ; **f.** faire les courses ; **g.** mettre la table ; **h.** faire la cuisine

105. a. 2, 4, 6, 7 ; **b.** 1, 2, 3, 4, 5, 7, 8 ; **c.** 1, 3 ; **d.** 1, 6 ; **e.** 2, 3, 4, 5, 8

106. se réveille – petit-déjeuner – se douche – s'habille – met – déjeuner – cours – cuisine – ménage – se repose

107. a. faire le ménage ; **b.** te couches ; **c.** mettre la table ; **d.** ranger ; **e.** faire les courses ; **f.** débarrasser la table ; **g.** promener ; **h.** se maquille

108. a. le train ; **b.** le tramway ; **c.** la voiture ; **d.** le vélo ; **e.** à pied ; **f.** la trottinette ; **g.** le métro ; **h.** le bus

109. a. en ; **b.** à ; **c.** en ; **d.** en ; **e.** à ; **f.** en ; **g.** en ; **h.** en

110. a. à pied ; **b.** en bus ; **c.** en train ; **d.** en covoiturage ; **e.** en voiture

111. a. clavier ; **b.** chaise ; **c.** souris ; **d.** cahier ; **e.** gomme ; **f.** trousse ; **g.** feuille ; **h.** ordinateur

112. a. le tableau ; **b.** le crayon/stylo ; **c.** la gomme/le correcteur ; **d.** les ciseaux ; **e.** la chaise ; **f.** la colle ; **g.** le bureau

113. a. 5 ; **b.** 7 ; **c.** 1 ; **d.** 3 ; **e.** 2 ; **f.** 4 ; **g.** 8 ; **h.** 6

114. a. clés ; **b.** sac ; **c.** lunettes ; **d.** parapluie ; **e.** agenda ; **f.** écouteurs ; **g.** mouchoir ; **h.** gourde

115. a. un portefeuille ; **b.** un porte-monnaie ; **c.** des clés ; **d.** une clé USB ; **e.** un téléphone portable

116. a. un carnet de notes ; **b.** un stylo ; **c.** un agenda/un carnet ; **d.** des lunettes ; **e.** un téléphone ; **f.** un portefeuille

117. a. du rouge à lèvres ; **b.** de la mousse à raser ; **c.** un peigne ; **d.** du savon ; **e.** une brosse à dents ; **f.** un rasoir ; **g.** une/des serviette(s) ; **h.** une brosse

118. a. une serviette ; **b.** du savon / du gel douche ; **c.** crème / mousse à raser ; **d.** du shampoing ; **e.** une brosse ; **f.** rouge à lèvres

119. hygiène – savons – shampoings – crème – corps – rouge à lèvre – crème à raser – parfums – brosse à dents

120. a. stylo ; **b.** peigne ; **c.** dentifrice ; **d.** gomme ; **e.** sac ; **f.** agenda ; **g.** cahier ; **h.** trousse

121. a. en bas ; **b.** tenue complète ; **c.** tenue complète ; **d.** en haut ; **e.** en bas ; **f.** en haut ; **g.** en bas ; **h.** en haut

122. a. 7 ; **b.** 4 ; **c.** 8 ; **d.** 2 ; **e.** 1 ; **f.** 6 ; **g.** 3 ; **h.** 5

123. a. jupe ; **b.** short ; **c.** robe ; **d.** costume ; **e.** taille ; **f.** essayer ; **g.** tee-shirt ; **h.** pull

124. a. un caleçon ; **b.** un soutien-gorge ; **c.** des chaussettes ; **d.** un pyjama ; **e.** des collants ; **f.** un peignoir ; **g.** une culotte ; **h.** un slip

125. a. sous-vêtement ; **b.** pyjama ; **c.** chaussettes ; **d.** caleçon ; **e.** collants ; **f.** soutien-gorge ; **g.** slip ; **h.** peignoir

126. a. une jupe ; **b.** un pantalon ; **c.** une chemise ; **d.** un pyjama ; **e.** un peignoir

127. Pour aller au travail : un chemisier – un pantalon – une veste. **Pour sortir :** une robe. **Pour rester à la maison :** un pantalon de sport – un pull. **Pour les vacances :** un short – un tee-shirt. **Le week-end :** un pyjama.

128. a. orange ; **b.** violette ; **c.** vert ; **d.** blanc ; **e.** grise ; **f.** rouge

129. 1. a ; 2. d ; 3. c ; 4. f ; 5. b ; 6. e

130. a. uni ; **b.** à carreaux ; **c.** à pois ; **d.** à rayures ; **e.** imprimé

131. a. laine ; **b.** uni ; **c.** imprimés ; **d.** acrylique ; **e.** rayures ; **f.** carreaux ; **g.** cuir ; **h.** coton

132. a. cravate ; **b.** ceinture ; **c.** gants ; **d.** chapeau ; **e.** écharpe

133. a. 4 ; **b.** 1 ; **c.** 5 ; **d.** 2 ; **e.** 3

134. a. une casquette ; **b.** une ceinture ; **c.** une pointure ; **d.** une jupe ; **e.** un costume ; **f.** tailleur

135. a. ceinture ; **b.** pointure ; **c.** bottes ; **d.** écharpe ; **e.** cravate ; **f.** casquette ; **g.** chaussons ; **h.** foulard

Bilan

1. a. un téléphone portable ; **b.** un parapluie ; **c.** une ceinture ; **d.** un portefeuille ; **e.** un agenda

2. se lève – se lave – douche – à pied – journée – midi – soir – en bus – se déshabille – chaussons – dîner – s'endormir – ménage – balaie – poussière – repasser

3. a. serviette ; **b.** shampoing – brosse ; **c.** collants ; **d.** cuir ; **e.** taille ; **f.** enlever

4. a. un bonnet ; **b.** un sac ; **c.** une gourde ; **d.** des chaussettes ; **e.** un imperméable

5. Pour tous les goûts

136. a. 5 ; **b.** 3 ; **c.** 6 ; **d.** 1 ; **e.** 2 ; **f.** 4

137. a. faire du ; **b.** font de la ; **c.** fait de l' ; **d.** font de l' ; **e.** faire du ; **f.** font de la ; **g.** faire de la ; **h.** faites du

138. temps libre – sport – footing – natation – équitation – cyclisme – randonnée – ski – voile

139. Sport individuel : cyclisme – footing – natation – judo – ski – karaté – boxe. **Sport d'équipe :** rugby – volley-ball – handball – football

140. a. balle – raquette ; **b.** ballon ; **c.** balle ; **d.** ballon ; **e.** balle – raquette ; **f.** ballon ; **g.** balle – raquette ; **h.** ballon

141. a. 7 ; **b.** 5 ; **c.** 1 ; **d.** 6 ; **e.** 8 ; **f.** 3 ; **g.** 2 ; **h.** 4

142. a. ski ; **b.** natation ; **c.** équitation ; **d.** basket(-ball) ; **e.** randonnée ; **f.** surf ; **g.** football ; **h.** tennis

143. a. 4 ; **b.** 5 ; **c.** 1 ; **d.** 2 ; **e.** 3

144. a. groupe ; **b.** styles ; **c.** chansons ; **d.** batterie ; **e.** fan ; **f.** guitare ; **g.** répète ; **h.** trompette

145. a. groupe – répète – concert ; **b.** classique – piano – orchestre ; **c.** instrument – fan – chanteuse – chansons

146. Faire : du taekwondo – de la natation. **Jouer :** du violon – de l'harmonica – de la batterie – du violoncelle – du piano. **Faire ou jouer :** du tennis ou au tennis – du football ou au football – du handball ou au handball

147. a. 3 ; **b.** 8 ; **c.** 5 ; **d.** 1 ; **e.** 7 ; **f.** 2 ; **g.** 6 ; **h.** 4

148. a. peinture/photo/sculpture ; **b.** cette pièce de théâtre ; **c.** un film ; **d.** en boîte de nuit ; **e.** promenades/balades ; **f.** ballets/spectacles de danse ; **g.** à l'opéra ; **h.** spectacle

149. salle – orchestre – Pièce – ballet – magie – Documentaire – films

150. Aline : lire un livre – boire un verre – aller au restaurant. **Saïd :** voir un spectacle de danse – boire un verre. **Milan :** voir un film – voir un spectacle de danse – voir un spectacle d'humour – voir une exposition – aller au restaurant

151. a. émission ; **b.** bricolage ; **c.** appareil photo ; **d.** cartes ; **e.** échecs ; **f.** série ; **g.** caméra ; **h.** photo

152. a. peinture ; **b.** photo(graphie) ; **c.** bricolage ; **d.** jardinage ; **e.** sport ; **f.** musique ; **g.** poterie ; **h.** sculpture

153. a. appareil photo ; **b.** dessins ; **c.** jardinage ; **d.** loisir ; **e.** jeux vidéo ; **f.** radio ; **g.** jeux de société ; **h.** pions

154. a. 5 ; **b.** 7 ; **c.** 1 ; **d.** 3 ; **e.** 8 ; **f.** 6 ; **g.** 2 ; **h.** 4

Bilan

1. Sport : jouer au rugby – jouer au tennis
La musique : jouer de la batterie – chanter
Les sorties culturelles : voir une exposition – aller à l'opéra
Les activités ludiques : jouer aux échecs – jouer aux jeux vidéo
Les activités créatives : dessiner – faire des vidéos

2. a. aux ; **b.** au ; **c.** de la ; **d.** au ; **e.** aux ; **f.** du ; **g.** aux ; **h.** au

3. a. film ; **b.** BD/bande dessinée ; **c.** ping-pong ; **d.** jeux vidéo ; **e.** loisir ; **f.** jardinage ; **g.** football

4. a. appareil photo ; **b.** outils ; **c.** lecture ; **d.** équitation ; **e.** chorale

6. Chez moi

155. a. pièce ; **b.** étage ; **c.** logement ; **d.** studio ; **e.** immeuble ; **f.** toit ; **g.** fenêtres ; **h.** cheminée

156. a. niveau 0 ; **b.** niveau -1 ; **c.** niveau 1 ; **d.** je monte ; **e.** je descends ; **f.** en bas ; **g.** en haut ; **h.** faire passer la lumière

157. a. immeuble – étages – quatrième ; **b.** maison – cheminée – jardin ; **c.** appartement – plain-pied ; **d.** logement

158. a. 4 ; **b.** 6 ; **c.** 1 ; **d.** 7 ; **e.** 2 ; **f.** 3 ; **g.** 8 ; **h.** 5

159. a. petit ; **b.** vide ; **c.** bruyant ; **d.** loin ; **e.** locataire ; **f.** climatisation ; **g.** sud ; **h.** ouest

160. a. 7 ; **b.** 5 ; **c.** 8 ; **d.** 2 ; **e.** 4 ; **f.** 1 ; **g.** 3 ; **h.** 6

161. a. orienté ; **b.** locataire ; **c.** chauffage ; **d.** spacieux ; **e.** bruyant ; **f.** colocataires ; **g.** superficie ; **h.** vide

162. pièces – étage – immeuble – loyer – chambres – colocataire – près – donne – spacieux – fait

163. a. 4 ; **b.** 7 ; **c.** 1 ; **d.** 6 ; **e.** 3 ; **f.** 8 ; **g.** 5 ; **h.** 2

164. a. balcon ; **b.** salle de bains ; **c.** entrée ; **d.** chambre ; **e.** couloir ; **f.** ascenseur ; **g.** toilettes ; **h.** salle à manger

165. a. un balcon ; **b.** l'entrée ; **c.** débarras ; **d.** appartement ; **e.** salle de bains ; **f.** ma boîte aux lettres ; **g.** chambre ; **h.** pièces

166. bureau – cuisine – salle – séjour – terrasse – toilettes – balcon – couloir – entrée

167. a. une chaise ; **b.** armoire ; **c.** lampe ; **d.** canapé ; **e.** sur la table ; **f.** étagères ; **g.** rideaux ; **h.** par terre

168. Dans la salle à manger : a, d, f, g, h, i. **Dans le salon :** a, b, f, g, h, i. **Dans la chambre :** a, c, e, f, g, h, i

169. a. canapé ; **b.** armoire ; **c.** étagères ; **d.** table ; **e.** chaise ; **f.** lampe ; **g.** bureau ; **h.** tapis

170. a. u canapé – fauteuil – table basse ; **b.** lit – table de chevet – armoire ; **d.** table – chaises – buffet

171. La cuisine : un lave-vaisselle – une chaise – un meuble à tiroirs – une machine à laver – un four – une gazinière. **La salle de bains :** une baignoire – des toilettes – un meuble à tiroirs – un miroir – une machine à laver. **Le jardin – le balcon :** un potager – une chaise

172. a. Faux ; c'est un lieu dans le jardin (ou sur le balcon) où on fait pousser des fruits, des légumes ou des plantes aromatiques ; **b.** Vrai ; **c.** Faux ; elle sert à jeter du papier ; **d.** Vrai ; **e.** Faux ; il sert à laver la vaisselle ; **f.** Faux ; il se trouve dans la salle de bains ; **g.** Vrai ; **h.** Faux ; parfois, c'est une pièce à part entière.

173. a. placards ; **b.** évier ; **c.** corbeille ; **d.** balcon ; **e.** tiroirs ; **f.** miroir ; **g.** douche ; **h.** horloge

174. cuisine – appareils – vaisselle – machine – frigo – fours – micro-ondes – table – chaises – horloge – salle de bains – douche – lavabo – toilettes

Bilan

1. a. 7 ; **b.** 1 ; **c.** 4 ; **d.** 8 ; **e.** 6 ; **f.** 5 ; **g.** 2 ; **h.** 3

2. a. toit ; **b.** étage – pièces ; **c.** évier – lave-vaisselle ; **d.** baignoire – douche ; **e.** bureau

3. a. 4 ; **b.** 6 ; **c.** 1 ; **d.** 7 ; **e.** 2 ; **f.** 3 ; **g.** 5

4. a. sur le toit ; **b.** sur la terrasse ; **c.** le chauffage ; **d.** pièces ; **e.** du couloir ; **f.** la porte ; **g.** la cave

7. Ici et là

175. a. la ville ; **b.** la ville ; **c.** la ville ; **d.** la campagne ; **e.** la campagne ; **f.** la campagne ; **g.** la ville ; **h.** la campagne.

176. a. pré ; **b.** urbain ; **c.** bruit ; **d.** rural ; **e.** pollution ; **f.** magasin ; **g.** nature ; **h.** citadin

177. a. un pré ; **b.** la pollution ; **c.** un champ ; **d.** une banlieue ; **e.** une forêt ; **f.** des embouteillages

178. a. pollution ; **b.** à la campagne ; **c.** forêt ; **d.** citadin ; **e.** champs ; **f.** rural

179. a. la ville ; **b.** la campagne ; **c.** la ville ; **d.** la campagne ; **e.** la ville ; **f.** la campagne ; **g.** la ville ; **h.** la campagne

180. a. un boulevard ; **b.** une piste cyclable ; **c.** une route ; **d.** un carrefour ; **e.** un rond-point ; **f.** un pont

181. a. 3 ; **b.** 7 ; **c.** 6 ; **d.** 2 ; **e.** 1 ; **f.** 5 ; **g.** 4

182. a. Vrai ; **b.** Vrai ; **c.** Faux ; **d.** Vrai ; **e.** Vrai ; **f.** Vrai ; **g.** Vrai ; **h.** Vrai

183. ville – rues – avenues – trottoirs – espaces – parcs – centre-ville – pistes cyclables

184. a. parfumerie ; **b.** salon de coiffure ; **c.** banque ; **d.** ambassade ; **e.** boucherie ; **f.** pharmacie ; **g.** boulangerie ; **h.** garage

185. a. boulangerie ; **b.** épicerie ; **c.** garage ; **d.** librairie ; **e.** boucherie ; **f.** commissariat ; **g.** usine ; **h.** parfumerie

186. a. poissonnerie ; **b.** bibliothèque ; **c.** banque ; **d.** boucherie ; **e.** boutiques ; **f.** boulangerie ; **g.** église ; **h.** pharmacie

187. a. la boulangerie ; **b.** la parfumerie ; **c.** le magasin de chaussures ; **d.** la pharmacie ; **e.** la poste ; **f.** le magasin de vêtements ; **g.** le salon de coiffure ; **h.** la banque

188. marché – garage – centre commercial – magasin de vêtements – distributeur automatique – poissonnerie – crèmerie – librairie

189. a. 4 ; **b.** 6 ; **c.** 3 ; **d.** 1 ; **e.** 7 ; **f.** 5 ; **g.** 2

190. a. un passager ; **b.** un ticket de métro ; **c.** un arrêt de bus ; **d.** une station de métro ; **e.** un train (RER) ; **f.** un tram

191. a. métro ; **b.** tram ; **c.** changement ; **d.** arrêt ; **e.** ligne ; **f.** train ; **g.** destination ; **h.** passager

192. a. 3 ; **b.** 6 ; **c.** 1 ; **d.** 4 ; **e.** 5 ; **f.** 2

193. a. le quai ; **b.** un changement ; **c.** station ; **d.** l'arrêt ; **e.** trajet ; **f.** assises ; **g.** ligne ; **h.** distributeur

194. a. terminus ; **b.** billet ; **c.** changements ; **d.** gare ; **e.** quai ; **f.** passagers ; **g.** tramway ; **h.** abonnement
195. a. agriculture ; **b.** chemin ; **c.** forêt ; **d.** ferme ; **e.** vigne ; **f.** rare ; **g.** écologie ; **h.** plante
196. a. arbres ; **b.** animaux ; **c.** ferme ; **d.** lac ; **e.** ressource ; **f.** blé ; **g.** environnement ; **h.** écologiste
197. a. 6 ; **b.** 8 ; **c.** 1 ; **d.** 3 ; **e.** 4 ; **f.** 2 ; **g.** 7 ; **h.** 5
198. a. un fleuve ; **b.** un arbre ; **c.** une avenue ; **d.** une entreprise ; **e.** une banlieue ; **f.** une forêt ; **g.** un supermarché

Bilan

1. a. 6 ; **b.** 8 ; **c.** 1 ; **d.** 5 ; **e.** 3 ; **f.** 7 ; **g.** 2 ; **h.** 4
2. a. l'office de tourisme ; **b.** le salon de coiffure ; **c.** la mairie ; **d.** le magasin de vêtements ; **e.** la banque ; **f.** la pharmacie ; **g.** la poste ; **h.** une boulangerie
3. a. commun ; **b.** ticket ; **c.** trajet/train ; **d.** station ; **e.** arrêt ; **f.** ligne ; **g.** bus
4. campagne – ville – circulation – commerces – services – environnement – arbres

8. D'hier et d'aujourd'hui

199. a. bientôt ; **b.** semaine ; **c.** week-end ; **d.** mercredi ; **e.** hier ; **f.** vendredi ; **g.** demain ; **h.** dimanche
200. a. 6 ; **b.** 4 ; **c.** 7 ; **d.** 1 ; **e.** 2 ; **f.** 3 ; **g.** 5
201. a. vendredi ; **b.** dimanche ; **c.** mercredi ; **d.** samedi ; **e.** lundi ; **f.** jeudi
202. a. Le mardi ; **b.** Mardi ; **c.** Vendredi ; **d.** Le vendredi ; **e.** Le mercredi ; **f.** Le mercredi ; **g.** Le lundi ; **h.** Lundi
203. semaine – Aujourd'hui – mardi – mercredi – vendredi – week-end – dimanche
204. a. janvier ; **b.** février ; **c.** mars ; **d.** avril ; **e.** mai ; **f.** juin ; **g.** juillet ; **h.** août ; **i.** septembre ; **j.** octobre ; **k.** novembre ; **l.** décembre
205. a. été ; **b.** automne ; **c.** hiver ; **d.** printemps
206. Les jours de la semaine : lundi, mardi, mercredi, jeudi, vendredi, samedi, dimanche. **Les six premiers mois de l'année :** janvier, février, mars, avril, mai, juin. **Les six derniers mois de l'année :** juillet, août, septembre, octobre, novembre, décembre. **Les quatre saisons :** été, automne, hiver, printemps.
207. a. juin ; **b.** mardi ; **c.** automne ; **d.** octobre ; **e.** vendredi ; **f.** mai ; **g.** septembre ; **h.** décembre
208. a. 6 ; **b.** 7 ; **c.** 4 ; **d.** 2 ; **e.** 8 ; **f.** 1 ; **g.** 5 ; **h.** 3
209. a. On est le 23 avril. **b.** C'est le premier décembre 1986. **c.** Nous sommes en juillet. **d.** Elles sont nées en 2008. **e.** Vous êtes né le 18 janvier. **f.** On est lundi premier mai. **g.** Nous sommes au vingt-et-unième siècle.
210. Réponses possibles : **a.** Nous sommes le jeudi 17 juin. **b.** C'est le mardi 25 avril 1995. **c.** On est le mercredi 7 février 2023. **d.** C'est le vendredi 31 octobre. **e.** Nous sommes le lundi 3 juillet 2000. **f.** C'est le dimanche 18 novembre. **g.** On est le vendredi premier janvier. **h.** C'est le samedi 20 mai 2011.
211. a. années 90 ; **b.** le ; **c.** Nous sommes ; **d.** au ; **e.** hier ; **f.** En ; **g.** trois ; **h.** premier
212. a. en ; **b.** au ; **c.** le ; **d.** au ; **e.** le ; **f.** En ; **g.** en ; **h.** en
213. a. 5 ; **b.** 7 ; **c.** 3 ; **d.** 6 ; **e.** 1 ; **f.** 8 ; **g.** 2 ; **h.** 4
214. a. 16h37 ; **b.** 7h07 ; **c.** 11h45 ; **d.** 2h45 ; **e.** 13h ; **f.** 19h10 ; **g.** 00h40 ; **h.** 18h10
215. a. Il est quelle heure ? **b.** À quelle heure commence le film ? **c.** Je suis à la piscine entre midi et deux heures. **d.** Rendez-vous au cinéma à 14h45 ! **e.** Je suis à l'heure. **f.** Il est minuit et demi. **g.** Il est cinq heures moins le quart. **h.** Il est midi dix.
216. a. 10h ; **b.** 20h ; **c.** 4h ; **d.** 21h ; **e.** 5h ; **f.** 9h ; **g.** 8h ; **h.** 2h.
217. en – au – à/vers – à/vers – entre – et – en – en

Bilan

1. a. mois ; **b.** saisons ; **c.** froid ; **d.** demain ; **e.** samedi ; **f.** Samedi et dimanche ; **g.** jours
2. a. demain ; **b.** demain ; **c.** demain ; **d.** Hier ; **e.** demain ; **f.** Hier ; **g.** hier ; **h.** Demain
3. a. La semaine ; **b.** Le midi ; **c.** Le mercredi matin ; **d.** Entre 9 heures et 10 heures ; **e.** À 19 heures ; **f.** Vendredi soir ; **g.** Les week-ends
4. a. Faux ; **b.** Faux ; **c.** Faux ; **d.** Vrai ; **e.** Vrai ; **f.** Faux ; **g.** Faux ; **h.** Vrai
5. a. Elles sont nées le premier janvier 2014. **b.** Entre midi et deux heures. **c.** Le mardi et le jeudi soir, entre 18 heures et 19h30. **d.** À 9 heures, sauf quand elles ont un match tôt le matin.

9. C'est si bon !

218. a. 3 ; **b.** 4 ; **c.** 2 ; **d.** 1 ; **e.** 4
219. a. fruit ; **b.** repas ; **c.** céréales ; **d.** souper ; **e.** petit-déjeuner ; **f.** boisson ; **g.** aliment ; **h.** goûter ; **i.** déjeuner
220. a. déjeuner ; **b.** repas ; **c.** dîner ; **d.** viennoiseries ; **e.** goûter ; **f.** déjeunez
221. a. faux ; **b.** faux ; **c.** vrai ; **d.** vrai ; **e.** faux ; **f.** vrai
222. a. 3 ; **b.** 5 ; **c.** 1 ; **d.** 4 ; **e.** 2
223. a. vert ; **b.** vert – rouge ; **c.** vert ; **d.** blanc – vert ; **e.** vert ; **f.** vert ; **g.** blanc – rouge ; **h.** blanc – rouge – vert ; **i.** blanc ; **j.** vert – rouge
224. a. pomme ; **b.** poire ; **c.** citron ; **d.** orange ; **e.** mandarine ; **f.** fraise ; **g.** raisin ; **h.** abricot ; **i.** kiwi
225. a. raisin ; **b.** fraises ; **c.** ananas ; **d.** cerises ; **e.** mandarine ; **f.** pomme
226. a. framboise ; **b.** pastèque ; **c.** oranges – mandarines – citrons ; **d.** pêches ; **e.** bananes – pommes – poires – kiwis – fraises

227. Fruits : un ananas – une banane – des cerises – une pêche. **Légumes :** de l'ail – un avocat – un brocoli – un chou-fleur – des haricots verts – un poireau

228. a. pomme de terre ; **b.** orange ; **c.** courgette ; **d.** pomme ; **e.** pêche ; **f.** champignon ; **g.** petits pois ; **h.** poireau

229. a. moules ; **b.** jambon ; **c.** viande ; **d.** saucisse ; **e.** poulet ; **f.** steak ; **g.** produits laitiers ; **h.** bière

230. a. du saumon ; **b.** une crevette ; **c.** du steak haché ; **d.** des saucisses ; **e.** du thon ; **f.** du poulet ; **g.** du jambon ; **h.** du tofu

231. Les viandes a. du steak ; **b.** du jambon ; **c.** de la saucisse ; **d.** du poulet – Les poissons et fruits de mer ; **e.** des moules ; **f.** du saumon ; **g.** des crevettes ; **h.** du thon

232. a. de la charcuterie ; **b.** des fruits de mer ; **c.** du poisson ; **d.** du poisson ; **e.** de la charcuterie ; **f.** du soja ; **g.** des légumes secs ; **h.** de la viande

233. Entrée : b, g, h – **Plat :** a, d, f, h – **Dessert :** c, e

234. a. 3, 5 ; **b.** 7 ; **c.** 1 ; **d.** 2, 4, 6, 8

235. a. couscous ; **b.** ratatouille ; **c.** omelette ; **d.** spaghettis bolognaise ; **e.** cassoulet ; **f.** pizza ; **g.** sandwich

236. a. 7 ; **b.** 4 ; **c.** 2 ; **d.** 5 ; **e.** 1 ; **f.** 6 ; **g.** 3

237. casserole – passoire – couteau – cuillère – ajouter – salez

238. entrée – quiche – saumon – végétarienne – salade de fruits – boissons – vin

239. a. table ; **b.** carte ; **c.** addition ; **d.** commande ; **e.** carafe

240. a. apéritif ; **b.** L'addition ; **c.** un plat ; **d.** une entrée ; **e.** commande ; **f.** boisson ; **g.** carte ; **h.** le menu

241. le/la serveur/euse : b, d, e, h – **le/la client(e) :** a, c, f, g

242. a. 3 ; **b.** 9 ; **c.** 11 ; **d.** 7 ; **e.** 5 ; **f.** 1 ; **g.** 4 ; **h.** 8 ; **i.** 10 ; **j.** 6 ; **k.** 2

Bilan

1. repas – petit-déjeuner – déjeuner – dîner – boisson – jus – pomme – poisson – légumes – riz – dessert – laitier – soupe – eau

2. Fruits : une pêche – des mûres – des fraises – une banane – des pommes
Légumes : des petits pois – des carottes – des épinards – une salade
Viandes : du poulet – du bœuf – des saucisses – du steak haché – du jambon
Poissons : du thon – du saumon

3. a. viande ; **b.** dessert ; **c.** déjeuner ; **d.** eau ; **e.** couteau ; **f.** poêle / casserole ; **g.** plat ; **h.** carte

4. La cliente : une salade César – un couscous – une poire au chocolat – un verre de vin blanc
Le client : pas d'entrée – du saumon aves des pommes de terre – une salade de fruits – une carafe d'eau

10. Les courses

243. a. une caissière ; **b.** une boutique ; **c.** un centre commercial ; **d.** un supermarché ; **e.** un vendeur ; **f.** un marché

244. a. la liste de courses ; **b.** une épicerie ; **c.** faire les courses ; **d.** le centre commercial ; **e.** une caissière ; **f.** une vendeuse

245. a. un type d'article ; **b.** petit ; **c.** grand ; **d.** vend ; **e.** achète ; **f.** des vêtements ; **g.** des produits d'alimentation ; **h.** la marque

246. courses – supermarchés – marché – épicerie – vendent – marques – vendeurs – clients

247. a. en ligne ; **b.** sa marque préférée ; **c.** vendeur ; **d.** livre ; **e.** retirer ; **f.** marque

248. a. 3 ; **b.** 6 ; **c.** 1 ; **d.** 5 ; **e.** 2 ; **f.** 4

249. a. rayon ; **b.** caisse ; **c.** hygiène ; **d.** alimentation ; **e.** allée centrale ; **f.** entretien ; **g.** emballages

250. a. hygiène ; **b.** alimentation ; **c.** entretien ; **d.** alimentation ; **e.** hygiène ; **f.** entretien ; **g.** boisson ; **h.** hygiène

251. a. supermarché ; **b.** magasin ; **c.** magasin ; **d.** magasin ; **e.** supermarché ; **f.** magasin

252. a. 6 ; **b.** 3 ; **c.** 1 ; **d.** 8 ; **e.** 4 ; **f.** 2 ; **g.** 5 ; **h.** 7

253. a. un tube ; **b.** une bouteille ; **c.** une barquette ; **d.** un pot ; **e.** un paquet ; **f.** une boîte

254. a. bouteilles ; **b.** une goutte ; **c.** une demi-douzaine ; **d.** 250 grammes ; **e.** un paquet ; **f.** une tablette ; **g.** le pot ; **h.** une bouteille

255. a. un flacon de ; **b.** un tube de ; **c.** un paquet de ; **d.** cinq tranches de ; **e.** un verre de – une assiette de ; **f.** une tablette de ; **g.** un pot de ; **h.** une boîte de

256. a. la boîte / le paquet ; **b.** une bouteille ; **c.** une tasse ; **d.** deux tablettes ; **e.** un pot ; **f.** un morceau ; **g.** dix tranches ; **h.** un paquet

257. a. un chèque ; **b.** des billets ; **c.** du liquide ; **d.** des pièces ; **e.** une carte bleue

258. a. 5 ; **b.** 7 ; **c.** 6 ; **d.** 4 ; **e.** 2 ; **f.** 3 ; **g.** 1

259. a. liquide – espèce ; **b.** monnaie ; **c.** carte / chèque ; **d.** pièces ; **e.** cher ; **f.** code ; **g.** promotion

260. a. coûte – C'est – promotion – monnaie ; **b.** combien – cher – liquide – carte – code

Bilan

1. a. faire les courses ; **b.** faire du shopping ; **c.** acheter en ligne / faire ses courses en ligne ; **d.** un supermarché / un hypermarché ; **e.** le client / la cliente ; **f.** le magasin / la boutique ; **g.** le centre commercial ; **h.** la liste (de courses) ; **i.** la marque ; **j.** le rayon

2. a. 2 ; **b.** 3 ; **c.** 1 ; **d.** 4 ; **e.** 5

3. a. en ligne ; **b.** un paquet – deux boîtes – une boîte – ½ kilo – une douzaine – une tablette – trois barquettes – un pot ; **c.** recevoir les courses chez eux.

4. a. 3 ; **b.** 4 ; **c.** 6 ; **d.** 5 ; **e.** 1 ; **f.** 2

5. cher – promotion – barquette – douzaine – bouteilles – carte

11. En vacances

261. a. montagne ; **b.** bord de la mer ; **c.** vacances ; **d.** sports d'hiver ; **e.** étranger ; **f.** campagne ; **g.** valise ; **h.** reposer

262. a. nager ; **b.** bronzer sur la plage ; **c.** faire de la plongée sous-marine ; **d.** visiter un musée ; **e.** faire une balade ; **f.** faire la fête ; **g.** skier ; **h.** faire sa valise

263. vacances – mer – plage – bronze – plongée sous-marine – visiter – monuments – musée – fête

264. a. 2 ; **b.** 5 ; **c.** 3 ; **d.** 1 ; **e.** 4

265. a. 3 ; **b.** 6 ; **c.** 7 ; **d.** 5 ; **e.** 2 ; **f.** 8 ; **g.** 4 ; **h.** 1

266. a. des dunes ; **b.** des falaises ; **c.** une forêt ; **d.** un lac ; **e.** une plage ; **f.** une rivière

267. a. guide ; **b.** renseignements ; **c.** brochure ; **d.** train ; **e.** bus ; **f.** touristes ; **g.** retour ; **h.** bateau

268. a. soleil – avion – paysages – îles – voile ; **b.** montagne – randonnées – renseignements

269. a. tente ; **b.** une ; **c.** étoiles ; **d.** individuel ; **e.** une agence ; **f.** circuit ; **g.** un ; **h.** un visa

270. a. 6 ; **b.** 8 ; **c.** 9 ; **d.** 1 ; **e.** 3 ; **f.** 4 ; **g.** 2 ; **h.** 7 ; **i.** 5

271. a. camping ; **b.** groupe ; **c.** passeport ; **d.** d'hôtes ; **e.** demi-pension ; **f.** circuit ; **g.** excursion

272. a. lit double ; **b.** chambre ; **c.** pension ; **d.** hôte ; **e.** argent ; **f.** serviettes ; **g.** logement ; **h.** agence

273. a. groupe – pays – circuits – sites ; **b.** camping – hôtels – étoiles – chambres d'hôte

274. a. soleil ; **b.** nuage ; **c.** vent ; **d.** pluie ; **e.** neige ; **f.** brouillard ; **g.** éclair ; **h.** tempête

275. a. 7 ; **b.** 6 ; **c.** 2 ; **d.** 5 ; **e.** 8 ; **f.** 1 ; **g.** 4 ; **h.** 3

276. temps – météo – pluie – vent – mauvais – soleil – neige – tempête

277. a. ø ; **b.** 1 ; **c.** 2.

Bilan

1. vacances – voyage – Océanie – montagne – plage – plongée sous-marine – avion – paysages

2. a. en vacances ; **b.** la plage ; **c.** l'aéroport ; **d.** séjour ; **e.** circuit

3. Personne 1 : Une ville au milieu des montagnes. **Personne 2 :** Sport et nature. **Personne 3 :** Au bord du lac

4. a. sites ; **b.** souvenir ; **c.** excursion ; **d.** étranger ; **e.** renseignements ; **f.** changer ; **g.** retour ; **h.** circuit ; **i.** étoiles

5. a. Il y a des nuages. **b.** Il pleut. **c.** Il fait beau. **d.** Il y a du vent. **e.** Il neige. **f.** Il y a des orages.

6. a. 2 ; **b.** 4 ; **c.** 1 ; **d.** 3

12. Vie sociale

278. Pour proposer une sortie : b, c, g. **Pour accepter une invitation :** f. **Pour refuser une invitation :** d. **Pour organiser le rendez-vous :** a, e, h.

279. a. 6 ; **b.** 3 ; **c.** 8 ; **d.** 1 ; **e.** 10 ; **f.** 7 ; **g.** 4 ; **h.** 9 ; **i.** 2 ; **j.** 5

280. a. veux ; **b.** idée ; **c.** désolé ; **d.** Rendez-vous ; **e.** plaisir ; **f.** rien ; **g.** retrouve ; **h.** dois

281. exposition – heures – viens ; **b.** matin – balade – veux ; **c.** dit – restaurant – dois

282. a. 6 ; **b.** 4 ; **c.** 2 ; **d.** 8 ; **e.** 3 ; **f.** 7 ; **g.** 1 ; **h.** 5

283. a. 5 ; **b.** 2 ; **c.** 7 ; **d.** 1 ; **e.** 4 ; **f.** 6 ; **g.** 3

284. prends – descends – première – continues – bout – feu – traverses – droite – place.

285. a. prendre ; **b.** retrouve ; **c.** côté du ; **d.** au-dessus ; **e.** traverser ; **f.** jusqu'à ; **g.** tournes ; **h.** en face du

286. a. 7 ; **b.** 5 ; **c.** 1 ; **d.** 4 ; **e.** 6 ; **f.** 2 ; **g.** 3

287. a. 7 ; **b.** 6 ; **c.** 4 ; **d.** 1 ; **e.** 5 ; **f.** 8 ; **g.** 3 ; **h.** 2

288. a. patrimoine ; **b.** Noël ; **c.** Pâques ; **d.** sapin ; **e.** réveillon ; **f.** année ; **g.** férié ; **h.** musique

289. a. feu d'artifice – bal ; **b.** cartes de vœux – bonne année ; **c.** cadeaux – réveillon ; **d.** manifestations – muguet

290. a. Noël ; **b.** 1er mai ; **c.** Nouvel An ; **d.** fête de la musique ; **e.** fête nationale ; **f.** Halloween ; **g.** Pâques ; **h.** fêtes des couleurs (Holi)

291. a. identifiant ; **b.** poster ; **c.** mot de passe ; **d.** surfer ; **e.** laisser un commentaire ; **f.** site ; **g.** le courriel ; **h.** statut

292. a. cellulaire ; **b.** tablette ; **c.** courriels ; **d.** Internet ; **e.** site ; **f.** lien ; **g.** commentaire ; **h.** profil

293. a. 4 ; **b.** 2, 6, 7 ; **c.** 5 ; **d.** 2, 5, 7 ; **e.** 1, 2, 6, 7 ; **f.** 2, 3, 6, 7 ; **g.** 3, 6, 7, 8 ; **h.** 3

294. a. 5 ; **b.** 3 ; **c.** 6 ; **d.** 2 ; **e.** 8 ; **f.** 7 ; **g.** 1 ; **h.** 4

295. a. photo – connecter – likes – commentaire ; **b.** adresse – courriel ; **c.** chatter – partager

Bilan

1. a. 5 ; **b.** 3 ; **c.** 4 ; **d.** 1 ; **e.** 6 ; **f.** 2

2. a. deuxième ; **b.** à côté ; **c.** à gauche ; **d.** là ; **e.** droit ; **f.** Au bout

3. a. propose une sortie à Sarah. **b.** voir une exposition. **c.** accepte la proposition. **d.** 11 heures. **e.** *Trajet à tracer sur la carte entre Opéra Garnier et palais de la Découverte : boulevard des Capucines, place de la Madeleine, rue Royale, place de la Concorde, Cours de la Reine.*

4. a. 3 ; **b.** 5 ; **c.** 1 ; **d.** 4 ; **e.** 2

5. a. passe ; **b.** compte ; **c.** partager ; **d.** réseaux ; **e.** Internet ; **f.** courriel ; **g.** ajouter ; **h.** profil

Corrigés

13. Le nom et l'article

296. a. Scandinave ; **b.** artiste ; **c.** Russe ; **d.** Bulgare ; **e.** Asiatique ; **f.** peintre ; **g.** Belge ; **h.** fleuriste

297. a. Masculin ; **b.** Féminin ; **c.** Les deux ; **d.** Féminin ; **e.** Les deux ; **f.** Les deux ; **g.** Masculin

298. a. ministre ; **b.** Camerounaise ; **c.** avocate ; **d.** libraire ; **e.** Hongroise ; **f.** pilote ; **g.** écrivaine ; **h.** Sénégalaise

299. a. on ne sait pas ; **b.** on ne sait pas ; **c.** une femme ; **d.** on ne sait pas ; **e.** un homme ; **f.** on ne sait pas ; **g.** une femme ; **h.** un homme

300. a. on ne sait pas ; **b.** on ne sait pas ; **c.** on ne sait pas ; **d.** une femme ; **e.** une femme ; **f.** on ne sait pas ; **g.** un homme ; **h.** un homme

301. a. directrice ; **b.** avocat ; **c.** ouvrier ; **d.** vendeuse ; **e.** informaticien ; **f.** serveur ; **g.** infirmier ; **h.** agricultrice

302. a. cousine ; **b.** frère ; **c.** chanteuse ; **d.** touriste ; **e.** chercheuse ; **f.** fille ; **g.** mère ; **h.** pilote

303. a. copine ; **b.** dessinatrice ; **c.** électricienne ; **d.** traductrice ; **e.** chercheuse ; **f.** agricultrice ; **g.** banquière ; **h.** architecte

304. Espagne, Italie, Bolivie, Belgique, Hollande, Inde, Tunisie, Algérie, Colombie, Argentine, Suède, Norvège, Chine, Corée, Russie, Pologne, Ukraine

305. a. F ; **b.** M ; **c.** M ; **d.** M ; **e.** F ; **f.** F ; **g.** M ; **h.** M

306. a. un Français / une Française ; **b.** un(e) Belge ; **c.** un Sénégalais / une Sénégalaise ; **d.** un Camerounais / une Camerounaise ; **e.** un Canadien / une Canadienne ; **f.** un Congolais / une Congolaise ; **g.** un Algérien / une Algérienne ; **h.** un Ivoirien / une Ivoirienne ; **i.** un Tunisien / une Tunisienne

307. a. Non, mais je connais l'Espagne. **b.** Non, mais je connais le Portugal. **c.** Non, mais je connais le Japon. **d.** Non, mais je connais le Danemark. **e.** Non, mais je connais la Grèce. **f.** Non, mais je connais la Norvège. **g.** Non, mais je connais la Bolivie. **h.** Non, mais je connais l'Australie

308. école – boulangerie – poissonnerie – poste – place – usine – gare – boulangerie – librairie – épicerie – office de tourisme – bibliothèque – pharmacie

309. a. M ; **b.** M ; **c.** M ; **d.** M ; **e.** M ; **f.** F ; **g.** F ; **h.** M ; **i.** F ; **j.** M ; **k.** M

310. a. feuille ; **b.** chaise ; **c.** salle ; **d.** confiture ; **e.** boisson ; **f.** viande ; **g.** plage ; **h.** science

311. a. Masculin ; **b.** Féminin ; **c.** Masculin ; **d.** Masculin ; **e.** Masculin ; **f.** Masculin ; **g.** Masculin ; **h.** Féminin ; **i.** Masculin ; **j.** Masculin ; **k.** Masculin ; **l.** Masculin ; **m.** Masculin ; **n.** Féminin ; **o.** féminin ; **p.** masculin

312. a. fourchette – (couteau) – (couvert) ; **b.** nuit – (soir) – (matin) ; **c.** pays – ville – (continent) ; **d.** (fils) – fille – (oncle) ; **e.** chambre – (salon) – cuisine ; **f.** (blouson) – robe – veste ; **g.** casquette – écharpe – (chapeau) ; **h.** adresse – (numéro de téléphone) – (courriel)

313. a. Pluriel ; **b.** Singulier ; **c.** Singulier ; **d.** Pluriel ; **e.** Pluriel ; **f.** Singulier ; **g.** Pluriel ; **h.** Singulier

314. a. trois instruments ; **b.** une cuillère ; **c.** deux bols ; **d.** quatre assiettes ; **e.** une fourchette ; **f.** deux violons ; **g.** deux guitares ; **h.** six tasses

315. a. tontons ; **b.** femmes ; **c.** dîner ; **d.** enfants ; **e.** vie ; **f.** visiteurs ; **g.** bain ; **h.** bronzés

316. a. continent ; **b.** ami ; **c.** pièce ; **d.** ville ; **e.** jambe ; **f.** main ; **g.** cœur ; **h.** tête

317. a. cinémas ; **b.** voix ; **c.** mots ; **d.** nez ; **e.** voisins ; **f.** prix ; **g.** bus ; **h.** visites

318. dos – pays – poids – fois – choix – bras

319. a. lieu ; **b.** travail ; **c.** animal ; **d.** cadeau ; **e.** neveu ; **f.** chapeau ; **g.** cheval ; **h.** eau

320. a. jeux ; **b.** journaux ; **c.** hôpitaux ; **d.** cheveux ; **e.** châteaux ; **f.** feus ; **g.** bureaux ; **h.** chevaux

321. a. Noms qui prennent un -s au pluriel : voitures, vaches, pneus, maisons, festivals ; **Noms qui prennent un -x au pluriel :** manteaux, genoux, eaux, hiboux, carreaux, feux, oiseaux, bijoux, poux

322. a. animaux – tigres – lions – éléphants – hiboux – loups – oiseaux ; **b.** travaux – voitures – autobus ; **c.** prix – places – euros

323. 1. a, b, e, h ; **2.** d, g ; **3.** c, f

324. a. l' ; **b.** Les ; **c.** la ; **d.** Le ; **e.** Le ; **f.** les ; **g.** Les – la ; **h.** la

325. a. l' ; **b.** la ; **c.** l' ; **d.** le ; **e.** Le ; **f.** Le – la ; **g.** l' ; **h.** Le

326. a. La ; **b.** Le ; **c.** La ; **d.** La ; **e.** La ; **f.** Le ; **g.** La ; **h.** La

327. a. ville ; **b.** dessert ; **c.** chaise ; **d.** concert ; **e.** ami ; **f.** musicienne ; **g.** jupe ; **h.** bureau

328. a. des ; **b.** une ; **c.** des ; **d.** une ; **e.** un ; **f.** un ; **g.** des ; **h.** des

329. a. 7 ; **b.** 4 ; **c.** 6 ; **d.** 9 ; **e.** 1 ; **f.** 5 ; **g.** 2 ; **h.** 3 ; **i.** 8

330. a. la – des – la ; **b.** une – le ; **c.** la – un ; **d.** un – l' ; **e.** le – une ; **f.** l' – des ; **g.** des – un ; **h.** la – le

331. a. des – le – l' – l' ; **b.** des – le – l' – le ; **c.** une – L' ; **d.** une – la ; **e.** des – la – l' ; **f.** des – les ; **g.** une – la ; **h.** un – le

332. a. le – le ; **b.** le – la ; **c.** les – la ; **d.** la – la ; **e.** la – la ; **f.** la – la ; **g.** le – les ; **h.** le – le

333. a. Non, il n'a pas de barbe. **b.** Non, elle n'a pas de maison à la campagne. **c.** Non, vous n'avez pas de trottinette. **d.** Non, il n'y a pas de professeur dans la salle. **e.** Non, tu ne portes pas de lunettes. **f.** Non, ils n'ont pas de cheveux blancs. **g.** Non, tu n'as pas de voiture de sport. **h.** Non, elle n'a pas de terrasse. **i.** Non, ce n'est pas une bonne voiture. **j.** Non, ce ne sont pas les amis de Bruxelles ?

334. a. une ; **b.** de ; **c.** des – le ; **d.** le ; **e.** de ; **f.** un ; **g.** de ; **h.** le – de

335. a. de la ; **b.** de l' ; **c.** de l' ; **d.** de la ; **e.** de la ; **f.** de l' ; **g.** du ; **h.** de l'

336. a. le livre de l'élève ; **b.** le sac de la directrice ; **c.** le bureau du président ; **d.** la robe de la mariée ; **e.** le costume du marié ; **f.** le bouquet des professeurs ; **g.** les cadeaux des invités ; **h.** l'emploi du temps des étudiants

337. a. 2, 4 ; **b.** 1, 7, 9 ; **c.** 6 ; **d.** 3, 5, 8
338. a. aux ; **b.** à la ; **c.** à l' ; **d.** au ; **e.** aux ; **f.** aux ; **g.** à la ; **h.** au
339. a. au ; **b.** au ; **c.** à l' ; **d.** à la ; **e.** des ; **f.** du ; **g.** du ; **h.** de la

Bilan

1. Masculin singulier : bruit, boulanger, responsable, plat – **Féminin singulier :** culture, photographie, exposition, nature, campagne, circulation, responsable, femme – **Masculin pluriel :** cinémas, chefs, secrétaires, célibataires, maris, enfants, menus – **Féminin pluriel :** villes, comédiennes, secrétaires, célibataires, situations

2. ans – carnavals – le – Brésiliens – les – des

3. a. les – des – les ; **b.** Les – l' – un ; **c.** une – le – les/des ; **d.** le – des – le – le ; **e.** la – l' – le – l' ; **f.** de – une ; **g.** un – du – de la – de la ; **h.** la – aux – au

14. L'adjectif

340. a. masculin ; **b.** les deux ; **c.** féminin ; **d.** féminin ; **e.** les deux ; **f.** masculin ; **g.** les deux ; **h.** masculin

341. a. élégant ; **b.** pressée ; **c.** ravie ; **d.** blond ; **e.** brun ; **f.** laid ; **g.** vraie ; **h.** bleu

342. a. vert ; **b.** tranquille ; **c.** bavard ; **d.** malin ; **e.** honnête ; **f.** intelligent ; **g.** hypocrite ; **h.** matinal

343. Ma voisine Samira, elle est suisse. Elle est petite et mince. C'est la voisine idéale. Elle est connue dans l'immeuble car elle est très polie, sympathique et serviable : elle rend toujours service !

344. a. F ; **b.** H ; **c.** F ; **d.** H ; **e.** H ; **f.** H ; **g.** F ; **h.** F

345. a. mignon ; **b.** coréenne ; **c.** confidentiel ; **d.** ponctuelle ; **e.** protectrice ; **f.** bonne ; **g.** printanier ; **h.** neuve

346. a. européenne ; **b.** merveilleuse ; **c.** chère ; **d.** active ; **e.** inquiète ; **f.** ancienne ; **g.** étrangère ; **h.** franche

347. a. succulent ; **b.** gras ; **c.** verte ; **d.** mauvaise ; **e.** première ; **f.** sportif ; **g.** particulière ; **h.** menteuse

348. a. 6 ; **b.** 8 ; **c.** 3 ; **d.** 7 ; **e.** 4 ; **f.** 1 ; **g.** 5 ; **h.** 2

349. a. jalouse ; **b.** fier ; **c.** joyeuse ; **d.** longue ; **e.** fraîche ; **f.** grasse ; **g.** nouvelle ; **h.** nulle

350. a. Il est ; **b.** Elle est ; **c.** Elle est ; **d.** Elle est ; **e.** Il est ; **f.** Il est ; **g.** Elle est ; **h.** Il est

351. a. Ma rue est petite, animée, belle, magnifique même et fleurie. **b.** Ma maison est grande, bien décorée, spacieuse, lumineuse, agréable et bien située !

352. a. sûres ; **b.** sérieux – sérieuses ; **c.** passionnés ; **d.** amatrices ; **e.** premiers ; **f.** jolis – jolies ; **g.** blancs ; **h.** vieux – heureux

353. a. petits ; **b.** minces ; **c.** verts ; **d.** gris ; **e.** optimistes ; **f.** dynamiques ; **g.** heureux ; **h.** sportifs

354. a. grands ; **b.** rythmée ; **c.** confortables ; **d.** sérieux ; **e.** antiques ; **f.** moderne ; **g.** élégant ; **h.** fou

355. a. fantastiques ; **b.** professionnels – amateurs ; **c.** longs ; **d.** gratuites ; **e.** incroyables ; **f.** simples ; **g.** travaillés ; **h.** payés

356. a. verticaux ; **b.** estivales ; **c.** géniaux ; **d.** glacial ; **e.** finaux ; **f.** faciaux ; **g.** initial ; **h.** amicales

357. a. bancales ; **b.** navals ; **c.** internationales ; **d.** spéciaux ; **e.** principaux ; **f.** banales ; **g.** originaux ; **h.** loyaux

358. a. internationales – même prononciation ; **b.** internationaux ; prononciation différente ; **c.** sérieux – même prononciation ; **d.** sérieuses – même prononciation ; **e.** nouveaux – même prononciation ; **f.** nouvelles – même prononciation ; **g.** radicaux – prononciation différente ; **h.** radicales – même prononciation

359. a. 3 ; **b.** 5, 8 ; **c.** 2, 4, 7 ; **d.** 1, 6 7

360. turquoise – orange – marine – kaki – marron

361. a. belles – blanches ; **b.** énormes – noirs ; **c.** rouges – jaunes ; **d.** grises – kaki ; **e.** noires – vertes ; **f.** nouvelles – bleues ; **g.** turquoise – argentées ; **h.** roses – violettes

362. a. gris : masculin – singulier – pluriel ; **b.** sauvage : masculin – féminin – singulier ; **c.** pratiques : masculin – féminin – pluriel ; **d.** veuves : féminin – pluriel ; **e.** connues : féminin – pluriel ; **f.** entière : féminin – singulier ; **g.** méchantes : féminin – pluriel ; **h.** réaliste : masculin – féminin – singulier

363. a. 1, 3, 4, 6 7 ; **b.** 3, 4, 6, 7 ; **c.** 1, 3, 5, 8 ; **d.** 2, 5, 8, 9

364. a. après ; **b.** après ; **c.** après ; **d.** après ; **e.** avant ; **f.** après ; **g.** avant ; **h.** après

365. a. avant ; **b.** avant ; **c.** après ; **d.** après ; **e.** avant ; **f.** avant ; **g.** avant ; **h.** après

366. a. Il a rendez-vous avec sa copine espagnole. **b.** Il fait un grand concert. **c.** Donnez-moi quatre pêches orange. **d.** Elle a de très bonnes notes. **e.** Tu vois ton ancienne collègue. **f.** Ce sont des bijoux artisanaux. **g.** Elle porte des tenues africaines. **h.** Tu as une jolie bague.

367. a. une petite lampe de poche ; **b.** ton coupe-vent vert ; **c.** des couverts jetables ; **d.** des gros verres ; **e.** une grande nappe ; **f.** une salade marocaine ; **g.** un gâteau délicieux ; **h.** et surtout ta bonne humeur.

368. a. L'année prochaine ; **b.** l'année dernière ; **c.** le dernier Harry Potter ; **d.** La prochaine fois ; **e.** le dernier métro ; **f.** ton prochain anniversaire ; **g.** La dernière semaine ; **h.** La semaine prochaine

369. a. ma ; **b.** ton ; **c.** son ; **d.** ma ; **e.** ton ; **f.** sa ; **g.** mon ; **h.** ton

370. a. 1-C, 2-A, 3-B ; **b.** 1-B, 2-C, 3-A ; **c.** 1-C, 2-A, 3-B

371. a. votre ; **b.** vos ; **c.** Notre ; **d.** votre ; **e.** nos ; **f.** Notre/Votre ; **g.** votre ; **h.** vos

372. a. C'est son entreprise. **b.** C'est leur voiture. **c.** Ce sont ses appartements. **d.** C'est leur maison.

e. C'est son vélo. **f.** Ce sont ses bagages. **g.** Ce sont leurs enfants. **h.** C'est leur quartier.

373. a. son ; **b.** leur ; **c.** sa ; **d.** ses ; **e.** son ; **f.** leurs ; **g.** leur ; **h.** son

374. a. ces oranges ; **b.** ces carottes ; **c.** ces pommes de terre ; **d.** cette citrouille ; **e.** ce poireau ; **f.** cet ananas ; **g.** ces pommes ; **h.** ces poires ; **i.** cette salade

375. a. cette – Ces – Cet – Ce – Cette – ce – Ces – Cette

376. a. Cette ; **b.** Ce ; **c.** Cette ; **d.** ce ; **e.** ce ; **f.** Cet ; **g.** Cette ; **h.** Ces

377. a. J'aimerais bien lire cet article. **b.** J'aimerais bien lire cette BD. **c.** J'aimerais bien lire ces livres. **d.** J'aimerais bien lire ces romans policiers. **e.** J'aimerais bien voir ce concert. **f.** J'aimerais bien voir ce film. **g.** J'aimerais bien voir cette actrice. **h.** J'aimerais bien voir cet acteur.

Bilan

1. Pascal a un frère **aîné**, Mathieu, et une **petite** sœur Barbara. Son frère est marié à une femme **sympathique** et sa sœur a un **gentil** garçon. Pour son anniversaire le mois **prochain**, Pascal a décidé de faire une **grande** fête.
Barbara veut lui offrir un **beau** cadeau, un voyage **merveilleux** en Asie parce qu'il adore la civilisation **asiatique**, en particulier, les traditions **japonaises**. Elle a donc acheté un séjour **magnifique** d'un mois où il rencontrera la population locale et goûtera les plats **nationaux**. Mathieu a pensé à lui acheter une valise **spéciale** pour l'occasion. Il doit aller dans plusieurs centres **commerciaux** pour la choisir.

2. a. cet – leur – leur – ses ; **b.** son – ces – ce – ces ; **c.** Mon – cette – ma – mon ; **d.** Notre – notre – nos

15. Les pronoms

378. a. J' ; **b.** Tu ; **c.** Je ; **d.** Je ; **e.** Je ; **f.** Tu ; **g.** Je ; **h.** Tu

379. avoir – habiter – étudier – utiliser – aimer – accompagner – aider

380. a. Vous ; **b.** Nous ; **c.** Nous ; **d.** Vous ; **e.** Vous ; **f.** Nous ; **g.** Vous ; **h.** Nous

381. a. Je ; **b.** Je / Tu ; **c.** J' ; **d.** Je / Tu ; **e.** Je / Tu ; **f.** Je / Tu ; **g.** Je ; **h.** Je

382. a. Elle ; **b.** Il ; **c.** Il ; **d.** Il ; **e.** Elle ; **f.** Il ; **g.** Il ; **h.** Il

383. a. tes cousins ; **b.** ton frère ; **c.** ta sœur ; **d.** ton frère ; **e.** les amies de Lisa ; **f.** les gens ; **g.** les élèves ; **h.** les filles de Marie

384. a. Pluriel ; **b.** Singulier ; **c.** On ne sait pas ; **d.** Pluriel ; **e.** Singulier ; **f.** Pluriel ; **g.** On ne sait pas ; **h.** On ne sait pas

385. a. 5 ; **b.** 4 ; **c.** 1 ; **d.** 7 ; **e.** 3 ; **f.** 8 ; **g.** 6 ; **h.** 2

386. a. « vous » pluriel ; **b.** « vous » de politesse ; **c.** « vous » pluriel ; **d.** « vous » de politesse ; **e.** « vous » pluriel ; **f.** « vous » de politesse ; **g.** « vous » pluriel

387. a. Tu ; **b.** Vous ; **c.** Vous ; **d.** Vous ; **e.** Vous ; **f.** Tu ; **g.** Tu

388. a. Vous regardez des séries à la télé. **b.** Vous jouez au football le dimanche. **c.** Vous mangez au restaurant le vendredi midi. **d.** Vous faites les courses le samedi. **e.** Vous visitez les musées le week-end. **f.** Vous aimez les expositions de peinture. **g.** Vous vivez dans une grande ville. **h.** Vous aimeriez faire de la boxe.

389. a. On ; **b.** On ; **c.** Nous ; **d.** On ; **e.** On ; **f.** Nous ; **g.** Nous ; **h.** Nous

390. a. Les gens ; **b.** Quelqu'un ; **c.** Les gens ; **d.** Quelqu'un ; **e.** Nous ; **f.** Les gens ; **g.** Les gens

391. a. je ; **b.** je ; **c.** on / je ; **d.** on ; **e.** on ; **f.** je ; **g.** on

392. a. 7 ; **b.** 4 ; **c.** 2 ; **d.** 3 ; **e.** 9 ; **f.** 6 ; **g.** 5 ; **h.** 1 ; **i.** 8

393. a. elles ; **b.** vous ; **c.** nous ; **d.** elle ; **e.** vous ; **f.** vous ; **g.** nous ; **h.** ils

394. a. Moi ; **b.** Vous ; **c.** Eux ; **d.** Nous ; **e.** Elle ; **f.** Lui ; **g.** Elles ; **h.** Toi

395. a. lui ; **b.** vous ; **c.** toi ; **d.** nous ; **e.** eux ; **f.** nous ; **g.** elle ; **h.** moi

396. a. Lui ; **b.** Nous ; **c.** Eux ; **d.** Vous ; **e.** Moi ; **f.** Toi ; **g.** Lui ; **h.** Eux

397. je / j' = moi ; tu = toi ; il = lui ; elle = elle ; on = soi ; nous = nous ; vous = vous ; ils = eux ; elles = elles

398. a. 4 ; **b.** 3 ; **c.** 6 ; **d.** 2 ; **e.** 1 ; **f.** 5

399. a. avec elle ; **b.** pour eux ; **c.** sans lui ; **d.** avec elles ; **e.** à côté de lui ; **f.** à lui ; **g.** d'eux ; **h.** par elle

400. a. qu'eux ; **b.** toi ; **c.** qu'elle ; **d.** nous ; **e.** toi ; **f.** vous ; **g.** qu'eux ; **h.** lui

401. a. elles ; **b.** eux ; **c.** lui ; **d.** lui ; **e.** toi ; **f.** eux ; **g.** lui ; **h.** elles

Bilan

1. a. vrai ; **b.** faux. Avec « nous » le verbe finit par « -ons ». **c.** Faux. Il est toujours suivi d'un verbe. **d.** Faux. « Elle » peut remplacer des choses. **e.** Vrai. **f.** Vrai. **g.** Faux. « On » remplace toujours des personnes. **h.** Vrai.

2. a. Moi ; **b.** Eux ; **c.** moi ; **d.** lui ; **e.** Lui – moi ; **f.** eux

3. a. eux – Ils – Elle – J' – elle – moi – nous ; **b.** moi – on – On – eux – on – on – nous – nous

16. Verbes courants

402. a. 2 ; **b.** 4 ; **c.** 5 ; **d.** 7 ; **e.** 8 ; **f.** 3 ; **g.** 1 ; **h.** 6

403. a. est ; **b.** est ; **c.** es ; **d.** est ; **e.** est ; **f.** es ; **g.** est ; **h.** es

404. a. êtes ; **b.** est ; **c.** sommes ; **d.** es ; **e.** sont ; **f.** suis ; **g.** est ; **h.** est

405. a. Vous êtes suisses. **b.** Ils sont ouverts. **c.** Nous sommes à Madrid pour les vacances. **d.** Elles sont russes. **e.** Vous êtes mariés. **f.** Ils sont de Mexico. **g.** Elles sont médecins. **h.** Ils sont là.

406. a. 4 ; **b.** 1 ; **c.** 5 ; **d.** 2 ; **e.** 6 ; **f.** 3

407. a. a ; **b.** a ; **c.** ont ; **d.** ai ; **e.** avons ; **f.** as ; **g.** ont ; **h.** avez

408. a. a ; **b.** ai ; **c.** avons ; **d.** ont ; **e.** as ; **f.** ont ; **g.** a ; **h.** avez

409. Réponses possibles : **a.** Nous avons trois minutes pour répondre. **b.** Elle a un chien. **c.** Tu as une excellente idée. **d.** Les enfants ont école demain ? **e.** J'ai l'habitude de travailler en musique. **f.** Ils ont un très bon travail. **g.** Elles ont une nouvelle voiture. **h.** Vous avez une adresse e-mail ?

410. Être : Je suis – Tu es – Il/Elle/On est – Nous sommes – Vous êtes – Ils/Elles sont. **Avoir :** J'ai – Tu as – Il/Elle/On a – Nous avons – Vous avez – Ils/Elles ont.

411. *Le verbe « avoir » est souligné.* **a.** Vous **avez** l'heure ? Oui, il (est) huit heures. **b.** Ils **ont** deux enfants, ce (sont) des jumeaux. **c.** Vous (êtes) jeunes, vous **avez** trente ans. **d.** Elle a les cheveux blonds, elle (est) blonde. **e.** J'**ai** envie d'une glace, je (suis) gourmande. **f.** Près de chez, il y **a** un parc, c'(est) très beau. **g.** Il (est) trilingue et il **a** la double nationalité. **h.** Cet ordinateur (est) cher mais il **a** beaucoup d'options.

412. a. ils sont ; **b.** ils ont ; **c.** ils sont ; **d.** ils sont ; **e.** ils ont ; **f.** ils sont ; **g.** ils sont ; **h.** ils ont

413. a. ai ; **b.** suis ; **c.** ont ; **d.** a ; **e.** est ; **f.** sommes ; **g.** avez ; **h.** es

414. a. Il y a ; **b.** Il y a ; **c.** Il n'y a pas ; **d.** Il y a ; **e.** Il y a ; **f.** Il n'y a pas ; **g.** Il y a ; **h.** Il y a

415. a. Il a mal au bras. **b.** Tu n'as pas faim. **c.** Après le sport, vous avez soif. **d.** Elle a besoin d'informations sur les insectes. **e.** Il est fatigué, il a sommeil. **f.** Pour voyager, on a besoin d'un passeport. **g.** Il a le vertige, il a peur du vide.

416. a. avons faim ; **b.** ai sommeil ; **c.** est ; **d.** sont ; **e.** sont – ont mal ; **f.** ont peur ; **g.** a ; **h.** avez

417. a. Vous n'avez pas faim ? **b.** Vous n'avez pas soif ? **c.** Tu n'as pas sommeil ? **d.** Tu n'as pas peur ? **e.** Vous n'avez pas froid ?

418. a. 4 ; **b.** 5 ; **c.** 6 ; **d.** 1 ; **e.** 3 ; **f.** 2

419. a. allez ; **b.** vas ; **c.** va ; **d.** va ; **e.** allons ; **f.** vont ; **g.** va ; **h.** vais

420. a. Elles vont à la banque. **b.** Vous allez à la plage. **c.** Ils vont à la poste. **d.** Nous allons sur la place. **e.** Ils vont bien. **f.** Vous allez à la salle de sport.

421. a. va ; **b.** va ; **c.** allez ; **d.** vont ; **e.** vais ; **f.** va ; **g.** vas

422. a. 2 ; **b.** 5 ; **c.** 1, 6 ; **d.** 4, 7 ; **e.** 1, 6 ; **f.** 4, 7 ; **g.** 3

423. a. Vous ; **b.** Il/Elle/on ; **c.** Ils/Elles ; **d.** Nous ; **e.** Je / Tu ; **f.** Il ; **g.** Je / Tu ; **h.** Vous

424. a. Qu'est-ce que vous faites demain ? **b.** Nous faisons un footing. **c.** Vous faites les courses. **d.** Elles font la cuisine. **e.** Nous faisons du sport. **f.** Vous faites un régime. **g.** Ils font le ménage. **h.** Vous faites la vaisselle.

425. fait – font – font – faisons – faisons – fait – faisons – fait – fait – fait

Bilan

1. a. 3 ; **b.** 4 ; **c.** 7 ; **d.** 1 ; **e.** 8 ; **f.** 5 ; **g.** 6 ; **h.** 2

2. a. a mal – va ; **b.** ai – avez soif ; **c.** a peur – a ; **d.** a besoin ; **e.** as sommeil – y a

3. a. est – est – est – a – est – est – ont ; **b.** a – est – est – a – est – est – a

4. a. fait ; **b.** fais ; **c.** faites ; **d.** font ; **e.** fait ; **f.** faisons

17. Le présent des verbes du 1ᵉʳ groupe

426. a. 3 ; **b.** 6 ; **c.** 4 ; **d.** 1 ; **e.** 2 ; **f.** 5

427. a. discutent ; **b.** restes ; **c.** jouons ; **d.** parle ; **e.** porte ; **f.** arrive ; **g.** chantez ; **h.** habitent

428. a. déjeune ; **b.** étudient ; **c.** regardons ; **d.** dînez ; **e.** rentres ; **f.** jouent ; **g.** téléphone

429. a. regarde – aime ; **b.** adorent – jouent ; **c.** travailles – arrêtes ; **d.** parlent – discutent ; **e.** cherchez – regardez ; **f.** invitons – dînons ; **g.** passe – reste

430. a. Nous passons les vacances au Portugal. **b.** Il étudie la philosophie. **c.** Je cherche des correspondants anglophones. **d.** Elles collectionnent les cartes postales. **e.** Vous parlez russe. **f.** Ils adorent le sport et les jeux vidéo. **g.** Tu écoutes la radio souvent. **h.** Elle garde toutes les photos dans un album.

431. Liaison : b, c, e, g, h

432. a. Elles étudient la géographie. Prononciation différente. **b.** Ils donnent de bons conseils. Même prononciation. **c.** Ils dansent à l'opéra. Même prononciation. **d.** Elles apprécient les films d'horreur. Prononciation différente. **e.** Ils contactent les responsables. Même prononciation. **f.** Elles jouent de la batterie. Même prononciation. **g.** Elles oublient les mauvais souvenirs. Prononciation différente. **h.** Ils abandonnent la partie. Prononciation différente.

433. a. une personne ; **b.** on ne sait pas ; **c.** plusieurs personnes ; **d.** on ne sait pas ; **e.** une personne ; **f.** on ne sait pas ; **g.** plusieurs personnes ; **h.** on ne sait pas

434. a. c ; **b.** ç ; **c.** c ; **d.** c ; **e.** ç ; **f.** c ; **g.** c ; **h.** ç

435. a. voyageons souvent ; **b.** nageons dans la mer ; **c.** partageons notre appartement ; **d.** mangeons de la viande ; **e.** déménageons à Lisbonne ; **f.** rangeons notre chambre ; **g.** changeons notre ordinateur ; **h.** mélangeons les ingrédients

436. a. nettoyer ; **b.** s'ennuyer ; **c.** envoyer ; **d.** essayer ; **e.** vouvoyer ; **f.** tutoyer ; **g.** appuyer ; **h.** balayer

437. a. Vous mangez des pâtes. **b.** Ils voyagent au printemps. **c.** Elles envoient un courriel. **d.** Vous nagez très bien. **e.** Nous nettoyons la voiture.

f. Vous avancez bien. **g.** Ils paient par chèque. **h.** Nous déménageons en juin.
438. a. 1, 7 ; **b.** 2 ; **c.** 6 ; **d.** 8 ; **e.** 1, 4, 5, 7 ; **f.** 3 ; **g.** 1, 4, 5, 7 ; **h.** 4, 5
439. a. J'enlève mes chaussures. > enlever **b.** Il emmène le chien. > emmener **c.** Tu pèses 50 kilos. > peser **d.** Tu achètes un sac. > acheter **e.** Il répète le mardi. > répéter **f.** Elle préfère rester chez elle. > préférer **g.** Je complète la phrase. > compléter **h.** Tu te lèves à quelle heure ? > se lever
440. b. préfère ; **c.** préfèrent ; **d.** répétez ; **e.** répètes ; **g.** promènes ; **h.** gèle
441. Appeler : J'appelle – Tu appelles – Il/Elle/on appelle – Nous appelons – Vous appelez – Ils/Elles appellent. **Jeter :** Je jette – Tu jettes – Il/Elle/On jette – Nous jetons – Vous jetez – Ils/Elles jettent
442. a. lèves ; **b.** préfère ; **c.** appelons ; **d.** achetez ; **e.** enlèvent ; **f.** pelons ; **g.** jettes ; **h.** emmène

Bilan

1. a. adore – aimez ; **b.** joue – jouent ; **c.** habitons – habite ; **d.** cherche – cherches ; **e.** regardez – regardent
2. a. aime ; **b.** étudient ; **c.** regarde ; **d.** visitent ; **e.** joue ; **f.** déjeunez ; **g.** continues
3. a. pense ; **b.** préfères ; **c.** aiment ; **d.** jetez ; **e.** commençons ; **f.** mangent ; **g.** essaie / essaye ; **h.** travaillez ; **i.** achètent ; **j.** paie / paye
4. a. Nous appelons ma mère. **b.** Vous payez en liquide. **c.** Ils tutoient Patrick. **d.** Elles vérifient les ordinateurs. **e.** Nous mangeons des pâtes. **f.** Nous animons des ateliers. **g.** Elles louent son appartement. **h.** Nous complétons l'exercice.

18. Les verbes en « -ir », « -re » et « -oir »

443. a. remplissent > étudier – remplir ; **b.** finissez > finir - partir ; **c.** réfléchissent > réfléchir – dormi ; **d.** réunissons > réunir – sortir ; **e.** choisissent > choisir – remercier ; **f.** finissent > venir – finir
444. a. Tu ; **b.** Vous ; **c.** Vous ; **d.** On ; **e.** Elles ; **f.** Je ; **g.** Nous ; **h.** Tu
445. a. Vous remplissez le verre/les verres. **b.** Ils choisissent le menu. **c.** Nous réunissons les joueurs. **d.** Elles finissent leur travail. **e.** Vous choisissez le cadeau ? **f.** Vous finissez bientôt ? **g.** Ils remplissent la déclaration. **h.** Vous choisissez le côté gauche ?
446. a. finis – finit – finissent – finissez ; **b.** remplis – remplit – remplissent ; **c.** choisissons – choisis – choisissent ; **d.** On ; **e.** Elles ; **f.** Je ; **g.** Nous ; **h.** Tu
447. a. 1, 5, 7 ; **b.** 6 ; **c.** 1 ; **d.** 3, 8 ; **e.** 1, 5, 7 ; **f.** 2 ; **g.** 4 ; **h.** 5, 7
448. a. Elles ; **b.** Vous ; **c.** Tu ; **d.** Nous ; **e.** Tu ; **f.** Ils ; **g.** Je ; **h.** Tu

449. a. es ; **b.** ent ; **c.** ons ; **d.** ez ; **e.** ø ; **f.** s ; **g.** ent ; **h.** ent
450. a. singulier ; **b.** pluriel ; **c.** singulier ; **d.** on ne sait pas ; **e.** singulier ; **f.** pluriel ; **g.** pluriel ; **h.** singulier
451. a. ouvre – ouvrent ; **b.** attendent – attend ; **c.** descendons – descendez ; **d.** découvrent – découvre ; **f.** réponds – répond
452. a. Il part ; **b.** Elle dort ; **c.** Elles dorment ; **d.** Il vit ; **e.** Ils vivent ; **f.** Elle suit ; **g.** Ils suivent ; **h.** Il sert ; **i.** Ils servent
453. a. s ; **b.** s ; **c.** t ; **d.** t ; **e.** t ; **f.** t ; **g.** t ; **h.** s ; **i.** s
454. a. Vous suivez cette influenceuse. **b.** Vous partez au travail. **c.** Vous dormez bien ? **d.** Vous servez les plats. **e.** Vous attendez le bus. **f.** Vous rendez la monnaie. **g.** Vous répondez au téléphone. **h.** Vous entendez le vent ?
455. a. vis ; **b.** dormez ; **c.** sert ; **d.** pars ; **e.** servons ; **f.** suis ; **g.** vivent ; **h.** dors
456. sais – sais – sait – savons – savez – savent ; connais – connais – connaît – connaissons – connaissez – connaissent
457. a. 5 ; **b.** 3 ; **c.** 1 ; **d.** 8 ; **e.** 7 ; **f.** 2 ; **g.** 4 ; **h.** 6
458. a. Nous ; **b.** Ils ; **c.** Vous ; **d.** Je ; **e.** Tu ; **f.** Elle ; **g.** Vous ; **h.** Elles
459. a. connais ; **b.** sais ; **c.** connaissent ; **d.** sait ; **e.** sait ; **f.** connaissons ; **g.** connaissez ; **h.** sait
460. a. 2, 8 ; **b.** 2, 8 ; **c.** 3, 6 ; **d.** 3, 6 ; **e.** 1 ; **f.** 4 ; **g.** 5, 7 ; **h.** 5, 7
461. écris – écris – écrit – écrivons – écrivez – écrivent ; lis – lis – lit – lisons – lisez – lisent
462. a. Ils écrivent une lettre. **b.** Vous écrivez bien. **c.** Vous mettez un pull. **d.** Nous mettons un foulard. **e.** Elles mettent des chaussures. **f.** Elles lisent un livre. **g.** Nous lisons le journal. **h.** Vous lisez l'horoscope.
463. a. lis ; **b.** écrivent ; **c.** mettons ; **d.** écris ; **e.** lit ; **f.** mettent ; **g.** lisons ; **h.** écrivez
464. a. Je/Tu ; **b.** Ils/Elles ; **c.** Il/Elle/on ; **d.** Vous ; **e.** Je/Tu ; **f.** Je/Tu ; **g.** Vous ; **h.** Nous
465. a. veu ; **b.** voul ; **c.** veul ; **d.** veu ; **e.** voul ; **f.** veul ; **g.** veu ; **h.** voul
466. a. Ils ; **b.** Vous ; **c.** Tu ; **d.** Nous ; **e.** Elles ; **f.** On ; **g.** Tu ; **h.** Vous
467. a. veut – peut ; **b.** voulez – pouvez ; **c.** voulons – pouvons ; **d.** veulent – peuvent ; **e.** veux – peux ; **f.** veut – peut ; **g.** veut – peut ; **h.** veut – peut
468. a. Nous pouvons participer. **b.** Vous devez expliquer l'exercice. **c.** Nous voulons promener le chien. **d.** Ils peuvent jouer avec nous. **e.** Elle doivent aller chez le coiffeur. **f.** Vous voulez sortir. **g.** Nous devons prendre le train. **h.** Vous pouvez faire les courses.
469. a. veux – peux – peux – dois ; **b.** voulez – pouvons – pouvons – devons ; **c.** veulent – peuvent – doivent

470. apprendre : apprends – apprends – apprend – apprenons – apprenez – apprennent ; **comprendre :** comprends – comprends – comprend – comprenons – comprenez – comprennent

471. a. Vous ; **b.** Ils ; **c.** Tu ; **d.** Elle ; **e.** Nous ; **f.** Ils ; **g.** Je ; **h.** Tu

472. a. 6-C ; **b.** 3-D ; **c.** 2-G, 1-B ; **d.** 7-E ; **e.** 8-H ; **f.** 5-I, 9-A ; **g.** 4-F

473. a. prenons ; **b.** prennent ; **c.** comprends ; **d.** comprenez ; **e.** comprennent ; **f.** apprend ; **g.** apprenons ; **h.** apprennent

474. bois – bois – boit – buvons – buvez – boivent

475. a. 2 ; **b.** 2 ; **c.** 4 ; **d.** 4 ; **e.** 4 ; **f.** 1 ; **g.** 5 ; **h.** 3

476. a. ons ; **b.** ent ; **c.** d ; **d.** ons ; **e.** ent ; **f.** ez ; **g.** s ; **h.** t

477. a. prends ; **b.** buvez ; **c.** mettons ; **d.** écrit ; **e.** découvre ; **f.** attendons ; **g.** connaissez ; **h.** part

478. a. 7 ; **b.** 3, 8 ; **c.** 4, 6 ; **d.** 1, 5 ; **e.** 2 ; **f.** 1, 5 ; **g.** 4, 6 ; **h.** 3, 8

479. a. viennent ; **b.** vient ; **c.** vient ; **d.** viennent ; **e.** viennent ; **f.** vient ; **g.** viennent ; **h.** vient

480. a. êtes – venez ; **b.** sont – viennent ; **c.** sommes – venons ; **d.** est – vient ; **e.** es – viens ; **f.** êtes – venez ; **g.** sommes – venons ; **h.** sont – viennent

481. a. nous venons avec vous/toi au cours. **b.** Elles viennent au théâtre. **c.** Qu'est-ce que vous devenez ? **d.** Vous revenez du Canada. **e.** Nous venons ce week-end. **f.** Ils reviennent vite. **g.** Vous venez quand ? **h.** Elles viennent du Danemark.

Bilan

1. 1er groupe : commencer, essayer, payer, acheter ; **2e groupe :** choisir, finir, remplir ; **3e groupe :** répondre, mettre, lire, boire, écrire, connaître, savoir, partir, dormir, servir, ouvrir, vivre, prendre

2. a. Faux ; **b.** Vrai ; **c.** Faux ; **d.** Vrai ; **e.** Vrai ; **f.** Faux ; **g.** Vrai ; **h.** Faux ; **i.** Vrai ; **j.** Faux

3. a. On ; **b.** Tu ; **c.** On ; **d.** On ; **e.** Vous ; **f.** Elle ; **g.** Nous ; **h.** Ils ; **i.** Je ; **j.** Elle

4. a. choisissez – partez ; **b.** savons – apprend ; **c.** prennent – remplissent ; **d.** boivent – buvons ; **e.** viens – comprends

19. Les verbes pronominaux

482. a, d, f, h

483. a. 3 ; **b.** 5 ; **c.** 1 ; **d.** 6 ; **e.** 2 ; **f.** 4

484. a. vous ; **b.** se ; **c.** s' ; **d.** nous ; **e.** t' ; **f.** s' ; **g.** s' ; **h.** se

485. a. nous réveillons ; **b.** se ressemblent ; **c.** vous occupez ; **d.** m'intéresse ; **e.** se prépare ; **f.** s'installe ; **g.** nous informons ; **h.** te présentes

486. a. ne s' – pas ; **b.** ne vous – pas ; **c.** ne se – pas ; **d.** ne nous – pas ; **e.** ne se – pas ; **f.** ne me – pas

487. a. Tu ne t'appelles pas Mario. **b.** Il ne déguise pas pour le carnaval. **c.** Nous ne nous coiffons pas pour sortir. **d.** Je ne me réveille pas à 6 heures tous les jours. **e.** Elles ne se promènent pas seules le soir. **f.** Elles ne se marient pas dimanche prochain.

488. a. Vous ne vous couchez pas tard. **b.** Je ne me réveille jamais tôt. **c.** Ils ne s'habillent pas pour l'occasion. **d.** Nous ne nous reposons pas le week-end. **e.** Je ne me lève pas tôt. **f.** Les enfants ne se brossent pas les dents le midi.

489. a. ne se réveille pas tôt ; **b.** ne s'habille pas ; **c.** ne lève pas ; **d.** ne se lave pas ; **e.** ne se repose pas ; **f.** ne se promène pas

490. a. nous ; **b.** vous ; **c.** toi ; **d.** vous ; **e.** nous ; **f.** toi ; **g.** vous ; **h.** toi

491. a. e ; **b.** e ; **c.** ez ; **d.** s ; **e.** ons ; **f.** ez ; **g.** ons ; **h.** ez

492. a. Ne te réveille pas tôt ! **b.** Ne vous réveillez pas tôt ! **c.** Ne nous réveillons pas tôt ! **d.** Ne t'inquiète pas ! **e.** Ne vous inquiétez pas ! **f.** Ne te repose pas ! **g.** Ne vous reposez pas ! **h.** Ne nous reposons pas !

493. a. Habillons-nous en noir ! **b.** Ne nous habillons pas en noir ! **c.** Maquillez-vous ! **d.** Ne vous maquillez pas ! **e.** Dépêche-toi ! **f.** Ne te dépêche pas ! **g.** Couche-toi tôt ! **h.** Ne te couche pas tôt !

494. a. se ; **b.** s' ; **c.** nous ; **d.** te ; **e.** se ; **f.** vous ; **g.** m' ; **h.** se

495. a. allez vous brosser ; **b.** va se lever ; **c.** allons nous déguiser ; **d.** vont se maquiller ; **e.** vais m'habiller ; **f.** vas te doucher ; **g.** va s'amuser

496. a. ne – pas te ; **b.** ne – pas s' ; **c.** n' – pas nous ; **d.** n' – pas vous ; **e.** ne – pas s' ; **f.** ne – pas me ; **g.** ne – pas s' ; **h.** n' – pas nous

497. a. ne vas pas se promener ; **b.** ne vont pas se reposer ; **c.** n'allons pas nous lever ; **d.** n'allez pas vous doucher ; **e.** ne va pas se retrouver ; **f.** ne vas pas te préparer ; **g.** ne vont pas s'habiller

Bilan

1. a. se réveille – se lève – se lave ; **b.** nous promenons – nous reposons ; **c.** se déguise – se maquille

2. a. ne se réveille pas – ne se lève pas – ne se lave pas ; **b.** ne nous promenons pas – ne nous reposons pas ; **c.** ne se déguise pas – ne se maquille pas

3. a. Levez-vous tôt ! **b.** Ne vous couchez pas tard ! **c.** Levez-vous ! **d.** Habillez-vous ! **e.** Brossez-vous les dents ! **f.** Ne te dépêche pas ! **g.** Repose-toi ! **h.** Promène-toi !

4. a. Ils vont se voir demain. **b.** Elles ne vont pas s'acheter un cadeau. **c.** On ne va pas se disputer. **d.** Il ne va pas se présenter aux élections. **e.** Ils vont se réunir dans la salle 4. **f.** Nous allons nous mettre d'accord. **g.** Vous allez vous inscrire à la salle de sport. **h.** Je ne vais pas me dépêcher.

20. « C'est », « il y a » et les verbes impersonnels

498. a. Ce sont ; **b.** C'est ; **c.** C'est ; **d.** Ce sont ; **e.** C'est ; **f.** Ce sont ; **g.** C'est ; **h.** C'est

499. a. 1, 4, 7 ; **b.** 2, 3, 5, 6, 8

500. a. Olympe de Gouges, c'est une écrivaine française. **b.** Jacque Prévert, c'est un poète populaire. **c.** Mohamed Mbougar Sarr, c'est un écrivain sénégalais. **d.** Alice Diop, c'est une réalisatrice de cinéma. **e.** Thomas Sankara, c'est un homme politique burkinabais. **f.** Les Gnawa Diffusion, ce sont des musiciens algériens. **g.** Les frères Lumière, ce sont des ingénieurs français. **h.** Yasmina Reza, c'est une dramaturge connue.

501. a. La Concorde, c'est une place située au pied de l'avenue des Champs-Élysées. **b.** Notre-Dame, c'est une cathédrale du XIVe siècle. **c.** Le Louvre, c'est un musée très connu. **d.** Les tours de la Défense, ce sont des bureaux. **e.** Pierre et Marie Curie, ce sont des scientifiques. **f.** Mariama Bâ, c'est une écrivaine. **g.** Justin Trudeau, c'est un homme politique. **h.** Marie Stuart, c'est une reine.

502. a. C'est ; **b.** Ce sont ; **c.** C'est ; **d.** Ce sont ; **e.** Ce sont ; **f.** C'est ; **g.** Ce sont ; **h.** C'est

503. a. Il est / C'est ; **b.** C'est ; **c.** Elle est ; **d.** C'est / Il est / Elle est ; **e.** C'est ; **f.** C'est ; **g.** C'est ; **h.** Elle est

504. a. Ce sont – ils sont ; **b.** C'est – elle est ; **c.** C'est – c'est ; **d.** C'est – c'est – il est ; **e.** C'est – elles sont ; **f.** C'est – elle est ; **g.** C'est – c'est ; **h.** C'est – elle est

505. a. C'est – C'est – elle est – C'est – c'est ; **b.** Ce sont – c'est — elles sont – elles sont

506. a. 2, 4, 7 ; **b.** 2, 4, 7 ; **c.** 2, 5, 8 ; **d.** 3 ; **e.** 1, 6

507. a. c'est ; **b.** elle est ; **c.** elles sont ; **d.** ils sont ; **e.** il est / c'est ; **f.** ils sont ; **g.** c'est ; **h.** elles sont

508. a. c'est ; **b.** elle est ; **c.** ils sont ; **d.** elles sont ; **e.** ce sont ; **f.** Il est ; **g.** c'est ; **h.** ce sont

509. a. C'est est une décoratrice. **b.** Elle est grecque. **c.** Elle est gentille. **d.** C'est Léo et Emma. **e.** Ce sont des amis. **f.** Ce sont des écouteurs. **g.** C'est à Mario ; **h.** Ils sont sans fil.

510. a. Il n'y a pas ; **b.** Il n'y a pas ; **c.** Il y a ; **d.** Il n'y a pas ; **e.** Il y a ; **f.** Il y a ; **g.** Il n'y a pas ; **h.** Il y a

511. a. À Montréal, il y a la basilique Notre-Dame. **b.** À Angoulême, il y a le festival de la bande dessinée. **c.** Sur l'île de Gorée, à Dakar, il y a la Maison des Esclaves. **d.** À Sitges, en Espagne, il y a le festival international du film fantastique. **e.** Au Mali, il y a la Grande Mosquée de Djenné. **f.** À Avignon, il y a le festival du spectacle vivant. **g.** À Fort-de-France, il y a la cathédrale Saint-Louis. **h.** À Québec, il y a le carrefour international de théâtre.

512. a. il y a – ce sont ; **b.** il y a – ce sont ; **c.** il y a – c'est ; **d.** c'est – il y a ; **e.** c'est – c'est ; **f.** il y a – c'est ; **g.** il y a – ce sont

513. a. En Amérique du Sud, il y a l'Amazone ; c'est un fleuve. **b.** En Sicile, il y a l'Etna ; c'est un volcan. **c.** Dans les Pyrénées, il y a l'Adour ; c'est une rivière. **d.** En Amérique du Sud, il y a l'Amazonie ; c'est une forêt. **e.** Au Canada, il y a le Saint-Laurent ; c'est un long fleuve. **f.** En Espagne, il y a Minorque ; c'est une île. **g.** En Afrique centrale, il y a la forêt du bassin du Congo ; c'est la deuxième plus grande forêt du monde. **h.** En Europe, il y a les Alpes ; c'est une chaîne de montagnes.

514. a. 5 ; **b.** 1 ; **c.** 2 ; **d.** 4 ; **e.** 3

515. a. Il faut se calmer ; **b.** Il faut attendre au feu rouge ; **c.** Il faut traverser au feu vert ; **d.** Il faut respecter les autres ; **e.** Il faut écouter l'équipe d'animation ; **f.** Il faut faire attention aux voitures.

516. a. Il est interdit de se baigner. **b.** Il faut tourner à gauche. **c.** Il est interdit de tourner à droite. **d.** Il est interdit de rouler/circuler à vélo. **e.** Il faut attacher sa ceinture. **f.** Il est interdit de prendre des photos. **g.** Il faut tenir les chiens en laisse.

517. a. nécessité ; **b.** obligation ; **c.** obligation ; **d.** nécessité ; **e.** obligation ; **f.** interdiction ; **g.** nécessité

518. a. Pour protéger les skieurs, il est interdit de faire du ski hors-piste. **b.** Pour être en bonne santé, il faut faire du sport. **c.** Pour bien dormir, il ne faut pas regarder les écrans le soir. **d.** Pour protéger les non-fumeurs, il est interdit de fumer dans les lieux publics. **e.** Pour des questions d'hygiène, il est interdit de manger dans les salles de cours. **f.** Pour protéger l'environnement, il faut trier ses déchets. **g.** Pour éviter de trop consommer, il ne faut pas acheter de choses inutiles. **h.** Au travail, il faut arriver à l'heure.

Bilan

1. a. Il est ; **b.** C'est ; **c.** c'est ; **d.** Il est ; **e.** Elle est ; **f.** Ce sont ; **g.** Ils sont ; **h.** Elles sont

2. a. il y a – C'est – il y a – C'est – c'est – il y a – il y a – C'est ; **b.** il y a – C'est – c'est – C'est – C'est – Il y a – c'est – il y a

3. C'est – il y a – il n'y a pas – C'est – il y a – il n'y a pas – il y a – c'est

4. a. il ; **b.** il ; **c.** il y a ; **d.** il y a ; **e.** il ; **f.** il ; **g.** il y a

5. il faut – Il est interdit – il ne faut pas – il faut – il ne faut pas – il faut

21. La quantité

519. a. 5, 7, 8, 9 ; **b.** 6 ; **c.** 1, 2, 4 ; **d.** 3

520. a. de la – du ; **b.** du – du ; **c.** de l' – des ; **d.** de la – du ; **e.** de la – de la ; **f.** des – des ; **g.** de la – de la ; **h.** des – des

521. a. Il faut du temps pour faire des activités manuelles. **b.** Il faut de l'argent pour faire de l'équitation. **c.** Il faut de la colle et du bois pour fabriquer un cadre. **d.** Il faut de la peinture et de l'imagination pour peindre un tableau. **e.** Il faut de l'eau et de la terre pour faire de la poterie. **f.** Il faut du tissu et du fil pour créer un vêtement. **g.** Il faut du papier et de la patience pour faire un origami. **h.** Il faut des crayons de couleur et de l'attention pour colorier un mandala.

522. a. de l' – de l' – du – des – du ; **b.** des – du – des – des – des – des– de l' – de la – de l' – de l' ; **c.** des – des – de l' – de l'– des – des – des ; **d.** des – des – de la – du – du – des – de l' – du – du – du – de la ; **e.** des – du – de la – du – de la – de la

523. a. Oui bien sûr, j'adore la glace ! **b.** Non merci, je déteste les huîtres ! **c.** Bien sûr, j'aime beaucoup les pâtes ! **d.** Bien sûr, elle aime beaucoup le potage. **e.** Non, il n'aime pas la soupe. **f.** Oui, elle aime beaucoup les fruits. **g.** Non merci, je n'aime pas les escargots. **h.** Non merci, je n'aime pas le jus d'ananas.

524. des – des – de la – du – les – des – des – les – de la – des – des – du – des – de la – le

525. a. peu de ; **b.** trop de ; **c.** pas assez de ; **d.** trop d' ; **e.** assez de ; **f.** peu d' ; **g.** beaucoup de ; **h.** un peu d'

526. a. un peu d'attention – beaucoup de choses – peu de temps ; **b.** trop de travail –assez de temps ; **c.** beaucoup de livres ; **d.** un peu de courage – beaucoup de choses ; **e.** peu de viande – beaucoup de légumes ; **f.** trop de sportifs – trop d'argent ; **g.** assez de temps ; **h.** assez d'efforts – peu de chance

527. a. Tu as trop de vêtements. **b.** Nous avons peu de travail. **c.** Il y a beaucoup de neige. **d.** Il ne mange pas assez de légumes. **e.** Nous avons beaucoup de chance. **f.** Le professeur demande un peu de silence. **g.** Ils regardent trop de séries. **h.** Elles ne font pas assez d'exercices.

528. a. Non, nous avons peu de temps libre / nous n'avons pas assez de temps libre. **b.** Oui, nous mangeons beaucoup de / trop de chocolat. **c.** Oui, il a beaucoup de / assez de patience. **d.** Non, elle ne fait pas assez d'efforts / elle fait peu d'efforts. **e.** Oui, ils boivent beaucoup d' / trop d'alcool. **f.** Oui, j'ai beaucoup de mémoire. **g.** Non, ils ne font pas assez de sport / peu de sport. **h.** Non, ils écoutent peu de musique.

529. a. 4 ; **b.** 6 ; **c.** 8 ; **d.** 1 ; **e.** 7 ; **f.** 2 ; **g.** 5 ; **h.** 3

530. a. deux citrons ; **b.** 500 grammes de farine ; **c.** une barquette de fraises ; **d.** un sac de pommes de terre ; **e.** trois oignons ; **f.** six bouteilles d'eau ; **g.** un pot de confiture (de framboises) ; **h.** deux paquets de pâtes ; **i.** une boîte de biscuits ; **j.** un tube de dentifrice

531. a. deux bouteilles – de l' ; **b.** 250 grammes – une tablette de ; **c.** un – un verre ; **d.** beaucoup – cinq

532. a. quantité précise ; **b.** quantité imprécise ; **c.** quantité très précise ; **d.** quantité imprécise ; **e.** quantité très précise ; **f.** quantité imprécise ; **g.** quantité très précise ; **h.** quantité très précise

533. a. Le soir, je mange un pot de yaourt. **b.** Vous achetez une tranche de jambon à la charcuterie. **c.** Tous les matins, elle boit une tasse de thé. **d.** Il prend un tube d'aspirine à la pharmacie. **e.** Tu apportes une boîte de chocolats chez les voisins. **f.** Je vais prendre un verre de vin ! **g.** Pour préparer un bœuf bourguignon, il faut un kilo de viande. **h.** Il y a beaucoup de légumes dans la ratatouille.

534. Le malchanceux dit : « Je n'ai pas de chance, je n'ai pas d'argent, je n'ai pas de travail, je n'ai pas de temps, je n'ai pas d'amis, je n'ai pas de maison et je n'ai pas de piscine. »

535. a. Tu ne dois pas boire d'alcool. **b.** Nous n'avons pas d'amis milliardaires. **c.** Il n'y a pas de soleil. **d.** Elle n'a pas de patience. **e.** On n'a plus de café. **f.** Il ne reste plus de paquet de pâtes. **g.** Je n'ai pas de temps. **h.** Ils n'ont pas d'argent.

536. a. de ; **b.** la ; **c.** de ; **d.** le ; **e.** l' ; **f.** de ; **g.** les ; **h.** de

537. a. Non, je n'ai pas pris de notes en cours. **b.** Non, je n'ai pas les bonnes réponses. **c.** Non, je ne prends pas de dessert. **d.** Non, je ne prends pas le métro. **e.** Non, je ne veux pas de cacahuètes. **f.** Non, je n'ai pas de mémoire. **g.** Non, je n'ai pas de temps à t'accorder. **h.** Non, je n'aime pas les jus de fruits.

Bilan

1. a. de – les ; **b.** de – des ; **c.** du – d' ; **d.** de la – la

2. a. des ; **b.** la – du ; **c.** du – des – de la – de la ; **d.** du ; **e.** de ; **f.** de

3. Dialogue 1 : de la – de la – des – de – les – du – des – le
Dialogue 2 : de la – de – de l' – des – de l' – de la

4. beaucoup de – de – bouteilles – tablette – paquet – paquets – boîtes – pot – tube –des – sac – deux – de l' – morceau – du – tranches

5. a. Non, il n'aime pas la choucroute. **b.** Non, je ne bois pas de café. **c.** Non, je ne mange pas de gâteaux. **d.** Non, je n'ai pas de nouvelles de Tom. **e.** Non, je n'aime pas le vin rouge. **f.** Non, il n'y a pas de vent.

22. La négation

538. a. ne – pas ; **b.** n' – pas ; **c.** n' – pas ; **d.** ne – pas ; **e.** n' – pas ; **f.** ne – pas ; **g.** ne – pas ; **h.** n' – pas

539. a. Non, il n'est pas roux. **b.** Non, elle n'est pas intelligente. **c.** Non, il n'est pas rapide. **d.** Non, elle n'est pas dynamique. **e.** Non, il n'est pas suisse. **f.** Non, elle n'est pas danoise. **g.** Non, il n'est pas boulanger. **h.** Non, elle n'est pas garagiste.

540. a. Je ne suis pas malade. **b.** Tu n'es pas content. **c.** Elles ne sont pas aimables. **d.** Il n'est pas généreux. **e.** Vous n'êtes pas heureux. **f.** Elle n'est pas intéressante. **g.** Tu n'es pas intéressé. **h.** Je ne suis pas stupide.

541. a. 5 ; **b.** 3 ; **c.** 8 ; **d.** 1 ; **e.** 4 ; **f.** 7 ; **g.** 6 ; **h.** 2

542. a. Forme affirmative : a, c, e, f, g – **Forme négative :** b, d, h

543. Oui : a, c, d, g – **Non :** b, e, f, h

544. a. Ce n'est pas poli. **b.** ce n'est pas facile. **c.** ce n'est pas cher. **d.** Ce n'est pas drôle. **e.** Ce n'est pas rapide. **f.** ce n'est pas original. **g.** ce n'est pas sympa.

545. a. n' – pas ; **b.** n' – jamais ; **c.** n' – jamais ; **d.** ne – pas ; **e.** n' – pas ; **f.** ne – jamais ; **g.** ne – pas ; **h.** n' – pas

546. a. Ton fils ne gagne jamais ses compétitions. **b.** Tu n'écoutes jamais ses conseils. **c.** Ils ne regardent jamais les films de Marvel. **d.** Elles ne lisent jamais les BD d'Astérix. **e.** Vous ne faites jamais la vaisselle. **f.** Il ne court jamais en forêt. **g.** Je ne vais jamais au travail à vélo. **h.** Il ne parle jamais à ses voisines.

547. b. Il n'apprend jamais ses leçons. **c.** Il n'arrive jamais à l'heure en classe. **d.** Il ne salue jamais quand il entre dans la salle de classe. **e.** Il ne répond jamais aux questions du professeur. **f.** Il n'aide jamais ses camarades de classe. **g.** Il ne note jamais les points importants. **h.** Il n'est jamais content de venir en classe.

548. a. Non, ce n'est pas un excellent politicien. Il n'écoute jamais les électeurs. **b.** Non, ce n'est pas une excellente avocate. Elle ne défend jamais les plus faibles. **c.** Non, ce n'est pas une excellente médecin. Elle ne prend jamais le temps. **d.** Non, ce n'est pas une excellente chanteuse. Elle ne signe jamais les autographes.

549. a. Elles ne veulent pas aller au cinéma. **b.** Elle ne sait pas utiliser une tablette. **c.** Il ne faut pas aller seul dans ce parc. **d.** Elle ne peut pas t'aider. **e.** Tu ne dois pas réserver ta place. **f.** Vous ne pouvez pas rentrer après minuit. **g.** Tu ne vas pas parler à Tom. **h.** Ils ne peuvent pas venir avec nous.

550. b. Il ne faut pas toucher les œuvres d'art. **c.** Il ne faut pas prendre de photo. **d.** Il ne faut pas manger. **e.** Il ne faut pas boire. **f.** Il ne faut pas jouer. **g.** Il ne faut pas jeter de papiers par terre. **h.** Il ne faut pas emmener d'animaux de compagnie.

551. a. Non, je ne dois pas apprendre ce poème par cœur. **b.** Non, il ne sait pas nager. **c.** Non, je ne veux pas rendre visite à mon frère. **d.** Non, je ne peux pas/ nous ne pouvons pas prêter mon/notre ordinateur ? **e.** Non, elles ne savent pas coudre ? **f.** Non, je ne dois pas comprendre ce qu'il dit. **g.** Non, je ne vais pas visiter l'exposition. **h.** Non, je ne vais pas/nous n'allons pas apprendre le japonais.

552. ne connais pas – ne peux pas voir – n'est pas – ne parle jamais – ne sourit jamais – n'aime pas – ne veux pas la connaître – ne vais pas aller dîner

553. a. Je ne cherche pas d'appartement. **b.** Je ne connais pas d'hôtel pas cher dans le quartier. **c.** Il y n'a pas de train direct pour Bordeaux. **d.** Tu ne fais pas de sport. **e.** Je ne regarde pas de film à la télé. **f.** Je n'ai pas de frère. **g.** Il n'y a pas de lettre pour toi. **h.** Il ne mange pas de viande.

554. a. Non, ce ne sont pas des chaussures. **b.** Non, ce n'est pas un jeu de société. **c.** Non, ce n'est pas un tableau. **d.** Non, ce n'est pas un massage. **e.** Non, ce n'est pas une robe. **f.** Non, ce ne sont pas des boucles d'oreille. **g.** Non, ce ne sont pas des chocolats. **h.** Non, ce n'est pas une place de concert.

555. a. 7 ; **b.** 6 ; **c.** 5 ; **d.** 3 ; **e.** 8 ; **f.** 1 ; **g.** 4 ; **h.** 2

556. a. pas les ; **b.** pas d' ; **c.** pas le ; **d.** pas de ; **e.** pas les ; **f.** pas de ; **g.** pas l' ; **h.** pas d'

Bilan

1. ne – pas – ne – pas – n' – pas – n' – pas – n' – pas – ne – pas – n' – pas / jamais – ne – pas

2. a. Eliot ne parle pas anglais. **b.** Eliot n'a pas d'amis. **c.** Eliot ne mange pas de légumes. **d.** Eliot ne boit pas de café. **e.** Eliot ne veut pas changer de pays. **f.** Eliot n'étudie pas la philosophie. **g.** Eliot ne fume pas. **h.** Eliot ne sourit jamais. **i.** Eliot n'est pas sympathique. **j.** Eliot n'écoute pas de jazz.

3. a. Non, je ne fais jamais de randonnées. **b.** Non, je n'aime pas les fleurs. **c.** Non, je n'apporte pas de dessert chez Léa. **d.** Non, je n'achète pas de cadeau d'anniversaire pour Paul. **e.** Non, je ne fais pas le ménage le samedi. **f.** Non, je ne connais pas le centre-ville. **g.** Non, je ne joue pas avec ma petite sœur.

4. a. Vous n'avez pas mon numéro de téléphone. **b.** Ils n'écoutent jamais de musique électronique. **c.** Tu ne veux pas aller au cinéma ce soir ? **d.** Il ne faut pas oublier ta carte de transport. **e.** Vos enfants n'habitent pas à Paris.

23. L'interrogation

557. a. Est-ce que ; **b.** Est-ce que ; **c.** Est-ce qu' ; **d.** Est-ce que ; **e.** Est-ce qu' ; **f.** Est-ce qu' ; **g.** Est-ce que ; **h.** Est-ce que

558. a. 4 ; **b.** 1 ; **c.** 5 ; **d.** 8 ; **e.** 2 ; **f.** 7 ; **g.** 3 ; **h.** 6

559. a. Est-ce qu'on part ensemble ? **b.** Est-ce que le spectacle t'a plu ? **c.** Est-ce que c'est un bon chef d'orchestre ? **d.** Est-ce que tu es guitariste ? **e.** Est-ce qu'elle aime ce groupe ? **f.** Est-ce que vous allez au concert ce soir ? **g.** Est-ce que le concert finit tard ? **h.** Est-ce qu'il vient avec nous ?

560 a. Est-ce que tu aimes les films français ? **b.** Est-ce que le musée est ouvert demain ? **c.** Est-ce que le cinéma se trouve dans cette rue ? **d.** Est-ce que c'est un bon film ? **e.** Est-ce que tu connais cet acteur ? **f.** Est-ce que je prends mon parapluie ? / Est-ce qu'il pleut ? / Est-ce qu'il va pleuvoir ? **g.** Est-ce que vous partez demain ? **h.** Est-ce que tu viens (avec moi/nous) ?

561. Question par intonation : e, f – **Question avec « est-ce que » :** b, d, g – **Affirmation :** a, c, h

562. a. intonation ; **b.** est-ce que ; **c.** inversion ; **d.** intonation; **e.** est-ce que ; **f.** inversion ; **g.** est-ce que ; **h.** intonation

563. a. Allez-vous à l'université ? **b.** Aimes-tu la

physique ? **c.** Connaissez-vous le prof de maths ? **d.** Lis-tu beaucoup ? **e.** Prenez-vous des notes ? **f.** Fais-tu des cartes mentales pour réviser ? **g.** Préfères-tu travailler le soir ou le matin ? **h.** Travaillez-vous pour payer vos études ?

564. a. Remplissez-vous/Remplis-tu le formulaire ? **b.** Êtes-vous/Es-tu étudiant ? **c.** Cherchez-vous/Cherches-tu un studio ? **d.** Organisez-vous une fête ? **e.** Prend-il le métro ? **f.** Avez-vous/As-tu l'invitation ? **g.** Êtes-vous bien placés ? **h.** Faut-il apporter un cadeau ?

565. a. - ; **b.** -t- ; **c.** - ; **d.** - ; **e.** -t- ; **f.** -t- ; **g.** - ; **h.** -t-

566. a. Vient-elle avec lui ? **b.** Prépare-t-il le repas ? **c.** Aime-t-elle les épinards ? **d.** Part-elle tôt ? **e.** Joue-t-il au tennis ? **f.** Fait-elle du sport ? **g.** Habite-t-elle en France ? **h.** Connaît-il la région ?

567. a. Non ; **b.** Si ; **c.** Oui ; **d.** Non ; **e.** Si ; **f.** Non ; **g.** Non ; **h.** Oui

568. a. 6 ; **b.** 2 ; **c.** 8 ; **d.** 4 ; **e.** 5 ; **f.** 7 ; **g.** 1 ; **h.** 3

569. a. Tu ne fais pas les courses ? **b.** Il ne prépare pas le repas ? **c.** On ne balaie pas ? **d.** Tu ne débarrasses pas la table ? **e.** Vous ne faites pas la vaisselle ? **f.** Nous ne faisons pas le ménage ? **g.** Elles ne vident pas les poubelles ? **h.** Vous ne faites pas le lit ?

570 a. Ta gourde n'est pas remplie ? **b.** Ton stylo fonctionne ? **c.** Tu ne notes pas dans ton agenda ? **d.** Tu ne ranges pas les stylos ? **e.** Tu effaces tes mauvaises réponses ? **f.** Tu ne prends pas ton téléphone ? **g.** Tu me donnes ta clé USB ? **h.** Il ne dort pas ?

571. a. 1, 2, 3, 6, 7, 8 ; **b.** 1, 5 ; **c.** 1, 2 ; **d.** 1, 4, 6

572. a. Qui a écrit ce livre ? **b.** Qui est à l'infirmerie ? **c.** Qui cherche du travail ? **d.** Qui court avec toi ? **e.** Qui commande les pizzas ? **f.** Qui va jouer avec nous ? **g.** Qui prépare le repas pour la fête ? **h.** Qui vend cette voiture ?

573. a. avec qui ; **b.** Qui ; **c.** À qui ; **d.** avec qui / chez qui ; **e.** Qui ; **f.** à qui ; **g.** Qui ; **h.** chez qui

574. a. Qui ; **b.** Qui ; **c.** À qui ; **d.** Avec qui ; **e.** chez qui ; **f.** Qui ; **g.** avec qui ; **h.** Qui

575. a. Qu'est-ce que ; **b.** Qu'est-ce qu' ; **c.** Qu'est-ce que ; **d.** Qu'est-ce qu' ; **e.** Qu'est-ce qu' ; **f.** Qu'est-ce que ; **g.** Qu'est-ce que ; **h.** Qu'est-ce que

576. a. Qu'est-ce que tu as mangé ? **b.** Qu'est-ce que tu fais ? **c.** Qu'est-ce que tu étudies ? **d.** Qu'est-ce que tu prends comme dessert ? **e.** Qu'est-ce que tu achètes ? **f.** Qu'est-ce que tu regardes ? **g.** Qu'est-ce que tu écris ? **h.** Qu'est-ce que tu dis ?

577. a. Qu'est-ce que ; **b.** Est-ce que ; **c.** Qu'est-ce que ; **d.** Est-ce que ; **e.** Est-ce que ; **f.** Qu'est-ce que ; **g.** Est-ce que ; **h.** Qu'est-ce que

578. a. Que ; **b.** Que ; **c.** quoi ; **d.** Que ; **e.** quoi ; **f.** Qu' ; **g.** quoi ; **h.** Que

579. a. 5 ; **b.** 8 ; **c.** 3 ; **d.** 1 ; **e.** 2 ; **f.** 7 ; **g.** 4 ; **h.** 6

580. a. Vous habitez où ? **b.** Tu passes tes vacances où ? **c.** Tu travailles où ? **d.** Samuel est né où ? **e.** Où est la rue Picasso ? **f.** Samedi, tu vas où ? **g.** Où est la fromagerie ? **h.** Tu seras où demain ?

581. a. Où est-ce que tu vas ? **b.** Où est-ce que vous prenez le métro ? **c.** Où est-ce que tu pars en voyage ? **d.** Où est-ce que tu arrives ? **e.** Où est-ce que tu gares la voiture ? **f.** Où est-ce que tu fais de la gym ? **g.** Où est-ce que nous allons ? **h.** Où est-ce que nous avons rendez-vous ?

582. a. Quand est-ce qu'elle finit son travail ? **b.** Quand est-ce qu'elle est née ? **c.** Quand est-ce qu'il arrive ? **d.** Quand est-ce que le taxi arrive ? **e.** Quand est-ce que tu pars en vacances ? **f.** Quand est-ce que le repas sera prêt ? **g.** Quand est-ce que tu arrêtes de travailler ? **h.** Quand est-ce que les travaux vont finir ?

583. a. 3 ; **b.** 6 / 7 ; **c.** 8 ; **d.** 1 ; **e.** 2 ; **f.** 4 ; **g.** 5 ; **h.** 6 / 7

584. a. Comment est-ce que vous réglez vos achats ? **b.** Comment est-ce qu'on peut s'inscrire ? **c.** Comment est-ce que vous allez à la fête ? **d.** Comment est-ce que tu te sens ? **e.** Comment est-ce que tu trouves ta nouvelle collègue ? **f.** Comment est-ce qu'ils appellent leur bébé ? **g.** Comment est-ce que tu connais la nouvelle ? **h.** Comment est-ce que vous dormez ?

585. a. Pourquoi est-ce qu'il travaille beaucoup ? **b.** Pourquoi est-ce qu'elle ne vient pas ? **c.** Pourquoi est-ce que tu manges peu ? **d.** Pourquoi est-ce que vous apprenez le français ? **e.** Pourquoi est-ce qu'ils ne vont pas à la salle de sports ? **f.** Pourquoi est-ce que tu vas chez le médecin ? **g.** Pourquoi est-ce que tu prends une grosse valise ? **h.** Pourquoi est-ce que tu vas à la montagne ?

586. a. Pourquoi est-ce qu'il apprend le grec ? **b.** Pourquoi est-ce qu'il travaille beaucoup ? **c.** Pourquoi est-ce que vous courez ? **d.** Pourquoi est-ce qu'elle est absente ? **e.** Comment est-ce qu'il fait le ménage ? **f.** Comment est-ce que tu pars en vacances ? **g.** Comment est-ce que tu t'appelles ? **h.** Comment est-ce que vous vous sentez ?

587. a. Comment est-ce qu'il va à l'école ? **b.** Pourquoi est-ce qu'il boit de l'eau ? **c.** Quand est-ce qu'elle va au théâtre ? **d.** Où est-ce qu'il habite ? **e.** Qu'est-ce qu'elle met pour sortir ? **f.** Où est-ce qu'elle mange à midi ?

588. a. quel ; **b.** quels ; **c.** Quel ; **d.** Quelle ; **e.** quels ; **f.** quelle ; **g.** quelles ; **h.** quels

589. a. Quel est votre prénom ? **b.** Quelle est votre adresse ? **c.** Quelle est votre nationalité ? **d.** Quel est votre numéro de téléphone ? **e.** Quels sont vos diplômes ? **f.** Quels sont vos loisirs ? **g.** Quelles sont vos disponibilités ? **h.** Quelles sont vos principales qualités ?

590. a. À quelle heure tu arrives ? **b.** Quel jour êtes-vous/es-tu disponible ? **c.** De quel pays parlez-vous/

parles-tu ? **d.** Quel plat doit-on apporter ? **e.** Dans quelle rue est ton/votre appartement ? **f.** Quelle est votre/ta date de naissance ? **g.** Quel est ton/votre sport préféré ? **h.** Quelle est la station de métro la plus proche ?

591. a. 5 ; **b.** 8 ; **c.** 3 ; **d.** 1 ; **e.** 7 ; **f.** 2 ; **g.** 6 ; **h.** 4

Bilan

1. a. intonation ; **b.** est-ce que ; **c.** inversion ; **d.** inversion ; **e.** est-ce que ; **f.** inversion ; **g.** intonation ; **h.** est-ce que

2. a. 5 ; **b.** 7 ; **c.** 1 ; **d.** 4 ; **e.** 2 ; **f.** 8 ; **g.** 6 ; **h.** 3

3. a. Qu'est-ce qu' ; **b.** Est-ce qu' ; **c.** Qui ; **d.** Qu'est-ce que ; **e.** Est-ce que ; **f.** Est-ce que ; **g.** Qu'est-ce que ; **h.** Qui

4. a. Où ; **b.** Qui ; **c.** Qu' ; **d.** Quand ; **e.** Comment ; **f.** Qu' ; **g.** Pourquoi ; **h.** Où

5. a. 4 ; **b.** 2 ; **c.** 1 ; **d.** 6 ; **e.** 3 ; **f.** 5

24. La situation dans l'espace

592. a. à la – 7 ; **b.** au – 8 ; **c.** à l' – 1 ; **d.** à l' – 9 ; **e.** à la – 3 ; **f.** au – 2 ; **g.** à l' – 4 ; **h.** à la – 6 ; **i.** au – 5

593. a. cinéma ; **b.** piscine ; **c.** école de danse ; **d.** Jeux olympiques ; **e.** match de rugby ; **f.** bibliothèque ; **g.** parc ; **h.** galerie de peinture

594. a. à la ; **b.** aux ; **c.** au ; **d.** à la ; **e.** au ; **f.** chez ; **g.** à la ; **h.** chez ; **i.** à l' ; **j.** au

595. a. J'ai rendez-vous à l'hôtel. **b.** Ils font leurs courses à l'épicerie. **c.** Nous regardons le spectacle sur la place Jean-Bart. **d.** Je cherche le vin à la cave. **e.** Dans la rue, il y a un spectacle. **f.** Elles achètent du lait à la crèmerie. **g.** Demain, elle vient dîner à la maison. **h.** Vous pouvez me raccompagner chez moi ?

596. a. aux ; **b.** sur ; **c.** à la ; **d.** chez ; **e.** au ; **f.** dans ; **g.** à l' – chez ; **h.** à la – à l'

597. a. 2, 4, 6, 8, 9 ; **b.** 1, 3, 5, 7

598. a. au ; **b.** en ; **c.** en ; **d.** au ; **e.** au ; **f.** en ; **g.** au ; **h.** au

599. a. en ; **b.** en ; **c.** en ; **d.** au ; **e.** au – en ; **f.** En ; **g.** en ; **h.** en ; **i.** aux

600. a. à – au ; **b.** à – en ; **c.** à – aux ; **d.** à – en ; **f.** à – au ; **g.** à – au ; **h.** à – en

601. a. à ; **b.** aux ; **c.** au ; **d.** à ; **e.** à ; **f.** au ; **g.** en ; **h.** au

602. a. dans – dans ; **b.** sur – sur ; **c.** aux – en ; **d.** dans – dans ; **e.** aux – en ; **f.** Sur – à ; **g.** en – en ; **h.** aux – aux

603. a. 1, 2, 6 ; **b.** 4, 7 ; **c.** 3, 8 ; **d.** 5, 9

604. a. Je suis en Inde. **b.** Je/Il/Elle/On reste à Bombay. **c.** Je/Il/Elle/On retourne en Chine. **d.** Je reviens de Pékin. **e.** Je vais au Japon. **f.** Je suis à Tokyo. **g.** Je vais en Corée du Sud. **h.** Je/Tu sors d'Asie.

605. a. des ; **b.** du ; **c.** du ; **d.** du ; **e.** de l' ; **f.** des ; **g.** de la ; **h.** de l'

606. a. de – de ; **b.** de – du – d' ; **c.** de la – de la ; **d.** de chez; **e.** de la ; **f.** de l' – de la ; **g.** de l' – du ; **h.** de la – de chez

607. a. au ; **b.** en – à la ; **c.** du ; **d.** au ; **e.** au – en ; **f.** à ; **g.** du ; **h.** de

608. a. dans ; **b.** devant ; **c.** entre ; **d.** à gauche de ; **e.** à côté de ; **f.** sous ; **g.** à droite de ; **h.** sur ; **i.** derrière

609. a. devant ; **b.** dans ; **c.** Sous ; **d.** sur ; **e.** sous ; **f.** à côté ; **g.** sur – devant ; **h.** derrière

610. a. À gauche ; **b.** Devant ; **c.** Sur ; **d.** Derrière ; **e.** À côté ; **f.** sous

611. a. Il est assis sur le banc. **b.** Mets la viande dans le réfrigérateur ! **c.** Tu peux poser les fleurs sur la table ? **d.** Elle verse de l'eau dans le verre. **e.** Ta casquette est sur le canapé. **f.** Range ton portefeuille dans ton sac. **g.** Les clés sont dans le tiroir. **h.** Il y a des plantes sur la terrasse.

Bilan

1. en – en – en – au – au – en – aux – au – au – en – au – en – en – au – en – en – au – en – en – au – en – en – à

2. a. dans – au ; **b.** au – au – à la ; **c.** Sur ; **d.** au – sur ; **e.** au – dans

3. du – à l' – au – à la – de la – au – à l' – de la

4. a. à l' ; **b.** chez ; **c.** à la ; **d.** à la ; **e.** chez ; **f.** à l' ; **g.** chez ; **h.** à la

5. a. à – dans – Près ; **b.** en – dans – au ; **c.** Dans – devant – Sur ; **d.** chez – sur – sous

6. a. sur ; **b.** dans ; **c.** à ; **d.** près ; **e.** de

25. L'expression du temps

612. a. Ils vont finir le match dans dix minutes. **b.** Elle va faire un grand voyage dans six mois. **c.** Elles vont se marier dans un an. **d.** Il arrive dans dix minutes. **e.** Il va planter des salades dans un mois. **f.** Un magnifique jardin aux plantes va ouvrir dans six mois. **g.** Léo va fêter son anniversaire dans une semaine. **h.** Je vais au cinéma dans deux jours.

613. a. Ils vont aller en Autriche pour deux semaines. **b.** Il a fini son travail en une demi-heure. **c.** Vite, le train va partir dans deux minutes ! **d.** Je finis dans dix minutes. **e.** Elle court douze kilomètres en une heure. **f.** Ils vont aller à Madrid pour quatre jours seulement ! **g.** Il va pleuvoir dans trois jours.

614. a. pour ; **b.** dans ; **c.** dans ; **d.** pour ; **e.** en ; **f.** pour ; **g.** en ; **h.** pour

615. a. en ; **b.** dans ; **c.** dans ; **d.** dans ; **e.** dans ; **f.** dans ; **g.** en ; **h.** en

616. a. Ils font de la boxe depuis trois mois. **b.** Elle est inscrite au club de sport depuis le mois de septembre. **c.** Nous faisons du compost depuis l'année dernière. **d.** Ils organisent des réunions depuis le début. **e.** Vous prenez des cours de chant depuis six mois. **f.** Tu fais de la compétition depuis un an. **g.** On est en couple depuis 22 ans. **h.** Je travaille dans cette entreprise depuis huit ans.

617. a. Il y a deux ans, il a commencé son master. **b.** Il y a deux ans, il a travaillé dans une pizzeria. **c.** Il y a un an, il est arrivé en France. **d.** Il y a dix mois, il a fêté Noël en Belgique. **e.** Il y a quatre mois, il a eu son master. **f.** Il y a trois mois, il est parti en vacances en Grèce. **g.** Il y a deux mois, il a rencontré Yannis. **h.** Il y a un mois, il a trouvé du travail.

618. a. Pendant le trajet, je vais lire. **b.** Vous partez en vacances pendant deux semaines. **c.** Il va faire une tournée pendant trois mois. **d.** Elle a fait de la gymnastique pendant huit ans. **e.** Ils ont habité en Grèce pendant leur enfance. **f.** Ils ont voyagé pendant deux ans. **g.** Nous avons étudié les sciences pendant cinq ans. **h.** Elle a été professeure pendant quinze ans.

619. a. il y a ; **b.** il y a ; **c.** dans ; **d.** dans ; **e.** il y a ; **f.** dans ; **g.** il y a ; **h.** il y a

620. a. pendant ; **b.** pendant ; **c.** il y a ; **d.** depuis ; **e.** depuis ; **f.** Depuis ; **g.** pendant ; **h.** pendant

621. a. Verbes des phrases c, g et h.

622. a. 3 ; **b.** 5 ; **c.** 6 ; **d.** 1 ; **e.** 4 ; **f.** 2

623. a. Elle est en train de prendre des notes. **b.** Nous sommes en train de manger. **c.** Il est en train de réviser ses cours. **d.** Ils sont en train de danser. **e.** Il est en train de neiger. **f.** Elles sont en train de préparer le spectacle. **g.** Elle est en train de faire une randonnée. **h.** Vous êtes en train de regarder la télé.

624. a. Ils sont en train préparer un gâteau. **b.** Ils sont en train de jouer aux jeux vidéo. **c.** Elle est train de promener ses chiens. **d.** Il est en train de se laver les dents. **e.** Ils sont en train de lire. **f.** Il est en train de chanter.

625. a. Je suis en train d'étudier les mathématiques. **b.** Ils sont en train de s'amuser. **c.** Il est train de réviser pour l'examen. **d.** Vous êtes en train de vous doucher. **e.** Tu es en train de cuisiner une pizza. **f.** On est en train de courir sur la plage. **g.** Elles sont en train de se reposer. **h.** Nous sommes en train de nous promener.

626. a. Verbes des phrases a, c, e, f, h.

627. a. Ma fille vient de commencer des études de médecine. **b.** Vous venez de faire un stage dans une grande entreprise. **c.** Ils viennent de faire le tour du monde. **d.** Il vient d'organiser une conférence. **e.** Tu viens d'obtenir ton diplôme. **f.** Vous venez d'étudier le droit. **g.** Ils viennent de s'amuser ! **h.** Elles viennent de regarder un super film.

628. a. vient de partir ; **b.** viens de faire ; **c.** vient d'ouvrir ; **d.** venons de signer ; **e.** viens de prendre ; **f.** viennent de finir ; **g** vient d'aller ; **h.** venez d'écrire

629. a. viennent d'arriver – m'attendent ; **b.** es en train de pleurer – vient de me quitter ; **c.** vient de commencer – est en train d'expliquer ; **d.** vient de gagner ; **e.** vient de réussir

630. a. Je viens de faire les courses et je suis en train de cuisiner le repas. **b.** Tu viens de finir tes études et tu es en train de chercher un travail. **c.** Vous venez de vous doucher et vous êtes en train de vous habiller. **d.** Ils viennent d'arriver à l'université et ils sont en train de suivre un cours de latin.

Bilan

1. a. 6 ; **b.** 8 ; **c.** 3 ; **d.** 4 ; **e.** 1 ; **f.** 2 ; **g.** 7 ; **h.** 5

2. pendant – pendant – pendant – il y a – en – Depuis – dans

3. a. depuis ; **b.** il y a ; **c.** il y a ; **d.** depuis ; **e.** depuis ; **f.** il y a ; **g.** depuis ; **h.** depuis

4. a. suis en train de travailler ; **b.** est en train de prendre ; **c.** sont en train de faire ; **d.** sont en train de chercher ; **e.** sommes en train d'aider ; **f.** es en train de préparer ; **g.** est en train de parler ; **h.** sont en train de manger

5. a. Tu viens d'aller à la bibliothèque. **b.** Vous venez de regarder un film. **c.** Elle vient de finir son travail. **d.** Ils viennent de monter dans l'autobus. **e.** Nous venons de chanter dans une chorale. **f.** Ils viennent de faire un grand voyage.

26. L'impératif

631. a. Parle doucement ! **b.** Rentre tôt ! **c.** Corrige les fautes ! **d.** Change de direction ! **e.** Commence ton travail ! **f.** Reste à la maison ! **g.** Marche vite ! **h.** Joue avec eux !

632. a. Téléphonez à Marie ! **b.** Préparez ton/votre sac ! **c.** Portez la table ! **d.** Baissez la musique ! **e.** Invitez Pedro ! **f.** Passez par le marché ! **g.** Cherchez au salon ! **h.** Écoutez !

633. a. - ; **b.** - ; **c.** - ; **d.** - ; **e.** s- ; **g.** s- ; **g.** - ; **h.** -

634. a. Regardons ; **b.** Mangez ; **c.** Emmène ; **d.** Ferme ; **e.** Gardez ; **f.** Pense ; **g.** Changeons ; **h.** Payez

635. a. Va ; **b.** Allez ; **c.** Allons ; **d.** vas ; **e.** allez ; **f.** Va ; **g.** Allons ; **h.** allez

636. a. issez ; **b.** issons ; **c.** issez ; **d.** is ; **e.** issons ; **f.** e ; **g.** e ; **h.** ez

637. a. Prends ; **b.** Dors ; **c.** Pars ; **d.** Reviens ; **e.** Mets ; **f.** Attends ; **g.** Réponds ; **h.** Écris

638. a. Prends le train de 18h48 ! **b.** Faites du sport le matin ! **c.** Rendez la monnaie, s'il vous plaît ! **d.** Attendons un peu ! **e.** Écrivons un courriel de confirmation ! **f.** Vendons la voiture ! **g.** Viens chez moi ce week-end ! **h.** Descendez par les escaliers !

639. a. Fais ; **b.** Marchez ; **c.** Venez ; **d.** Gardons ; **e.** Écoute ; **f.** Comprends ; **g.** Lisez ; **h.** Écrivons

640. a. Soyez prudent ! **b.** Ayez vos papiers ! **c.** Soyez sage(s) ! **d.** Ayez confiance ! **e.** Soyez ponctuel(le)s ! **f.** Ayez pitié ! **g.** Soyez content(e)s !

641. a. Ayez une invitation ! **b.** Sois calme ! **c.** Sache où c'est ! **d.** Ayons le temps ! **e.** Soyez disponible(s) ! **f.** Sachons nager ! **g.** Aie une voiture !

642. a. Sors ; **b.** Sache ; **c.** Finis ; **d.** Aie ; **e.** Attends ; **f.** Prends ; **g.** Vas ; **h.** Sois

643. a. Ouvre ; b. attendez ; **c.** Veuillez ; **d.** allons ; **e.** aie ; **f.** prends ; **g.** sois

644. Forme affirmative : a, e, f, g – **Forme négative :** b, c, d, h

645. a. Ne met pas ton pull ! **b.** Ne fais pas tes devoirs ! **c.** Ne parlez pas doucement ! **d.** Ne gardons pas une copie ! **e.** N'envoyons pas le courriel ! **f.** N'écrivez pas la lettre ! **g.** Ne répondez pas à la question ! **h.** N'ayez pas vos papiers sur vous !

646. a. Ne ; **b.** ø ; **c.** Ne ; **d.** ø ; **e.** N' ; **f.** ø

647. a. N'oublie pas ; **b.** Ne changeons pas ; **c.** Ne perdez pas ; **d.** Ne viens pas ; **e.** Ne dormez pas ; **f.** Ne mange pas ; **g.** Ne répète pas ; **h.** N'allons pas

Bilan

1. Impératif : a, b, d, e, g – **Présent :** c, f, h

2. a. Tournez à gauche ! **b.** Continue tout droit ! **c.** Allons à la place du château ! **d.** Tourne à droite ! **e.** Prenez la première rue à gauche ! **f.** Cherchez l'école Lamartine ! **g.** Marchons sur 500 mètres ! **h.** Traverse le boulevard !

3. a. 5 ; **b.** 2 ; **c.** 8 ; **d.** 6 ; **e.** 3 ; **f.** 7 ; **g.** 1 ; **h.** 4

4. a. Va ; **b.** Ne ferme pas ; **c.** Sois ; **d.** Veuillez ; **e.** Ne prenons pas ; **f.** Ne faites pas

27. Le futur proche

648. a. 8 ; **b.** 6 ; **c.** 2, 4, 7 ; **d.** 2, 4, 7 ; **e.** 2, 4, 7 ; **f.** 5 ; **g.** 3 ; **h.** 2, 4, 7

649. Futur proche : b, c, f, g – **Présent :** a, d, e, h

650. a. Tu vas arriver en train. **b.** Elles vont prendre des décisions. **c.** Nous allons quitter la ville. **d.** Je vais parler au responsable. **e.** Vous allez apprendre vos leçons. **f.** On va faire la vaisselle. **g.** Elle va venir ce soir. **h.** Tu vas vendre ta voiture.

651. a. va pleuvoir ; **b.** va commencer ; **c.** va expliquer ; **d.** va inviter ; **e.** vais aller ; **f.** vas faire ; **g.** va comprendre ; **h.** vont choisir

652. a. Il ne va pas pleuvoir. **b.** Tu ne vas pas appeler Jacques. **c.** Elles ne vont pas quitter la ville. **d.** Nous n'allons pas travailler dans cette entreprise. **e.** Elle ne va pas étudier la philosophie. **f.** Vous n'allez pas prendre du vin. **g.** Je ne vais pas revenir en train. **h.** Nous n'allons pas partir à la montagne.

653. a. Je ne vais pas travailler. **b.** On ne va pas voir Mylène. **c.** Il ne va pas préparer son voyage. **d.** Nous n'allons pas étudier à la bibliothèque. **e.** Vous n'allez pas faire de photos. **f.** Elles ne vont pas prendre de thé. **g.** Tu ne vas pas répondre aux questions. **h.** Ils ne vont pas venir à la fête.

654. a. n'allez pas déménager ; **b.** ne va pas partir ; **c.** ne va pas visiter la ville ; **d.** n'allons pas aller au cinéma ; **e.** ne vont pas jouer aux cartes ; **f.** ne vas pas sortir le chien ; **g.** n'allez pas faire les courses ; **h.** ne vais pas prendre le métro

655. a. ne vas pas présenter ; **b.** nous n'allons pas faire ; **c.** vous n'allez pas manger ; **d.** il ne va pas prendre ; **e.** elles ne vont pas visiter ; **f.** on ne va pas passer ; **g.** ils ne vont pas sortir ; **h.** je ne vais pas rester

Bilan

1. a. vais aller ; **b.** va la mettre ; **c.** vont faire ; **d.** va commencer ; **e.** va pleuvoir ; **f.** va te soigner ; **g.** va avoir ; **h.** va faire ; **i.** vont parler

2. vais parler – vas parler – va parler – allons parler – allez parler – vont parler

3. a. Les enfants vont chanter. **b.** Nous allons passer les vacances au Vietnam. **c.** Elles vont travailler ce matin. **d.** Ils vont chanter au concert. **e.** Vous allez jouer de la musique. **f.** Nous allons rentrer tard. **g.** Vous allez prendre ton / votre parapluie. **h.** Ils vont faire du sport. **i.** Nous allons commencer à travailler. **j.** Elles vont choisir un plat.

4. a. Ce soir, je vais travailler. **b.** Ce week-end, vous aller réviser votre examen. **c.** Cet été, nous allons voyager. **d.** La semaine prochaine, nous allons passer notre examen. **e.** Samedi soir, tu vas aller à l'anniversaire de Clara. **f.** Dimanche, nous allons aider Sam à déménager. **g.** Vous n'allez pas jouer ensemble ? **h.** Tu ne vas pas comprendre ce qu'il dit/va dire. **i.** Il ne va pas prendre le métro. **j.** Elle ne va pas sortir ce soir.

28. Le passé composé

656. Passé composé : b, c, f, g – **Autre temps :** a, d, e, h

657. a. ont ; **b.** a ; **c.** avons ; **d.** avez ; **e.** as ; **f.** ai ; **g.** a ; **h.** ont

658. a. Vous avez mangé trop de chocolat. **b.** Nous avons assisté au concert de cette chanteuse. **c.** Tu as aimé la fête ? **d.** Jean a payé l'addition. **e.** Elles ont travaillé à l'étranger. **f.** Le magasin a fermé à 19 heures. **g.** J'ai adoré ce film ! **h.** Elle a réservé une table.

659. a. avez habité ; **b.** ai trouvé ; **c.** as envoyé ; **d.** avez aidé ; **e.** avons appelé ; **f.** ont commencé ; **g.** avons dansé ; **h.** ont acheté

660. a. 7 ; **b.** 2, 4, 5 ; **c.** 1 ; **d.** 8 ; **e.** 3 ; **f.** 6 ; **g.** 2, 4, 5 ; **h.** 4

661. a. Tu – été ; **b.** J' – été ; **c.** Nous – été ; **d.** Elles – été ; **e.** Vous – été ; **f.** Il / On – été ; **g.** Elle – été ; **h.** Ils / Elles – été

662. a. Vous avez eu peur des insectes. **b.** Ils ont eu vingt ans. **c.** Il a eu son diplôme. **d.** Nous avons eu très chaud. **e.** Ils ont eu des difficultés. **f.** J'ai eu très faim. **g.** Vous avez eu beaucoup de chance. **h.** Nous avons eu l'autorisation.

663. a. Vous avez été parfait(s) ! **b.** Elles ont été mariées. **c.** Nous avons été médecins. **d.** Vous avez été fâché(s). **e.** Ils ont été seuls. **f.** Vous avez été fatigué(s). **g.** Nous avons été motivés. **h.** Ils ont été présents.

664. a. as fait ; **b.** a fait ; **c.** ont fait ; **d.** avons fait ; **e.** a fait ; **f.** avez fait ; **g.** ai fait

665. a. 6 ; **b.** 3 ; **c.** 5 ; **d.** 2 ; **e.** 7 ; **f.** 1 ; **g.** 8 ; **h.** 4

666. a. choisir – choisi ; **b.** suivre – suivi ; **c.** remplir – rempli ; **d.** partir – parti ; **e.** réfléchir – réfléchi ; **f.** dormir – dormi ; **g.** sortir – sorti ; **h.** servir – servi

667. a. Tu as choisi le pull vert. **b.** Elle a rempli son inscription. **c.** Ils ont suivi un cours de sociologie. **d.** Nous avons servi un verre. **e.** Vous avez dormi à l'hôtel. **f.** Ils ont fini hier soir. **g.** J'ai bien dormi. **h.** On a servi la soupe.

668. a. avons fini ; **b.** ont suivi ; **c.** avez choisi ; **d.** as réfléchi ; **e.** a servi ; **f.** a réuni ; **g.** ont rempli

669. a. compris ; **b.** pris ; **c.** compris ; **d.** appris ; **e.** pris ; **f.** appris

670. a. Vous avez appris la nouvelle ? **b.** Elles ont pris à droite. **c.** Nous avons compris l'idée. **d.** Vous avez mis une veste. **e.** Ils ont écrit un article. **f.** Vous avez pris un repas. **g.** Nous avons écrit en anglais. **h.** Ils ont mis 10 euros.

671. appris – dormi – mis – fini – écrit – compris – rempli – choisi – pris

672. a eu – a travaillé – a fini – a mangé – ont pris – a fait – a choisi – a visité – a trouvé – a dormi

673. a. 3 ; **b.** 2 ; **c.** 5 ; **d.** 6 ; **e.** 4 ; **f.** 1

674. a. connu ; **b.** connu ; **c.** su ; **d.** su ; **e.** connu ; **f.** su ; **g.** connu ; **h.** su

675. pouvoir : ai pu – as pu – a pu – avons pu – avez pu – ont pu ; **vouloir :** ai voulu – as voulu – a voulu – avons voulu – avez voulu – ont voulu ; **devoir :** ai dû – as dû – a dû – avons dû – avez dû – ont dû

676. a. 4 ; **b.** 5 ; **c.** 8 ; **d.** 3 ; **e.** 6 ; **f.** 1 ; **g.** 2 ; **h.** 7

677. a. Elle a voulu partir. **b.** Vous avez bu du vin. **c.** Ils ont lu le livre. **d.** On a connu son ami. **e.** Tu as répondu au téléphone. **f.** Il a vendu son vélo. **g.** Nous avons attendu pendant deux heures. **h.** J'ai pu prendre le train.

678. a. a vécu ; **b.** avez connu ; **c.** as lu ; **d.** avons su ; **e.** ont attendu ; **f.** avez voulu ; **g.** ai entendu ; **h.** a pu

679. offrir – ouvrir – découvrir

680. a. Ils/Elles – découvert ; **b.** J' – découvert ; **c.** Tu – ouvert ; **d.** Vous – ouvert ; **e.** Il/Elle/On – ouvert ; **f.** Nous – offert ; **g.** Tu – offert ; **h.** Ils/Elles – offert

681. a. vécu ; **b.** pris ; **c.** fini ; **d.** voulu ; **e.** été ; **f.** ouvert ; **g.** connu ; **h.** mis ; **i.** chanté ; **j.** su ; **k.** eu

682. ont déménagé – ont trouvé – ont cherché – ont découvert – ont rencontré ; b. avez pris – avez voulu – avez ouvert – a eu

683. a. naître ; **b.** arriver ; **c.** partir ; **d.** sortir ; **e.** tomber ; **f.** venir ; **g.** rester ; **h.** entrer

684. a. est ; **b.** sont ; **c.** sommes ; **d.** suis ; **e.** es ; **f.** êtes ; **g.** est ; **h.** est

685. a. rentré ; **b.** allée ; **c.** passés ; **d.** restée ; **e.** partis ; **f.** tombés ; **g.** arrivées ; **h.** revenu

686. a. é ; **b.** é(e)s ; **c.** ues ; **d.** u(e)(s) ; **e.** is ; **f.** ée ; **g.** é ; **h.** és

687. a. Vous êtes arrivé(e)(s) en train. **b.** Elle est retournée à Paris. **c.** Tu es rentré(e) tôt. **d.** Nous sommes parti(e)s à New York. **e.** Ils sont montés au 5ᵉ étage. **f.** Elles sont restées chez elles. **g.** Ils sont sortis en discothèque. **h.** Vous êtes allé(e)(s) au match.

688. a. est ; **b.** sommes ; **c.** a ; **d.** est ; **e.** avez ; **f.** as ; **g.** es ; **h.** a

689. a. Tu n'as pas pris l'avion. **b.** Ils n'ont pas regardé la télé. **c.** On n'a pas écouté la radio. **d.** Vous n'avez pas fait la vaisselle. **e.** Je n'ai pas été inquiète. **f.** Nous n'avons pas eu peur. **g.** Elle n'a pas fini ses devoirs. **h.** Tu n'as pas travaillé ta leçon.

690. a. Il n'a pas fait de vélo. **b.** Vous n'avez pas pris le train. **c.** Je n'ai pas écrit à Marie. **d.** Ils n'ont pas trouvé de restaurant. **e.** On n'a pas entendu la sonnerie. **f.** Nous n'avons pas fait la cuisine. **g.** Il n'a pas pensé à toi. **h.** Elle n'a pas payé par carte.

691. a. Vous n'êtes pas arrivé à temps. **b.** Ils ne sont pas sortis à 8 heures. **c.** Tu n'es pas montée par l'escalier. **d.** Nous ne sommes pas partis hier. **e.** Elle n'est pas venue chez moi. **f.** Je ne suis pas tombé malade. **g.** Tu n'es pas né au printemps. **h.** Il n'est pas décédé.

692. a. n'est pas allée ; **b.** n'est pas retourné ; **c.** n'avons pas visité ; **d.** n'avez pas pris ; **e.** n'ont pas joué ; **f.** n'ai pas pu ; **g.** ne sont pas sorties ; **h.** n'as pas voyagé

Bilan

1. avons déjeuné – a mangé – ai préféré – a partagé – on a visité – avons regardé – avons joué – ai aimé

2. a. ont été – a été – ont été ; **b.** a eu – a eu – ont eu ; **c.** a fait – avons joué – avez fait – ont fait

3. a. 3 ; **b.** 4 ; **c.** 7 ; **d.** 9 ; **e.** 2 ; **f.** 6 ; **g.** 10 ; **h.** 8 ; **i.** 1 ; **j.** 5

4. a. a ; **b.** as ; **c.** sont ; **d.** ont ; **e.** avez ; **f.** sommes ; **g.** es ; **h.** a

5. a. Elle a mis sa veste. **b.** Tu es parti(e) en voyage. **c.** Je suis resté(e) en France. **d.** Vous êtes rentré(e)(s) dimanche. **e.** Elles sont retournées à Nice. **f.** J'ai visité la ville. **g.** Nous avons joué au tennis. **h.** J'ai fait les courses.

6. a. Elle n'a pas mis sa veste. **b.** Tu n'es pas parti(e) en voyage. **c.** Je ne suis pas resté(e) en France. **e.** Vous n'êtes pas rentré(e)(s) dimanche. **f.** Elles ne sont pas retournées à Nice. **g.** Je n'ai visité pas la ville. **h.** Nous n'avons pas joué au tennis. **i.** Je n'ai pas fait les courses.

Transcriptions

Piste 2, exercice 2, page 5
A B C D E F G H I J K L M N O P Q R S T U V W X Y Z

Piste 3, exercice 3, page 5
Exemple : L E C O M T E
a. D U P O N T
b. D U R A N
c. M A R T I N E Z
d. B O T I N
e. M A R U N
f. S A U V A J E
g. V I G N O N
h. D E M O R T I E R

Piste 4, exercice 4, page 6
Exemple : Babacar
a. Roger
b. Samira
c. Pascal
d. Louise
e. Christophe
f. Amel
g. Olaf
h. Marjane

Piste 6, exercice 5, page 6
a. O U
b. H O B B Y
c. L A accent grave
d. P R E accent aigu S
e. M A I tréma S
f. N O E tréma L
g. O U accent grave
h. H O accent circonflexe T E L
i. L A
j. P R E accent grave S

Piste 7, exercice 6, page 7
Exemple : T O 2D
a. P H I L I 2P E
b. B E accent aigu A T R I C E
c. R A 2F A E 2L E
d. Z I N A I tréma D A
e. S T E accent aigu P H A N I E
f. K A T E R I N A
g. E 2M A
h. V A L E accent aigu R I E

Piste 8, exercice 7, page 7
Exemple : Maëlys - M A E tréma L Y S
a. Charlotte - C H A R L O 2T E
b. Aaron - 2 A R O N
c. William - W I 2L I A M
d. Isabella - I S A B E 2L A
e. Rokhaya - R O K H A Y A
f. Mballe - M B A 2L E
g. Moussa - M O U 2S A
h. Naël - N A E tréma L

Piste 10, exercice 9, page 8
Exemple : M tiret C H A U 2S O N arobase yahoo point fr
a. trois w point dreamsystem point fr
b. OPICA en majuscule at wanadoo point fr
c. trois w point V E R E M E S point com
d. P O en minuscule at crpf point fr
e. trois w point U F C V slash A 2SO point FR
f. T O M A S tiret bas P H at yahoo point FR
g. trois w point studio tiret bas publiem point FR
h. sig en majuscule arobase PO point org

Piste 11, exercice 10, page 8
a. fatou tiret mata M A T A at gmail point fr
b. bereniceidel B E R E N I C E I D E L at yahoo point be
c. botti BO2TI at G C point C A
d. M point charo C H A R O at E F H point fr
e. ali point mooc m 2O C at M E T C point com
f. gil G I L tiret vande V A N D E at U B point edu
g. N A tiret desroses D E S R O S E S at U G A point edu
h. ludo tiret peers P 2E RS at yahoo point fr

Piste 13, exercice 12, page 9
Exemple : 3
a. 18
b. 2
c. 12
d. 15
e. 5
f. 1
g. 7
h. 0
i. 10
j. 20
k. 13
l. 8

Piste 15, exercice 17, page 11
Exemple : trente-cinq
a. quarante-neuf
b. vingt-trois
c. soixante-dix-sept
d. quatre-vingt-douze
e. cinquante-cinq
f. soixante-six
g. soixante-seize
h. quatre-vingt-un
i. quatre-vingt-quatorze
j. quatre-vingt-douze
k. quatre-vingt-deux
l. soixante-trois

Piste 16, exercice 18, page 11
Exemple : Coiffure David, le numéro demandé est le 03 22 54 71 12, je répète 03 22 54 71 12.
a. Garage Emaleu, le numéro demandé est le 04 11 25 36 97, je répète 04 11 25 36 97.
b. Assurance Lavie, le numéro demandé est le 01 15 45 78 96, je répète 01 15 45 78 96.
c. Restaurant Chez Lolo, le numéro demandé est le 02 25 58 74 10, je répète 02 25 58 74 10.
d. Fleuriste Belfleur, le numéro demandé est le 04 12 36 98 77, je répète 04 12 36 98 77.
e. La poste, le numéro demandé est le 01 78 25 52 36, je répète 01 78 25 52 36.
f. Docteur Marjane, le numéro demandé est le 06 62 65 74 10, je répète 06 62 65 74 10.
g. Centre hospitalier, le numéro demandé est le 03 20 50 47 10, je répète 03 20 50 47 10.
h. Nathan coaching, le numéro demandé est le 07 72 58 52 13, je répète le 07 72 58 52 13.

Piste 17, exercice 19, page 11
18 euros – 20 heures – 6 ans – 16 heures – 3 euros – 21 heures – 15 ans – 4 euros

Piste 18, exercice 20, page 11
Exemple : Je suis arrivé il y a deux heures.
a. Il a douze ans.
b. C'est seize euros.
c. Ça fait quinze ans qu'il travaille dans cette entreprise.
d. Ma grand-mère a soixante-dix-sept ans.
e. Elle a vingt ans.
f. Ce n'est pas cher, seulement cinq euros le kilo.
g. On ne s'est pas vu depuis dix ans.
h. Ça coûte trente-trois euros.

Piste 20, exercice 22, page 12
Exemple : 3000
a. 5000
b. 10 000
c. 15 000
d. 12 000

e. 6000
f. 2000
g. un million
h. cent millions

Piste 21, exercice 24, page 13
Exemple : Il est né en 2011.
a. L'Amérique a été découverte en 1492.
b. Les îles du Cap-Vert ont été découvertes en 1444.
c. L'invention de la machine à laver remonte à 1767.
d. La Révolution française a eu lieu en 1789.
e. La formation du Canada remonte à 1867.
f. L'histoire de l'énergie nucléaire débute en 1896.
g. Elle est née en 2014.
h. Elle est arrivée en France en 2002.

Piste 22, exercice 1, page 14
Dialogue 1
– Je dois faire la carte de visite d'Aya Diawara. Tu peux m'aider ?
– Bien sûr !
– Son nom, c'est Aya ou Diawara ?
– C'est Diawara. D I A W A R A
– Et Aya, comment ça s'écrit ?
– A Y A.
– D'accord.
– Elle travaille comme responsable des ressources humaines
– OK. Et l'adresse, c'est 12, rue Lacaille, c'est ça ?
– Oui, c'est bien ça ?
– Comment tu écris « Lacaille » ?
– L A CA I 2L E.
– D'accord ! Dans quelle ville ?
– À Bruxelles.
– Comment tu écris « Bruxelles » ?
– BRUXE2LES.
– Bien, et le code postal, c'est 1100 ?
– Non, c'est 1000.
– Tu as son numéro de téléphone ?
– Oui, je crois que c'est le 02 374 16 47. C'est ça. Et son adresse e-mail, c'est adiawara@ageas.be.
– Parfait, j'ai tout ! Merci beaucoup.

Dialogue 2 :
– Tu as fait la carte de visite du saxophoniste ?
– Pas encore. Il me manque des informations. Il s'appelle William Tremplay ?
– Non, William Tremblay.
– Ah d'accord. Son adresse, c'est 3, rue des jardins à Québec ?
– Non, c'est 2, rue des jardins.
– Ah ! D'accord. Et le code postal ?
– C'est QC G1R4S9
– Très bien. Pour le téléphone j'ai 418 843 5491.
– C'est ça. Et son courriel, c'est tremblay.wil@gmail.ca.
– Très bien ! Merci beaucoup !

Piste 23, exercice 2, page 14
La tour Eiffel en chiffres
La tour Eiffel, c'est le symbole de Paris. Construite entre 1888 et 1889, elle mesure 330 mètres (antenne comprise). Elle est composée de 18 038 pièces de fer. Elle a 1665 marches, cinq ascenseurs et seulement trois étages. Elle accueille sept millions de visiteurs par an.

L'Atomium en chiffres
L'Atomium, c'est le symbole de Bruxelles. Construit entre 1956 et 1958, il mesure 102 mètres. C'est la reproduction d'un atome de fer, agrandi 165 milliards de fois. Il est composé de neuf sphères de 18 mètres de diamètres. Chaque année, il accueille 600 000 visiteurs.

Piste 27, exercice 33, page 18
Exemple : Le train à destination de Paris va bientôt partir.
a. Merci pour tout !
b. Tu pourrais me prêter ton stylo ?
c. Miam miam.
d. Bouf, je suis en retard.
e. Voilà un cadeau pour toi !
f. Eh bien, une semaine sans travailler ! Quelle chance !
g. Voici Marta, la nouvelle directrice.
h. Tu as quel âge aujourd'hui ?

Piste 30, exercice 37, page 21
Exemple : Je te présente Aziz, un copain d'université.
a. Je vous présente Philippe Morin, le nouveau réceptionniste.
b. Je te présente Abad, mon nouveau voisin.
c. Je te présente Madame Adamas.
d. Je vous présente Alan Rondot, le chef de projet.
e. Je te présente Aria, une amie.
f. Je vous présente Monsieur Legrand, le directeur artistique.
g. Je vous présente Sandrine Danton, la nouvelle responsable.
h. Je te présente Oumar, mon cousin.

Piste 37, exercice 2, page 29
Dialogue A
– Salut !
– Salut !
– Tu es nouveau dans l'école ?
– Oui, je m'appelle Mathieu, et toi ?
– Moi, je m'appelle Nour. Enchantée !
– Enchanté aussi. Heu... Nour, c'est ton nom ou ton prénom ?
– C'est mon prénom ! C'est d'origine arabe mais je suis belge, et toi ?
– Je suis français, mais j'habite à Bruxelles, en Belgique !
– Ah d'accord, et tu parles quelles langues ?
– Français, anglais et j'apprends le néerlandais, mais c'est difficile ! Et toi ?
– Je parle français, anglais, allemand, néerlandais et arabe.
– Waouh ! C'est impressionnant !
– Je peux t'aider avec le néerlandais, si tu veux !
– C'est très gentil, merci !
– Il n'y a pas de quoi !

Dialogue B :
– Bonjour Monsieur, c'est pour l'inscription au club de sport.
– Oui. Bonjour Madame. Quel est votre nom ?
– Lallemand.
– D'accord. Comment ça s'écrit ?
– L - A - deux L - E - M - A - N - D
– D'accord et votre prénom ?
– Gabriela.
– Très bien et votre adresse ?
– 18, rue de la Cathédrale à Poitiers ?
– Très bien et votre code postal ?
– 86000.
– D'accord, il me manque votre date de naissance.
– Le 28 février 1985.
– Et un numéro de téléphone.
– 06 62 54 78 82
– Et vous êtes mariée ?
– Mais, ça ne vous regarde pas ! Pour l'inscription à la salle de sport, je ne donne pas mon état civil !

Transcriptions

Piste 45, exercice 82, page 43
Exemple : Je l'utilise pour écrire.
a. Je les utilise pour courir.
b. Chaque main en a cinq.
c. C'est la partie centrale du corps.
d. On les met dans des chaussures.
e. À leur extrémité, il y a les mains.
f. C'est l'articulation entre la jambe et le pied.

Piste 47, exercice 88, page 46
– Tu as vu ? Mariela s'est coupé les cheveux !
– C'est qui Mariela ?
– C'est la jeune femme blonde aux yeux verts qui travaille avec moi !
– Ah oui, avec les cheveux longs et frisés.
– Oui, et bien maintenant elle a les cheveux courts et frisés !!!

Piste 49, exercice 92, page 47
1. Adèle est toute petite. Elle mesure 1 mètre 50 seulement !
2. Samira est plus grande que son frère, elle mesure 1 mètre 85. Elle n'est pas très sportive ! Et elle est un peu gourmande !
3. Pascal est très grand, il fait presque deux mètres, mais il n'est pas gros !
4. Il ne fait qu'1 mètre 50 et il n'est pas du tout sportif ! On peut dire qu'il est gras !

Piste 52, exercice 5, page 51
– On doit choisir notre colocataire. Alors on a le choix entre Moustafa et Amandine. Qu'est-ce que tu en penses ?
– Je sais pas. Moustapha a l'air sympa, je l'ai bien aimé, il est très ouvert !
– Oui mais il parle beaucoup, il est trop bavard, tu ne trouves pas ?
– C'est vrai, mais Amandine ne m'a pas salué, elle est impolie !
– Oh tu exagères ! Elle est calme, c'est bien pour étudier.
– Oui, mais elle est trop introvertie. Elle n'a pas souri non plus ; elle a vraiment l'air triste. Moustapha au contraire est gai !
– Tu as raison, bon alors, qu'est-ce qu'on fait ?

Piste 57, exercice 110, page 56
Exemple : Moi, je vais au travail en métro, presque tous les jours, mais quelquefois, je prends aussi mon vélo.
a. Moi, je vais à l'université à pied, même quand il pleut ! J'habite juste à côté, à seulement cinq minutes !
b. Pour aller à la fac, je prends le bus, c'est un peu long mais je peux lire, étudier ou regarder mes réseaux sociaux pendant le trajet !
c. Je vais au travail en train. Ce n'est pas toujours facile parce qu'il y a parfois des retards ou des grèves, mais pour moi c'est la seule solution !
d. Nous, avec les collègues, on s'est organisés et on fait du covoiturage, quelquefois avec ma voiture mais pas toujours. Nous sommes cinq alors on tourne ! C'est pratique, moins cher et très agréable !
e. Pour moi, c'est la voiture, c'est beaucoup plus simple et pratique. Il y a quelquefois des embouteillages mais bon, on s'habitue !

Piste 60, exercice 115, page 59
a. Oh non, je crois que je l'ai perdu. J'avais mes papiers d'identité et ma carte bleue dedans.
b. Oh mince, je venais juste de prendre de l'argent au guichet automatique. J'avais 100 euros et de la petite monnaie dedans !
c. Comment je vais rentrer chez moi maintenant ? Ce n'est pas possible ! Je dois appeler le serrurier.
d. Non, le dossier Lemarc sur lequel j'avais travaillé toute la nuit, et tous mes documents Excel ! J'ai tout perdu ! Il y avait aussi mes photos ! Oh, je suis dégoûtée !
e. Oh non, mes photos, mes contacts et tout le reste ! Je ne peux même pas appeler Sophie pour la prévenir !!!

Piste 64, exercice 127, page 63
Quand je vais au travail, je m'habille en pantalon avec un chemisier et une veste.
Quand je sors avec mes amis, je mets une robe.
Quand je reste à la maison, je mets un pantalon de sport et un pull.
Quand je suis en vacances, je mets un short et un tee-shirt.
Et le week-end, je reste en pyjama !

Piste 67, exercice 4, page 69
a. Je tiens chaud à la tête et aux oreilles quand il fait froid.
b. Quand quelqu'un sort, il me prend avec lui parce que je contiens tout ce qui est nécessaire : les clés, le portefeuille, le téléphone, etc.
c. Je sers à garder de l'eau ou du liquide.
d. Nous sommes deux et nous sommes souvent en coton ou en acrylique. Les gens nous portent sous leurs chaussures.
e. Je protège de la pluie. Je suis le complément idéal du parapluie, un manteau mais qui ne se mouille pas !

Piste 72, exercice 150, page 75
Aline : J'adore le cinéma, mais cette semaine je n'y suis pas allée. Je suis restée chez moi et j'en ai profité pour lire un bon livre, le dernier roman de Virginie Despentes. Mardi, après les cours, on est allé boire un verre avec les copains de la fac et vendredi soir on a mangé dans un restaurant mexicain !
Saïd : Moi, cette semaine, je suis allé au théâtre pour voir un spectacle de danse, ça s'appelle *Hip Hop Opening*, c'était vraiment bien ! Sinon, j'ai pas fait grand-chose, juste boire un verre avec les copains vendredi soir pour nous raconter notre semaine. La semaine prochaine, j'espère retourner au théâtre pour voir un spectacle d'humour.
Milan : Cette semaine, j'ai fait beaucoup de choses, je suis allé au théâtre deux fois : une première fois pour aller voir un spectacle d'humour et une deuxième fois pour un spectacle de danse hip-hop. Je suis aussi allé au musée pour voir une

exposition de photos et le week-end, je suis allé au cinéma voir un film magnifique et ensuite au restaurant en famille. C'était une semaine très complète, je n'ai pas eu le temps de lire !

Piste 80, exercice 179, page 91
Exemple : J'adore ce quartier !
a. Il y a vraiment tous les commerces que l'on veut !
b. Respire cet air pur !
c. C'est très bruyant !
d. On est en pleine nature.
e. L'offre culturelle est incroyable !
f. C'est très calme, presque trop.
g. Il est parti vivre en banlieue.
h. C'est un joli petit village.

Piste 83, exercice 187, page 95
Exemple : Vous avez la carte, s'il vous plaît ?
a. Je voudrais une baguette et deux pains au chocolat, s'il vous plaît.
b. Je voudrais un tube de rouge à lèvres et un parfum fleuri.
c. Je voudrais une paire de bottes, pointure 39.
d. Je voudrais un tube d'aspirine et du sirop pour la toux.
e. Je voudrais envoyer ce paquet à l'étranger.
f. Je voudrais essayer cette chemise bleue.
g. Je voudrais couper mes cheveux mais pas trop !
h. J'ai besoin d'ouvrir un nouveau compte bancaire.

Piste 87, exercice 201, page 102
Savez-vous que chaque jour de la semaine est associé à une des planètes du système solaire ? Ainsi, le lundi est le jour de la Lune, le mardi, le jour de Mars, le mercredi, le jour de Mercure, le jeudi, le jour de Jupiter, le vendredi, le jour de Vénus, le samedi, le jour de Saturne et le dimanche, le jour du Soleil. Et oui, on dit « Sunday » en anglais !

Piste 90, exercice 208, page 105
1. le 20 décembre 2020
2. le 22 décembre 2022
3. le 1er février 1945
4. le 2 mars 1945
5. le 1er février 1985
6. le 12 mars 1945
7. le 8 mai 2014
8. le 20 mai 2011

Piste 92, exercice 214, page 108
Exemple : Il est 9 heures moins le quart, voici nos informations.
a. Départ du train 16h37
b. Son train arrive à 7h07.
c. Il est midi moins le quart.
d. Je prends le train de nuit, celui de trois heures moins le quart.
e. Rendez-vous à 13 heures devant le restaurant.
f. Il est rentré tard à 19h10.
g. Le train à destination de Lille part à 00h40, voie 2.
h. Il est six heures dix, je dois y aller !

Piste 93, exercice 216, page 109
Exemple : On se voit demain à trois heures.
a. Je me lève à dix heures.
b. Le concert commence à vingt heures.
c. Elle a rendez-vous à quatre heures.
d. Le train arrive à vingt-et-une heures.
e. Ils sortent du travail à cinq heures.
f. Vous vous levez à neuf heures.
g. Nous nous retrouvons au restaurant à huit heures.
h. Il est deux heures, elle fait la sieste !

Piste 94, exercice 5, page 111
Ella et Carla sont deux jumelles. Elles sont nées le premier janvier 2014 à Lisbonne. Du lundi au vendredi, elles se lèvent à 8 heures pour être à l'école à 9 heures. Entre midi et deux heures, elles restent manger à la cantine. Le mardi et le jeudi soir, entre 18 heures et 19h30, elles font du football. Elles aiment beaucoup ça et elles voudraient devenir professionnelles. Le samedi et le dimanche, elles se lèvent plus tard, à 9 heures, sauf quand elles ont un match tôt le matin !

Piste 97, exercice 226, page 115
Exemple : Je vais faire un gâteau aux pommes.
a. Mon fruit préféré, c'est la framboise.
b. J'adore manger une pastèque quand il fait chaud.
c. Les oranges, les mandarines et les citrons sont des agrumes.
d. Tu as acheté des pêches, mais ce n'est pas encore la saison !
e. Dans ma salade de fruits, je mets des bananes, des pommes, des poires, des kiwis et des fraises.

Piste 101, exercice 4, page 123
– Vous avez choisi ?
– Oui, en entrée, je vais prendre une salade César.
– Et pour vous, Monsieur ?
– Pas d'entrée pour moi. Je voudrais juste du saumon avec des pommes de terre.
– D'accord. Et comme plat, Madame ?
– Un couscous.
– Vous voulez un dessert ?
– Oui, une poire au chocolat
– Et pour moi, une salade de fruits.
– Et comme boisson ?
– Pour moi, un verre de vin blanc
– Et pour moi une carafe d'eau.
– Très bien, merci.

Piste 106, exercice 3, page 131
– C'est quoi l'adresse du site déjà ?
– C'est www.coursesenligne.fr.
– D'accord, on commande pour le pique-nique ?
– Oui, alors, il faut un paquet de chips, deux boîtes de thon, une boîte de maïs, un demi-kilo de tomates, six œufs.
– Seulement six, tu es sûr, on n'en prendrait pas une douzaine ?
– Oui, tu as raison, une douzaine d'œufs et...
– Et le dessert, non ?
– Ah oui, une tablette de chocolat, trois barquettes de fraises et un pot de crème pour faire de la chantilly.
– OK, c'est parfait ! On doit aller les chercher quand ?
– Non, il ne faut pas y aller, il nous livre demain matin.

Piste 107, exercice 4, page 132
– Vos courgettes, combien elles coûtent ?
– C'est pas cher, deux euros les deux kilos.

– Les framboises, elles coûtent combien ?
– 3,50 € la barquette.

– Les mangues, c'est combien ?
– C'est six euros les trois.
– Combien coûte la confiture, s'il vous plaît ?
– C'est 8 € le pot et 15 € les deux.
– Combien coûte le lait ?
– C'est 2,20 euros la bouteille et 12,50 € les six.
– Je vais prendre six œufs.
– Ce sera trois euros les six, s'il vous plaît.

Piste 112, exercice 277, page 140
1. Demain, il va pleuvoir sur la majeure partie du pays : au nord du pays, au sud-ouest et sur toute la partie est. Il va y avoir du soleil à l'ouest avec des températures de 15° maximum, et il y a des risques d'orage au sud dans la région de Toulouse.
2. Demain, la France se divise en deux. Une partie nord nuageuse avec des risques de pluie et des températures jusqu'à 15°. Dans le sud, il y aura du soleil presque partout, sauf sur la Côte d'Azur, au sud-est avec des risques d'orages. Il va faire 16° à Toulouse.

Piste 113, exercice 3, page 141
1. Marcher ? Aller à la mer ? Les paysages merveilleux ? Ce n'est pas pour moi ! Pour moi, les vacances c'est découvrir les grandes villes et visiter leurs musées et monuments !
2. Je veux des vacances sportives cette année. Peu importe le temps, je veux de grands espaces pour marcher et découvrir des paysages à couper le souffle !
3. Cette année, ce que je veux, c'est du repos. Je rêve de soleil et de plage, sans stress. Je voudrais me faire bronzer, me baigner et ne penser à rien d'autre !

Piste 118, exercice 1, page 151
1. À quelle heure on se retrouve ?
2. C'est d'accord pour le dîner, mais à quelle heure et où ?
3. On se retrouve où pour la promenade au parc ?
4. Ça te dit d'aller faire un tour au parc ?
5. On pourrait aller au musée après le cours.
6. Demain, je vais au ciné avec Laurent, tu veux venir avec nous ?

Piste 119, exercice 3, page 151
Sarah : Allô
Matteo : Salut Sarah, c'est Matteo, ça va ?
Sarah : Oui, ça va très bien et toi ?
Matteo : Ça va, dis, demain je vais voir une exposition photo au palais de la Découverte. Tu veux venir avec moi ?
Sarah : Oh oui, avec plaisir. Mais c'est où le palais de la Découverte ?
Matteo : À pied, ce n'est pas loin de chez toi. C'est près de l'Obélisque. Tu dois prendre le boulevard des Capucines et traverser la place de la Madeleine. Tu continues tout droit dans la rue Royale. Tu traverses la place de la Concorde et tu tournes à droite dans le Cours de la Reine. Tu continues tout droit. Le palais est sur la droite.
Sarah : Parfait, je vois où c'est. On se retrouve à quelle heure ?
Matteo : À 11 heures devant le palais ?
Sarah : D'accord, à demain, Matteo.
Matteo : À demain, Sarah.

Piste 120, exercice 4, page 152
1. Pour le réveillon, on se réunit chez Angela et on fait une grosse fête en attendant minuit pour se souhaiter la « bonne année ».
2. Cette année, on peut visiter les machines de l'ascenseur de la tour Eiffel, l'université de La Sorbonne et l'hôtel de ville !
3. Je dois encore acheter tous les cadeaux ! Heureusement le sapin est décoré et la crèche installée !
4. Visiter des musées de nuit, c'est vraiment spécial comme expérience ! J'ai vraiment aimé, sauf les longues heures d'attente, c'est dommage !
5. À Namur, en Belgique, ils organisent une chasse aux œufs géante. Les enfants ramassent des œufs en tissu, qu'ils peuvent échanger ensuite contre des œufs en chocolat. C'est vraiment amusant !

Piste 121, exercice 299, page 154
Exemple : Vous êtes comptable ?
a. Tu es secrétaire depuis longtemps ?
b. Vous êtes professeur(e).
c. C'est une étudiante.
d. Tu es dentiste ?
e. Vous êtes suédois.
f. Tu es belge.
g. Vous êtes anglaise ?
h. C'est un Afghan.

Piste 122, exercice 358, page 177
a. internationale - internationales
b. international - internationaux
c. sérieux - sérieux
d. sérieuse - sérieuses
e. nouveau - nouveaux
f. nouvelle - nouvelles
g. radical - radicaux
h. radicale - radicales

Piste 123, exercice 364, page 179
Exemple : Il un passeport argentin.
a. Elle porte une robe jaune.
b. Les passagers sont chiliens.
c. Il porte une veste bleue.
d. Il aime les restaurants mexicains.
e. C'est mon grand ami Pascal.
f. L'île de Gorée est une île sénégalaise.
g. Il a fait un long voyage.
h. Elle porte des accessoires extravagants.

Piste 124, exercice 384, page 188
Exemple : Ils voyagent/Il voyage en avion.
a. Elles aiment les croissants.
b. Elle achète le journal.
c. Il parle/Ils parlent chinois.
d. Elles inventent une histoire.
e. Il écoute de la musique.
f. Ils étudient l'histoire de l'art.
g. Il chante/Ils chantent tous les week-ends.
h. Elle mange/Elles mangent au restaurant.

Piste 125, exercice 412, page 201
Exemple : Ils sont italiens.
a. Ils sont mariés.
b. Ils ont trois enfants.
c. Ils sont beaux.
d. Ils sont blonds.
e. Ils ont une voiture.
f. Ils sont à la retraite.
g. Ils sont à Paris.
h. Ils ont une maison à Tunis.

Piste 126, exercice 431, page 208
Exemples : Ils aiment le chocolat. Elle apprécie le rap.
a. Tu étudies le droit.
b. Vous aimez la danse ?
c. Nous oublions notre sac.
d. J'utilise beaucoup le téléphone.
e. Ils adorent la campagne.
f. Elle aime venir ici.
g. On apporte des fleurs.
h. Vous acceptez sa proposition ?

Piste 127, exercice 432, page 209
Exemple : Il aime le foot. Ils aiment le foot
a. Elle étudie la géographie. Elles étudient la géographie.
b. Il donne de bons conseils. Ils donnent de bons conseils.
c. Il danse à l'opéra. Ils dansent à l'opéra.
d. Elle apprécie les films d'horreur. Elles apprécient les films d'horreur.
e. Il contacte les responsables. Ils contactent les responsables.
f. Elle joue de la batterie. Elles jouent de la batterie.
g. Elle oublie les mauvais souvenirs. Elles oublient les mauvais souvenirs.
h. Il abandonne la partie. Ils abandonnent la partie.

Piste 128, exercice 433, page 209
Exemple : Il aime la ville.
a. Il oublie toujours ses rendez-vous.
b. Elle(s) loue(nt) un appartement en ville.
c. Ils apprécient le silence.
d. Il(s) joue(nt) du saxophone.
e. Il adore la mer.
f. Elle(s) gagne(nt) au casino.
g. Elles habitent à Lyon.
h. Il(s) manifeste(nt) dans les rues.

Piste 129, exercice 450, page 218
Exemple : Ils attendent le train.
a. Il attend le médecin.
b. Elles répondent au téléphone.
c. Elle répond au professeur.
d. Il(s) découvre(nt) la ville.
e. Il entend mal.
f. Ils entendent la cloche.
g. Ils offrent des cadeaux.
h. Il offre une réduction.

Piste 130, exercice 452, page 219
Exemple : Ils partent à 11 heures
a. Il part à 16 heures.
b. Elle dort bien.
c. Elles dorment dans la chambre d'ami.
d. Il vit à Lisbonne.
e. Ils vivent en centre-ville.
f. Elle suit un cours d'anglais.
g. Ils suivent le mouvement.
h. Il sert un verre.
i. Ils servent le dessert.

Piste 131, exercice 457, page 221
a. Je connais tes parents.
b. On sait où ton frère habite.
c. Ton frère connait ma sœur.
d. Je sais parler anglais.
e. Ma mère sait jouer aux cartes.
f. Mes voisins connaissent mes grands-parents.
g. Nous savons bricoler.
h. Vous connaissez mon prof d'allemand.

Piste 132, exercice 472, page 226
Ils prennent le bus.
Je prends un café.
Elle prend ses clés.
Vous prenez une décision.
J'apprends l'allemand.
Il apprend à chanter.
Ils apprennent à jouer le piano.
Elle comprend le français.
Elles comprennent l'espagnol.

Piste 133, exercice 517, page 246
Exemple : Il faut te reposer avant ton examen.
a. Il faut de la farine pour faire le gâteau.
b. Il faut respecter la loi.
c. Il faut acheter un billet.
d. Il faut de la motivation pour réussir.
e. Il faut un passeport pour voyager.
f. Il ne faut pas traverser au feu rouge.
g. Il faut prendre le train pour arriver à l'heure.

Piste 134, exercice 532, page 256
Exemple 1 : Achète beaucoup de fromage.
Exemple 2 : Achète du fromage.
Exemple 3 : Achète un kilo de fromage.
a. Il y a beaucoup de produits dans cette épicerie.
b. Tu peux trouver des yaourts de toutes sortes.
c. Prends quatre pots de yaourts, s'il te plaît.
d. Mets du sel !
e. Achète trois kilos de pommes de terre, s'il te plaît !
f. Je prendrai bien du thé, moi !
g. Vous pouvez me donner un café, s'il vous plaît ?
h. Tu pourrais acheter une douzaine d'œufs ?

Piste 135, exercice 542, page 262
Exemple : Je ne connais pas Paris.
a. Elle travaille, Pascaline.
b. Il ne mange pas le matin.
c. Elle aime papa.
d. Ce n'est pas grave.
e. C'est particulier.
f. Philippe est à Paris.
g. Marie aime le théâtre.
h. Jeanne n'aime pas la boxe.

Piste 136, exercice 543, page 262
Exemple : Il habite pas à Paris.
a. Elle ne pas travaille pas beaucoup.
b. J'ai pas de cigarettes, je fume pas.
c. Elle ne conduit pas vite.
d. Vous ne parlez pas espagnol.
e. C'est pas vrai !
f. J'te crois pas.
g. Tu ne sais pas où aller.
h. Tu lis pas beaucoup.

Piste 137, exercice 561, page 272
Exemple : Tu aimes le sport ?
a. Tu aimes la campagne.
b. Est-ce que tu aimes le sport ?
c. Elle connaît l'Italie.
d. Est-ce que tu vas à Rome ?
e. Tu pars en voyage ?
f. Tu veux du riz ?
g. Est-ce que tu aimes les pâtes ?
h. Il veut un dessert.

Piste 138, exercice 1, page 285
a. Tu aimes la musique ?
b. Est-ce que tu aimes le rap ?
c. Aimes-tu la musique électro ?
d. Avez-vous deux minutes pour répondre à une enquête ?
e. Est-ce que vous allez au théâtre ?
f. Avons-nous des magazines à la maison ?
g. Tu préfères le foot ou le tennis ?
h. Est-ce qu'elles parlent japonais ?

Transcriptions

Piste 139, exercice 644, page 310
Exemple : Ne placez pas l'écran devant vous !
a. Appelle Pascal !
b. Ne porte pas la table tout seul !
c. Ne faites pas ça !
d. Ne prends pas rendez-vous !
e. Attends papa, il arrive !
f. Va à la piscine, elle est ouverte !
g. Veuillez me suivre !
h. Ne pars pas !

Piste 140, exercice 1, page 312
a. Attend le médecin !
b. N'attendez pas papa !
c. Elle va à l'école.
d. Va à l'école !
e. Bois de l'eau !
f. Ils ne boivent pas assez.
g. Sois à l'heure !
h. Tu es en retard.

Piste 141, exercice 649, page 314
Exemple : Je vais acheter du pain.
a. Tu vas au cinéma.
b. Ils vont manger au restaurant.
c. Nous allons sortir en discothèque.
d. Elles vont bien !
e. Nous pouvons regarder la télé.
f. Vous allez faire une promenade.
g. On va discuter.
h. Il veut parler avec toi.

Piste 142, exercice 656, page 319
Exemple : J'ai donné mes clés.
a. Ils vont avoir 22 ans.
b. Nous avons acheté du pain.
c. Elles ont habité en France.
d. Vous avez de la chance.
e. Elle invente un médicament.
f. Vous avez mangé au restaurant.
g. Tu as joué au foot.
h. Vous allez étudier à la bibliothèque.

Piste 143, exercice 665, page 322
a. Elles ont réuni les étudiants.
b. On a fini tôt.
c. Tu as rempli ta déclaration.
d. J'ai dormi dans une tente.
e. Ça a servi à quelque chose.
f. Vous avez choisi le film.
g. Ils ont suivi leur mère.
h. Nous avons réfléchi à la solution.

Piste 144, exercice 673, page 325
a. Elle a entendu ses voisins.
b. Nous avons descendu la montagne.
c. J'ai répondu à la question.
d. Tu as vendu ta voiture.
e. Ils ont rendu le livre.
f. Vous avez attendu Bernat.

Piste 145, exercice 3, page 332
a. Elle a écrit son nom.
b. On a été en vacances.
c. Tu as mangé une pizza.
d. J'ai pu trouver la solution.
e. On a bu un thé.
f. Vous avez fini le livre.
g. Ils ont vécu aux États-Unis.
h. Nous avons lu le chapitre.
i. Vous avez eu de la chance.
j. Il a fait les exercices.

© Cle International / Sejer - Paris 2024
ISBN : 978-209-038994-4

Sommaire

Vocabulaire

1 • Mise en route
Les lettres de l'alphabet français 5
Épeler : les cas particuliers 6
L'adresse e-mail 7
Les chiffres et les nombres de 0 à 20 8
Les chiffres et les nombres de 21 à 100 10
Les centaines et les milliers 12

2 • Premiers échanges
Se saluer 15
Dire merci et s'excuser 17
Pour accueillir quelqu'un et souhaiter quelque chose .. 18
Tu ou vous ? 19
Demander et dire son nom et son prénom 20
Mon adresse 22
L'âge et la date de naissance 22
L'état civil 23
Les pays et la nationalité 24
Les langues 25
Les professions 26

3 • Les proches
La famille Leclerc-Bakir 30
D'autres membres de la famille d'Éliot et Sharon 32
Des familles particulières 34
L'entourage 36
Les animaux de compagnie 38
Le visage 39
Le corps 42
Décrire le visage 44
Décrire l'aspect général 46
Le caractère 47
Les qualités et les défauts 48

4 • Au quotidien
Les moments de la journée 52
Les activités quotidiennes 52
Les tâches du quotidien 54
Les transports 55
Les objets du cours de français 57
Les objets personnels 58
Les produits d'hygiène 59
Les vêtements basiques 61
Les sous-vêtements et les vêtements pour la maison .. 62
Les couleurs, les motifs et les matières 64
Les chaussures et accessoires 66

5 • Pour tous les goûts
Les loisirs et les sports 70
Les différents types de sports et le matériel 71
La musique 73
Les activités culturelles 74
Les activités ludiques et créatives 76

6 • Chez moi
La maison et l'appartement 80
Le logement : caractéristiques 81
Les pièces 82
Le salon, la salle à manger et la chambre 84
La cuisine, la salle de bains, le bureau et le jardin 86

7 • Ici et là
La ville et la campagne 90
Dans la ville 92
Les lieux de la ville 94
Les transports en commun 96
À la campagne 98

8 • D'hier et d'aujourd'hui
Les jours de la semaine 102
Les mois et les saisons 103
L'année et les dates 105
L'heure 107

9 • C'est si bon !
Les repas 112
Les fruits et les légumes 113
Les plats 116
D'autres plats cuisinés 118
Au restaurant 120

10 • Les courses
Faire ses achats 124
Au supermarché 126
Les quantités : les unités de mesure et les contenants .. 127
Le prix et les modes de paiement 129

11 • En vacances
Les vacances 133
Le tourisme 135
Les types de voyage 137
La météo 139

12 • Vie sociale
Avoir un rendez-vous 143
Donner des directions 145
Les fêtes traditionnelles 147
Internet et les réseaux sociaux 149

Grammaire/Conjugaison

13 • Le nom et l'article
Les noms de personnes : profession et nationalité ... 153
Les noms de personnes : cas particuliers 154
Les noms de pays 156
Les terminaisons et le genre 158
Le pluriel : cas général 160
Le pluriel : cas particuliers 161
L'article défini 163
L'article indéfini 165
Les articles à la forme négative 167
L'article contracté 168

14 • L'adjectif ... 171
L'accord au féminin en « -e » ... 171
Autres terminaisons des adjectifs ... 172
Le nombre des adjectifs ... 175
Les adjectifs de couleur ... 178
La place de l'adjectif ... 179
Les adjectifs possessifs ... 181
Les adjectifs démonstratifs ... 183

15 • Les pronoms ... 186
Le pronom sujet ... 186
Il/Ils – Elle/Elles ... 187
Le « vous » de politesse et le « vous » pluriel ... 189
« On » et « nous » ... 190
Emploi des pronoms toniques ... 192
Les pronoms toniques après les prépositions et pour comparer ... 194

16 • Verbes courants : « être », « avoir », « aller » et « faire » ... 198
Le présent du verbe « être » ... 198
Le présent du verbe « avoir » ... 199
Les expressions avec le verbe « avoir » ... 202
Le présent du verbe « aller » ... 203
Le présent du verbe « faire » ... 204

17 • Le présent des verbes du 1er groupe (-er) ... 207
Formation du présent de l'indicatif des verbes en « -er » : généralités ... 207
Les verbes en « -cer », « -ger » et « -yer » ... 210
Les verbes comme « acheter » ou « préférer » ... 211

18 • Les verbes en « -ir », « -re » et « -oir » ... 216
Les verbes en « -ir » du 2e groupe ... 216
Les verbes comme « ouvrir », « offrir », « attendre » ou « répondre » ... 217
Les verbes comme « partir », « dormir », « servir », « vivre » ou « suivre » ... 219
Les verbes « connaître » et « savoir » ... 220
Les verbes « mettre », « lire » et « écrire » ... 222
Les verbes « pouvoir », « vouloir » et « devoir » ... 223
Le verbe « prendre » ... 226
Le verbe « boire » ... 227
Le verbe « venir » ... 228

19 • Les verbes pronominaux ... 232
Le présent des verbes pronominaux ... 232
La négation des verbes pronominaux ... 233
L'impératif des verbes pronominaux ... 234
Le futur proche des verbes pronominaux ... 236

20 • « C'est », « il y a » et les verbes impersonnels ... 239
« C'est », « Ce sont » ... 239
« C'est », « Il/Elle est » ... 240
« C'est », « Il/Elle est » + adjectif ... 242
« Il y a un/une/des », « Il n'y a pas de » ... 244
Les verbes impersonnels ... 245

21 • La quantité ... 250
Les articles partitifs ... 250
Préciser une quantité avec un adverbe ... 252
Préciser une quantité avec un nom ... 254
La quantité et la négation ... 257

22 • La négation ... 261
La négation simple : « ne … pas » ... 261
La négation complexe : « ne … jamais » ... 263
La place de la négation avec deux verbes ... 265
Le changement d'article à la forme négative ... 266

23 • L'interrogation ... 270
La question fermée avec et sans « est-ce que » ... 270
La question fermée avec inversion ... 272
L'interro-négation et le « si » d'acquiescement ... 274
L'interrogatif « qui » ... 276
Les interrogatifs « que » et « quoi » ... 277
Les interrogatifs « où » et « quand » ... 279
Les interrogatifs « comment » et « pourquoi » ... 280
L'adjectif interrogatif « quel » ... 282

24 • La situation dans l'espace ... 287
Les prépositions devant les noms communs et les noms de personnes ... 287
Les prépositions devant les destinations géographiques (pays, ville…) ... 289
Dire d'où on vient ... 291
Situer quelque chose ... 293

25 • L'expression du temps ... 297
Situer une action dans le futur ... 297
Situer dans le passé ... 298
Le présent progressif : « être en train de » ... 300
Le passé récent : « venir de » ... 302

26 • L'impératif ... 306
L'impératif des verbes du 1er groupe ... 306
L'impératif des verbes des 2e et 3e groupes ... 308
Les exceptions : « avoir », « être », « savoir », « vouloir » ... 309
L'impératif à la forme négative ... 310

27 • Le futur proche ... 314
Emploi et formation du futur proche ... 314
Le futur proche à la forme négative ... 315

28 • Le passé composé ... 319
Le passé composé des verbes du 1er groupe (-er) ... 319
Le participe passé des verbes « avoir », « être » et « faire » ... 320
Les participes passés en « -i » ... 322
Les participes passés en « -is » et « -it » ... 324
Les participes passés en « -u » ... 325
Les participes passés en « -ert » ... 327
Le passé composé avec « être » ... 328
Le passé composé à la forme négative ... 330

1 • Mise en route

Vocabulaire

L'alphabet

 Les lettres de l'alphabet français 01

Dans l'alphabet français, il y a vingt-six **lettres**, six **voyelles** (A, E, I, O, U, Y) et vingt **consonnes**.
A B C D E F G H I J K L M N O P Q R S T U V W X Y Z
La première lettre du nom d'une personne est en **majuscule**, le reste est en **minuscule**.
Épeler, c'est dire une à une les lettres d'un mot.

1 Mettez les lettres dans l'ordre pour retrouver le mot correct.

Exemple : PBTAAEHL : alphabet

a. NONONESC : ....

b. LIESNUUCM : ....

c. LPRÉEE : ....

d. YLVOELE : ....

e. TTEELR : ....

f. JAUSLMCUE : ....

2 Écoutez l'alphabet. Dans quelles lettres entendez-vous ces sons ? 02

Exemple : son « a » [a] : a - h - k

a. son « é » [e] : ...... - ...... - ...... - ...... - ...... - ...... - ...... - ......

b. son « e » [ə] : ......

c. son « è » [ɛ] : ...... - ...... - ...... - ...... - ...... - ...... - ......

d. son « i » [i] : ...... - ...... - ...... - ...... -

e. son « u » [y] : ...... - ......

f. son « o » [o] : ......

3 De quel nom il s'agit ? Écoutez et entourez la bonne réponse. 03

Exemple : Leconte / (Lecomte)

a. Dupont / Dupant

b. Duran / Dulan

c. Martinez / Martinet

d. Butin / Botin

e. Marin / Marun

f. Sauvage / Sauvaje

g. Vignon / Bignon

h. Demortier / Dumortier

1 • Mise en route

4 Écoutez et écrivez le prénom que vous entendez. 04

Exemple : Babacar

a. ....
b. ....
c. ....
d. ....
e. ....
f. ....
g. ....
h. ....

Épeler : les cas particuliers 05

′ : l'**accent aigu**, uniquement sur le « e ». On dit : « e accent aigu ».
` : l'**accent grave**, sur le « e » et pour quelques mots sur le « a » (*à, au-delà, là*) et le « u » (*où*). On dit : « e accent grave », « a accent grave » et « u accent grave ».
∧ : l'**accent circonflexe**, sur toutes les voyelles, sauf le « y ». On dit : « a accent circonflexe », « e accent circonflexe », « i accent circonflexe », etc.
¨ : le **tréma**, sur le « e », le « i » et le « u ». On dit : « e tréma », « i tréma » et « u tréma ».

5 Écoutez et cochez ce que vous entendez. 06

	où	la	noël	là	ou	hobby	prés	maïs	hôtel	près
a.					✗					
b.										
c.										
d.										
e.										
f.										
g.										
h.										
i.										
j.										

Vocabulaire

6 Qu'est-ce que vous entendez ? Entourez la bonne réponse. 🔊 07

Exemple : Tod / (Todd)

a. Philippe / Philipe
b. Béatrize / Béatrice
c. Raphaël / Raffaelle
d. Zinaïda / Zinayda
e. Stéphanie / Stéfanie
f. Katerina / Katérina
g. Ema / Emma
h. Valérie / Valéry

7 Écoutez et écrivez les prénoms entendus. 🔊 08

Exemple : Maëlys

a. ....
b. ....
c. ....
d. ....
e. ....
f. ....
g. ....
h. ....

L'adresse e-mail 🔊 09

Pour une adresse e-mail (ou courriel), on utilise des caractères spéciaux comme :
- @ arobase ou at
- . point
- \- tiret
- _ tiret bas

Pour un site internet, on utilise :
- / slash
- : deux-points

8 Reliez le mot à sa représentation.

a. slash   1. @
b. point   2. :
c. tiret   3. _
d. arobase   4. .
e. a majuscule   5. a
f. a minuscule   6. -
g. deux-points   7. /
h. tiret bas   8. A

(a. → 7.)

1 • Mise en route

9 Qu'est-ce que vous entendez ? Cochez la bonne réponse. 🔊 10

Exemple : ☐ m-chausson@yahoo.fr   ☒ m_chausson@yahoo.fr
- a. ☐ www.dreamsystem.fr   ☐ www.dream-system.fr
- b. ☐ OPICA@wanadoo.fr   ☐ opica@wanadoo.fr
- c. ☐ www@veremes.com   ☐ www.veremes.com
- d. ☐ PO@crpf.fr   ☐ po@crpf.fr
- e. ☐ www.ufcv/asso.fr   ☐ www.ufcv.asso.fr
- f. ☐ tomas/ph@yahoo.fr   ☐ tomas_ph@yahoo.fr
- g. ☐ www.studio-publiem.fr   ☐ www.studio_publiem.fr
- h. ☐ sig@po.org   ☐ SIG@po.org

10 Épelez ces adresses e-mail, puis écoutez pour vérifier. 🔊 11
- a. fatou-mata@gmail.fr
- b. bereniceidel@yahoo.be
- c. botti@gc.ca
- d. m.charo@efh.fr
- e. ali.mooc@metc.com
- f. gil-vande@ub.edu
- g. na-desroses@uga.edu
- h. ludo-peers@yahoo.fr

Les nombres

Les chiffres et les nombres de 0 à 20 🔊 12

0	zéro
1	un
2	deux
3	trois
4	quatre
5	cinq
6	six

7	sept
8	huit
9	neuf
10	dix
11	onze
12	douze
13	treize

14	quatorze
15	quinze
16	seize
17	dix-sept
18	dix-huit
19	dix-neuf
20	vingt

11 Reliez les éléments des deux colonnes.

- a. 5
- b. 3
- c. 6
- d. 16
- e. 13
- f. 15
- g. 17
- h. 7
- i. 2

1. quinze
2. seize
3. dix-sept
4. trois
5. deux
6. cinq
7. six
8. sept
9. treize

Vocabulaire

12 Écoutez et écrivez les nombres entendus.

Exemple : 3

a. .... g. ....
b. .... h. ....
c. .... i. ....
d. .... j. ....
e. .... k. ....
f. .... l. ....

13 Écrivez les nombres en lettres.

Exemple : 5 → cinq

a. 8 → ....   f. 20 → ....
b. 14 → .... g. 19 → ....
c. 1 → ....   h. 10 → ....
d. 9 → ....   i. 12 → ....
e. 11 → .... j. 15 → ....

14 Mettez les lettres dans l'ordre pour retrouver les nombres.

Exemple : QZEORUTA   quatorze

a. NZOE ....
b. UTAERQ ....
c. XDI-UFEN ....
d. ISX ....
e. IZSEE ....
f. PSTE ....
g. TUHI ....
h. IEZQUN ....

1 • Mise en route

 Les chiffres et les nombres de 21 à 100 🎬 14

21	vingt-**et**-un
22	vingt-deux
23	vingt-trois
24	vingt-quatre
25	vingt-cinq
26	vingt-six
27	vingt-sept
28	vingt-huit
29	vingt-neuf

30	trente
31	trente-**et**-un
32	trente-deux…
40	quarante
41	quarante-**et**-un…
50	cinquante
51	cinquante-**et**-un…
60	soixante
61	soixante-**et**-un…

21	soixante-dix*
71	soixante-**et**-onze
72	soixante-douze
80	quatre-vingts**
81	quatre-vingt-un
82	quatre-vingt-deux
90	quatre-vingt-dix*
91	quatre-vingt-onze
92	quatre-vingt-douze
100	cent

* En Belgique, en Suisse et dans certains pays d'Afrique, on dit :
70 : septante, 71 : septante-et-un, 72 : septante-deux, etc.
90 : nonante, 91 : nonante-et-un, 92 : nonante-deux, etc.
** En Suisse, on dit :
80 : huitante, 81 : huitante-et-un, 82 : huitante-deux, etc.

15 Entourez les nombres pour lesquels on utilise « et ».

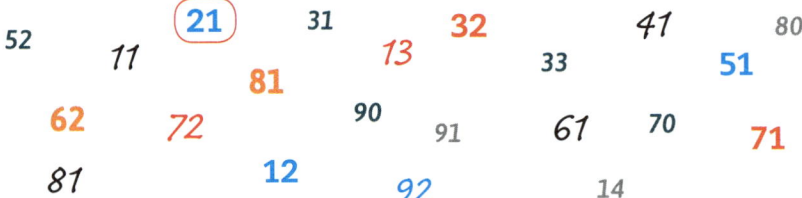

16 Écrivez les nombres en toutes lettres.

Exemple : 53 → cinquante-trois

a. 22 → ....

b. 54 → ....

c. 63 → ....

d. 36 → ....

e. 47 → ....

f. 71 → ....

g. 88 → ....

h. 99 → ....

Vocabulaire

17 Écoutez et écrivez les nombres entendus. 🔊 15

Exemple : 35

a. ....
b. ....
c. ....
d. ....
e. ....
f. ....
g. ....
h. ....
i. ....
j. ....
k. ....
l. ....

18 Écoutez et écrivez les numéros de téléphone entendus. 🔊 16

Exemple : Coiffure David   03 22 54 71 72

a. Garage Emaleu   ....
b. Assurance Lavie   ....
c. Restaurant Chez Lolo ....
d. Fleuriste Belfleur   ....
e. La poste   ....
f. Docteur Marjane   ....
g. Centre hospitalier   ....
h. Nathan coaching   ....

19 Écoutez et reliez les éléments des deux colonnes. 🔊 17

a. 3
b. 15
c. 6   1. euros
d. 18   2. ans
e. 4   3. heures
f. 20
g. 21
h. 16

> On fait la liaison entre le chiffre et l'unité :
> deu**x** **e**uros.
>
> trente-cin**q** **a**ns.

20 Écoutez et complétez les phrases. 🔊 18

Exemple : Je suis arrivé il y a *deux* heures.

a. Il a .... ans.
b. C'est .... euros.
c. Ça fait .... ans qu'il travaille dans cette entreprise.
d. Ma grand-mère a .... ans.
e. Elle a .... ans.
f. Ce n'est pas cher, seulement .... euros le kilo.
g. On ne s'est pas vu depuis .... ans.
h. Ça coûte .... euros.

11

1 • Mise en route

Les centaines et les milliers 19

100	cent
200	deux cents
201	deux cent un
300	trois cents
400	quatre cents
500	cinq cents
600	six cents
700	sept cents
800	huit cents
900	neuf cents
1000	mille
10 000	dix mille
100 000	cent mille
1 000 000	un million
2 000 000	deux millions
1 000 000 000	un milliard

• Pour une année :

1982 → deux possibilités : *mille neuf cent quatre-vingt-deux* ou *dix-neuf cent quatre-vingt-deux*

2014 → une possibilité : *deux mille quatorze*

• **Cent** s'écrit avec un -s au pluriel quand il est multiplié : *quatre cents ; cinq cents…*
Mais il s'écrit sans -s quand il est suivi d'un numéro : *quatre cent un ; cinq cent douze…*

• **Mille** est invariable : *deux mille ; cinq mille…*

✋ La réforme de l'orthographe de 1990 dit qu'il est possible de mettre un trait d'union (-) entre tous les éléments d'un nombre composé. On peut donc écrire : *quarante-et-un ; cinq-cent-quatre-vingts…*

21 Dites si les phrases sont vraies ou fausses.

	Vrai	Faux
Exemple : « Mille » est invariable.	☒	☐
a. « 1995 » peut se dire de deux manières.	☐	☐
b. Mille sept cent quatre-vingt-neuf = dix-huit cent quatre-vingt-neuf.	☐	☐
c. « Cent » est invariable.	☐	☐
d. 2012 peut se dire de deux manières.	☐	☐
e. 1 milliard = cent millions.	☐	☐
f. Mille deux cents = douze cents.	☐	☐
g. Quinze cent quinze = mille cinq cents.	☐	☐

22 Écoutez et écrivez les nombres entendus. 20

Exemple : 3000

a. ....
b. ....
c. ....
d. ....
e. ....
f. ....
g. ....
h. ....

Vocabulaire

23 Reliez les années en chiffres aux années en lettres.

a. 1992
b. 2011
c. 1975
d. 1946
e. 1745
f. 1801
g. 1002
h. 2020
i. 1852

1. mille neuf cent soixante-quinze
2. dix-sept cent quarante-cinq
3. mille huit cent cinquante-deux
4. deux mille vingt
5. mille neuf cent quatre-vingt-douze
6. dix-huit cent un
7. deux mille onze
8. dix-neuf cent quarante-six
9. mille deux

24 Écoutez et écrivez les années entendues.

Exemple : 2011

a. ....
b. ....
c. ....
d. ....
e. ....
f. ....
g. ....
h. ....

Bilan

1. Écoutez et complétez les cartes de bibliothèque. (1 point/réponse) 🔊 22

Dialogue 1

Nom : .... (**a.**)
Prénom : .... (**b.**)
Profession : responsable des ressources humaines
Adresse : .... (**c.**), rue .... (**d.**)
Code postal : .... (**e.**) Ville : .... (**f.**)
Numéro de téléphone : .... (**g.**)
Courriel : .... (**h.**)

Dialogue 2

Nom : .... (**i.**)
Prénom : .... (**j.**)
Profession : saxophoniste
Adresse : .... (**k.**), rue .... (**L.**)
Code postal : .... (**m.**) Ville : Québec
Numéro de téléphone : .... (**n.**)
Courriel : .... (**o.**)

Total : .... /15

2. Complétez les informations sur la tour Eiffel et l'Atomium avec les chiffres proposés, puis écoutez pour vérifier. (1 point/réponse) 🔊 23

1956 – 9 – 1665 – 7 millions – 600 000 – 18 038 – 102 – 1888 – 165 milliards – 5 – 330 – 1958 – 18 – 1889 – 3

La tour Eiffel en chiffres

La tour Eiffel, c'est le symbole de Paris. Construite entre .... (**a.**) et .... (**b.**), elle mesure .... (**c.**) mètres (antenne comprise). Elle est composée de .... (**d.**) pièces de fer. Elle a .... (**e.**) marches, ... (**f.**) ascenseurs et seulement .... (**g.**) étages. Elle accueille .... (**h.**) de visiteurs par an.

L'Atomium en chiffres

L'Atomium, c'est le symbole de Bruxelles. Construit entre .... (**i.**) et .... (**j.**), il mesure .... (**k.**) mètres. C'est la reproduction d'un atome de fer, agrandi .... (**L.**) de fois. Il est composé de .... (**m.**) sphères de .... (**n.**) mètres de diamètres. Chaque année, il accueille .... (**o.**) visiteurs.

Total : .... /15

Mon score : .... /30

2 • Premiers échanges

Vocabulaire

Les salutations

 Se saluer 24

Dans les situations formelles ou informelles, je dis : **bonjour** (dans la journée avant 18 heures) ou **bonsoir** (après 18 heures).
Dans les situations formelles, je dis : **Bonjour / Bonsoir, Madame** (pour une femme) ou **Bonjour / Bonsoir, Monsieur** (pour un homme).
Dans les situations informelles, je dis : **Bonjour / Bonsoir, Sabrina** (prénom de la personne).
Dans les situations informelles (entre amis, en famille), je peux dire : **salut** ou **coucou**.
Pour demander des nouvelles, je dis : **Ça va ?** ou **Comment ça va ?** (situations formelles ou informelles).
Pour répondre, je dis :
- **Bien, merci, et toi ? / Ça va, et toi ? Ça va (très) bien, et toi ?** (situations informelles)
- **Bien merci, et vous ? Ça va, et vous ? Ça va (très) bien, et vous ?** (situations formelles)
Dans les situations formelles ou informelles, on peut dire :
- **Au revoir !**
- **Bonsoir !**
- **Au revoir, bonne journée !** (= passez une bonne journée)
- **Au revoir, bonne soirée !** (= passez une bonne soirée)
Si je sais que je vais revoir la personne, je peux dire (situations formelles ou informelles) :
- **À bientôt !**
- **À plus tard !**
- **À + jour** : à demain, à lundi, à mardi, etc.
- **À + moment de la journée** : à ce soir
Dans les situations informelles (entre amis, en famille), on peut dire :
- **Salut !**
- **Ciao !**
- **Bye !**

25 Classez les expressions proposées dans le tableau selon qu'elles s'utilisent en situations formelles, informelles ou les deux.

Bonjour, Pascal ! – À bientôt ! – Très bien, et vous ? – Au revoir, bonne journée ! – Coucou ! – Bonsoir, Madame ! – Comment ça va ? – Salut ! – Merci, et toi ?

Situations formelles	Situations informelles	Les deux
	Bonjour, Pascal !	

2 • Premiers échanges

26 Dites si ces expressions s'utilisent quand on arrive, quand on part ou les deux.

	Quand on arrive	Quand on part	Les deux
Exemple : Coucou !	✗		
a. Bonjour !			
b. À bientôt !			
c. À demain !			
d. Bonsoir !			
e. Au revoir !			
f. Ciao !			
g. Salut !			
h. Bonne journée !			

27 Complétez les textes avec les mots suivants.

vous – toi – va – bientôt – bien – très – bonjour – bien

a. – Bonjour Medhi, tu vas bien ?
   – ………………………… bien, merci, et ………………………… ?
b. – ………………………… , Madame Pignon, ça ………………………… ?
   – Très ………………………… , merci, et ………………………… ?
c. Au revoir et à ………………………… !

28 Mettez les lettres dans l'ordre pour retrouver les expressions correctes.

Exemple : UASLT : salut

a. AÇ AV ? : …………………………
b. À INDUL : …………………………
c. RIMCE, TE USVO ? : …………………………
d. UUOCOC : …………………………
e. À INAEMD : …………………………
f. NOOJUBR : …………………………
g. AIOC : …………………………
h. NONEB ÉIORSE : …………………………

29 Réécrivez les phrases en ajoutant la ponctuation qui convient : espace, majuscule, accent, apostrophe, virgule, point d'interrogation ou d'exclamation.

Exemple : commentçava → Comment ça va ?

a. tresbienetvous → …………………………
b. bonnejournee → …………………………
c. ademain → …………………………
d. aplustard → …………………………
e. bonjournoahçavabien → …………………………
f. bonsoirmadame → …………………………
g. aurevoiretbonnesoiree → …………………………
h. merciettoi → …………………………

Vocabulaire

Les formules de politesse

 Dire merci et s'excuser 🎧 25

• **Dire merci**
Pour **remercier** (= dire merci), je dis :
Merci.
Merci beaucoup.
Merci pour votre attention.

Pour **répondre** à un « merci », je dis :
De rien.
Il n'y a pas de quoi ! (prononcé généralement : « y'a pas de quoi ! »)
Je t'en prie / Je vous en prie.
Bienvenue (seulement au Canada).

Pour **demander poliment quelque chose**, je dis :
S'il te plaît (situation informelle) / **S'il vous plaît** (situation formelle).

• **S'excuser**
Pour **m'excuser**, je dis :
Je suis désolé(e).
Pardon.
Excuse-moi (situation informelle) / **Excusez-moi** (situation formelle).

Pour **répondre à des excuses**, je dis :
Ce n'est pas grave !
Ce n'est rien. / Ça ne fait rien.

30 Reliez les éléments qui correspondent.

a. Merci pour   1. pas grave.
b. Il n'y a   2. désolé(e).
c. Ce n'est   3. pas de quoi.
d. S'il te   4. moi.
e. Je t'en   5. ton attention.
f. Je suis   6. plaît.
g. Excuse-   7. beaucoup.
h. Merci   8. prie.

31 Cochez l'option qui correspond.

Exemple : C'est gentil de ta part. ☐ Ça ne fait rien. ☒ Merci pour ton attention.
a. Merci pour tout ! ☐ Je vous en prie. ☐ S'il vous plaît.
b. Tu peux me prêter ton livre de grammaire, ☐ je t'en prie ? ☐ s'il te plaît ?
c. Excusez-moi, j'ai oublié mon ordinateur portable ! ☐ Ce n'est rien. ☐ De rien.
d. Merci beaucoup ! ☐ Bienvenue ! ☐ Excusez-moi.
e. Vous pouvez me donner votre adresse, ☐ s'il te plaît ? ☐ s'il vous plaît ?
f. Merci pour ton attention ! ☐ Il n'y a pas de quoi. ☐ Ce n'est rien.
g. Je vous ai bousculé, ☐ je suis désolé ! ☐ ce n'est pas grave.

2 • Premiers échanges

Pour accueillir quelqu'un et souhaiter quelque chose 🔊 26

- **Quand j'accueille quelqu'un** à la maison, dans un groupe ou dans une entreprise, je dis :
Bienvenue !
Tu es le/la bienvenu(e) ! Vous êtes le/la bienvenu(e) !
Bienvenue chez moi !
Bienvenue dans le groupe.

- Pour **souhaiter quelque chose**, j'utilise l'adjectif **bon** :
Bon appétit ! Quand quelqu'un va manger ou est en train de manger.
Bon anniversaire !
Bonnes vacances !
Bon voyage !

---

32 Complétez le mot ou l'expression.

Exemple : BON VOYAGE

a. B _ _ _ _ _ _ _ E
b. B _ _   A _ _ _ _ _ _ _ _ _ E
c. D _   R _ _ N
d. M _ _ _ _
e. J _   S _ _ _   D _ _ _ _ _ E
f. B _ N   A _ _ _ _ _ T
g. S' _ _   _ _   _ _ _ _ T
h. B _ _ _ _ S   V _ _ _ _ _ _ S

33 Écoutez et associez les situations avec les mots ou expressions de l'exercice précédent. 🔊 27

Exemple : bon voyage

a. ....
b. ....
c. ....
d. ....
e. ....
f. ....
g. ....
h. ....

34 Cochez la case qui correspond à la situation.

Exemple : Fatou m'a aidée.
☐ Ce n'est pas grave.   ☒ Merci !

a. Je marche sur le pied de quelqu'un dans le métro.
☐ Merci beaucoup !   ☐ Je suis désolé(e) !

b. Marc est à table, il va manger.
☐ Bon appétit !   ☐ S'il te plaît.

c. Olivia me donne un cadeau.
☐ Bon anniversaire !   ☐ Merci beaucoup !

d. Silvio va faire un grand voyage.
☐ Bonnes vacances !   ☐ Il n'y a pas de quoi !

e. Jan fête ses 15 ans.
☐ Bon anniversaire !   ☐ Bienvenue !

f. Je m'excuse parce que je suis en retard.
☐ Excusez-moi.   ☐ S'il vous plaît.

g. Je demande une information à la gare.
☐ Je vous en prie.   ☐ S'il vous plaît.

h. Merci beaucoup pour ce beau cadeau !
☐ Il n'y a pas de quoi !   ☐ Bon anniversaire !

Vocabulaire

 Tu ou vous ?

C'est une question de formalité. Je dis **vous** dans les situations formelles et **tu** dans les situations informelles.

Ça dépend aussi du contexte, de la relation et de la génération. Les jeunes utilisent plus le **tu** entre eux.

D'une manière générale, on utilise le **vous** avec une personne que l'on ne connaît pas, plus âgée ou qui a des responsabilités dans une entreprise ou dans la société. En cas de doute, utilisez le **vous** !

Pour passer du **vous** au **tu**, je dis :
On peut se tutoyer ?
On peut se dire « tu » ?

Dire « vous » = **vouvoyer**   Dire « tu » = **tutoyer**

35 Observez les images. Pour chaque situation, dites s'ils se diront « tu » ou « vous » ?

a. ☒ tu   ☐ vous

b. ☐ tu   ☐ vous

c. ☐ tu   ☐ vous

d. ☐ tu   ☐ vous

e. ☐ tu   ☐ vous

f. ☐ tu   ☐ vous

2 • Premiers échanges

36 Remettez les mots l'ordre pour former des phrases.

Exemple : se / peut / tutoyer ? / On
On peut se tutoyer ?

a. dire / se / On / « tu » ? / peut
....

b. n'y / de / quoi. / Il / a / pas
....

c. grave. / Ce / pas / n'est
....

d. suis / Je / désolé.
....

e. en / Je / vous / prie.
....

f. Bienvenue / moi ! / chez
....

g. pour / votre / Merci / attention.
....

h. rien. / n'est / Ce
....

Les présentations

Demander et dire son nom et son prénom 29

• Quand **je me présente** (= donner des informations sur moi), je donne mon **prénom** :
Je m'appelle Emma. Je suis Emma.
Dans une situation plus formelle, je donne mon prénom et **mon nom** :
Je m'appelle Emma Fornaro. Je suis Emma Fornaro.
Le prénom = le nom personnel, spécifique à chaque personne.
Le nom = le nom de famille, commun à toutes les personnes de la famille.

• Pour demander le nom et prénom :
Je m'appelle Raffaelle Mori, et vous ? / et toi ?
Quel est votre prénom ? / Quel est ton prénom ?
Quel est votre nom ? / Quel est ton nom ?
Comment vous vous appelez ? / Comment tu t'appelles ?

• Pour demander d'**épeler** (= donner toutes les lettres d'un mot), je dis :
Comment ça s'écrit ? Ça s'écrit comment ?
Vous pouvez épeler, s'il vous plaît ? / Tu peux épeler, s'il te plaît ?

• Quand on me présente quelqu'un, je dis :
Enchanté(e).
Ravi(e) de vous connaître. / Ravi(e) de te connaître.
Ravi(e) de faire votre connaissance. / Ravi(e) de faire ta connaissance.

• Pour présenter quelqu'un, je dis :
Je vous présente Willy Ricci, le responsable formation.
Je te présente Geza, un ami.

Vocabulaire

37 Écoutez et dites si vous entendez le nom, le prénom de la personne ou les deux.

	Nom	Prénom	Les deux
Exemple		✗	
a.			
b.			
c.			
d.			
e.			
f.			
g.			
h.			

38 Entourez la bonne réponse.

Exemple : Quel est ton *nom* / (*prénom*) ? Moi, c'est Thomas.

a. Tu peux *épeler* / *écrire*, s'il te plaît ?

b. Ravi de faire ta *connaissance* / *présentation* !

c. Quel est votre *nom* / *connaissance* ?

d. Bonjour, je *me présente* / *m'appelle*.

e. Je m'appelle Thais, et *vous* / *ton nom* ?

f. Ça *s'écrit* / *s'appelle* comment ?

g. Je *m'appelle* / *me présente* Martina.

39 Complétez les phrases avec les mots suivants.

appelez – votre – épeler – connaissance – toi – m'appelle – présente – s'écrit

Exemple : Je m'appelle Enric, et toi ?

a. Comment ça .... ?

b. Je .... Sophie Fayard.

c. Comment vous vous .... ?

d. Ravie de faire votre ....

e. Je me ...., je m'appelle Henri.

f. Quel est .... prénom ?

g. Vous pouvez ...., s'il vous plaît ?

2 • Premiers échanges

Mon adresse

Madame – Mme ① **Monsieur** – M. + prénom + nom
L'**adresse** avec ② **le numéro et le nom de la rue**,
③ **le code postal et la ville**, et ④ **le pays**.
Pour dire la ville où on habite :
J'habite à Avignon.

Pour demander et donner son adresse :
– Où habitez-vous ? / Quelle est votre adresse ?
– J'habite 12, rue de la paix.

① Monsieur Babacar Samb
② 12, rue de la paix
③ 84000 Avignon
④ France

40 Reliez la question à la réponse.

a. Quel est votre prénom ?
b. Et votre nom ?
c. Comment ça s'écrit ?
d. Quelle est votre adresse ?
e. Et votre code postal ?
f. Et la ville ?
g. À quel numéro ?
h. Quel est le nom de la rue ?

1. 50, rue du Paradis.
2. G.O.N.Z.A.L.E.Z.
3. Au numéro 12.
4. Patrick.
5. Nantes.
6. Rue des Sœurs Blanches.
7. 59140.
8. Gonzalez.

L'âge et la date de naissance

• Pour demander et dire **l'âge** :
– **Vous avez quel âge ? / Tu as quel âge ?**
– J'ai 35 ans.

• Pour demander et dire la **date de naissance** :
– Quelle est votre date de naissance ?
– Le 22 novembre 1998. / Je suis né(e) le 22 novembre 1998.

41 Avec les informations proposées, faites les présentations.

Exemples : Alain, 18/02/1961 → Il s'appelle Alain, il est né le 18 février 1961.
Laura, 42 → Elle s'appelle Laura, elle a 42 ans.

a. Clara, 50 → ....
b. Matias, 31/01/2001 → ....
c. Gervaise, 25 → ....
d. Sylvie, 65 → ....
e. William, 22/09/1978 → ....
f. Virginie, 35 → ....
g. Sofian, 6/06/1996 → ....
h. Yanis, 44 → ....

Vocabulaire

L'état civil 33

Sur les documents officiels on parle d'**état civil**, c'est la situation d'une personne dans la société.
Une personne peut être : **célibataire, mariée, divorcée, séparée, veuve, avec ou sans enfants.**
Pour demander à quelqu'un s'il a des enfants, on dit : **Vous avez des enfants ?**
Les réponses possibles : **Oui, j'en ai un, deux, trois… / Non, je n'en ai pas. / Ça ne vous regarde pas**
(= c'est une question indiscrète, je ne veux pas y répondre).

42 Reliez les mots à leur définition.

a. Une personne unie à une autre par le mariage.
b. Le jour où je suis né(e).
c. Une personne qui était mariée et qui est séparée de son mari ou de sa femme.
d. Nombre d'années depuis la naissance.
e. Le mari de cette personne (ou sa femme) est décédé(e).
f. Une personne qui n'est ni mariée, ni séparée, ni divorcée.
g. Situation d'une personne dans la société.
h. Personne sous la responsabilité de ses parents.

1. Veuf/veuve
2. Un enfant
3. Mariée
4. Célibataire
5. L'état civil
6. Divorcée
7. Ma date de naissance
8. L'âge

43 Complétez les phrases avec les mots suivants.

célibataire – séparés – mariés – état civil – veuf – enfants (x2) – divorcés

a. Pour remplir le formulaire, il faut indiquer son état civil, c'est-à-dire sa situation familiale.
b. – Vous avez des ……………………………………………… ?
   – Heu, ça ne vous regarde pas !
c. Liam n'est ni marié, ni divorcé, ni séparé. Il est ……………………………………………… !
d. Maria et Cabbange sont ……………………………………………… depuis 2012, j'étais à leur mariage !
e. Anna et Marc ont été mariés pendant 12 ans, mais aujourd'hui ils sont ……………………………………………… .
f. Ils ne se sont jamais mariés, mais ils se sont ……………………………………………… l'an dernier.
g. On peut être célibataire et avoir des ……………………………………………… .
h. Sa femme est décédée l'an dernier, alors il est ……………………………………………… .

2 • Premiers échanges

Les pays et la nationalité 34

Il vient de France (= son origine est la France). Il est français. Elle est française.
Il vient du Sénégal. Il est sénégalais. Elle est sénégalaise.
Il vient du Canada. Il est canadien. Elle est canadienne.
Il vient de Chine. Il est chinois. Elle est chinoise.
Il vient d'Italie. Il est italien. Elle est italienne.
Les pays s'écrivent avec une majuscule et sont parfois précédés d'un article ; ils ont un genre (masculin ou féminin) et un nombre (singulier ou pluriel).

44 Écrivez l'article qui convient : « le », « la » ou « l' ».

Exemple : la Suisse
a. .... Canada
b. .... Italie
c. .... Tunisie
d. .... Mexique
e. .... Inde
f. .... Grèce
g. .... Royaume-Uni
h. .... Australie

45 Mettez les lettres dans l'ordre pour retrouver les noms de pays.

Exemple : GRREATNLEE → Angleterre

a. NERFAC → ....
b. SIEETON → ....
c. YIESR → ....
d. NBLAI → ....
e. MUCRAEON → ....
f. LAPUORTG → ....
g. STTAÉ-IUSN → ....

46 Reliez le nom de pays à la nationalité.

a. l'Espagne   1. suédois(e)
b. le Maroc   2. belge
c. La Russie   3. américain(e)
d. la Suède   4. espagnol(e)
e. la Corée   5. allemand(e)
f. la Belgique   6. russe
g. l'Allemagne   7. marocain(e)
h. les États-Unis   8. coréen(ne)

Vocabulaire

47 Complétez les nationalités.

Exemple : Il/Elle vient d'Italie. → Il est italien, elle est italienne.

a. Il/Elle vient de Suisse. → Il est ...., elle est ....
b. Il/Elle vient du Sénégal. → Il est ...., elle est ....
c. Il/Elle vient du Brésil. → Il est ...., elle est ....
d. Il/Elle vient d'Angleterre. → Il est ...., elle est ....
e. Il/Elle vient d'Inde. → Il est ...., elle est ....
f. Il/Elle vient de Chine. → Il est ...., elle est ....
g. Il/Elle vient du Japon. → Il est ...., elle est ....
h. Il/Elle vient du Portugal. → Il est ...., elle est ....

 Les langues 🔊 35

En général, on utilise le même adjectif pour la nationalité et **la langue : français, anglais, portugais, italien,** etc.
Attention, certains pays ne sont pas associés à une langue (par exemple, en Belgique, on parle français, néerlandais et allemand ; en Colombie, on parle espagnol), et certaines langues ne sont pas associées à un pays (par exemple, l'arabe).

Pour demander et dire les langues parlées :
– **Tu parles quelles langues ? / Vous parlez français ?**
– **Je parle français, anglais et italien.**

48 Classez les pays selon la langue qu'on y parle.

la Suisse – l'Égypte – l'Irlande – l'Argentine – l'Algérie – le Sénégal – la Colombie – l'Australie

Pays où on parle français	Pays où on parle anglais	Pays où on parle espagnol	Pays où on parle arabe
la Suisse			

49 Dites quelles langues on parle dans ces pays.

Exemple : En Angleterre, on parle anglais.

a. En Écosse, on parle ....
b. Au Mexique, on parle ....
c. Au Portugal, on parle ....
d. En Italie, on parle ....
e. En Grèce, on parle ....
f. En Chine, on parle ....
g. Au Japon, on parle ....
h. En France, on parle ....

2 • Premiers échanges

Les professions 36

Pour **demander la profession**, je dis :
Qu'est-ce que tu fais dans la vie ? / Qu'est-ce que vous faites dans la vie ?
Quelle est ta profession ? / Quelle est votre profession ?
Quel est ton métier ? / Quel est votre métier ?

Pour **dire la profession**, je dis : Je suis **professeur(e)**. Il est **médecin**.

Pour une personne qui a des responsabilités, on dit : **un(e) responsable** ; **un(e) chef(fe)**.

Il y a des professions artistiques : **un(e) artiste** ; **un(e) chanteur/chanteuse** ; **un(e) peintre** ; **un(e) auteur/autrice** ; **un(e) photographe**.

Il y a des professions dans le monde de l'éducation : **un(e) professeur(e)** ; **un(e) instituteur/institutrice**.

Il y a des professions dans le monde de la santé : **un(e) docteur** ; **un(e) médecin** ; **un(e) chirurgien(ne)** ; **un(e) infirmier/infirmière** ; **un(e) pharmacien(ne)**.

Il y a des professions pour la sécurité des personnes : **un(e) policier/policière** ; **un(e) pompier/pompière**.

Il y a des professions dans les commerces : **un(e) commerçant(e)** ; **un(e) vendeur/vendeuse** ; **un(e) fleuriste**.

Il y a des professions dans le monde du tourisme et de la restauration : **un(e) cuisinier/cuisinière** ; **un(e) chef(fe) cuisinier/cuisinière** ; **un(e) guide** ; **un(e) serveur/serveuse**.

Il y a des professions dans le monde des transports : **un(e) chauffeur/chauffeuse** (de taxi) ; **un(e) conducteur/conductrice** (de bus) ; **un(e) pilote**.

Un(e) artisan(e) est une personne qui fait un travail manuel comme : **un(e) boulanger/boulangère** qui fait le pain ; **un(e) pâtissier/pâtissière** qui fait les gâteaux, les pâtisseries ; **un(e) boucher/bouchère** qui prépare la viande ; **un(e) poissonnier/poissonnière** qui prépare le poisson ; **un(e) garagiste** qui répare les voitures.

50 Retrouvez les professions comme dans l'exemple.

Exemple : un CH A U F FEUR

a. un AR _ _ _ AN

b. un G _ _ _ GIS _ _

c. une BO _ _ _ _ GÈ _ _

d. une G _ _ _ E

e. un P _ _ _ _ ER

f. un P _ _ FE _ _ _ UR

g. un M _ _ _ _ IN

h. une C _ _ _ _ _ _ _ _ _ E

Vocabulaire

51 Complétez le tableau.

le chirurgien – l'institutrice – la fleuriste – le boulanger – l'infirmière – le serveur – le professeur – la cheffe cuisinière

Il/Elle travaille dans un magasin	Il/Elle travaille dans un restaurant	Il/Elle travaille dans une école	Il/Elle travaille dans un hôpital
			le chirurgien

52 Reliez la définition et la profession.

a. Il/Elle soigne les malades.
b. Il/Elle montre aux touristes les villes et les monuments.
c. Il/Elle répare les voitures.
d. Il/Elle fait des concerts.
e. Il/Elle fait des gâteaux.
f. Il/Elle sert les boissons et les plats au restaurant.
g. Il/Elle vend des fleurs et prépare les bouquets.
h. Il/Elle prend des photos.

1. Le/La chanteur/chanteuse
2. Le/La pâtissier/pâtissière
3. Le/La serveur/serveuse
4. Le/La médecin
5. Le/La fleuriste
6. Le/La guide
7. Le/La photographe
8. Le/La garagiste

a – 4

53 Complétez les phrases avec la profession qui convient.

a. – Qu'est-ce que tu fais dans la vie ?
– Je suis poissonnier. Je travaille dans une poissonnerie et m'occupe des poissons.

b. Un a……………………………… est une personne qui travaille de ses mains ; par exemple le b……………………………… qui travaille dans une boucherie.

c. Le c……………………………… travaille à l'hôpital, mais il est aidé par un i……………………………… ou une i……………………………… .

d. Un c……………………………… c……………………………… ou une c……………………………… c……………………………… prépare les plats dans un restaurant et dirige la cuisine.

Bilan

1. Complétez les phrases avec le mot qui convient. (1 point/réponse)

a. Bonjour, comment ça v......................... ?

b. – Je m'appelle Mohammed.
   – B......................... dans le groupe, Mohammed !

c. Je vous p......................... mon nouveau voisin, Pascal.

d. Au revoir et bonne j......................... !

e. – Merci pour tout !
   – Il n'y a pas de q......................... .

f. Je suis d........................., je suis en retard.

g. – Merci beaucoup, ça fait plaisir !
   – Je t'en p......................... !

h. Au revoir, à b......................... !

i. Il est c......................... c........................., c'est lui le responsable de la cuisine du restaurant.

j. Ils sont mariés et ils ont deux e......................... .

k. Martin, c'est son nom et Pierre son p......................... .

l. Je ne sais pas où il habite, je n'ai pas son a......................... .

m. Il habite rue du Soleil mais à quel n......................... ?

n. Elle n'est pas encore m........................., le mariage est la semaine prochaine !

o. Après plus de 25 ans de mariage, ils ont d......................... .

p. Mario habite seul et il n'a pas d'enfant, il est c......................... .

q. Au Portugal, on parle p......................... et au Brésil aussi !

r. Tu peux é......................... ton nom, je ne sais pas comment ça s'écrit.

s. J'ai l'adresse mais je ne connais pas le c......................... p......................... de Lille, tu le connais ?

t. S......................... Max, ça va bien ?

u. – Il a quel â......................... ?
   – Il a 34 ans.

v. Je vous présente M......................... et Madame Duran.

w. – Elle est australienne ?
   – Oui, elle vient d'A......................... .

x. Il vient du Cameroun, il est ....

Total : .... /24

Vocabulaire

2. Écoutez et complétez les dialogues. (0,25 point/réponse) 🔊 37

Dialogue A
– .... (**a.**) !
– Salut !
– Tu es nouveau dans l'école ?
– Oui, je .... (**b.**) Mathieu, et toi ?
– Moi, je m'appelle Nour. .... (**c.**) !
– Enchanté aussi. Heu... Nour, c'est ton nom ou ton .... (**d.**) ?
– C'est mon prénom ! C'est d'............................ (**e.**) arabe mais je suis .... (**f.**), et toi ?
– Je suis .... (**g.**), mais j'habite à Bruxelles, en .... (**h.**) !
– Ah d'accord, et tu parles quelles .... (**i.**) ?
– Français, ... (**j.**) et j'apprends le néerlandais, mais c'est difficile ! Et toi ?
– Je parle français, anglais, ... (**k.**), néerlandais et arabe.
– Waouh ! C'est impressionnant !
– Je peux t'aider avec le néerlandais si tu veux !
– C'est très gentil, merci !
– .... (**L.**) !

Dialogue B
– Bonjour .... (**m.**), c'est pour l'inscription au club de sport.
– Oui. Bonjour .... (**n.**). Quel est votre .... (**o.**) ?
– Lallemand.
– D'accord. Comment ça .... (**p.**).
– L – A – deux L – E – M – A – N – D.
– D'accord et votre .... (**q.**) ?
– Gabriela.
– Très bien et votre .... (**r.**) ?
– 18, ... (**s.**) de la Cathédrale à Poitiers.
– Très bien et votre .... (**t.**) ?
– 86000.
– D'accord, il me manque votre .... (**u.**).
– Le 28 février 1985.
– Et un .... (**v.**) de téléphone.
– 06 62 54 78 82.
– Et vous êtes .... (**w.**) ?
– Mais, ça ne vous regarde pas ! Pour l'inscription à la salle de sport, je ne donne pas mon .... (**x.**) !

Total : .... /6

Mon score : .... /30

29

3 • Les proches
Vocabulaire

La famille

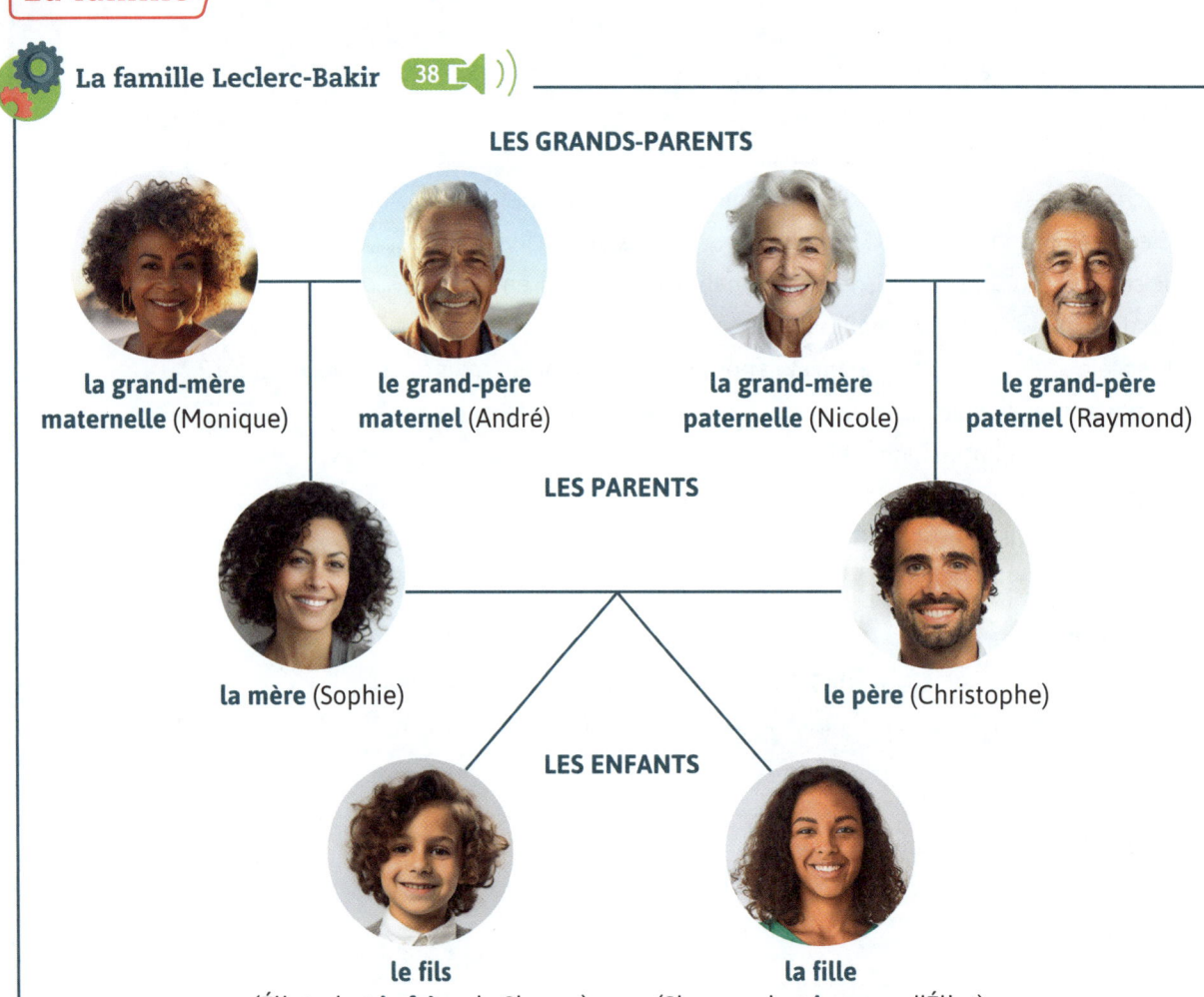

54 Observez l'arbre généalogique et complétez les phrases.

Exemple : Christophe est le père de Sharon.
a. Sophie est ……………………………………… de Sharon.
b. Sophie et Christophe sont ……………………………………… d'Éliot et de Sharon.
c. Sharon est ……………………………………… d'Éliot.
d. Éliot est ……………………………………… de Sophie.
e. Raymond est ……………………………………… de Sharon.
f. Éliot est ……………………………………… de Sharon.
g. Monique et Nicole sont ……………………………………… de Sharon et Éliot.
h. Éliot et Sharon sont ……………………………………… de Christophe et Sophie.

Vocabulaire

55 Barrez l'intrus dans chaque liste.

Exemples : mère – ~~sœur~~ – père
grands-parents – ~~petite-fille~~ – grand-père

a. fils – parent – fille
b. mère – parent – petit-fils
c. grand-père – grand-mère – sœur
d. petit-fils – père – petite-fille
e. enfant – parent – fille
f. père – mère – grand-père
g. petits-enfants – grands-parents – petite-fille
h. frère – sœur – grand-père

56 Mettez les lettres dans l'ordre pour retrouver le mot correct. Ajoutez les accents nécessaires.

Exemple : neearlmt → maternel

a. roeus → ....
b. mree → ....
c. ntprea → ....
d. eepr → ....
e. eerrf → ....
f. nsdrag-eprnsta → ....
g. nneatf → ....
h. teeprnla → ....

57 Observez la photo et complétez le texte.

Voici la famille Debrissa. La m........................... s'appelle Maëlys et le p..............................., Stéphane.
Ils ont trois e........................... : Malo, Nil et Léa. Malo est le f........................... aîné, Nil,
le f........................... et Léa, la f........................... . Gontrand est le g...........................-...........................
de Malo, Nil et Léa, et Geneviève la g...........................-........................... .

3 • Les proches

58 Observez à nouveau la photo de l'exercice précédent et dites si les affirmations sont vraies ou fausses. Corrigez celles qui sont fausses.

Exemple : Stéphane est la mère de Léa. ☐ vrai ☒ faux
   Faux, c'est le père.

a. Maëlys est la mère de Léa. ☐ vrai ☐ faux
b. Léa est la sœur de Gontrand.
c. Malo, Nil et Léa sont les fils de Maëlys. ☐ vrai ☐ faux
d. Malo est le frère de Nil et Léa. ☐ vrai ☐ faux
e. Gontrand et Geneviève sont les grands-parents de Malo, Nil et Léa. ☐ vrai ☐ faux
f. Stéphane est le frère de Nil. ☐ vrai ☐ faux
g. Nil est le petit-fils de Stéphane. ☐ vrai ☐ faux
h. Malo, Nil et Léa sont les petits-enfants de Geneviève. ☐ vrai ☐ faux

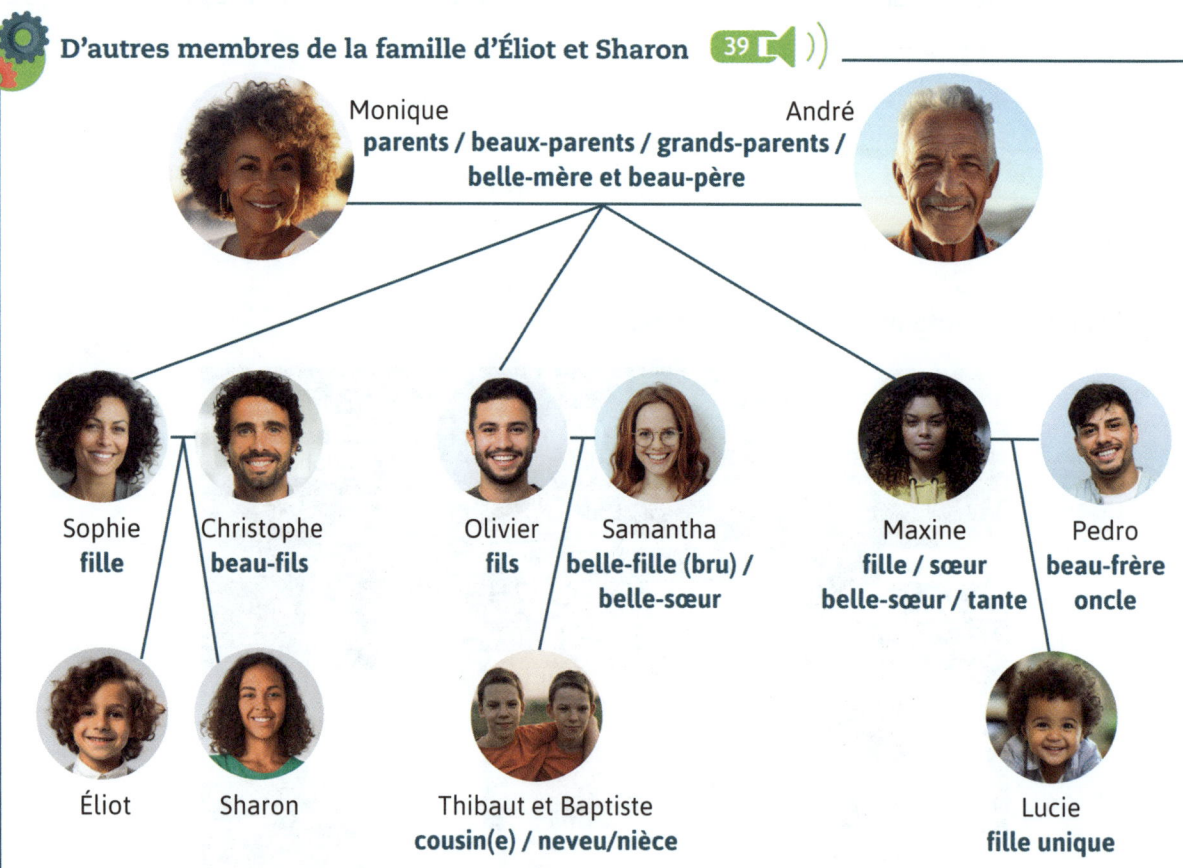

D'autres membres de la famille d'Éliot et Sharon

Monique — André
parents / beaux-parents / grands-parents / belle-mère et beau-père

Sophie — Christophe   Olivier — Samantha   Maxine — Pedro
fille   **beau-fils**   **fils**   **belle-fille (bru) / belle-sœur**   **fille / sœur belle-sœur / tante**   **beau-frère oncle**

Éliot   Sharon   Thibaut et Baptiste   Lucie
         cousin(e) / neveu/nièce   **fille unique**

Monique et André forme **un couple**, André est le **mari**, Monique est la **femme**.
Ils ont trois enfants : Sophie, Olivier et Maxine.
Sophie est **mariée** avec Christophe. Olivier est l'**oncle** de Sharon et Éliot. Sharon est sa **nièce**, Éliot son **neveu**. Olivier et sa femme Samantha ont deux enfants, Thibaut et Baptiste. Ils sont nés le même jour, ce sont des **jumeaux**. Maxine est la **tante**. Les enfants d'Olivier et de Maxine sont les **cousins** de Sharon et Éliot. Maxine et son mari n'ont qu'un enfant. Lucie est **fille unique**.
La famille de Sophie est la **belle-famille** de Christophe.

Vocabulaire

59 Observez l'arbre généalogique et complétez les phrases.

Exemple : Monique est la femme d'André.

a. Monique et André sont les b........................-........................ de Samantha.
b. Thibaut et Baptiste sont j........................ .
c. Christophe est le m........................ de Sophie.
d. Olivier est l'o........................ de Sharon.
e. Lucie est la n........................ de Sophie.
f. Sharon est la c........................ de Thibaut.
g. Sophie est la t........................ de Baptiste.
h. Thibaut est le n........................ de Maxine.

60 Reliez le masculin au féminin.

a. le neveu   1. les jumelles
b. l'oncle   2. la cousine
c. le cousin   3. la mère
d. le mari   4. la grand-mère
e. le frère   5. la nièce
f. les jumeaux   6. la fille
g. le père   7. la femme
h. le fils   8. la tante
i. le grand-père   9. la sœur

61 Complétez les mots.

Exemple : – Tu as une nièce ?
– Non, seulement un neveu.

a. Il n'a pas de frère ni de sœur, il est f........................ u........................ .
b. La mère de ma cousine, c'est ma t........................ .
c. Voici la mère de ma femme, c'est ma b........................ .
d. Nous avons un fils et une fille, ce sont nos e........................ .
e. Il a une grande f........................, il a huit frères et sœurs.
f. Ton grand-père et ta grand-mère, ce sont tes g........................ .
g. Le fils de mon oncle, c'est mon c........................ .
h. Ils ne sont pas mariés mais ils sont en c........................ depuis longtemps.

3 • Les proches

62 **Complétez les phrases avec les mots suivants.**

beau-père – cousin – oncle – fille – belle-sœur – cousine – nièce – tante – frère

Exemple : C'est le frère de mon père, c'est mon oncle.

a. C'est la fille de ma sœur, c'est ma ....
b. C'est la femme de mon frère, c'est ma ....
c. C'est le fils de mes parents, c'est mon ....
d. C'est la sœur de mon fils, c'est ma ....
e. C'est la fille de ma tante, c'est ma ....
f. C'est la sœur de ma mère, c'est ma ....
g. C'est le frère de ma cousine, c'est mon ....
h. C'est le père de mon mari, c'est mon ....

Des familles particulières

On parle de **famille monoparentale** quand le ou les enfants sont **élevés** par une seule personne, la mère ou le père.
Si un couple divorce, l'homme qui se remarie (ou se remet en couple) devient le **beau-père** des enfants de sa nouvelle femme, la femme qui se remarie (ou se remet en couple) devient la **belle-mère** des enfants de son nouveau mari ; on parle alors de famille **recomposée**. Les enfants qui ont un parent en commun sont **demi-frères** ou **demi-sœurs**.

63 **Mettez les lettres dans l'ordre pour retrouver le mot correct. N'oubliez pas les accents et les tirets.**

Exemple : lleeb eerm → belle-mère

a. imde ouesr → ....
b. uabe reep → ....
c. eeecpsroom → ....
d. leamlif → ....
e. eeevls → ....
f. veocdir → ....
g. amaepeorotln → ....
h. rrfee → ....

Vocabulaire

64 Regardez le croquis d'une famille recomposée et dites si les phrases sont vraies ou fausses.

Bérangère + Diego / Diego + Manon (remariage)   Manon + Pierre / Patricia + Pierre (remariage)

Laurent   Loana – Louis   Sofiane – Amélie

Exemple : Loana est la sœur de Louis.   ☒ vrai   ☐ faux

a. Patricia est la mère de Louis.   ☐ vrai   ☐ faux
b. Diego est le beau-père de Loana.   ☐ vrai   ☐ faux
c. Diego est le père de Laurent.   ☐ vrai   ☐ faux
d. Laurent est fils unique.   ☐ vrai   ☐ faux
e. Laurent est le demi-frère de Louis.   ☐ vrai   ☐ faux
f. Amélie est la demi-sœur de Loana.   ☐ vrai   ☐ faux
g. Loana est la sœur de Laurent.   ☐ vrai   ☐ faux
h. Pierre a trois enfants.   ☐ vrai   ☐ faux

65 Reliez les deux colonnes pour former des mots. Plusieurs réponses sont possibles.

a. demi-   1. fils
b. beau-   2. fille
c. grand-   3. sœur
d. belle-   4. frère
e. petit-   5. père
f. petite-   6. mère

66 Complétez le texte avec les mots suivants.

famille – divorcés – belle-mère – demi-frère – fils – remariés – filles – femme – mari

Ma famille est très grande et particulière ! Mon père et ma mère sont ....
mais ils sont .... La nouvelle ....
de mon père, ma ...., a trois ....
Le nouveau .... de ma mère a un .... unique,
et ensemble ils ont eu un autre garçon, mon ....

3 • Les proches

Les relations sociales

L'entourage 41

Dans l'**entourage**, il y a :
- les **amis** (un ami – une amie) : des personnes qu'on **fréquente** et avec qui on **partage de bons moments** ;
- les **copains** (copain – copine) : comme les amis mais un peu moins intimes ;
- les **collègues** : des personnes avec qui on travaille ;
- les **voisins** (voisin – voisine) : des personnes qui vivent à côté de chez nous.

On **rencontre** une personne et on **devient** ami(e) avec elle. On peut aussi **se faire** de nouveaux amis et être uni par l'**amitié**. On peut aussi **tomber amoureux** et avoir une relation amoureuse. Dans ce cas, on dit : **petit(e)-ami(e)/copain-copine** ou **compagnon/compagne**.

67 Mettez les mots dans l'ordre pour former des phrases.

Exemple : Gaël. / ton / Je / connais / ami → Je connais ton ami Gaël.

a. habite / collègue / Lyon. / Mon → ....
b. amis. / de / Nous / nouveaux / rencontrons → ....
c. a / sœur. / amie / Son / Paola / une → ....
d. copain. / bon / un / Pedro / est → ....
e. moments. / partagez / de / Vous / bons → ....
f. compagne / est / Sa / belge. → ....
g. sont / de / collègues / travail. / Ils → ....
h. voisins / bruyants. / sont / Tes → ....

68 Complétez les phrases avec le bon mot.

Exemple : C'est sa collègue, elles travaillent ensemble depuis cinq ans.

a. Elles sont devenues a.................... dans un concert.
b. Ils se f.................... souvent.
c. Elles sont v...................., elles habitent le même immeuble.
d. Elle est très amoureuse de son c.................... .
e. Sa p....................-a.................... est italienne.
f. Dans mon e...................., je ne connais personne qui habite Paris.
g. Ce sont mes c.................... d'université, ils sont très sympas.
h. Je te présente un a.................... que j'ai rencontré pendant mes études.

Vocabulaire

69 Entourez la bonne réponse.

Exemple : Ils se sont (fréquentés) / mariés dans un cours de français.

a. Elle a rencontré son *compagnon / voisin* dans un cours de Salsa.
b. Ils *fréquentent / partagent* de bons moments.
c. J'ai de bons *copains / voisins* à l'université.
d. Ils sont tombés *amoureux / amis*.
e. Ils sont *amis / petits-amis*, mais ils ne sont pas amoureux.
f. Petit à petit, on *devient / se fait* ami.
g. Elle *s'est fait / est devenue* de bons amis pendant son Erasmus.
h. Elle va partir en colonie, elle fera des *rencontres / copines*, c'est sûr !

70 Retrouvez le mot.

Exemple : Il habite à côté de chez moi : mon voisin.

a. Personnes qui vivent autour de moi : l'e............................... .
b. Avoir des relations habituelles, se voir : f............................... .
c. Sentiment qui unit des amis : une a............................... .
d. Personne avec qui on a un lien d'amitié : un c............................... .
e. Personne avec qui je travaille : un(e) c............................... .
f. Personne avec qui on a un lien d'amour : une c............................... .
g. Rapport que l'on a avec d'autres personnes : une r............................... .
h. Connaître une personne, la voir pour la première fois : r............................... .

71 Reliez les deux colonnes pour former des phrases.

a. Il est tombé — 7. amoureux.
b. Ils partagent de
c. Elles se sont fait
d. Ils apprennent à se
e. Il l'aime à la folie sa
f. Finalement, ils sont devenus
g. Elle l'aime beaucoup, c'est son
h. Ils habitent à côté, ils sont
i. Je change de travail, je vais rencontrer

1. connaître.
2. petite-amie.
3. bons moments.
4. voisins.
5. meilleur ami.
6. de nouveaux collègues.
7. amoureux.
8. amis.
9. de nouveaux amis.

3 • Les proches

Les animaux de compagnie 42

Ce sont des animaux qui vivent avec des personnes et font partie de la famille, comme un **chat**, un **chien**, un **lapin**, un **poisson** ou un **oiseau**. Le chat est le **mâle**, la **femelle** est la chatte.
Le jeune chat est un **chaton**, et le jeune chien un **chiot**.
Les chats, les chiens et les lapins ont quatre **pattes**, des **poils** sur le corps et un **museau** (le nez).
L'oiseau a des **pattes**, des **ailes**, des **plumes** et un **bec** (le nez). Il peut voler.
Le poisson a des **nageoires**, il peut nager.

72 Écrivez le nom sous la photo qui correspond.

un oiseau – un chien – un chaton – un chat – un chiot – un lapin – un poisson

a. un chat   **b.** ....   **c.** ....   **d.** ....

e. ....   **f.** ....   **g.** ....

73 Complétez le tableau.

	Chat	Chien	Lapin	Poisson	Oiseau
Exemple : pattes	✗	✗	✗		✗
a. bec					
b. chaton					
c. mâle					
d. museau					
e. poils					
f. ailes					
g. chiot					
h. nageoires					

Vocabulaire

74 Corrigez les informations en italique.

Exemple : Un *chiot* est un petit chat. Un chaton est un petit chat.

a. La chienne est *le mâle*. ....
b. Un poisson a des *becs*. ....
c. Un chiot est un *vieux* chien. ....
d. Un *oiseau* vit dans l'eau. ....
e. Un chat a des *plumes*. ....
f. Un oiseau a des *poils*. ....
g. *Le poisson* peut voler. ....
h. Un chien a un *nez*. ....

75 Complétez ces mots-croisés.

a. la jambe d'un animal
b. le cheveu d'un animal
c. le nez d'un chien
d. le jeune d'un chat
e. le masculin de femelle
f. les poils des oiseaux
g. le nez des oiseaux
h. la femelle du chien

f. P
A
T
T
E

La description physique

Le visage 43

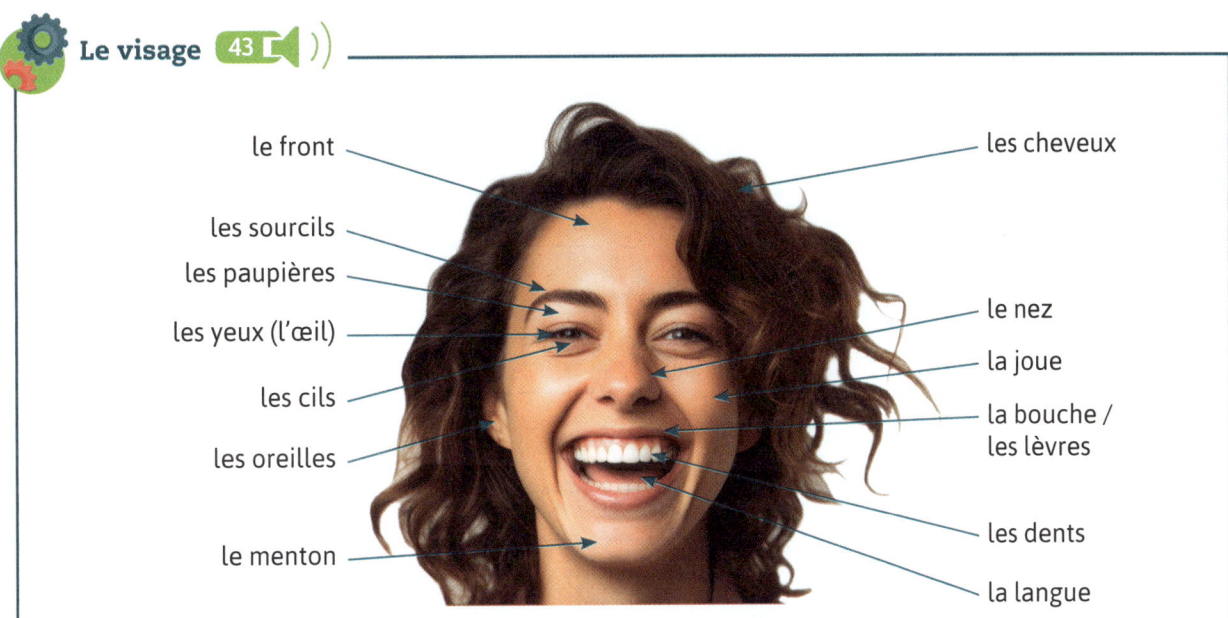

le front — les cheveux
les sourcils
les paupières
les yeux (l'œil) — le nez
— la joue
les cils
— la bouche / les lèvres
les oreilles
— les dents
le menton — la langue

39

3 • Les proches

76 Reliez les images aux mots.

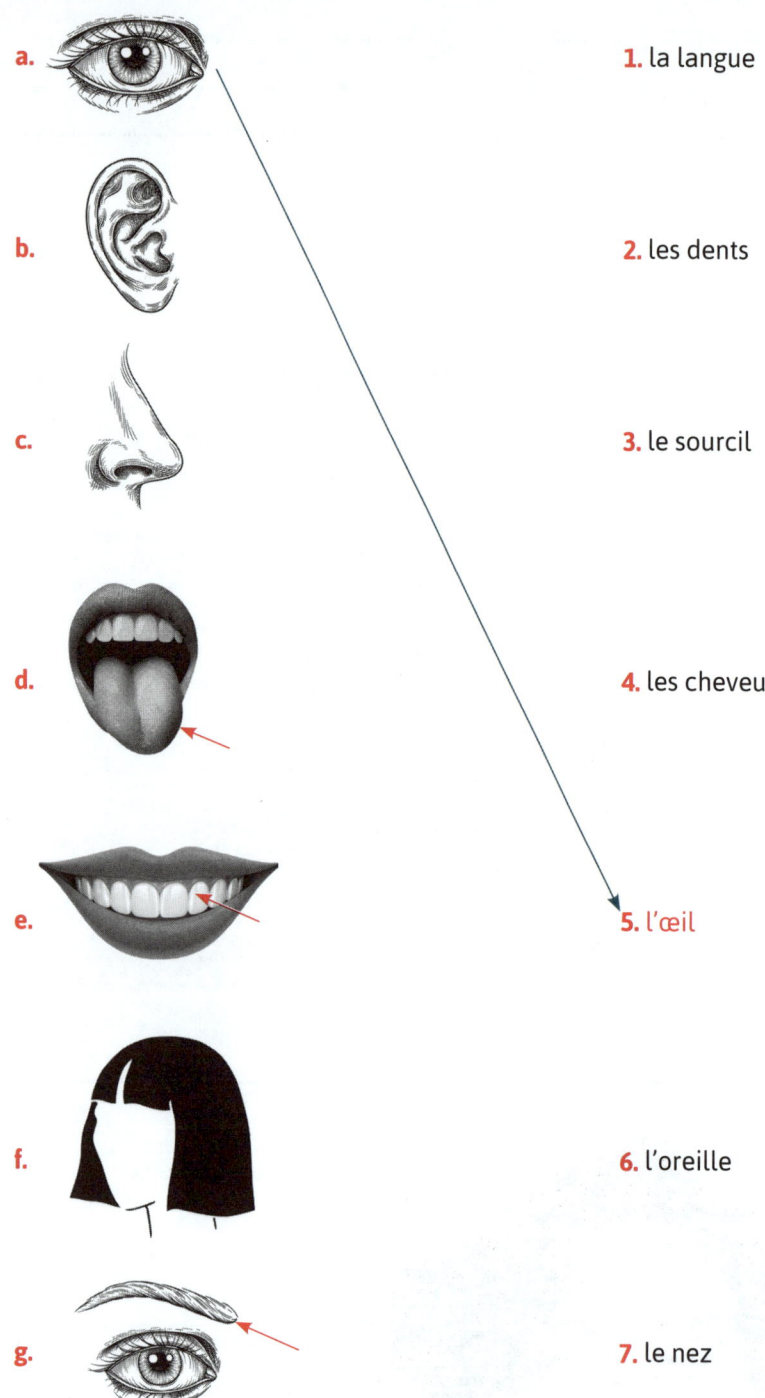

Vocabulaire

77 Complétez les légendes.

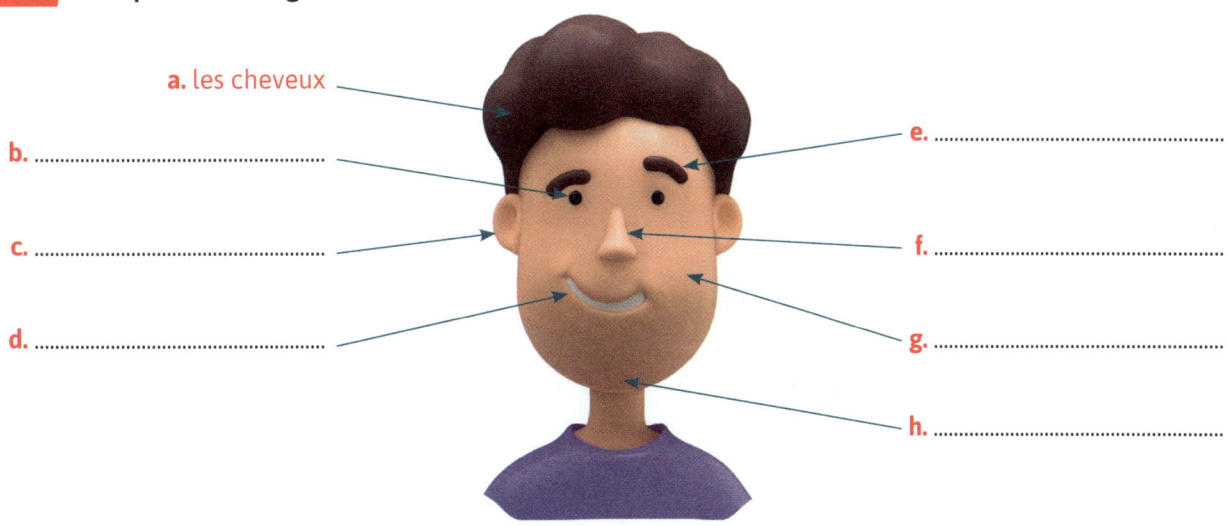

a. les cheveux
b. ....
c. ....
d. ....
e. ....
f. ....
g. ....
h. ....

78 Mettez les lettres dans l'ordre pour retrouver le mot correct.

Exemple : GIVASE → le visage

a. NOFTR → le ....
b. VEÈLRS → les ....
c. LSIC → les ....
d. REILOLES → les ....
e. GELUAN → la ....
f. EXUY → les ....
g. ROUSSILC → les ....

79 Complétez les mots.

Exemple : Nous écoutons avec nos oreilles.

a. Nous sentons les odeurs avec notre n.. .
b. Il ne faut pas parler la b.. pleine.
c. Nous regardons avec nos y.. .
d. Dans la bouche, il y a 32 d.. .
e. Sur la tête, nous avons des c.. .
f. Pour se faire la bise, on s'embrasse sur les j.. .
g. Les hommes peuvent avoir une barbe au m.. .
h. Pour dormir, on ferme ses p.. .

3 • Les proches

Le corps 🔊 44

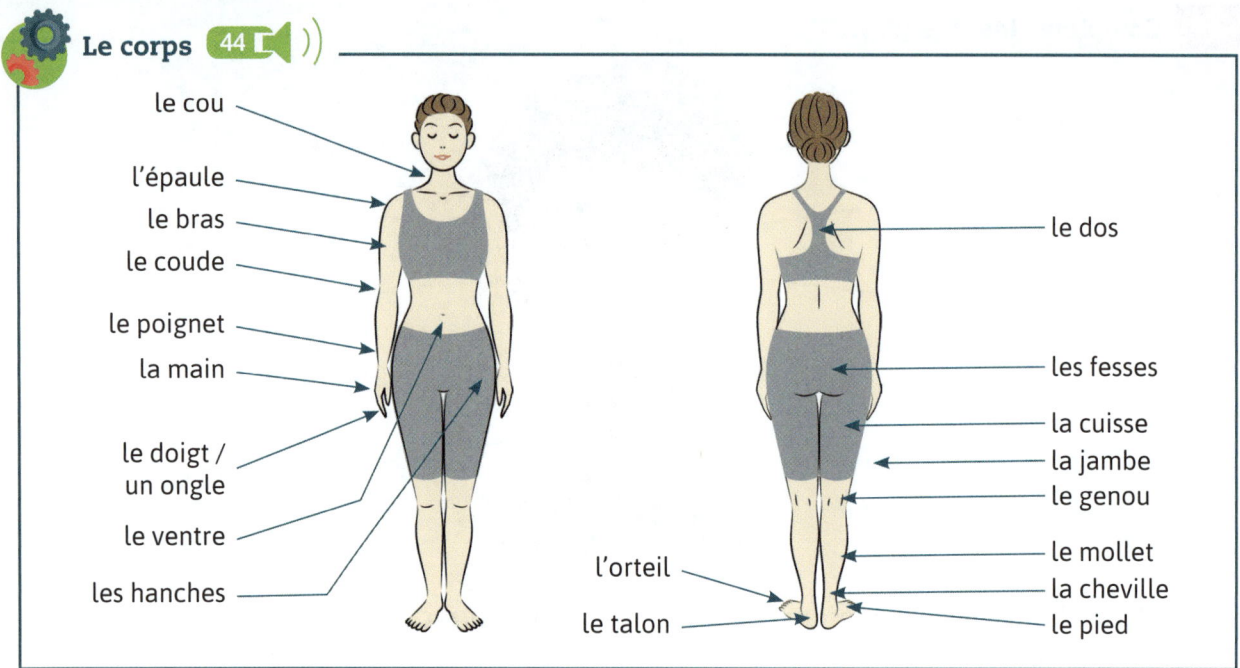

80 Complétez les mots-croisés.

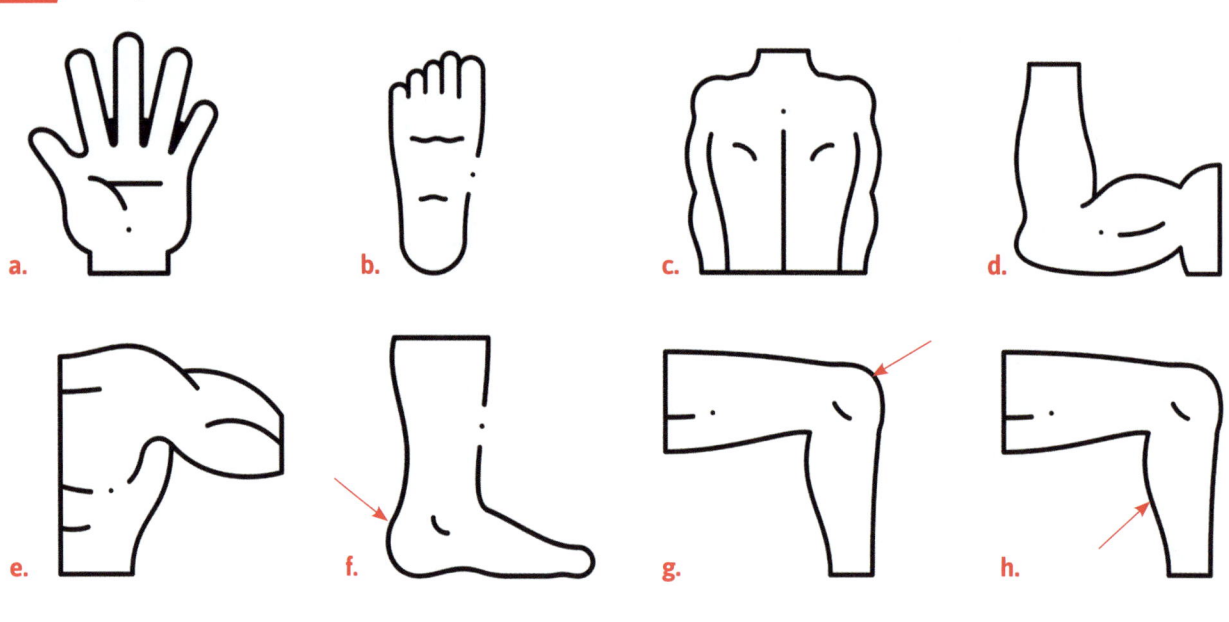

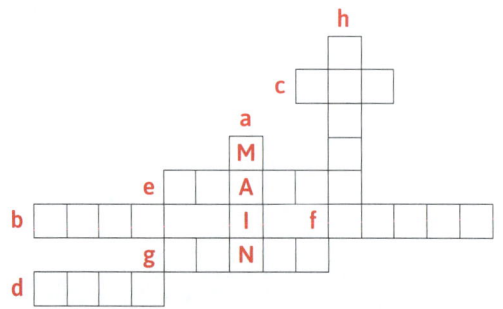

Vocabulaire

81 Complétez ce dessin avec les mots suivants.

la tête – les hanches – le dos – la jambe – les fesses – le pied – l'épaule – le ventre

a. la tête
b. ....
c. ....
d. ....
e. ....
f. ....
g. ....
h. ....

82 Écoutez et cochez la bonne réponse.

Exemple : ☒ la main   ☐ le pied

a. ☐ les bras   ☐ les jambes
b. ☐ les doigts   ☐ les orteils
c. ☐ le talon   ☐ le ventre
d. ☐ les pieds   ☐ les bras
e. ☐ les bras   ☐ les mollets
f. ☐ le poignet   ☐ la cheville

83 Où est-ce qu'ils ont mal ? Complétez les phrases.

Exemple : Elle a trop couru, elle a mal aux jambes.

a. Il a trop mangé, il a mal au v.................................. .
b. Il a une migraine, il a mal à la t.................................. .
c. Elle est tombée, elle s'est cassé le b.................................. .
d. Ses chaussures sont trop petites, il a mal aux p.................................. .
e. Il s'est coupé le d.................................. en coupant les légumes.
f. Il s'est mal assis, il a mal au d.................................. .
g. En courant, elle s'est foulé la c.................................. .
h. Il a fait trop de tennis, il a mal à l'é.................................. .

3 • Les proches

Décrire le visage 46

Olivia a les yeux marron et les cheveux bruns, longs et frisés.

Ottis a les yeux bleus et les cheveux blonds et courts. Il a une barbe et une moustache et il porte des lunettes.

Il/Elle a les yeux **marron**, **bleus**, **verts**, **noirs**.
Il/Elle porte des **lunettes**.
Il/Elle a les cheveux **blonds**, **bruns** (= noirs), **châtains** (marron), **roux** (orange), **gris**, **blancs**.
Il/Elle a les cheveux **courts**, **longs**, **raides**, **frisés**.
Il a **une barbe**, **une moustache**. Il est **rasé**.

84 De quelle partie du visage parle-t-on ? Complétez le tableau.

	Les cheveux	Les yeux	La bouche - le menton
Exemple : raides	✗		
a. rasé			
b. verts			
c. roux			
d. moustache			
e. blonds			
f. barbe			
g. châtains			
h. marron			

85 Entourez la bonne réponse.

Exemple : Il a les cheveux (roux) / verts.

a. Elle a les cheveux *châtains / barbus*.

b. Il a les yeux *rasés / bleus*.

c. Elle porte des *moustaches / lunettes*.

d. Il a les cheveux *courts / petits*.

e. Il a une *barbe / lunette*.

Vocabulaire

86 Toutes ces syllabes mélangées forment neuf mots en rapport avec le visage. Retrouvez-les.

Exemple : marron

....
....
....
....
....
....
....
....

87 Trouvez la personne correspondant à la description parmi les images.

Exemple : Elle a les cheveux longs, raides et brun. Ses yeux sont grands et verts.
C'est Laure.

a. Il a une barbe et une moustache. Il est roux et ses cheveux sont courts.

C'est ....

b. Elle a des cheveux blonds et elle porte des lunettes.

C'est ....

c. Il a une barbe et une moustache, il est brun et ses cheveux sont longs.

C'est ....

d. Elle a les cheveux longs et gris et des yeux bleus.

C'est ....

e. Il a les cheveux courts et frisés. Il est brun. Il n'a pas de moustache.

C'est ....

Esther

Anna

Régis

Laure

Laurent

Pablo

3 • Les proches

88 Écoutez le dialogue et dites de qui on parle. Cochez la bonne image.

a. ☐ b. ☐ c. ☐ d. ☐

Décrire l'aspect général

L'**aspect**
Il est **beau**, **mignon**, **joli**.
Il est **laid**, **moche** (familier).
Il est **fort** et **musclé**.
Il est **rond**, **gros**.

Elle est **belle**, **mignonne**, **jolie**.
Elle est **laide**, **moche** (familier).
Elle est **forte** et **musclée**.
Elle est **ronde**, **grosse**.

L'**âge** :
Il est **jeune**.
Il est **âgé**, **vieux**.

Elle est **jeune**.
Elle est **âgée**, **vieille**.

La **taille** :
Il est **petit**, il **mesure** 1m50.
Il/Elle est de taille **moyenne**.
Il est **grand**.

Elle **fait** 1m50. Elle est **petite**.

Elle est **grande**, elle mesure 1m80 ; elle fait 1m80.

Le **poids** :
Il est **mince**, il **pèse** 50 kg.
Il est **gros**.

Elle est **mince**.
Elle est **grosse**, elle pèse 100 kg.

89 De quoi parle-t-on ? Complétez le tableau.

	Aspect	Poids	Taille
Exemple : Il est mignon.	✗		
a. Il est grand.			
b. Elle est grosse.			
c. Elle est petite.			
d. Il est moche.			
e. Il est mignon.			
f. Elle est sportive.			
g. Elle pèse 50 kg.			
h. Elle est mince.			

Vocabulaire

90 Écrivez le contraire (attention au masculin et féminin).

Exemple : moche ≠ beau/belle

a. grande ≠ ....
b. mince ≠ ....
c. jeune ≠ ....
d. gros ≠ ....
e. petit ≠ ....
f. vieux ≠ ....
g. beau ≠ ....
h. musclé ≠ ....

91 Corrigez les informations en italique.

Exemple : Sophie est *grosse*, elle a beaucoup de muscles. musclée/forte

a. Juan est *grand*, il mesure 1m70.
b. Son grand-père est *jeune*, il a 95 ans.
c. Ses neveux sont *très musclés*, ils ne font pas de sport et pèsent presque 100 kg.
d. Elle est *très moche*, elle est mannequin professionnelle.
e. Depuis sa séparation, il a beaucoup maigri, maintenant il est très *gros*.
f. On peut dire que tous les bébés sont *grands*, tout le monde les trouve beaux.

92 Écoutez les descriptions et retrouvez la bonne personne. 49

a. 3   b. ....   c. ....   d. ....

 Le caractère 50

On peut dire qu'une personne a **bon caractère** ou **mauvais caractère**.

Une personne peut être **heureuse** (*heureux*) (= elle est **contente** ou **gaie**), ou au contraire **malheureuse** (*malheureux*) et **triste**.

Pour parler du caractère de quelqu'un, on peut dire il/elle **a l'air calme**, **tranquille**, ou au contraire **nerveux**. Les personnes qui parlent beaucoup sont **bavardes**. Mais les personnes qui ont peur de parler sont **réservées**, **timides** ou **introverties**. À l'inverse, certaines personnes sont **ouvertes** et **extraverties**.

Quelqu'un qui est **positif** (*positive*), qui voit le bon côté des choses est un(e) **optimiste**.
Quelqu'un qui est **négatif** (*négative*), qui voit le mauvais côté des choses est un(e) **pessimiste**.

3 • Les proches

93 Mettez les lettres dans l'ordre pour retrouver le mot correct.

Exemple : iimdet → *timide*

a. adevarb → ....
b. meesisispt → ....
c. maecl → ....
d. exruuhe → ....
e. ittsre → ....
f. teaitxrrev → ....
g. iga → ....
h. ofipist → ....

94 Corrigez les informations en italique.

Exemple : Il est très agréable : il a *mauvais* caractère. → *bon*

a. Il est très ouvert, vraiment *introverti*. → ....
b. Regarde comme elle rit, elle a l'air *triste*. → ....
c. Oh la la, qu'est-ce qu'elle parle ! Elle est *tranquille* ! → ....
d. Je n'aimerais pas vivre avec lui, il a vraiment *bon* caractère. → ....
e. Il voit toujours le bon côté des choses, c'est un *pessimiste*. → ....
f. Elle est tellement *négative* ! Pour elle, il n'y a jamais de problèmes ! → ....
g. Yann et Emma sont jumeaux mais très différents ! Elle est timide et il est *réservé*. → ....

95 Complétez le dialogue avec les mots suivants.

mauvais – timide – bavarde – *caractère* – a l'air – réservé – optimiste – ouverte

– Tu connais nos nouveaux voisins les Jolis ! J'ai rencontré le mari et la femme, hier. Ils sont très différents. Elle a bon *caractère*, elle est plutôt .... mais elle parle trop, elle est
.... Lui, au contraire, il a .... caractère.
– Tu es dure ! Il est peut-être juste .... et .... !
– En tout cas il .... triste. Mais je crois qu'on va bien s'entendre.
– Tu es plutôt .... ! On verra !

Les qualités et les défauts [51]

Pour parler de caractère d'une personne, on peut parler de ses **qualités** et ses **défauts**.
Fatima est **intelligente**, elle est **maline** (= elle comprend vite). ≠ Elle est **bête**.
Nadir est **intelligent** / **malin**.
Masha est **gentille**, elle est **adorable** (= elle a des qualités de cœur).
Igor est **gentil** / **adorable**. ≠ Il est **méchant** / **détestable**.
Kirsten est **sympathique** (= qui donne de l'amitié), elle est **sympa** (familier).
Henrik est **sympathique**, il est **sympa**.
Il/Elle est **agréable**. ≠ Il/Elle est **antipathique**, **désagréable**.
Peggy est **drôle** (= elle fait des **blagues**, elle amuse les autres) mais au contraire sa sœur Hélène est **ennuyeuse** (**ennuyeux**).
Brandon est **poli** (= il a de bonnes manières) mais sa sœur Brenda est **impolie**, **grossière** (*grossier*).
Clément dit toujours la vérité, il est **franc** (*franche*). On peut lui faire confiance, il est très **honnête**.
C'est le contraire de son frère André qui est **menteur** (*menteuse*) (= il dit des mensonges), **hypocrite** et **malhonnête**.

Vocabulaire

96 Classez ces adjectifs selon qu'ils renvoient à des qualités ou à des défauts.

malhonnête – désagréable – gentil – bête – sympa – franc – hypocrite – grossier – malin – adorable

Qualités	Défauts
	malhonnête

97 Trouvez le contraire.

Exemple : poli ≠ impoli

a. négatif ≠ ....
b. sympa ≠ ....
c. gentil ≠ ....
d. bête ≠ ....
e. désagréable ≠ ....
f. honnête ≠ ....
g. avoir bon caractère ≠ ....
h. ennuyeux ≠ ....

98 Reliez les deux colonnes.

a. Il/Elle pense toujours au pire.
b. Il/Elle n'a pas de bonnes manières.
c. Il/Elle est très réservé(e).
d. Il/Elle me fait rire.
e. Il/Elle dit toujours la vérité.
f. Il/Elle parle trop !
g. Il/Elle est très extraverti(e).
h. Il/Elle pleure tous les jours.

1. Il/Elle est drôle.
2. Il/Elle franc/franche.
3. Il/Elle est pessimiste.
4. Il/Elle triste.
5. Il/Elle ouvert(e).
6. Il/Elle est grossier/grossière.
7. Il/Elle est timide.
8. Il/Elle bavard(e).

99 Mettez les lettres dans l'ordre pour retrouver le mot correct et compléter les phrases.

Exemple : Il ne t'a pas dit toute la vérité, c'est un **nmrtuee** menteur.

a. À l'entretien, on lui a demandé de donner ses trois **tfudaés** .... principaux.
b. Je ne le supporte pas, il a vraiment **uiaasvm aaceècrt** ....
c. Elle comprend tout très vite, elle est très **eeelgttnnlii** ....
d. Elle fait toujours des blagues, elle est vraiment très **ôlder** ....
e. – Tu connais le nouveau voisin ?
– Je l'ai rencontré hier, il est très **yapsm** ....
f. Il respecte toutes les règles, il est très **notêhen** ....
g. Elle est toujours excitée et très impatiente ! C'est une vraie **eevensurs** ....
h. Tu peux lui demander, il dira « oui », c'est sûr, il est tellement **nliget** ....

Bilan

1. De qui parle-t-on ? Trouvez le membre de la famille qui correspond. (1 point/réponse)

a. C'est la mère de ma mère ; c'est ma ....

b. Mon père s'est remarié, sa nouvelle femme est ma ....

c. Joseph c'est mon grand-père, moi et mon frère, nous sommes ses ....

d. Nous avons un garçon et une fille, ce sont nos ....

e. La sœur de mon père, c'est ma ....

f. La femme de mon fils, c'est ma ....

g. Les enfants de mon oncle, ce sont mes ....

Total : .... /7

2. Reliez les phrases qui ont le même sens. (1 point/réponse)

a. Il n'est ni grand ni petit.   1. Il est moche.
b. Il est âgé.   2. Il est gros.
c. Il fait du sport.   3. Il est mignon.
d. Il fait 1m50.   4. Il est de taille moyenne.
e. Il n'est pas beau.   5. Il est musclé.
f. Il est beau.   6. Il est petit.
g. Il a pris du poids après son divorce.   7. Il a 82 ans.

Total : .... /7

3. Complétez le texte avec les mots suivants. (0,5 point/réponse)

garçon – châtain – enfants – moments – filles – amie – yeux – frisés

Ma meilleure .... s'appelle Virginie. Elle est .... et ses cheveux sont .... Elle a les .... verts. Elle a trois ...., un .... et deux .... Avec elle, je passe de très bons ....

Total : .... /4

4. Regardez les photos et complétez les textes avec les mots suivants. (0,5 point/réponse)

cheveux – raides – brune – yeux – noirs – blonde – frisés – bleus

a. Voici Uma. C'est une jolie .... aux yeux .... Ses .... sont longs et ....

b. C'est Olivia. Elle est .... et ses cheveux sont .... Ses .... sont ....

Total : .... /4

5. Écoutez et notez les adjectifs pour définir le caractère des colocataires. (1 point/réponse) 52

Moustapha	Amandine
–	–
–	–
–	–
–	–

Total : .... /8

Mon score : .... /30

4 • Au quotidien

Vocabulaire

 Les moments de la journée 53

Dans une journée, il y a :

le matin   **le midi**   **l'après-midi**   **le soir**   **la nuit**
(l'heure du midi)

 Les activités quotidiennes 54

• **Le matin**, je **me réveille** , je **me lève** et je prends mon **petit-déjeuner**

(au Québec et en Belgique le « déjeuner »).

Ensuite, je **me prépare** : je **me douche** (je **prends une douche**, je **me lave**), je **me coiffe**, je **me brosse**

les dents, je **m'habille**  et je **mets** mes chaussures.

Pour **se préparer**, certains hommes **se rasent** et certaines femmes **se maquillent**.

Puis je **pars** (= je sors de la maison) pour aller **travailler**. Les enfants, eux, partent

à l'école, les adolescents au collège et les jeunes adultes au lycée ou à l'université, et ils vont

en cours.

• **Le midi**, je **déjeune** (au Québec et en Belgique, on « dîne »).
Quand ma **journée de travail** est finie, je **rentre** chez moi.

• **Le soir**, je **dîne** (au Québec et en Belgique, on « soupe »). J'**enlève** mes chaussures, je **me déshabille**, je **me repose**, puis je vais au lit, je **me couche**, je **m'endors** (= je commence à dormir) et je **dors**. Certaines personnes **se démaquillent**.

Vocabulaire

100 Reliez ces activités au moment de la journée. Plusieurs associations sont possibles.

1. Le matin
2. Le soir

a. se lever
b. se brosser les dents
c. se maquiller
d. se reposer
e. se réveiller
f. se coiffer
g. s'endormir
h. se démaquiller
i. dîner

101 Trouvez le contraire.

Exemple : se maquiller ≠ se démaquiller

a. se lever ≠ ....
b. s'endormir ≠ ....
c. s'habiller ≠ ....
d. mettre ses chaussures ≠ ....
e. travailler ≠ ....
f. se laisser pousser la barbe ≠ ....
g. sortir ≠ ....

102 Retrouvez l'expression équivalente.

Exemple : mettre des vêtements → s'habiller

a. prendre une douche → _ _   _ _ _ _ _ _ _
b. enlever ses vêtements → _ _   _ _ _ _ _ _ _ _ _
c. sortir du lit → _ _   _ _ _ _ _
d. aller au lit → _ _   _ _ _ _ _ _ _
e. commencer à dormir → _'_ _ _ _ _ _ _ _
f. couper sa barbe → _ _   _ _ _ _ _
g. peigner ses cheveux → _ _   _ _ _ _ _ _
h. se laver les dents → _ _   _ _ _ _ _ _ _   _ _ _   _ _ _ _ _

103 Complétez les phrases.

Exemple : Tous les matins, Alain se réveille à 7 heures.

a. Caro et Tony d.. au restaurant le samedi soir.
b. Les enfants se b.. les dents tous les matins et tous les soirs.
c. Ce matin, il n'a pas eu le temps de se c.., ses cheveux sont décoiffés !
d. Le matin, je ne prends pas de p.., je bois seulement un café.
e. Il est fatigué en ce moment, le soir, il s'e.. très vite !
f. Le midi, il prend son d.. à la cantine, il ne rentre pas chez lui.
g. Quand elle rentre du travail, elle se r.. une demi-heure.
h. Le matin, je n'ai pas beaucoup de temps pour me p.. .

4 • Au quotidien

Les tâches du quotidien

• Pour avoir des produits alimentaires et de nettoyage, on **fait les courses**. Pour manger, on **cuisine** (= on prépare le repas, on fait la **cuisine**) et on doit également **mettre la table**. Quand on a fini de manger, on **débarrasse la table** et on fait la **vaisselle**.

• Pour garder la maison **propre**, on **fait le ménage** (= on nettoie la maison, on lave la maison) : on **balaie** le sol (= enlever la poussière, les déchets du sol), on **fait la poussière** (= enlever la poussière des meubles), on **range** (= on met en ordre), on **vide les poubelles**. Tous les matins, on **fait le lit** (= on remet bien les draps et les couvertures). On s'occupe aussi du **linge** : on **lave** le linge et on peut aussi le **repasser**.

• Si on a un chien comme animal de compagnie, on le **promène** tous les jours.

104 Associez chacune de ces tâches ménagères à une photo.

mettre la table – faire la vaisselle – faire les courses – balayer – repasser – faire la poussière – faire la cuisine – promener son chien

a. balayer

b. ……………………………………

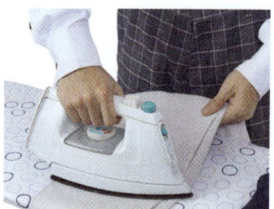

c. ……………………………………

d. ……………………………………

e. ……………………………………

f. ……………………………………

g. ……………………………………

h. ……………………………………

105 Reliez les deux colonnes pour retrouver les activités. Plusieurs associations sont parfois possibles.

	1. ses chaussures
a. faire ⟶	**2.** la vaisselle
b. ranger	**3.** la table
c. mettre	**4.** la cuisine
d. enlever	**5.** la chambre
e. laver	**6.** la poussière
	7. les courses
	8. le linge

Vocabulaire

106 Complétez le texte avec les mots suivants.

s'habille – ménage – met – se réveille – cuisine – se douche – cours – déjeuner – se repose – petit-déjeuner

La semaine de Léo est bien organisée. Le matin, il se réveille à 7 heures et après, il prend son
.... Ensuite, il ...., ... et prépare
son sac. Avant de sortir, il .... ses chaussures, puis il part à l'université. Le midi,
il prend son .... avec ses amis au restaurant universitaire. Après sa journée de
...., il rentre chez lui et il .... pour le dîner. Le samedi, c'est
le jour du ...., et enfin le dimanche il ....

107 Mettez les lettres dans l'ordre pour retrouver le mot ou l'expression correct.

Exemple : Ta barbe est trop longue, tu devrais **et sarre** te raser.

a. La maison est sale : il faut **reafi el éeangm** ....
b. Tu es fatigué, tu **et hucecos** .... trop tard.
c. Le dîner est prêt, vous pouvez **temert al altbe** ....
d. Je ne trouve plus rien, je dois **nagrer** .... mon bureau.
e. Il n'y a plus rien dans le frigo, nous devons **irafe sel sosucre** ....
f. Après le repas, il faut **beraséradsr la tebal** ....
g. Il revient dans une heure, il est parti **renormep** .... son chien.
h. Elle ne **es liqalmue** .... pas tous les jours, seulement quand elle sort.

 Les transports

- Je vais à l'université à pied

   à vélo

   à trottinette

   en voiture

   en covoiturage

- Je rentre chez moi en transports en commun :

   en bus

   en train (le train régional)

   en métro

   en tram(way)

4 • Au quotidien

108 Écrivez le nom de ces moyens de transport.

a. le train   b. ....   c. ....   d. ....

e. ....   f. ....   g. ....   h. ....

109 Dites quelle préposition on utilise avec ces moyens de transport.

	À	EN
Exemple : la voiture		✗
a. le bus		
b. la moto		
c. le métro		
d. le tram		
e. le vélo		
f. le train		
g. le funiculaire		
h. le taxi		

> **À / EN**
> On utilise la préposition **à** quand on est « sur » le transport et **en** quand on est à l'intérieur.

110 Écoutez. Comment vont-ils au travail ou à l'université ? 🔊 57

Exemple : Paul : en métro et quelquefois à vélo.

a. Nabil : ....
b. Samantha : ....
c. Berta : ....
d. Phil : ....
e. Michel : ....

Vocabulaire

Les objets du cours de français 🔊 58

Pour aller en cours, on **a besoin de/d'**... (= il est nécessaire d'avoir)

un cahier ou **une feuille**   **un livre**   et peut-être **un dictionnaire**

une trousse avec...

un crayon   **une gomme**   **un stylo**   **des ciseaux**   **de la colle**   **du correcteur**

Dans la salle de classe, il y a...

← **un écran**
  un clavier
  une souris

des chaises et des tables   **un tableau**   **un bureau**   **un ordinateur**

---

111 Mettez les lettres dans l'ordre pour retrouver le mot correct.

Exemple : ecinadotniri → dictionnaire

a. lirvace → ....
b. ieshac → ....
c. isusor → ....
d. heraic → ....
e. megom → ....
f. susetor → ....
g. leifleu → ....
h. dreauronit → ....

112 Trouvez l'objet qui correspond à la définition.

Exemple : Je range mes stylos dans cet objet.   → la trousse

a. Le professeur écrit les choses importantes dessus. → ....
b. Je m'en sers pour écrire. → ....
c. Je m'en sers pour effacer. → ....
d. Je m'en sers pour couper. → ....
e. Je m'en sers pour m'asseoir. → ....
f. Je m'en sers pour coller. → ....
g. C'est la table du professeur. → ....

4 • Au quotidien

113 Reliez les actions et les objets.

a. J'écris sur   1. dans mon cahier.
b. Je prends des notes avec   2. dans ma trousse.
c. J'écris   3. avec une gomme.
d. J'efface   4. des ciseaux.
e. Je range mes affaires   5. une feuille de papier.
f. Je coupe avec   6. d'un ordinateur.
g. Il se déplace sur l'écran avec   7. un stylo bleu.
h. Pour corriger mon texte, j'ai besoin   8. la souris.

Les objets personnels 🔊 59

Pour emporter **ses affaires**, on peut prendre un **sac à main** ou un **sac à dos** .

Dans un sac, on peut trouver…

 un **portefeuille** avec mes papiers d'identité et une carte bleue,

 un **porte-monnaie** avec de l'argent,

 un **téléphone portable** pour rester connecté(e),

 des **clés** pour rentrer chez moi,

 une **gourde** pour toujours avoir de l'eau,

 un **agenda** ou un **carnet** pour noter mes rendez-vous et mes idées,

 une **clé USB** avec mes documents importants,

 un **casque** ou des **écouteurs** pour écouter de la musique,

 des **mouchoirs en papier** pour me laver les mains ou me moucher.

Quand il pleut (= il y a de la pluie), je prends un **parapluie**.

Quand il y a du soleil, je prends mes **lunettes de soleil**.

Vocabulaire

114 Complétez les mots-croisés.

a. Elles servent à ouvrir une porte.
b. Objet où je mets mes affaires.
c. Elles me protègent du soleil.
d. Il me protège de la pluie.
e. Je note mes rendez-vous dedans.
f. Ils me servent à écouter de la musique.
g. Il me sert à me moucher.
h. Objet où je mets de l'eau ou une boisson.

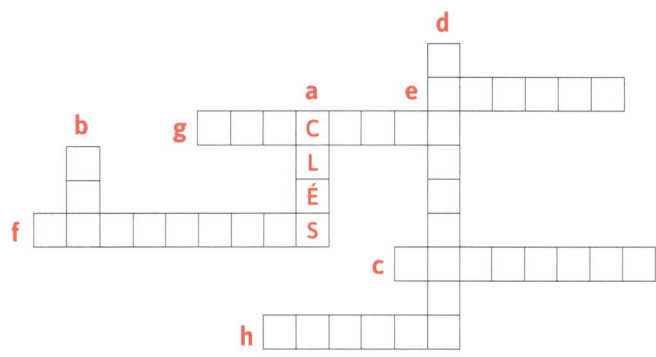

115 Écoutez et dites ce qu'ils ont perdu. 60

des clés – une clé USB – un portefeuille – un porte-monnaie – un téléphone portable

a. un portefeuille
b. ....
c. ....
d. ....
e. ....

116 Que trouve-t-on dans ce sac ?

a. un carnet de notes
b. ....
c. ....
d. ....
e. ....
f. ....

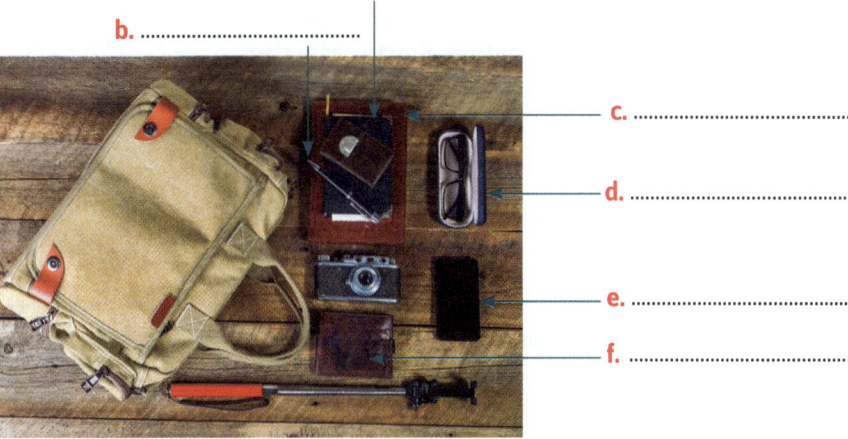

 Les produits d'hygiène 61

Pour se laver, nous **avons besoin** de **produits d'hygiène**.
Pour le corps et le visage : du **savon** ou du **gel douche**. Après la douche, **nous nous essuyons** avec une **serviette** et nous pouvons mettre de la **crème** sur notre corps et notre visage. Pour sentir bon, nous pouvons mettre du **parfum**.
Nous nous brossons les dents avec une **brosse à dents** et du **dentifrice**.
Nous nous lavons les cheveux avec du **shampoing** et nous les coiffons avec un **peigne** ou une **brosse**.
On peut se raser avec un **rasoir** et de la **crème** ou **mousse à raser**.
On peut se maquiller avec du **rouge à lèvres**.

4 • Au quotidien

117 Retrouvez le nom de ces objets.

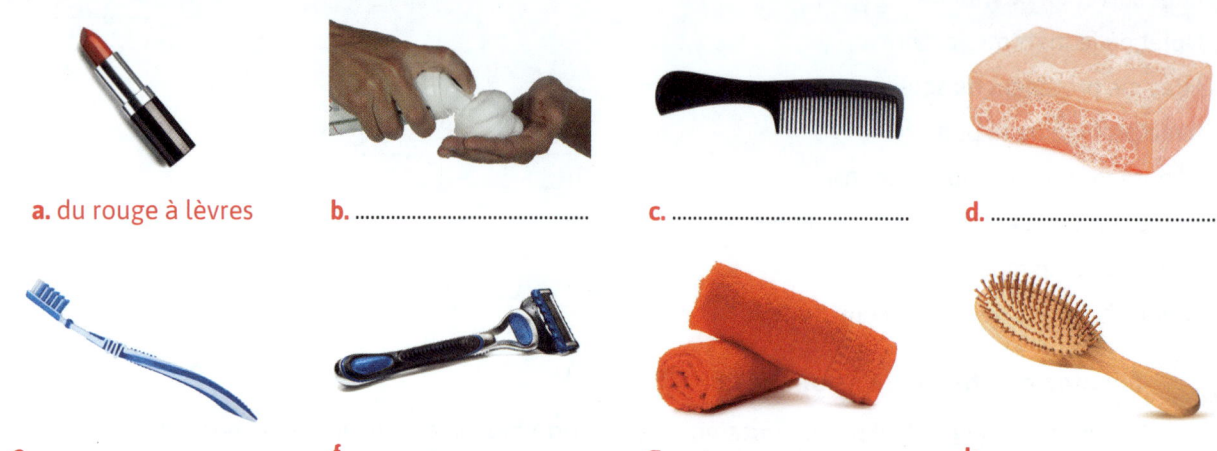

a. du rouge à lèvres b. .... c. .... d. ....

e. .... f. .... g. .... h. ....

118 Corrigez les informations en italique.

Exemple : Il se lave les dents avec *un peigne*. → une brosse à dents
a. Il s'essuie avec *un savon*. → ....
b. Il se lave avec *un rasoir*. → ....
c. Il n'a pas besoin de *shampoing*, il ne se rase pas. → ....
d. Elle se lave les cheveux avec *une crème*. → ....
e. Elle se coiffe avec *du rouge à lèvres*. → ....
f. Elle ne met jamais de maquillage sauf *du dentifrice* quand elle sort. → ....

119 Complétez le dialogue avec les mots suivants.

shampoings – parfums – crème – brosse à dents – rouge à lèvres – corps – hygiène – crème à raser – savons

– Maricler, c'est un magasin spécialisé dans les produits d'hygiène et tu peux trouver de tout : pour te laver, il y a des ...., des .... pour tout type de cheveux, de la .... pour le visage et pour le .... Il y a aussi des produits de maquillage comme du ...., des rasoirs et de la .... pour se raser et aussi des .... pour sentir bon.
– Oh mais tu sais, j'ai juste besoin d'une .... !

120 Entourez la bonne réponse.

Exemple : Pour avoir de l'eau toute la journée, je remplis ma (gourde) / trousse.
a. J'écris avec un *stylo / cahier*.
b. Je me coiffe avec un *peigne / savon*.
c. Je me brosse les dents avec du *gel douche / dentifrice*.
d. J'efface les mauvaises réponses avec une *colle / gomme*.
e. J'ai mis toutes mes affaires dans mon *sac / bureau*.
f. Je note mes rendez-vous sur mon *stylo / agenda*.
g. Je prends des notes sur mon *cahier / crayon*.
h. Je range mes stylos dans une *trousse / feuille*.

Vocabulaire

Les vêtements basiques

- Pour s'habiller, on met des **vêtements**. Une **tenue** correspond à l'ensemble des vêtements que l'on porte.
- On peut **porter** :

un pull   **une chemise**   **un chemisier**   **un tee-shirt (T-shirt)**

un pantalon   **un jean**   **un bermuda**   **un short**

une jupe   **une robe**   **un tailleur**   **un costume**

une veste   **un manteau**   **un blouson**   **un imper(méable)**

- Pour choisir un vêtement, on regarde la **taille**, on peut aussi l'**essayer**.

121   Complétez le tableau : ce vêtement se porte en haut du corps, en bas ou c'est une tenue complète ?

	En haut	En bas	Tenue complète
Exemple : un short		✗	
a. une jupe			
b. un costume			
c. une robe			
d. un pull			
e. un bermuda			
f. une veste			
g. un pantalon			
h. un chemisier			

4 • Au quotidien

122 Reliez les éléments des deux colonnes.

a. un pantalon court.   1. un tailleur
b. un manteau pour la pluie   2. la taille
c. un pantalon et une veste pour homme 3. un tee-shirt
d. mesure d'un vêtement   4. un imper
e. une jupe ou un pantalon et une veste 5. un blouson
f. un pantalon en toile bleue 6. un jean
g. maillot à manche courte   7. un bermuda
h. veste de sport   8. un costume

123 Complétez les mots.

Exemple : Il pleut, je mets mon imper.

a. Elle ne porte jamais de pantalon, elle porte toujours une j... .
b. Il fait très chaud ! Pour faire du sport, je mets un s... .
c. Elle est très élégante, elle a mis une r... .
d. Il a un rendez-vous important, il met un c... .
e. Je veux lui acheter un vêtement mais je ne connais pas sa t... .
f. Ce pantalon est trop grand ! Je n'ai pas pu l'e... avant de l'acheter !
g. Enlève ta chemise et mets un t..., tu seras plus à l'aise.
h. Prends un p..., il risque de faire froid dans la montagne.

Les sous-vêtements et les vêtements pour la maison

- Sous les vêtements, on porte des **sous-vêtements**. En bas, les femmes peuvent porter **une culotte** et les hommes **un slip** ou **un caleçon**. Les femmes peuvent porter **un soutien-gorge** pour soutenir la poitrine et des **collants** pour les jambes.
- Aux pieds, on porte des **chaussettes**.
- La nuit, on porte **un pyjama** pour dormir.
- Quand on sort de la douche, on peut mettre **un peignoir**.
- Quand on ne porte pas de vêtements, on est **nu**.

124 Écrivez les mots sous la photo qui correspond.

un peignoir – un pyjama – des chaussettes – des collants – une culotte – un slip – un caleçon – un soutien-gorge

a. un caleçon   b. ....   c. ....   d. ....

   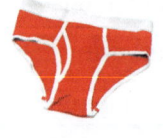

e. ....   f. ....   g. ....   h. ....

Vocabulaire

125 Complétez les mots-croisés.

a. On les porte sous les vêtements.
b. Vêtement que je mets la nuit pour dormir.
c. Elles se mettent aux pieds et forment une paire.
d. Les hommes le mettent sous leur pantalon.
e. Les femmes le mettent l'hiver avec une jupe pour couvrir leurs jambes.
f. Les femmes le mettent pour soutenir leur poitrine.
g. Un sous-vêtement pour homme.
h. On le met après la douche.

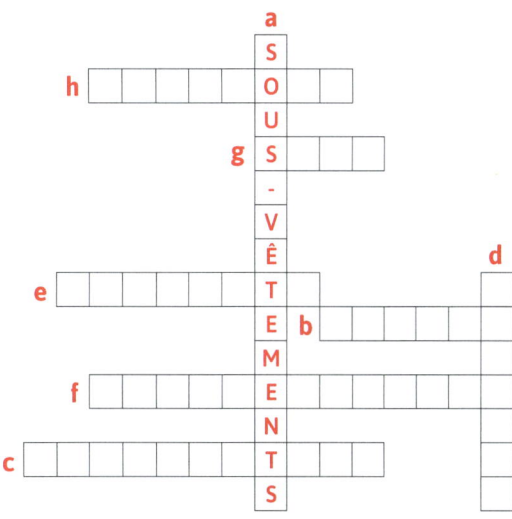

126 Barrez l'intrus dans chaque liste.

Exemple : une veste – un manteau – un blouson – un collant

a. une culotte – une jupe – un slip – un caleçon
b. un tailleur – un costume – un pantalon – une tenue
c. une chemise – un jean – un bermuda – un short
d. un pyjama – une jupe – une robe – un pantalon
e. une chemise – un peignoir – un chemisier – un tee-shirt

127 Que porte Samira ? Écoutez et cochez les bonnes réponses. 64

	un chemisier	un pantalon	un pantalon de sport	un pull	un pyjama	une robe	un short	un tee-shirt	une veste
Pour aller au travail									
Pour sortir									
Pour rester à la maison									
Pour les vacances									
Le week-end									

4 • Au quotidien

Les couleurs, les motifs et les matières

Un vêtement peut être **uni**, **imprimé**, **à pois**, **à rayures** ou **à carreaux**.

Un vêtement peut être en **coton**, en **laine**, en **velours**, en **soie**, en **acrylique** ou en **cuir**.

128 Entourez la bonne réponse.

a. C'est un pull *jaune* / (*orange*).

b. C'est une jupe *bleue* / *violette*.

c. C'est un blouson *vert* / *marron*.

d. C'est un pantalon *blanc* / *noir*.

e. C'est une chemise *rose* / *grise*.

f. C'est une robe *beige* / *rouge*.

Vocabulaire

129 Associez les photos aux descriptions.

a.
b.
c.
d.
e.
f.

1. un pull en laine rose : a
2. une robe verte en soie : ....
3. un blouson noir en cuir : ....
4. un jean : ....
5. un pantalon marron en velours : ....
6. une tee-shirt bleu en coton : ....

130 Dites de quel motif il s'agit.

à rayures – uni – à pois – imprimé – à carreaux

a. uni
b. ....
c. ....
d. ....
e. ....

131 Complétez avec le mot (matière ou motif) qui convient.

Exemple : Elle porte toujours des pantalons en velours.

a. En hiver, on met des pull en l... .
b. Ce tee-shirt n'a pas de motifs, il est u... .
c. Elle adore les vêtements i... léopard.
d. Elle a un pantalon de sport en a... .
e. Je trouve que les chemises à pois ne vont pas avec les pulls à r... .
f. Le vichy est un motif à c... .
g. J'adore son nouveau sac en c... .
h. Son tee-shirt est en c... .

4 • Au quotidien

Les chaussures et accessoires

Aux pieds, on met des **chaussures**. On achète une **paire** de **chaussures**.

Il y a des **bottes**  pour l'hiver ou pour la pluie et des **sandales** pour l'été.

À la maison, on met des **chaussons** .

On appelle la taille des chaussures **la pointure**.

On accompagne généralement nos vêtements d'**accessoires** : une **ceinture** ,

un **foulard** , une **casquette**  ou un **chapeau** , une **cravate** .

En hiver, on porte : des **gants** , une **écharpe** , un **bonnet** .

132 Mettez les lettres dans l'ordre pour retrouver le mot correct.

Exemple : ntbone : un bonnet

a. avratec : une ....
b. rueciten : une ....
c. nsagt : des ....
d. heupcaa : un ....
e. rhapéce : une ....

133 Reliez les mots aux informations qui conviennent.

a. les bottes   1. pour l'été
b. les sandales   2. pour la maison
c. la paire   3. pour la taille de la chaussure
d. les chaussons   4. pour la pluie
e. la pointure   5. pour dire deux

134 Barrez l'intrus dans chaque liste.

Exemple : à carreaux – en laine – à rayures – uni

a. des gants – une écharpe – une casquette – un bonnet
b. un chapeau – une casquette – une ceinture – un bonnet
c. des sandales – des bottes – des chaussures – une pointure
d. un pyjama – des chaussons – une jupe – un peignoir
e. un costume – un foulard – une ceinture – une cravate
f. soie – coton – tailleur – acrylique

135 Complétez les phrases.

Exemple : Pour protéger mes mains du froid, je mets des gants.

a. Pour tenir mon pantalon, je mets une c……………………………………………… .

b. Pour acheter des chaussures, je dois connaître ma p……………………………………………… .

c. Il pleut : je prends mon parapluie et je mets mes b……………………………………………… .

d. Pour protéger mon cou du froid, je mets une é……………………………………………… .

e. Pour compléter mon costume, au cou je mets une c……………………………………………… .

f. Il a oublié ses lunettes de soleil, mais heureusement il a mis sa c……………………………………………… .

g. Je suis rentré ! J'enlève mes chaussures et je mets mes c……………………………………………… .

h. C'est une écharpe carré en soie ou en coton, c'est un f……………………………………………… .

Bilan

1. Retrouvez le nom de ces objets. (1 point/réponse)

a. un t.............................
p.............................

b. un p.............................

c. une c.............................

d. un p.............................

e. un a.............................

Total : .... /5

2. Complétez le texte avec les mots suivants. (0,5 point/réponse)

en bus – ménage – se lave – douche – midi – se déshabille – repasser – balaie – chaussons – se lève – soir – à pied – poussière – journée – s'endormir – dîner

Le matin, Sofiane .... tôt. Il prépare son petit-déjeuner puis il ....
Comme il n'a pas beaucoup de temps, il prend une .... puis il s'habille. Il va au travail .... pour prendre l'air et faire un peu d'exercice. Il travaille toute la ....
Il prend une pause le .... pour déjeuner. Le .... , il rentre chez lui .... pour aller plus vite. Il .... , il met ses .... et prépare le .... Souvent avant de .... , il lit ou il regarde une série.
Le week-end, il fait le .... Il .... le sol, il fait la .... et il range. Quand il a le temps, il peut aussi .... le linge.

Total : .... /8

3. Complétez les phrases. (1 point/réponse)

a. Après la douche, je m'essuie avec une s............................. .

b. Je me lave les cheveux avec du s............................. et ensuite je les coiffe avec une b............................. .

c. Elle a mis sa robe avec des c............................. parce qu'il fait froid aujourd'hui.

d. Avec son blouson en c............................. , on dirait un chanteur de rock !

e. Je veux lui acheter une chemise mais je ne connais pas sa t............................. !

f. Il fait trop chaud dans cette salle, je peux e............................. mon pull ?

Total : .... /7

4. Écoutez les définitions et cochez l'objet qui convient. (2 points/réponse) 🔊 67

a. ☐ des gants   ☐ une écharpe   ☐ un bonnet

b. ☐ un sac   ☐ un téléphone portable   ☐ un porte-monnaie

c. ☐ une écharpe   ☐ une gourde   ☐ un parapluie

d. ☐ des chaussures   ☐ des chaussettes   ☐ des chaussons

e. ☐ des bottes   ☐ un pull   ☐ un imperméable

Total : .... /10

Mon score : .... /30

5 • Pour tous les goûts

Vocabulaire

Les loisirs et les sports

Pendant notre **temps libre** (= le temps où on ne travaille pas, les vacances ou les week-ends, par exemple), on peut **se détendre** ou **faire des activités de loisirs**, comme **faire du sport**.

On peut **faire du cyclisme** (= du vélo), **de la randonnée** (= marcher dans la montagne), **de l'équitation** (= monter à cheval), **de la danse** (= danser), **du footing** (= courir), **de la gym** (gymnastique), **du yoga**, **du patinage** (sur glace), **de la boxe**, **de l'athlétisme**, **du handball**, **du volley-ball**, ou **pratiquer des arts martiaux** comme **le judo**, **le karaté** ou **le taekwondo**. Si on préfère l'eau, on peut **faire de la natation** (= nager), **du surf**, **de la plongée sous-marine**, **de la voile** (du bateau) ; et si on préfère la montagne, on peut faire **du ski** ou **de l'escalade**.

On peut également **jouer au football** (foot), **au basket-ball**, **au rugby**, **au tennis**, **au badminton**, **au tennis de table** (= ping-pong) ou **au golf**.

On utilise **faire de + tous les sports** ou **jouer à + quelques sports** (les sports d'équipe ou collectifs, et les sports qui se jouent avec une **balle**).

Rappel sur les articles contractés : de + le = **du** ; de + les = **des** ; à + le = **au** ; à + les = **aux**.

136 Associez ces activités à une photo.

a. jouer au football → 5
b. faire de la danse → ....
c. jouer au tennis → ....
d. faire du surf → ....
e. faire du judo → ....
f. jouer au basket-ball → ....

1.

2.

3.

4.

5.

6.

Vocabulaire

137 Complétez les phrases avec « faire de » et l'article qui convient.

Exemple : Toutes les semaines, il va faire du foot.

a. Avec son école, il peut .... judo.
b. Tous les mardis soir, ils .... danse dans un club.
c. Le samedi matin, elle .... escalade dans la montagne.
d. Ses parents .... équitation tous les week-ends.
e. Juan a appris à .... vélo avec sa mère.
f. Pendant les vacances, elles .... randonnée dans les Pyrénées.
g. Vous aimez .... plongée sous-marine l'été.
h. L'hiver, vous .... ski dans les Alpes italiennes ?

138 Complétez le texte avec les mots suivants.

cyclisme – ski – sport – équitation – voile – temps libre – footing – randonnée – natation

Pendant son temps libre, Mariela fait du .... Le lundi, après le travail, elle court, elle fait du .... ; le mardi, elle va à la piscine et fait de la ...., le mercredi, elle monte à cheval et fait de l'.., le jeudi, elle prend son vélo et fait du ...., et le vendredi elle marche dans la montagne et fait de la .... En hiver, elle part à la montagne pour faire du .... et en été, elle va en bord de mer pour faire de la ....

Les différents types de sports et le matériel 🔊

Il existe des sports **individuels** (= on joue seul) et des sports **collectifs**, des sports **d'équipe** (= on joue en équipe, on a des **coéquipiers**).

On peut faire du sport **à l'extérieur**, dans **un stade** ou dans **une salle de sport**.

On peut s'inscrire **dans un club de sport**, **s'entraîner** et parfois **faire des matchs** (jouer des matchs), **des compétitions** ou **des courses** que l'on peut **gagner** ou **perdre**.

Pour faire du sport, généralement on met **des baskets** (= des chaussures de sports) au pied et **un survêtement** (= pantalon et blouson de sport). Pour faire de la natation, on met **un maillot de bain**.

Certains sports se jouent avec **un ballon** (comme le foot, le basket-ball, le handball, etc.) et d'autres avec **une balle** et **une raquette** (comme le tennis, le ping-pong, le badminton, etc.).

139 Sport individuel ou sport d'équipe ? Classez ces sports.

cyclisme – rugby – footing – volley-ball – natation – judo – ski – karaté – handball – boxe – football

Sport individuel	Sport d'équipe
cyclisme	

5 • Pour tous les goûts

140 Avec quoi pratique-t-on ces sports ? Cochez les bonnes réponses.

Exemple : basket-ball ☒ ballon ☐ balle ☐ raquette
a. tennis ☐ ballon ☐ balle ☐ raquette
b. volley-ball ☐ ballon ☐ balle ☐ raquette
c. golf ☐ ballon ☐ balle ☐ raquette
d. rugby ☐ ballon ☐ balle ☐ raquette
e. ping-pong ☐ ballon ☐ balle ☐ raquette
f. football ☐ ballon ☐ balle ☐ raquette
g. badminton ☐ ballon ☐ balle ☐ raquette
h. handball ☐ ballon ☐ balle ☐ raquette

141 Reliez les mots aux définitions.

a. une raquette
b. un ballon
c. un survêtement
d. une salle de sport
e. un maillot de bain
f. un sport d'équipe
g. des chaussures de sport
h. gagner

1. Tenue de sport composée d'un pantalon et d'un blouson.
2. Des baskets.
3. Sport collectif.
4. Contraire de perdre.
5. Objet rond et gros qu'on utilise pour plusieurs sports, comme le football.
6. Lieu où on fait du sport.
7. Objet qu'on utilise pour jouer au tennis, qui a un manche et une partie ovale.
8. Vêtement qu'on utilise pour la natation.

142 Retrouvez le sport pour compléter les phrases.

Exemple : Je cours plusieurs kilomètres, je fais du footing.

a. Je glisse sur la neige, je fais du s............................... .
b. Je nage, je fais de la n............................... .
c. Je monte sur un cheval et participe à des courses, je fais de l'é............................... .
d. Je joue avec des coéquipiers et on doit mettre le ballon dans le panier, je fais du b............................... .
e. Je marche dans la montagne, je fais de la r............................... .
f. J'avance dans l'eau sur une planche, je fais du s............................... .
g. Je joue en équipe avec un ballon et je dois marquer des buts, je fais du f............................... .
h. Je joue avec une raquette et une balle jaune, je fais du t............................... .

Vocabulaire

 La musique

La musique est un loisir pour beaucoup de personnes. On **écoute** de la musique ou on **joue d'un instrument**. Il y a différents types de musique : le **rock**, la **pop**, le **jazz**, le **rap**, le **reggae**, la **musique classique**... Il y a des **chansons** (= des airs de musique avec des paroles chantées) ou des **morceaux de musique**.

On peut écouter de la musique à la maison ou **aller à un concert** pour voir son **chanteur**, sa **chanteuse** ou son **groupe** préféré. Quand on aime beaucoup un **chanteur**, une **chanteuse** ou un **groupe**, on dit qu'on est **fan**.

On peut jouer **de la guitare**, **du piano**, **du violon**, **de la trompette**, **de la batterie**, **de l'harmonica**. On peut faire partie d'un **orchestre** ou d'un **groupe** et **faire des répét** (= des répétitions, s'entraîner à jouer).

On peut aussi **chanter** pour le plaisir ou dans un groupe, ou faire partie d'une **chorale**.

143 Associez les expressions aux photos.

a. aller à un concert → 4
b. écouter la musique → ....
c. jouer de la guitare → ....
d. chanter dans une chorale → ....
e. jouer de la batterie → ....

1.

2.

3.

4.

5.

144 Mettez les lettres dans l'ordre pour retrouver l'activité.

Exemple : Tous les dimanche, il va à un **nccreot**. concert.

a. C'est un **pugeor** de rock très connu. ....
b. J'aime tous les **sytsle** de musique. ....
c. J'aime ce chanteur mais pas toutes ses **hnnaocss**. ....
d. Vous jouez très bien de la **treeibat**. ....
e. C'est un grand **nfa**, il va à tous ses concerts ! ....
f. J'adore la **tiaegur**, c'est un instrument magique ! ....
g. Il se prépare pour son concert, il **èéetrp**. ....
h. La **rpmetetot** est un instrument à vent. ....

5 • Pour tous les goûts

145 Complétez les phrases avec les mots suivants.

classique – chanteuse – répète – piano – chansons – groupe – instrument – orchestre – fan – concert

a. Pol fait partie d'un groupe de rock. Tous les mardis, il .... et une fois par mois il fait un ....

b. Safia aime la musique .... depuis qu'elle est petite. Elle joue du .... et fait partie d'un .... philharmonique.

c. Angela ne joue pas d'.. mais elle est .... de la .... Lous and the Yakuza et elle aime toutes ses ....

146 Dites si ces activités s'utilisent avec le verbe « faire », le verbe « jouer » ou les deux. Complétez le tableau.

tennis – violon – harmonica – football – taekwondo – batterie – violoncelle – piano – handball – natation

Faire	Jouer	Faire ou jouer
		faire du tennis ou jouer au tennis

 Les activités culturelles 71

Pendant notre temps libre, on peut également apprécier les **sorties culturelles**.

On peut **aller au cinéma** pour **regarder un film** ou **un documentaire** ; **au théâtre** pour **voir** (= assister à) **une pièce de théâtre** ; **à l'opéra** pour **voir un opéra** ; **à une salle de spectacle** pour **voir un ballet**, **un spectacle de danse**, **de magie**, etc. ; **au musée** pour voir **une exposition** de **peinture**, de **photo**, de **sculpture**, etc.

On peut également apprécier **la lecture** et donc **lire** un livre : un **roman** ou une **BD** (bande dessinée).

On peut préférer **sortir**, **se promener** (= se balader, faire des balades, des promenades) ou **aller boire un verre** dans un bar, un café, **aller au restaurant**, **aller danser** en boîte de nuit.

147 Associez les lieux aux activités.

a. au musée — 1. voir une pièce de théâtre
b. au cinéma — 2. danser
c. à l'opéra — 3. aller à une exposition
d. au théâtre — 4. boire un verre
e. à la maison — 5. voir un opéra
f. en boîte de nuit — 6. voir un spectacle de magie
g. à la salle de spectacle — 7. lire un roman
h. au bar — 8. regarder un film

Vocabulaire

148 Corrigez les informations en italique. Plusieurs réponses sont parfois possibles.

Exemple : Ce soir, je reste chez moi pour lire un bon *spectacle*. livre/roman

a. Je suis allée au musée voir une exposition de *théâtre*. ....
b. Tu as vu qu'au théâtre Romea, il joue *ce film* ? ....
c. Tous les mardis, le cinéma est moins cher, je vais donc voir *une exposition*. ....
d. Hier, vous êtes allés *au restaurant* et vous avez dansé toute la nuit ! ....
e. J'adore faire des *documentaires* dans les rues. ....
f. J'adore la danse et dans cette salle de spectacle il y a souvent *des opéras*. ....
g. Demain, je vais *au restaurant* voir un opéra de Verdi. ....
h. Ce magicien est extraordinaire, tu as vu son dernier *roman* ? ....

149 Complétez le document avec les mots suivants.

documentaire – ballet – salle – magie – films – orchestre – pièce

---

THÉÂTRE LE BATEAU FEU

Programmation

Dans la salle de spectacle principale

Concert de l'................................ national de Montpellier

.... de théâtre : Art de Yasmina Reza

Spectacle de danse avec le .... international de Moscou

Spectacle de .... avec Pop, le magicien fantastique

Dans la salle de projection « filmothèque »

.... sur l'histoire du théâtre dans la Grèce antique.

La filmo fait son cinéma : sélection des .... les plus importants de cette année.

---

150 Écoutez Aline, Saïd et Milan parler de leur semaine et cochez leurs activités. 🔊 72

	Voir un film	Lire un livre	Voir un spectacle de danse	Voir un spectacle d'humour	Voir une exposition	Boire un verre	Aller au restaurant
Aline		✗					
Saïd							
Milan							

5 • Pour tous les goûts

Les activités ludiques et créatives

Pendant leur temps libre, certaines personnes préfèrent rester chez elles et faire des activités **ludiques** ou **manuelles**.

On peut par exemple regarder une **émission** à la **télé** (télévision) ou une **série** sur une **plateforme** ou jouer à des **jeux vidéo** sur une console ou sur un ordinateur. On peut aussi **écouter la radio**. On peut également jouer **à des jeux de société**, comme le **Monopoly**, le **Dixit** ou le **Cluedo**, ou jouer **aux cartes**, **aux échecs** ou **aux dames** (avec des pions).

Si on aime les loisirs créatifs, on peut faire des activités manuelles comme **dessiner** (= faire un dessin), **peindre** (= faire de la peinture), **sculpter** (= faire de la sculpture), faire de **la poterie** (= fabriquer des objets en terre cuite ou en céramique) ou faire des **photos** (= prendre des photographies, photographier) avec un **appareil photo** ou même faire des **vidéos** avec une **caméra**. On peut aussi **bricoler** et faire du **bricolage** (= s'occuper de travaux manuels de réparation ou de fabrication) avec des **outils**, ou **jardiner** et faire du **jardinage** (= s'occuper de son jardin : de plantes, de fleurs, faire pousser des fruits et des légumes).

151 Complétez les mots-croisés.

a. Programme de télévision.
b. Activité manuelle qui consiste à réparer ou à fabriquer avec des outils.
c. Appareil qui sert à prendre des photos.
d. Petits rectangles de carton imprimés qui servent à jouer à des jeux.
e. Jeu qui se joue à deux, sur un plateau de 64 cases noires et blanches avec des pions. Le plus fort est le roi.
f. Suite de films courts qui parlent du même sujet avec les mêmes personnages et qui passe à la télévision ou sur une plateforme.
g. Appareil qui sert à faire des vidéos.
h. Abréviation de photographie.

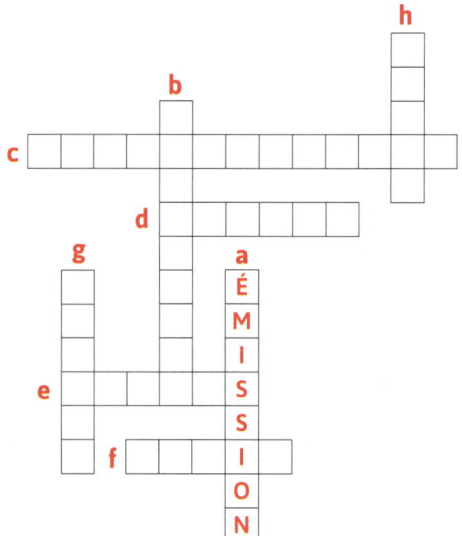

152 Complétez avec le mot qui convient.

Exemple : Il dessine. Il fait des dessins.

a. On peint. On fait de la ....
b. Je photographie. Je fais de la ....
c. Tu bricoles. Tu fais du ....
d. Nous jardinons. Nous faisons du ....
e. On va à la salle de sport. On fait du ....
f. Vous jouez d'un instrument. Vous faites de la ....
g. Je fabrique des assiettes en terre cuite. Je fais de la ....
h. Elle sculpte. Elle fait de la ....

Vocabulaire

153 Entourez la bonne réponse.

Exemple : Je veux bricoler, j'ai besoin de mes *crayons* / *outils*.

a. Je vais prendre des photos avec un *appareil photo* / *jeu*.

b. Elle dessine, elle fait de très beaux *dessins* / *sites*.

c. Elle adore les plantes et les fleurs, tous les jours elle fait un peu de *bricolage* / *jardinage*.

d. Il a besoin de terre pour faire de la poterie, c'est son *sport* / *loisir* préféré.

e. Vous jouez aux *cartes* / *jeux vidéo* sur votre console.

f. Elle écoute la *radio* / *sculpture*.

g. Elle aime beaucoup les *jeux de société* / *jeux vidéo* comme le Monopoly et le Cluedo.

h. Je ne sais pas comment bouger les *plateaux* / *pions* aux échecs.

154 Reliez les éléments pour former des phrases.

Bilan

1. Classez ces activités dans le tableau. (1 point/réponse)

jouer aux échecs – jouer au rugby – voir une exposition – jouer de la batterie – dessiner – faire des vidéos – jouer aux jeux vidéo – jouer au tennis – chanter – aller à l'opéra

Le sport	La musique	Les sorties culturelles	Les activités ludiques	Les activités créatives

Total : .... /10

2. *Jouer à* ou *jouer de* ? Mettez la préposition et l'article qui convient (ou l'article contracté). (1 point/réponse)

a. Il aime jouer .... cartes.
b. Elle joue très bien .... football.
c. Nous jouons .... guitare.
d. Ils aiment jouer .... Dixit.
e. Vous aimez jouer .... jeux de société ?
f. Il apprend à jouer .... piano.
g. Tu as joué .... jeux vidéo tout le week-end !
h. Elle va jouer .... volley-ball tous les mercredis.

Total : .... /8

3. De quoi s'agit-il ? (1 point/réponse)

a. C'est quelque chose qu'on projette dans un cinéma. → un ....
b. C'est un livre avec des dessins et du texte. → une ....
c. C'est un sport qu'on joue avec une petite raquette et une petite balle. → le ....
d. Ce sont des jeux qui se jouent sur ordinateur ou sur une console. On peut jouer seul ou en réseau.
   → des ....
e. Ce sont les activités que l'on pratique pendant notre temps libre comme le sport ou les activités manuelles. → les activités de ....
f. Travailler dans le jardin, s'occuper des plantes, des fleurs ou faire pousser des fruits et des légumes.
   → le ....
g. C'est un sport d'équipe qui se joue à 11 avec un ballon et l'objectif est de mettre des buts.
   → le ....

Total : .... /7

4. Complétez les phrases avec le mot qui convient. (1 point/réponse)

a. Tu vas prendre ton a... pour prendre des photos.

b. Ce week-end, je voudrais faire du bricolage, tu pourrais me prêter tes o... ?

c. Elle adore lire, la l... est son loisir préféré.

d. J'aime beaucoup les chevaux et j'aimerais faire de l'é.. .

e. Il chante dans une c... .

Total : .... /5

Mon score : .... /30

6 • Chez moi

Vocabulaire

La maison et l'appartement 🔊 74

On peut habiter différents types de **logements** : un **appartement** ou une **maison** individuelle.

Une maison peut avoir des **étages** ou être **plain-pied** (= sur un seul étage).

Un appartement fait partie d'un **immeuble** avec plusieurs **étages**. Au rez-de-chaussée (niveau 0), il y a les **boîtes aux lettres** (= pour recevoir le courrier), vient ensuite le **premier étage**, le **deuxième étage**, le **troisième étage**, etc. Pour **monter** ou **descendre** les étages, je prends les **escaliers** ou l'**ascenseur**. Au **sous-sol** (niveau -1), il y a la **cave**. Dans un appartement, il y a des **pièces**. Un studio est un appartement d'une seule pièce (on ne tient pas compte de la cuisine ni de la salle de bains) ; un **deux pièces** a une pièce principale et une **chambre**, etc.

155 Mettez les lettres dans l'ordre pour retrouver le mot.

Exemple : ionsam → une maison

a. ieècp → une ....

b. geaté → un ....

c. elentmog → un ....

d. dousit → un ....

e. memubile → un ....

f. itot → un ....

g. nerêfets → des ....

h. eminéceh → une ....

156 Entourez la bonne réponse.

Exemple : Un studio a (une pièce) / deux pièces.

a. Le rez-de-chaussée correspond au *niveau 0 / niveau 1*.

b. Le sous-sol correspond au *niveau 0 / niveau -1*.

c. Le premier étage correspond au *niveau 0 / niveau 1*.

d. Je suis au 2e étage, pour aller au 3e *je monte / je descends*.

e. Je suis au 4e étage, pour aller au 3e *je monte / je descends*.

f. La cave est *en haut / en bas*.

g. Le toit est *en haut / en bas*.

h. Les fenêtres servent à *entrer / faire passer la lumière*.

Vocabulaire

157 Complétez les phrases avec les mots suivants.

appartement – cheminée – immeuble – logement – jardin – étages – plain-pied – maison – quatrième

a. Dans mon immeuble, il y a cinq .... Je vis au ....

b. J'habite une grande .... avec une .... et un grand ....

c. Elle a toujours vécu dans un ...., mais elle vient d'acheter une maison ....

d. C'est difficile de trouver un .... dans cette ville.

158 Reliez pour former des phrases.

a. Il habite tout en haut,   1. j'ouvre la porte.
b. Quand je regarde par la fenêtre,   2. il va chercher son vélo à la cave.
c. Pour entrer à la maison,   3. elle a une cheminée.
d. L'ascenceur est en panne ;   4. il est au huitième étage.
e. Il descend et   5. il y a seulement une pièce.
f. C'est une très vieille maison,   6. je vois le jardin.
g. Pour savoir s'il a du courrier,   7. je prends les escaliers.
h. C'est un studio,   8. il ouvre sa boîte aux lettres.

Le logement : caractéristiques 75

- On peut **être propriétaire** de son logement (= le logement nous appartient).
On peut le **louer** (= nous payons un **loyer** au propriétaire du logement). Dans ce cas, on est **locataire** et on parle de **location**. On peut louer des appartements **meublés** (avec des meubles) ou **vides**. Il y a aussi des personnes qui vivent en **colocation** (= ils partagent une location). On parle alors de **colocataires**.

- Pour décrire un logement, on parle :
  - de la **superficie** : Mon appartement a une **superficie** de **70 m²**. Il **fait** 70 m². Il est **grand/spacieux** ≠ **petit**.
  - de l'**orientation** : Il est **exposé** (**orienté**) **au sud-est** (≠ **nord-ouest**). Il est **clair, lumineux** ≠ **sombre**. Il **donne sur** un parc (= de la fenêtre on voit un parc).
  - de la **situation** : Il se trouve dans un quartier **calme** ≠ **animé**. Il est **calme** ≠ **bruyant**. Il est près du centre-ville (≠ loin de centre).

- L'hiver, pour **chauffer** on allume le **chauffage**, et l'été quand il fait chaud on met la **climatisation**.

159 Retrouvez les contraires des mots proposés dans la liste.

climatisation – vide – loin – ouest – petit – locataire – sombre – sud – bruyant

Exemple : lumineux ≠ sombre

a. spacieux ≠ ....
b. meublé ≠ ....
c. calme ≠ ....
d. près ≠ ....
e. propriétaire ≠ ....
f. chauffage ≠ ....
g. nord ≠ ....
h. est ≠ ....

6 • Chez moi

160 Reliez les questions aux réponses.

a. Où se trouve l'appartement ?
b. L'apartement est-il meublé ?
c. Est-ce qu'il est lumineux ?
d. Est-ce qu'il y a des commerces à proximité ?
e. Il y a combien de mètres carrés ?
f. Quel est le loyer ?
g. Tu habites seul ?
h. Vous louez votre maison ?

1. 750 €.
2. Non, il est loin du centre-ville.
3. Non, je suis en colocation.
4. Il fait 25 m^2.
5. Oui, il y a des meubles.
6. Non, nous sommes propriétaires.
7. À proximité des commerces.
8. Très, il est exposé au sud !

161 Complétez avec le mot qui convient.

Exemple : Pas la peine d'acheter un lit, il est m<u>eublé</u>.

a. Il est o.. à l'ouest.
b. Il n'est pas propriétaire, il est l.. .
c. Il fait très froid, on a allumé le c.. .
d. Il fait 140 m^2, il est donc très s.. .
e. Comme c'est au centre-ville, c'est assez b.. .
f. Elle cherche des c.. pour partager l'appartement.
g. Il semble petit, tu connais la s.. ?
h. Elle doit acheter les meubles car l'appartement est v.. .

162 Complétez le texte avec les mots suivants.

colocataire – immeuble – spacieux – donne – pièces – loyer – près – étage – fait – chambres

Keenan habite un trois pièces au 4e .... d'un ....
moderne. Comme le .... est cher et qu'il a deux .... ,
il voudrait trouver un .... L'appartement est très bien situé, ...
des commerces et du centre-ville et très agréable, et il .... sur une petite place.
Il est assez ...., il .... 80 m^2.

 Les pièces 76

Quand on entre dans une maison ou un appartement, on est dans l'**entrée**, puis un **couloir** distribue les différentes **pièces** de la maison ou de l'appartement.

Le salon est la pièce où on regarde la télévision, **la cuisine** est la pièce où on cuisine, **la salle à manger** ou **le séjour** celle où on mange, **la chambre** celle où on dort, **la salle de bains** celle où on se lave, **les toilettes** celle où on va aux toilettes.

Parfois, dans les maisons ou les appartements, il y a aussi **un bureau**, une pièce où on travaille, **un balcon** ou **une terrasse** pour prendre l'air, **un débarras**, une pièce où on range ce qu'on n'utilise pas souvent, et **une buanderie**, une pièce où on met la machine à laver.

Vocabulaire

163 Reliez les actions aux pièces qui correspondent.

a. regarder la télé — 1. la cuisine
b. faire une machine à laver — 2. le couloir
c. préparer le repas — 3. la chambre
d. se laver — 4. le salon
e. dormir — 5. le balcon
f. dîner — 6. la salle de bains
g. prendre l'air — 7. la buanderie
h. passer d'une pièce à l'autre — 8. la salle à manger

164 Complétez avec le mot qui convient.

Exemple : Au sous-sol, nous avons une c**ave**.

a. Quand il fait beau, on peut manger dehors sur le b.. .
b. Je prends ma douche dans la s.. .
c. N'entre pas ! Reste dans l'e.., j'arrive !
d. Il fait ses devoirs dans sa c.. .
e. Cet appartement a un c.. long et étroit qui ne sert à rien.
f. Elle habite au 8e étage mais il y a un a.. .
g. Dans cet appartement, les t.. sont dans la salle de bains.
h. Il prend toujours ses repas dans sa s.. et regarde la télé au salon.

165 Entourez la bonne réponse.

Exemple : J'habite au (quatrième) / rez-de-chaussée étage.

a. J'ai *un balcon / une buanderie* pour prendre le soleil en été.
b. Je laisse mes clés dans *l'entrée / les toilettes*, c'est plus pratique quand je sors.
c. J'ai beaucoup d'affaires à ranger mais j'ai un *débarras / séjour* pour ranger ce que je n'utilise pas.
d. Elle a un très grand *appartement / studio* de quatre pièces.
e. Je voudrais me laver les mains, où est la *salle de bains / chambre* ?
f. Je prends mon courrier dans *mon débarras / ma boîte aux lettres*.
g. Elle a une très grande *chambre / salle de bains* où elle peut travailler aussi.
h. Cet appartement est un deux *pièces / toilettes*.

166 Toutes ces syllabes mélangées forment neuf mots en rapport avec la maison. Retrouvez-les.

Exemple : bureau

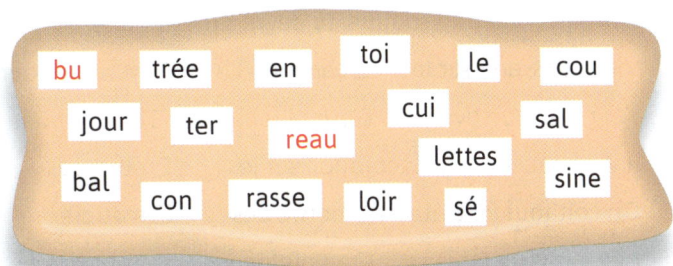

bu | trée | en | toi | le | cou
jour | ter | reau | cui | sal
bal | con | rasse | loir | sé | lettes | sine

6 • Chez moi

Le salon, la salle à manger et la chambre

167 Cochez la bonne réponse.

Exemple : Je mets un tableau ☒ au mur ☐ par terre.

a. Marc ne peut pas s'asseoir, il manque ☐ une chaise ☐ une table.
b. Elle a beaucoup de vêtements, elle a besoin d'une grande ☐ armoire ☐ lampe.
c. Ton salon est trop sombre, tu devrais mettre une ☐ chaise ☐ lampe.
d. Viens t'asseoir sur le ☐ canapé ☐ lit pour regarder la télé.
e. J'ai posé mon livre ☐ sur la table ☐ au plafond.
f. Il y a beaucoup de décoration sur les ☐ étagères ☐ tapis.
g. On voit tout ! Elle devrait mettre des ☐ meubles ☐ rideaux aux fenêtres.
h. Elle a mis un tapis ☐ au plafond ☐ par terre.

Vocabulaire

168 Dans quelle pièce peut-on trouver ces meubles ou ces objets ? Cochez la ou les bonnes réponses.

	Dans la salle à manger	Dans le salon	Dans la chambre
Exemple : un canapé		✗	
a. une chaise			
b. une table basse			
c. un lit			
d. un buffet			
e. une armoire			
f. un tapis			
g. une lampe			
h. un fauteuil			
i. un bureau			

169 Complétez avec le mot qui convient.

Exemple : On y dort, c'est le lit.

a. On s'y installe pour regarder la télévision, c'est le c……………………………………… .

b. On y range ses vêtements, c'est l'a……………………………………… .

c. On y met des livres ou des objets de décoration, ce sont les é……………………………………… .

d. On la met avant de manger, c'est la t……………………………………… .

e. On s'assoit dessus pour manger, c'est la c……………………………………… .

f. Elle sert à illuminer la pièce, c'est la l……………………………………… .

g. C'est une table qui sert à travailler, c'est le b……………………………………… .

h. C'est une pièce de tissu que l'on met par terre, c'est le t……………………………………… .

170 Complétez ces descriptions avec les mots suivants.

table de chevet – buffet – lit – canapé – fauteuil – table – table basse – armoire – chaises

a. Dans le salon, il y a un canapé pour regarder la télé tous ensemble. Mais si vous voulez être seul et lire tranquillement, il y a aussi un ……………………………………… , près de la ……………………………………… .

b. Dans la chambre, il y a un ……………………………………… très confortable pour dormir, une ……………………………………… pour poser des affaires et une grande ……………………………………… pour ranger les vêtements.

c. Dans la salle à manger, il y a une ……………………………………… et quatre ……………………………………… pour les repas, et aussi un grand ……………………………………… où on garde toute la vaisselle.

6 • Chez moi

La cuisine, la salle de bains, le bureau et le jardin

Dans la cuisine, on peut trouver des **placards** (pour ranger la vaisselle), une **gazinière** (= une cuisinière) pour cuisiner (ou des **plaques vitrocéramiques**), un **four**, un **four micro-ondes**, un **évier** pour faire la vaisselle et avoir de l'eau et des **appareils électroménagers** comme le **frigo** ou le **réfrigérateur**, pour garder les aliments au frais, la **machine à laver**, pour laver le linge, les vêtements et le **lave-vaisselle** pour laver la vaisselle. Il peut y avoir aussi une **table**, des **chaises** et une **horloge** pour avoir l'heure.

Dans une salle de bains, il y a un **lavabo**, une **douche** ou une **baignoire** pour prendre des bains, un meuble de rangement à tiroirs et un **miroir** pour se regarder.

Quelquefois il y a des **toilettes**, mais généralement c'est une pièce à part entière.

Dans un **bureau**, on peut trouver un **bureau** (= table pour travailler), une **chaise**, une **corbeille** (= une poubelle pour jeter les papiers) et un meuble **à tiroirs** pour ranger les affaires.

Certaines maisons ont un **jardin** avec des **plantes**, des **fleurs**, des arbres et parfois un **potager** (= un espace pour faire pousser des fruits, des légumes ou des herbes aromatiques).

171 Placez ces éléments dans les bonnes pièces. Plusieurs réponses sont parfois possibles.

une baignoire – un lave-vaisselle – un potager – une chaise – des toilettes – un meuble à tiroirs – une machine à laver – un four – un miroir – une gazinière.

La cuisine	La salle de bains	Le bureau	Le jardin – le balcon
	une baignoire		

Vocabulaire

172 Dites si les affirmations sont vraies ou fausses. Quand elles sont fausses, corrigez-les !

Exemple : Le four sert à cuisiner. ☒ Vrai ☐ Faux

a. Le potager est une pièce. ☐ Vrai ☐ Faux

....

b. Le bureau est une pièce mais aussi une table. ☐ Vrai ☐ Faux

....

c. Une corbeille sert à jeter les restes du repas. ☐ Vrai ☐ Faux

....

d. Les tiroirs sont des espaces de rangement. ☐ Vrai ☐ Faux

....

e. Le lave-vaisselle sert à laver le linge. ☐ Vrai ☐ Faux

....

f. Le lavabo se trouve dans la cuisine. ☐ Vrai ☐ Faux

....

g. L'horloge sert à donner l'heure. ☐ Vrai ☐ Faux

....

h. Les toilettes sont toujours dans la salle de bains. ☐ Vrai ☐ Faux

....

173 Mettez les lettres dans l'ordre pour retrouver les mots.

Exemple : lateb → une table

a. drascapl → des ....
b. ivrée → un ....
c. brelecoil → une ....
d. laconb → un ....
e. oisrirt → des ....
f. rriimo → un ....
g. cdeuho → une ....
h. golhore → une ....

174 Complétez le texte avec les mots suivants.

frigo – douche – vaisselle – salle de bains – cuisine – lavabo – machine – micro-ondes – fours – chaises – appareils – toilettes – table – horloge

Dans son appartement, la cuisine est moderne. Il y a tous les .... électroménagers : un lave-..., une .... à laver et bien sûr un .... Il a deux .... : un normal et un ...., une .... et deux .... pour prendre le petit-déjeuner et une .... pour toujours avoir l'heure ! La .... n'est pas mal mais très petite. Il y a seulement une .... et un .... Les .... sont à l'extérieur.

Bilan

**1. Identifiez les pièces de cet appartement. Écrivez le numéro qui correspond.
(1 point/réponse)**

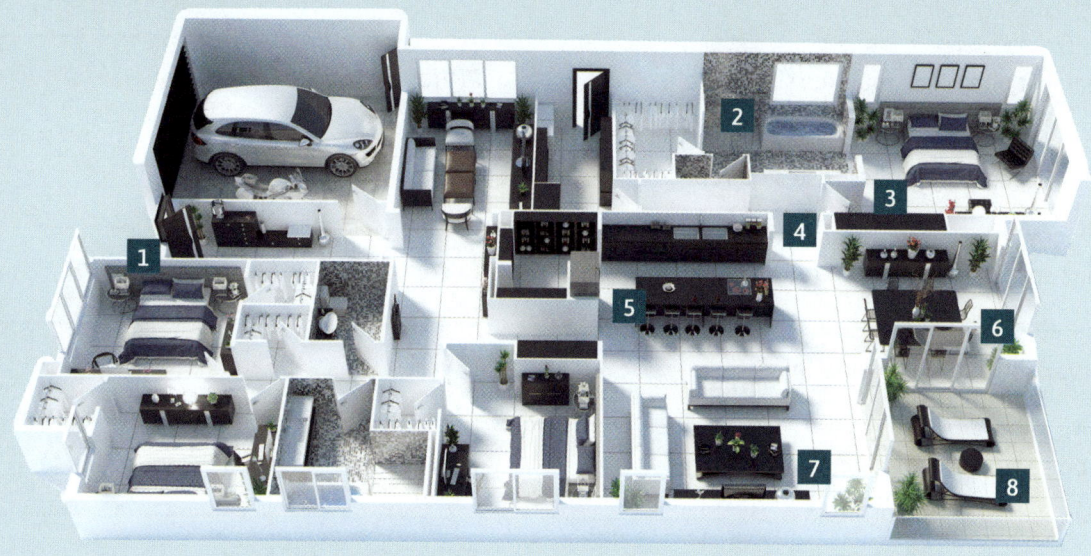

a. le salon .... e. la salle à manger (le séjour) ....
b. l'entrée .... f. la cuisine ....
c. le couloir .... g. la salle de bains ....
d. la terrasse .... h. la chambre ....

Total : .... /8

2. Retrouvez les mots qui conviennent. (1 point/réponse)

a. Tu as vu, il y a un oiseau sur le t... de sa maison.
b. Il habite au deuxième é... dans un deux p... .
c. Dans la cuisine, il y a un é... rempli de vaisselle sale et ils n'ont pas de l... pour la laver !
d. J'adore les bains, mais je ne peux pas en prendre. Chez moi, il n'y a pas de b..., il y a seulement une d... .
e. Il s'est installé à son b... pour travailler !

Total : .... /8

3. Qu'est-ce que c'est ? Associez les éléments des deux colonnes. (1 point/réponse)

a. Une maison qui n'a qu'un étage.
b. Un objet où on reçoit son courrier.
c. La pièce où on se lave.
d. Il sert à garder les aliments au frais.
e. C'est un quartier animé !
f. C'est une pièce où on va toujours seul !
g. C'est un endroit où je peux manger dehors, mais chez moi.

1. C'est la salle de bains.
2. C'est bruyant !
3. Ce sont les toilettes.
4. C'est un plain-pied.
5. C'est le balcon.
6. C'est une boîte aux lettres.
7. C'est le frigo.

Total : .... /7

4. Cochez la bonne réponse. (1 point/réponse)

a. Il y a une cheminée ☐ sur le toit. ☐ par terre.
b. Je prends l'air ☐ dans la chambre. ☐ sur la terrasse.
c. J'ai froid, j'allume ☐ le chauffage. ☐ la climatisation.
d. L'appartement est un trois ☐ étages. ☐ pièces.
e. Sa chambre est au bout ☐ du couloir. ☐ de la cuisine.
f. Je tourne ma clé pour ouvrir ☐ le potager. ☐ la porte.
g. Au sous-sol, il y a ☐ la cave. ☐ la terrasse.

Total : .... /7

Mon score : .... /30

7 • Ici et là

Vocabulaire

La ville et la campagne 79

On peut vivre **en ville** ou **à la campagne**.

Les gens qui habitent en ville sont des **citadins** (citadines), on dit qu'ils vivent en milieu **urbain**.
En ville, il y a beaucoup de **services**, de **magasins** et de **lieux culturels**, mais il y aussi de la **pollution**, du **bruit**, de la **circulation** et des **embouteillages** (beaucoup de voitures). Les villes sont divisées en **quartiers** et les grandes villes ont une **banlieue** (villes situées autour d'une grande ville).
À la campagne, en milieu **rural**, les gens, les **ruraux**, sont plus proches de la **nature**. Ils vivent dans des **villages**. La vie est **calme** (tranquille), les espaces sont **grands** et on peut profiter d'un **bon air**. Autour du village, il peut y avoir des **forêts** avec des arbres, des **prés** avec des animaux ou des **champs** avec des **cultures**.

175 Ville ou campagne ? Cochez la bonne réponse.

	La ville	La campagne
Exemple : un pré		✗
a. une banlieue		
b. un quartier		
c. les citadins		
d. le milieu rural		
e. la forêt		
f. un village		
g. les magasins		
h. un champ		

176 Mettez les lettres dans l'ordre pour retrouver les mots.

Exemple : aapmnecg → campagne

a. rép → ....
b. naribu → ....
c. tirub → ....
d. arrul → ....
e. ootnlplui → ....
f. saignam → ....
g. unetar → ....
h. danitic → ....

Vocabulaire

177 Écrivez les mots sous la photo qui correspond.

un pré – un champ – des embouteillages – la pollution – une banlieue – une forêt

a. un pré

b. ....

c. ....

d. ....

e. ....

f. ....

178 Corrigez les informations en italique.

Exemple : Il habite dans *un village* touristique de la ville. un quartier

a. En ville, il y a beaucoup de *nature* à cause des voitures. ....

b. L'air est plus pur *en ville*. ....

c. Dans son village, il y a une grande *banlieue*. ....

d. C'est un *rural*, il habite en ville. ....

e. Dans ce village, il y a des *prés* où on cultive des céréales. ....

f. Il aime le milieu *urbain*, c'est pour ça qu'il habite à la campagne. ....

179 Écoutez et dites si on parle de la ville ou de la campagne. 80

	La ville	La campagne
Exemple :	✗	
a.		
b.		
c.		
d.		
e.		
f.		
g.		
h.		

7 • Ici et là

Dans la ville 🔊 81

Il existe des villes de différentes tailles : grande, petite ou moyenne. Les grandes villes sont divisées en **arrondissements**.
Pour se situer en ville, on utilise un **plan**.

Sur un plan, on peut voir les **quartiers**, le **centre-ville**, les différentes **rues**, les **boulevards** (une grande rue), les grandes **avenues**, les **places**, les **ronds-points**, les **carrefours**.
Dans une ville, il y a des **espaces verts**, des **parcs** (= des **jardins publics**).
S'il y a un **fleuve**, il y a des **ponts**.

En ville, les **piétons** (= les personnes qui marchent) marchent sur les **trottoirs**, les vélos circulent sur les **pistes cyclables** et les voitures sur les **routes**. Dans les rues et sur les routes, il y a des **feux** pour contrôler la circulation.

---

180 Écrivez les mots sous la photo qui correspond.

un boulevard – un pont – une route – un rond-point – un carrefour – une piste cyclable

a. un boulevard

b. ....

c. ....

d. ....

e. ....

f. ....

Vocabulaire

181 Reliez les éléments pour former des phrases.

a. Au carrefour, il y a   1. dans quel quartier ?
b. Je regarde   2. avec des espaces verts.
c. Nous prenons le pont qui passe   3. un feu.
d. C'est un quartier agréable   4. sur la piste cyclable !
e. Vous habitez   5. sur cette grande avenue.
f. Il y a beaucoup de boutiques   6. sur un fleuve.
g. Attention, tu marches   7. le plan de la ville.

182 Dites si les affirmations sont vraies ou fausses.

Exemple : Les piétons marchent sur la route.   ☐ Vrai   ☒ Faux
a. Pour me situer dans la ville, je regarde un plan. ☐ Vrai   ☐ Faux
b. Un boulevard et une avenue sont synonymes.   ☐ Vrai   ☐ Faux
c. Un village est une petite ville.   ☐ Vrai   ☐ Faux
d. Les grandes villes sont divisées en arrondissements. ☐ Vrai ☐ Faux
e. Les vélos circulent sur les pistes cyclables.   ☐ Vrai   ☐ Faux
f. Un parc est un jardin public.   ☐ Vrai   ☐ Faux
g. Les feux aident à la circulation en ville.   ☐ Vrai   ☐ Faux
h. Les ponts passent sur les fleuves.   ☐ Vrai   ☐ Faux

183 Complétez le texte avec les mots suivants.

centre-ville – ville – espaces – pistes cyclables – rues – trottoirs – avenues – parcs

C'est une ville très agréable ! Il y a des petites .... et des grandes ...., mais les .... sont assez larges pour laisser de l'espace aux piétons. Il y a aussi beaucoup d'............................... verts et des .... pour les enfants. Le .... est interdit aux voitures, c'est pour cette raison qu'il y a beaucoup de ....

93

7 • Ici et là

Les lieux de la ville

- La ville est un lieu de travail, on y trouve des **entreprises**, des **bureaux** et en banlieue, on trouve des **usines**.

On y trouve aussi :

- les principaux **services** publics ou privés : la **mairie**, la **préfecture**, l'**ambassade**, la **poste**, l'**office de tourisme**, le **commissariat**, la **bibliothèque** ou la **médiathèque**, la **banque** et les **distributeurs automatiques** pour retirer de l'argent, les **écoles**, le **cabinet médical et dentaire**, l'**hôpital** et ses **urgences**, la **clinique**, la **pharmacie**, le **salon de coiffure**, le **garage** (pour réparer la voiture).

- les **lieux de culte** : les **églises**, les **mosquées**.

- les **magasins** (= les boutiques) pour faire les courses : le **magasin de vêtements**, le **magasin de chaussures**, la **parfumerie**, la **librairie** et les commerces d'alimentation : la **boulangerie**, la **boucherie**, la **charcuterie**, la **pâtisserie**, la **poissonnerie**, la **crèmerie**.
Dans les **épiceries** ou les **supérettes**, on trouve un peu de tout. Parfois il y a aussi un **marché** dans les villes. En banlieue ou au cœur de certaines villes, on peut trouver des **supermarchés**, ou même des **hypermarchés** et des **centres commerciaux**.

- Il y a aussi des établissements de boissons ou de restauration comme les **cafés**, les **bars**, les **restaurants** ou les **cafétérias**.

184 Barrez l'intrus dans chaque liste.

Exemple : ~~commissariat~~ – entreprise – bureaux

a. clinique – parfumerie – hôpital
b. bibliothèque – médiathèque – salon de coiffure
c. banque – préfecture – mairie
d. église – mosquée – ambassade
e. boucherie – magasin – boutique
f. pharmacie – magasin de vêtements – magasin de chaussures
g. boulangerie – épicerie – supérette
h. hypermarché – garage – supermarché

185 Complétez les mots-croisés.

a. On y achète le pain.
b. C'est un petit magasin où on trouve de tout.
c. On y apporte sa voiture quand elle a un problème.
d. On y achète des livres.
e. On y achète de la viande.
f. Les policiers y travaillent.
g. Entreprise industrielle où on fabrique des produits.
h. On y achète des parfums et du maquillage.

Vocabulaire

186 Entourez la bonne réponse.

Exemple : Il s'est marié à la *bibliothèque* / (*mairie*) de son quartier.
a. Tu peux acheter du poisson à la *boucherie* / *poissonnerie* ?
b. Tu peux rendre les livres à la *bibliothèque* / *poste* ?
c. Je vais à la *banque* / *mairie*, je n'ai plus d'argent.
d. Je vais toujours à la *boulangerie* / *boucherie* de mon quartier, la viande est un peu chère mais très bonne.
e. Il y a un grand centre commercial avec beaucoup de *marchés* / *boutiques*.
f. Prends des croissants à la *boulangerie* / *pharmacie*.
g. Elle est allée à l'*église* / *ambassade* voir la messe de minuit.
h. Prends une boîte d'aspirines à la *poissonnerie* / *pharmacie*.

187 Écoutez et dites dans quel lieu se passe chaque intervention. 83

Exemple : le restaurant
a. ....
b. ....
c. ....
d. ....
e. ....
f. ....
g. ....
h. ....

188 Complétez le dialogue avec les mots suivants.

poissonnerie – centre commercial – marché – distributeur automatique – librairie – garage – crèmerie – magasin de vêtements

– Chérie, tu vas au marché en voiture ?
– Non, je ne peux pas, elle est encore au ....
– Ah donc tu ne peux pas m'emmener au .... ?
– Non, mais pour quoi faire ?
– Il y a un nouveau ...., j'ai vu une belle chemise.
– Ah, mais tu peux y aller à pied, comme moi. On y va ensemble si tu veux. Je dois aussi passer au ...., je n'ai pas d'argent.
– D'accord. Sur la route on peut aussi passer à la .... J'ai envie de préparer un plat de poisson pour le dîner de demain.
– D'accord, on fera aussi un saut à la .... pour acheter du fromage et des œufs, nous n'en avons plus !
– D'accord ! Et on en profitera pour passer à la .... et acheter le dernier livre de Yasmina Khadra. Les critiques disent qu'il est vraiment bien !

7 • Ici et là

189 Reliez les éléments pour former des phrases.

a. Tous les samedis, je fais   1. à la bibliothèque.
b. Il y a vraiment beaucoup de magasins   2. à la supérette.
c. Pour la viande, je préfère aller   3. à la boucherie.
d. J'ai emprunté ce livre   4. les courses.
e. Les gâteaux sont délicieux   5. à la nouvelle librairie.
f. J'ai commandé un livre et je dois le chercher   6. dans ce centre commercial.
g. À côté de chez moi, je peux trouver de tout   7. dans cette pâtisserie.

Les transports en commun

Pour se déplacer en ville, on utilise les transports en commun.

On peut prendre :

• le **métro**. Il y a plusieurs **lignes** de métro et différentes **stations**. Pour voyager en métro, les **passagers** doivent acheter un **ticket**. Dans les stations, il y a souvent des **distributeurs automatiques** pour en acheter. Avant de monter dans le métro, les passagers regardent la **direction** du métro (= la station finale, le terminus) en fonction de leur **destination**, ils **valident** leur ticket et attendent sur le **quai**.

• le **bus**. Il y a plusieurs **lignes** et différents **arrêts de bus**. Le fonctionnement est comme pour le métro.

• le **tram(way)**. Il fonctionne aussi de la même manière et a plusieurs **arrêts**.

• le **train**, pour les plus grands **trajets**. Par exemple de la banlieue à la ville, il y a le train régional (le RER) que l'on prend à la **gare**. Dans ce cas, on achète un **billet**, soit un **aller simple**, soit un **aller-retour**.

Quand on prend les transports en commun régulièrement, on a un **abonnement** ou une **carte** de transport.

Dans les transports en commun, on peut voyager **assis** ou **debout**. Quelquefois les trajets sont **directs**, mais parfois il y a un **changement** (une correspondance) et il faut changer de ligne.

190 Écrivez les mots sous la photo qui correspond.

un passager – un arrêt de bus – un train (RER) – une station de métro – un tram – un ticket de métro

a. un passager

b. ....

c. ....

d. ....

e. ....

f. ....

Vocabulaire

191 Mettez les lettres dans l'ordre pour retrouver les mots.

Exemple : litbel → billet

a. rétom → ....
b. rmat → ....
c. nethamgnec → ....
d. rarêt → ....
e. negli → ....
f. itran → ....
g. ennotasidt → ....
h. gaspsare → ....

192 Que faites-vous pour prendre le métro ? Remettez ces actions dans l'ordre.

a. Je valide mon ticket. ....
b. Je monte dans le métro. ....
c. Je descends dans la station de métro. 1
d. En fonction de la destination, je prends la bonne direction. ....
e. J'attends sur le quai. ....
f. J'achète mon ticket. ....

193 Entourez la bonne réponse.

Exemple : Je valide mon arrêt / (ticket).

a. J'attends le métro sur l'arrêt / le quai.
b. Le trajet n'est pas direct, il y a un changement / une destination.
c. Pour prendre le métro, tu descends à une gare / station.
d. Je prends le bus à l'arrêt / la station en face de l'école.
e. Le trajet / train dure 20 minutes.
f. Le métro est plein, il n'y a pas de places assises / debout.
g. Je ne sais pas quelle ligne / destination tu dois prendre.
h. Tu peux acheter ton ticket au tram / distributeur.

194 Complétez les mots.

Exemple : C'est l'endroit où je prends le métro, c'est la station.

a. C'est la destination finale du métro, du bus ou du tram, c'est le t.. .
b. C'est ce que j'achète pour prendre le train : un b.. .
c. Quand le trajet n'est pas direct, il y a un ou plusieurs c.. .
d. C'est l'endroit où je prends le train, c'est la g.. .
e. C'est l'endroit où j'attends le métro, c'est le q.. .
f. Ce sont les personnes qui prennent un transport, ce sont les p.. .
g. C'est une sorte du bus sur rails, c'est un t.. .
h. Je l'achète quand je prends les transports en commun tous les jours : l'a.. .

7 • Ici et là

À la campagne

À la campagne, il y a des **chemins** pour marcher et des routes pour la voiture.

Il peut y avoir des **montagnes** ou des **forêts** avec des **rivières** ou des **lacs** et beaucoup de végétations : des **arbres**, des **plantes** et des **fleurs**.

D'une manière générale, la campagne est associée à l'**agriculture**, on y trouve des **champs** de **blé** ou de **maïs** et dans certaines régions de la **vigne** (avec des raisins pour faire du vin) ou des **cultures** de fruits et de légumes. Il y a aussi des **prés** avec des animaux comme des **vaches** ou des **moutons**. À la **ferme**, on trouve aussi des **poules**, des **cochons**, des **chevaux** ou des **lapins**.

La campagne représente notre **environnement naturel**, c'est pour cela qu'elle est importante pour l'**écologie** et les **écologistes** qui veulent la protéger. C'est une grande préoccupation parce que ces dernières années, des **animaux** et des **végétaux** ont disparu et les **ressources naturelles** comme l'eau deviennent **rares** (= il y en a de moins en moins).

195 Complétez les mots-croisés.

a. Activité de culture du sol pour la production de céréales, fruits, légumes, etc.

b. Rue en campagne pour marcher.

c. Espace naturel avec beaucoup d'arbres.

d. Maison d'agriculteurs où on trouve des animaux comme des poules, des cochons, etc.

e. Ensemble des plantes qui permet la culture des raisins pour faire le vin.

f. Contraire de nombreux.

g. Étude de l'homme et de son environnement.

h. Végétal avec des feuilles.

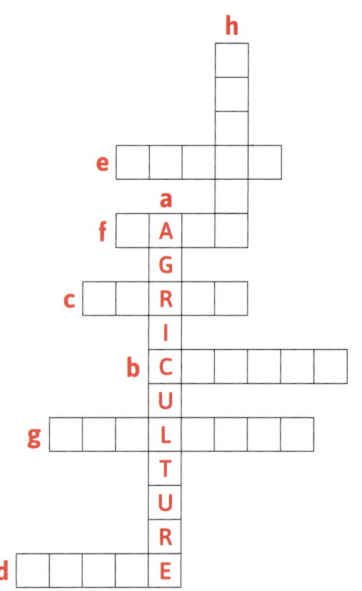

196 Complétez les phrases avec les mots suivants.

environnement – lac – arbres – ressource – animaux – écologiste – ferme – blé

a. Les arbres de cette forêt sont millénaires.

b. Certains .... peuvent disparaître.

c. Dans cette .... , il y a beaucoup d'animaux.

d. Devant la montagne il y a un .... où on peut se baigner.

e. L'eau est une .... naturelle.

f. Il y a des champs de .... un peu plus loin.

g. Il faut protéger notre ....

h. C'est un .... très actif.

Vocabulaire

197 **Reliez les éléments pour former des phrases.**

a. Les voitures roulent
b. Les gens marchent
c. Les touristes se baignent
d. Les pêcheurs pêchent
e. Les poules pondent
f. Les cochons sont
g. Les vaches donnent
h. Il y a du raisin

1. dans le lac.
2. dans la ferme.
3. dans la rivière.
4. des œufs.
5. dans les vignes.
6. sur les routes.
7. du lait.
8. sur les chemins.

198 **Soulignez le plus grand des deux.**

Exemple : un village – une ville

a. un fleuve – une rivière
b. un arbre – une plante
c. une rue – une avenue
d. un bureau – une entreprise
e. un quartier – une banlieue
f. une forêt – un parc
g. une épicerie – un supermarché

Bilan

1. Reliez les éléments pour former des phrases. (1 point/réponse)

a. À la campagne, les gens habitent
b. Il y a beaucoup d'arbre
c. L'hiver, il y a de la neige
d. On trouve des animaux
e. Il y a des cultures de céréales
f. Il y a souvent de la circulation
g. Il y a des piétons
h. Il y a des vélos

1. dans les montagnes.
2. sur les trottoirs.
3. dans les champs.
4. sur les pistes cyclables.
5. dans les fermes.
6. dans des fermes.
7. en ville.
8. dans les forêts.

Total : .... /8

2. Avec quels lieux associez-vous ces documents, objets ou services ? Écrivez le mot sous la photo qui correspond. (1 point/réponse)

la banque – la pharmacie – la mairie – le magasin de vêtements – l'office de tourisme – la poste – le salon de coiffure – une boulangerie

a. ....

b. ....

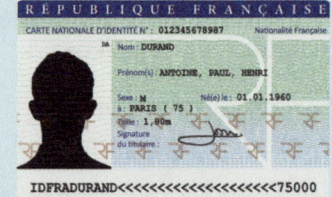
c. ....

d. ....

e. ....

f. ....

g. ....

h. ....

Total : .... /8

3. Complétez les mots. (1 point/réponse)

a. Pour se déplacer en ville, elle ne prend pas sa voiture mais les transport en c... .

b. Attends-moi, je dois acheter un t... avant de prendre le métro.

c. Le t... est direct, il n'y a pas de changement.

d. On descend à la prochaine s... .

e. Tu peux m'attendre à l'a... bus à côté de chez toi.

f. Pour aller en centre-ville, tu dois prendre la l... 12.

g. Je n'aime pas le métro, je préfère le b... .

Total : .... /7

4. Complétez le texte avec les mots suivants. (1 point/réponse)

commerces – arbres – ville – environnement – campagne – circulation – services

Dans notre émission aujourd'hui nous parlons de la vie en ville et à la ....
En ...., il y a de la ...., de la pollution
mais aussi beaucoup de .... et des ....
À la campagne, on trouve un .... plus naturel avec des
.... et des animaux mais moins de magasins. Alors que préférez-vous ?

Total : .... /7

Mon score : .... /30

8 • D'hier et d'aujourd'hui

Vocabulaire

 Les jours de la semaine 🔊 86

Dans une **semaine**, il y a sept **jours** : **lundi**, **mardi**, **mercredi**, **jeudi**, **vendredi**, **samedi** et **dimanche**.
Si **aujourd'hui** (= **maintenant**) nous sommes jeudi, **demain**, c'est vendredi, **hier**, c'était mercredi et c'est **bientôt** (= dans très peu de temps) **le week-end** !
En France, pour parler de samedi et dimanche, on dit **le week-end** ; au Québec, on dit **la fin de semaine**.
Je vais à l'opéra *lundi* (= une fois) ; je vais à l'opéra *le lundi* (= tous les lundis).
On ajoute le moment (voir page 52) sans préposition : *Lundi* **après-midi**, *je vais travailler chez moi. Le lundi* **matin**, *je commence à 9 heures.*

199 Complétez les mots.

Exemple : m**ar**di

a. b_ _ _tôt
b. s_ _ _ine
c. w_ _ _-end
d. m_ _ _ _edi
e. h_ _r
f. v_ _ _redi
g. d_ _ _in
h. d_ _ _ _che

200 Reliez les éléments qui correspondent.

a. les sept jours de la semaine   1. le week-end
b. le jour avant aujourd'hui   2. demain
c. dans peu de temps   3. maintenant
d. la fin de semaine   4. hier
e. le jour après aujourd'hui   5. samedi
f. aujourd'hui   6. la semaine
g. le jour avant dimanche   7. bientôt

201 Écoutez et associez les planètes aux jours de la semaine. 🔊 87

Exemple : Mars → mardi

a. Vénus → ....
b. Soleil → ....
c. Mercure → ....
d. Saturne → ....
e. Lune → ....
f. Jupiter → ....

Vocabulaire

202 **Entourez la bonne réponse.**

Exemple : (Samedi) / *Le samedi*, il a un match très important.

a. Mardi / Le mardi, le cinéma est moins cher.
b. Mardi / Le mardi, j'ai vu un film magnifique.
c. Vendredi / Le vendredi, j'ai mangé au restaurant.
d. Vendredi / Le vendredi, je ne travaille pas.
e. Mercredi / Le mercredi, c'est le jour des enfants.
f. Mercredi / Le mercredi, il joue aux échecs.
g. Lundi / Le lundi, je fais toujours un footing.
h. Lundi / Le lundi, j'ai joué au tennis.

203 **Complétez le texte avec les mots suivants.**

vendredi – aujourd'hui – mardi – semaine – dimanche – mercredi – week-end

Cette semaine sera très intense. ...., nous sommes lundi, et après l'école, je vais au taekwondo. Demain, ..., je vais faire de la natation et le jour d'après, ..., j'ai un match de foot. Jeudi, je peux me reposer mais le jour d'après, ..., j'ai un tournoi d'échecs. Ce ...., nous allons faire de la randonnée avec toute la famille et finalement, ..., nous allons manger au restaurant.

Les mois et les saisons

Les 12 **mois** de l'**année** sont :
janvier – février – mars – avril – mai – juin – juillet – août – septembre – octobre – novembre – décembre.

Pour parler des mois, j'utilise la préposition « **en** » ou je dis « **au mois de/d'** » :
En septembre, c'est mon anniversaire. **Au mois de mai**, c'est l'anniversaire de mes enfants.

un **an** = une **année**

Dans une année, il y a quatre **saisons** :

l'été   l'automne   l'hiver   le printemps

Au printemps, il fait bon. **En hiver**, il fait froid. **En automne**, les feuilles tombent. **En été**, il fait chaud.

8 • D'hier et d'aujourd'hui

204 Complétez les mots-croisés.

a. Le premier mois de l'année.
b. Le mois le plus court de l'année.
c. Le troisième mois de l'année.
d. Le mois des fêtes de Pâques.
e. Le cinquième mois de l'année.
f. Le mois des fêtes de la Saint-Jean.
g. Le septième mois de l'année.
h. Le huitième mois de l'année.
i. Le mois de la rentrée scolaire.
j. Le dixième mois de l'année.
k. Le onzième mois de l'année.
l. Le mois de Noël.

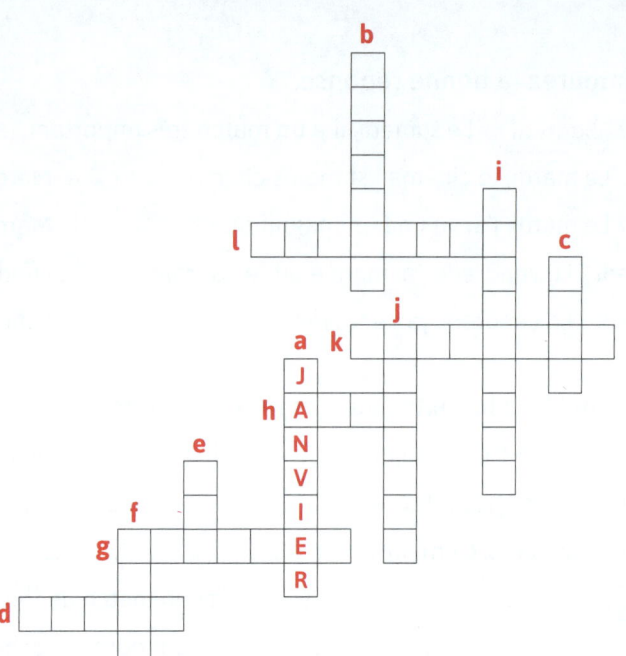

205 Quelle est la saison dans l'hémisphère nord ?

a. C'est la saison des vacances scolaires. Les gens partent souvent en vacances à la plage ou au soleil !
C'est l'.................... .

b. C'est la saison où on mange des marrons. Il commence à faire froid et les jours raccourcissent.
C'est l'.................... .

c. C'est la saison où on peut voir de la neige ou aller aux sports d'hiver. C'est aussi à cette saison que l'on fête Noël et les rois. C'est l'.................... .

d. C'est la saison où les plantes redeviennent vertes, les arbres bourgeonnent et les fleurs refleurissent.
C'est le ....

206 Classez les mots suivants dans le tableau.

mai – automne – septembre – mercredi – novembre – vendredi – juillet – hiver – octobre – avril – lundi – janvier – samedi – mars – printemps – août – mardi – juin – jeudi – février – été – dimanche – décembre

Les jours de la semaine	Les six premiers mois de l'année	Les six derniers mois de l'année	Les quatre saisons
	mai		

Vocabulaire

207 Complétez les séries.

Exemple : janvier – *février* – mars

a. mai – .... – juillet
b. lundi – .... – mercredi
c. été – .... – hiver – printemps
d. septembre – .... – novembre
e. jeudi – .... – samedi
f. avril – .... – juin
g. août – .... – octobre
h. novembre – .... – janvier

L'année et les dates 89

- **Pour dire l'année** en français, je prononce comme si c'était un nombre complet :
  1946 = mille neuf cent quarante-six ; 1988 : mille neuf cent quatre-vingt-huit,
  On peut dire aussi dix-neuf cent-quarante-six ; dix-neuf cent quatre-vingt-huit.
  2021 : deux mille vingt-et-un.
  On utilise la préposition « **en** » : *Elle est née en 2014.*
- Pour parler de **décennies** (= 10 ans), on utilise « **dans les années** » : *Il a eu 20 ans dans les années 80.*
- Pour **donner la date en français**, on dit **le** + jour + mois + année.
  On peut utiliser les expressions **nous sommes, c'est** ou **on est**.
  Aujourd'hui, c'est (nous sommes / on est) le 24 février 2023.
  Tu es née le 2 mars 1975.
  ✋ Pour le jour 1 du mois, on dit « premier » : *Le premier (1er) avril, c'est le jour des blagues.*
- Pour les **siècles**, on utilise les nombres ordinaux :
  Il aime la littérature du XXe (vingtième) siècle. Elle aime les opéras du XIXe (dix-neuvième) siècle.
  Et la préposition « **au** » : *Il est né au XIXe (vingt-et-unième) siècle.*

208 Écoutez et associez. Écrivez le numéro de l'enregistrement qui correspond. 90

a. 12/03/1945 → 6
b. 08/05/2014 → ......
c. 2/03/1945 → ......
d. 22/12/2022 → ......
e. 20/05/2011 → ......
f. 20/12/2020 → ......
g. 1/02/1985 → ......
h. 1/02/1945 → ......

209 Remettez les mots dans l'ordre pour former des phrases.

Exemple : janvier. / sommes / le / Nous / 22 → *Nous sommes le 22 janvier.*

a. 23/ est / le / avril. / On → ....
b. premier / C' / le / est / 1986. / décembre → ....
c. sommes / juillet. / en / Nous → ....
d. sont / 2008. / en / nées / Elles → ....
e. 18 / êtes / janvier. / le / Vous / né → ....
f. lundi / est / mai. / On / premier → ....
g. siècle. / sommes / vingt-et-unième / au / Nous → ....

8 • D'hier et d'aujourd'hui

210 Écrivez les dates. Variez les formes.

Exemple : lundi 27/03 → Nous sommes le lundi 27 mars. / C'est le lundi 27 mars. / On est le lundi 27 mars.

a. jeudi 17/06 → ....

b. mardi 25/04/1995 → ....

c. mercredi 7/02/2023 → ....

d. vendredi 31/10 → ....

e. lundi 3/07/2000 → ....

f. dimanche 18/11 → ....

g. vendredi 1/01 → ....

h. samedi 20/05/2011 → ....

211 Entourez la bonne réponse.

Exemple : Elle est née en (2014) / 18 mars.

a. Tu aimes la musique des *1990 / années 90*.

b. Elle est née *en / le* 18 avril.

c. *Nous sommes / Vous êtes* le 8 juin.

d. Cet auteur est né *au / en* XIXᵉ siècle.

e. Nous sommes rentrés *demain / hier*.

f. *Le / En* juillet, je pars en voyage.

g. Il est né le *trois / troisième* février 2011.

h. Elle vient le *premier / un* août.

212 Complétez avec « en », « au » ou « le ».

Exemple : Au printemps, on fête Pâques.

a. Ils déménagent .... février.

b. Elle va voyager .... mois d'août.

c. Nous ne travaillons jamais .... samedi.

d. Tu aimerais vivre .... XVIIIᵉ siècle.

e. Aujourd'hui, nous sommes .... 27 janvier 2023.

f. .... hiver, les stations de ski sont ouvertes.

g. Elle commence son nouveau travail .... octobre.

h. Je crois qu'elle est née .... 1972.

Vocabulaire

L'heure 91

Il existe l'heure formelle (de 0 à 24 heures) et l'heure informelle (de minuit à midi).

	L'heure formelle	L'heure informelle
9h00	neuf heures **(pile)**	neuf heures **(du matin)**
10h15	dix heures quinze	dix heures **et quart**
11h30	onze heures trente	onze heures **et demie**
12h	douze heures	**midi**
12h30	douze heures trente	midi et demi
13h00	treize heures	une heure **(de l'après-midi)**
13h40	treize heures quarante	deux heures **moins vingt**
14h45	quatorze heures quarante-cinq	trois heures **moins le quart**
15h50	quinze heures cinquante	quatre heures **moins dix**
19h00	dix-neuf heures	sept heures **(du soir)**
0h00	il est zéro heure	il est **minuit**
2h00	deux heures	deux heures **(du matin)**

• Pour demander l'heure, on dit :
Quelle heure est-il ? / C'est quelle heure ?

• Pour donner l'heure, on dit :
Il est / C'est 11 heures 15 (11 heures et quart).
Je commence mon travail à 9 heures et je termine à 17 heures. Je prends ma pause déjeuner **entre** 11 heures **et** 15 heures.

• Pour parler d'une heure qui n'est pas précise, on utilise « **vers** » :
On se voit **vers** (= plus ou moins) onze heures.

J'ai rendez-vous à midi.

Il est midi pile :
Je suis **à l'heure**.

Il est midi moins cinq :
Je suis **en avance**.

Il est midi cinq :
Je suis **en retard**.

✋ **La liaison** Quand on dit l'heure, on fait TOUJOURS la liaison entre le nombre et le mot **heures** et on prononce comme si c'était un seul mot : il est une heure [y.nœʁ] ; quatre heures [ka.tʁœʁ].

8 • D'hier et d'aujourd'hui

213 Reliez les éléments des deux colonnes.

a. 10h30
b. 10h45
c. 13h50
d. 23h10
e. 15h00
f. 4 heures de l'après-midi
g. 18h15
h. 12h10

1. 3 heures de l'après-midi
2. 6 heures et quart
3. 2 heures moins 10
4. midi 10
5. 10 heures et demie
6. 11 heures 10
7. 11 heures moins le quart
8. 16 heures

214 Écoutez et entourez l'heure que vous entendez. 92

Exemple : (8h45) – 9h45 – 9h15

a. 6h37 – 16h37 – 16h47
b. 7h07 – 17h07 – 17h16
c. 11h45 – 12h15 – 23h45
d. 14h45 – 3h15 – 2h45
e. 13h – 16h – 3h
f. 9h10 – 19h10 – 9h06
g. 00h30 – 00h40 – 13h20
h. 4h10 – 15h50 – 18h10

215 Remettez les mots dans l'ordre pour former des phrases.

Exemple : en / suis / retard ! / Je → Je suis en retard !

a. quelle / heure ? / est / Il → ....
b. commence / quelle / film ? / À / heure / le → ....
c. entre / à / deux heures. / suis / et / piscine / Je / la / midi → ....
d. 14h45 ! / au / Rendez-vous / à / cinéma → ....
e. à / l' / Je / heure. / suis → ....
f. et / est / demi. / Il / minuit → ....
g. le / cinq / moins / Il / heures / quart. / est → ....
h. midi / Il / dix. / est → ....

Vocabulaire

216 Écoutez et cochez l'heure que vous entendez.

Exemple : ☐ 13h ☒ 3h
a. ☐ 10h ☐ 6h
b. ☐ 1h ☐ 20h
c. ☐ 3h ☐ 4h
d. ☐ 21h ☐ 20h
e. ☐ 5h ☐ 15h
f. ☐ 9h ☐ 19h
g. ☐ 8h ☐ 18h
h. ☐ 12h ☐ 2h

217 Complétez avec « à », « au », « en », « entre », « et » ou « vers ».

En été, ... mois de juillet, je pars en vacances dans le sud de l'Italie. Je me lève tard, ... 10 heures du matin, et .... 11 heures je prends mon petit-déjeuner. Ensuite, ... midi .... une heure et demie, je vais me baigner. Après le déjeuner, je fais une sieste et l'après-midi je retourne à la plage. Le soir, je sors et je rentre tard. Quand je rentre en France .... août, c'est très difficile de reprendre le rythme. J'arrive souvent .... retard au travail !

Bilan

1. Corrigez les éléments en italique. (1 point/réponse)

a. Dans une année, il y a douze *semaines*. ....
b. Les quatre *mois* sont le printemps, l'été, l'automne et l'hiver. ....
c. En hiver, il fait *chaud*. ....
d. Le jour après aujourd'hui est *hier*. ....
e. Si nous sommes vendredi, demain, c'est *dimanche* ! ....
f. *Jeudi et vendredi*, c'est la fin de semaine au Québec. ....
g. Dans une semaine, il y a sept *week-ends*. ....

Total : .... /7

2. Complétez en utilisant « hier » ou « demain ». (1 point/réponse)

a. Elles se marient ....
b. Au revoir et à ....
c. Mon frère arrive .... à la gare du Nord.
d. ...., j'ai fait du pilates.
e. Tu peux me téléphoner .... pour me confirmer ?
f. ...., il était malade.
g. Éric m'a téléphoné ...., il va bien.
h. ...., elles ont un examen.

Total : .... /8

3. Complétez les phrases avec les mots suivants. (1 point/réponse)

Entre 9 heures et 10 heures – Le midi – À 19 heures – Les week-ends –
Le mercredi matin – La semaine – Vendredi soir

a. ...., je me lève à 7 heures et je me couche à 23 heures.
b. ...., les enfants restent manger à la cantine.
c. ...., je peux dormir plus tard, je n'ai pas cours.
d. ...., je fais un jogging.
e. Ce soir, je vais boire un verre avec mes amis. ...., nous avons rendez-vous.
f. ...., je sors avec mes amis, je vais au cinéma.
g. ...., le samedi et le dimanche, vous ne travaillez pas.

Total : .... /7

4. Lisez l'agenda de Paola et répondez aux questions. (0,5 point/réponse)

	Samedi	Dimanche
8h-9h		
9h-10h	Faire les courses	
10h-11h		Visite du musée Picasso.
11h-12h		Exposition « Ses premiers tableaux »
12h-13h	Cours de percussions	Déjeuner chez mamie
13h-14h		
14h-15h		Randonnée
15h-16h	Travail	
16h-17h		
17h-18h		
18h-19h		
19h-20h		
20h-21h	Rendez-vous avec Svetlana	
21h-22h	cinéma et restaurant	
22h-23h		

a. Le samedi soir, Paola fait les courses. ☐ vrai ☐ faux
b. Le dimanche, Paola mange chez elle. ☐ vrai ☐ faux
c. Paola fait un footing le samedi matin. ☐ vrai ☐ faux
d. Le samedi midi, Paola a un cours de percussions. ☐ vrai ☐ faux
e. Paola a rendez-vous avec Svetlana samedi soir. ☐ vrai ☐ faux
f. Paola visite un musée samedi après-midi. ☐ vrai ☐ faux
g. Le dimanche, Paola fait une randonnée toute la journée. ☐ vrai ☐ faux
h. Dimanche soir, Paola n'a rien de prévu. ☐ vrai ☐ faux

Total : .... /4

5. Écoutez ces informations sur Ella et Carla, puis répondez aux questions. (1 point/réponse) 94

a. Quand sont nées Ella et Carla ? ....
b. À quelle heure vont-elles à la cantine ? ....
c. Quel jour et à quelle heure font-elles du foot ? ....
d. Le week-end, à quelle heure se réveillent Ella et Carla ? ....

Total : .... /4

Mon score : .... /30

9 • C'est si bon !

Vocabulaire

> **Les repas**
>
> Il y a trois repas par jour : le **petit-déjeuner**, le **déjeuner** et le **dîner** (= le **souper**).
> On **prend le petit-déjeuner** le matin, on **déjeune** le midi et on **dîne** (= on **soupe**) le soir.
> L'après-midi, les enfants prennent un **goûter** (= ils **goûtent**).
>
> Pour le petit-déjeuner, en général on prend une **boisson chaude** (un café, un thé ou un chocolat chaud), du **pain** (une tartine avec du beurre et de la confiture), une **viennoiserie** (un croissant) ou des **céréales** avec du **lait**, et un **fruit** ou un **jus de fruits**.
>
> Pour le goûter, on prend un fruit, du lait, du pain et du **chocolat**.
>
> ✋ Au Québec, on utilise le déjeuner pour le repas du matin, le dîner pour le midi et le souper pour le soir.

218 Associez les repas aux moments de la journée.

a. le goûter — 1. le matin
b. le dîner — 2. le midi
c. le déjeuner — 3. l'après-midi
d. le petit-déjeuner — 4. le soir
e. le souper

219 Complétez les mots-croisés.

a. Partie d'une plante que l'on mange ; par exemple, la pomme ou la poire.

b. Il y en a trois dans la journée : le petit-déjeuner, le déjeuner et le dîner.

c. On en prend au petit-déjeuner dans un bol avec du lait.

d. Dernier repas de la journée pour les Français et les Québécois.

e. Premier repas de la journée.

f. Mot qui définit tout ce qu'on boit.

g. Mot qui définit tout ce qu'on mange : fruits, légumes, viande, poisson, etc.

h. Repas que les enfants prennent l'après-midi, souvent composé d'un fruit et de chocolat.

i. C'est le repas que les Français prennent le midi.

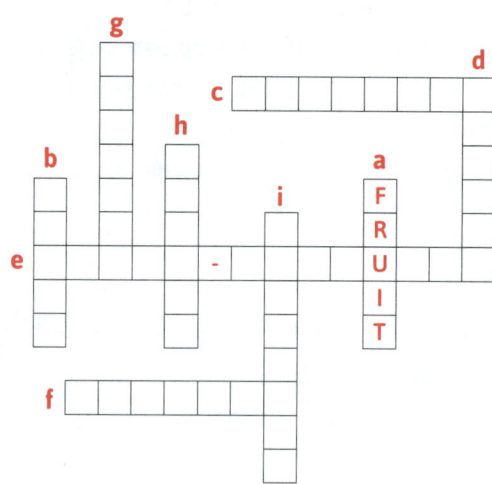

Vocabulaire

220 Mettez les lettres dans l'ordre pour retrouver les mots.

Exemple : Pour le petit-déjeuner, je prends toujours un **hét**. → thé

a. À midi, elle prend son **euréjdne** chez elle. → ....
b. Depuis qu'il travaille, il fait seulement deux **saper** par jour, il ne prend plus de petit-déjeuner !
→ ....
c. Le soir, il mange très léger pour le **nrdeî**. → ....
d. Pour le petit-déjeuner, le week-end, nous achetons toujours des **esirinisenove**. → ....
e. Après l'école, ils prennent toujours un **tûgreo**. → ....
f. Le vendredi, vous **nezujéde** souvent au restaurant. → ....

221 Répondez vrai ou faux à ces affirmations.

Exemple : Le petit-déjeuner se passe le matin. ☒ vrai ☐ faux

a. Les Québécois dînent le soir. ☐ vrai ☐ faux
b. En France, on dîne le midi. ☐ vrai ☐ faux
c. En France et au Québec, on soupe le soir. ☐ vrai ☐ faux
d. On prend une boisson chaude au petit-déjeuner. ☐ vrai ☐ faux
e. On mange généralement des légumes pour le petit-déjeuner. ☐ vrai ☐ faux
f. On peut manger un fruit pour le goûter. ☐ vrai ☐ faux

Les fruits et les légumes 96

Les fruits

une pomme — une poire — une banane — un citron — une orange — une mandarine (clémentine) — une pêche

un abricot — des fraises — des cerises — des framboises — un ananas — un kiwi — du raisin

Les légumes

un chou — un chou-fleur — un brocoli — des pommes de terre — un poireau — une carotte — des champignons — des petits pois

des haricots verts — un poivron — une courgette — une aubergine — un oignon — de l'ail — un concombre — une salade

Une **salade** est un légume mais c'est aussi un plat composé de plusieurs légumes le plus souvent crus (= des **crudités**) et parfois de viande et de poisson.

des olives — un avocat — des épinards — une tomate

9 • C'est si bon !

222 Associez pour former des noms de légumes.

a. une pomme → 3. de terre
b. des haricots   1. vert
c. un poivron   2. fleur
d. des petits   4. pois
e. un chou-   5. verts

223 De quelle couleur sont ces légumes ? Parfois, plusieurs réponses sont possibles.

	vert	blanc	rouge
Exemple : la salade	☒	☐	☐
a. un avocat	☐	☐	☐
b. une tomate	☐	☐	☐
c. un brocoli	☐	☐	☐
d. un poireau	☐	☐	☐
e. une courgette	☐	☐	☐
f. un concombre	☐	☐	☐
g. un oignon	☐	☐	☐
h. un chou	☐	☐	☐
i. de l'ail	☐	☐	☐
j. un poivron	☐	☐	☐

224 Complétez ces mots-croisés sur les fruits.

Vocabulaire

225 Complétez ces noms de fruits avec les bonnes lettres.

Exemple : une ban*ane*

a. du r _ _ _ in

b. des fra _ _ _ _

c. un a _ _ _ as

d. des c _ _ _ ses

e. une man _ _ _ _ ne

f. une p _ _ me

226 Écoutez et complétez les phrases avec le nom du fruit. 🔊 97

Exemple : Je vais faire un gâteau aux *pommes*.

a. Mon fruit préféré, c'est la ………………………………… .

b. J'adore manger une ………………………………… quand il fait chaud.

c. Les …………………………………, les ………………………………… et les ………………………………… sont des agrumes.

d. Tu as acheté des …………………………………, mais ce n'est pas encore la saison !

e. Dans ma salade de fruits, je mets des …………………………………, des …………………………………, des …………………………………, des ………………………………… et des ………………………………… .

227 Classez les fruits et les légumes dans le tableau.

un ananas – de l'ail – un avocat – une banane – un brocoli – un chou-fleur – des cerises – des haricots verts – un poireau – une pêche

Fruits	Légumes
un ananas	

228 Barrez l'intrus dans chaque liste.

Exemple : fruit – ~~abricot~~ – légume

a. pomme de terre – concombre – tomate

b. orange – ananas – banane

c. poire – kiwi – courgette

d. fraise – cerise – pomme

e. citron – mandarine – pêche

f. poire – pomme – champignon

g. brocoli – petit pois – chou-fleur

h. poireau – raisin – mandarine

9 • C'est si bon !

Les plats 98

Pour le déjeuner et le dîner, on mange un **plat principal**. On peut aussi manger d'abord une **entrée** et pour finir un **dessert**.

Généralement, le plat principal peut être composé de **viande** (un **steak** ou un **steak haché**, du **poulet**, des **saucisses** ou du **jambon**), de **poisson** (du **saumon**, du **thon**) et/ou de **fruits de mer** (des **crevettes**, des **huîtres** ou des **moules**), d'**œufs** (en **omelette** ou **sur le plat**), accompagné de **légumes**, des pommes de terre sous forme de **frites** ou de **purée**, de **pâtes** ou de **riz**.
Pour les **végétarien(ne)s**, **il est composé** de soja (du **tofu**) et de légumes secs (**lentilles**, **pois chiches**, **haricots blancs**...).

En entrée, on peut servir une salade, des crudités ou des plats chauds comme de la **soupe** ou une **quiche** (= une tarte salée).

Pour le **dessert**, on peut prendre un **fruit**, des **produits laitiers** (un **yaourt** ou du **fromage**), une **glace**, un **gâteau** ou une **mousse au chocolat**.

Pendant les repas, on boit de l'**eau**. Pour certaines occasions, on peut boire un **soda**, du **vin** (**rouge**, **blanc** ou **rosé**) ou de la **bière**.

229 Barrez l'intrus dans chaque liste.

Exemple : jambon – saucisse – crevette

a. steak – poulet – moules
b. lentilles – tofu – jambon
c. viande – poisson – fruits de mer
d. crevette – moule – saucisse
e. pâte – poulet – riz
f. steak – soda – eau
g. produits laitiers – fruits – légumes
h. dessert – bière – entrée

230 Écrivez chaque mot sous la photo qui correspond.

du saumon – des saucisses – du jambon – du thon – du steak haché – une crevette – du tofu – du poulet

a. du saumon   b. ....   c. ....   d. ....

e. ....   f. ....   g. ....   h. ....

Vocabulaire

231 Mettez les lettres dans l'ordre pour retrouver les mots.

Les daivens → Les viandes

a. du ketsa → ....
b. du manobj → ....
c. de la iuassecs → ....
d. du pleuto → ....

Les isopsons et itrufs de rem → ....

e. des leumos → ....
f. du ounams → ....
g. des veetrscet → ....
h. du hnot → ....

232 Entourez la bonne réponse.

Exemple : Le steak haché est (*de la viande*) / *du poisson*.

a. Le saucisson est *un fruit de mer / de la charcuterie*.
b. Les moules sont *des fruits de mer / de la viande*.
c. Le thon est *de la viande / du poisson*.
d. Le saumon est *du poisson / du soja*.
e. Le jambon est *du poisson / de la charcuterie*.
f. Le tofu est *de la viande / du soja*.
g. Les lentilles sont *du soja / des légumes secs*.
h. Le poulet est *de la viande / du soja*.

233 Entrée, plat ou dessert ? Cochez la ou les bonnes cases (parfois plusieurs réponses sont possibles).

	Entrée	Plat	Dessert
Exemple : une glace			✗
a. un steack-frites			
b. une salade de tomates			
c. un yaourt			
d. une ratatouille			
e. une mousse au chocolat			
f. un cassoulet			
g. une soupe			
h. une quiche			

9 • C'est si bon !

D'autres plats cuisinés

On peut également manger des plats cuisinés comme :

 la **ratatouille**, à base de légumes

 la **cassoulet**, à base de haricots blancs et de viande

 les **spaghettis bolognaise**, avec des pâtes et une sauce tomate avec de la viande hachée

 la **pizza**

 le **couscous**, à base de semoule de blé, de légumes, d'épices et de viande ou de poisson

On peut préférer la restauration rapide avec le **hamburger** ou le **sandwich** .

Si on cuisine, les **ustensiles** indispensables sont :

 une **cuillère**

 un **moule**

 un **couteau**

 une **passoire**

 une **poêle**

 un **saladier**

 une **casserole**

 un **four**

 une **cocotte**

 une **plaque de cuisson**

Si on prépare une recette, on peut : **éplucher** (= enlever la peau) des légumes ; **couper** des aliments ; **chauffer** des aliments ; **faire revenir** (= faire dorer) un aliment ; **faire cuire** ; **ajouter** des aliments ; **mélanger** plusieurs aliments ; **saler** (= mettre du sel) ; **poivrer** (= mettre du poivre).

Vocabulaire

234 Reliez les éléments des deux colonnes. Plusieurs réponses sont possibles.

1. une omelette
2. une purée
a. de la viande → 3. un steak
b. du poisson
4. une ratatouille
c. des œufs
5. du poulet
d. des légumes
6. des frites
7. des moules
8. de la soupe

235 Retrouvez le nom du plat correspondant à chaque description.

Exemple : C'est un steak haché avec de la sauce, de la salade, des tomates, du concombre et parfois du fromage dans un pain rond. → un hamburger

a. C'est un plat avec de la semoule de blé, des légumes, des épices et de la viande. → le c………………………………
b. C'est un plat à base de légumes mijotés. → la r………………………………
c. C'est un plat à base d'œufs mélangés et chauffés. → une o………………………………
d. Ce sont des pâtes avec de la sauce tomate et de la viande hachée. → les s………………………………
   b………………………………
e. C'est un plat à base de haricots blancs et de viande. → le c………………………………
f. C'est une tarte salée italienne, avec de la sauce tomate, du fromage et des ingrédients variés.
   → une p………………………………
g. C'est du pain dans lequel on met des ingrédients comme du jambon et du fromage.
   → un s………………………………

236 Mettez dans l'ordre les étapes de préparation de la ratatouille.

a. Couvrir et laisser cuire 45 minutes. ………
b. Ajouter les tomates, les courgettes, les aubergines, les poivrons, le thym et le laurier dans la cocotte. ………
c. Couper les légumes. ………
d. Saler et poivrer. ………
e. Éplucher les courgettes et nettoyer les autres légumes. 1
f. Mélanger les légumes dans la cocotte. ………
g. Faire revenir l'oignon et les poivrons dans une cocotte. ………

237 Complétez ce texte avec les mots suivants.

ajouter – passoire – faire cuire – salez – couteau – cuillère – casserole

Pour faire une salade de pâtes, c'est très facile !
Il faut faire cuire les pâtes dans une ………………………, et ensuite les faire passer dans une ……………………… . Après, vous devez couper les tomates, le fromage et l'oignon avec un ……………………… . Ensuite, vous les ajoutez aux pâtes et vous mélangez avec une ……………………… . Vous pouvez ……………………… de l'huile d'olive. ……………………… et poivrez ! C'est prêt !

9 • C'est si bon !

Au restaurant

Si on n'aime pas cuisiner, on peut aller au restaurant. En général, on **réserve une table**.

Pour **commander** (passer la **commande**), on demande **la carte** au **serveur** ou à la **serveuse** et il/elle prend la commande.

Dans certains restaurants, il y a des **menus**, c'est-à-dire des formules avec une entrée, un plat et un dessert. Il y a aussi des restaurants qui proposent un **plat du jour**.

En boisson, on peut demander une **carafe d'eau** qui est en général gratuite.

Avant le repas, on peut prendre l'**apéritif** (une boisson en général alcoolisée).

À la fin du repas, on demande l'**addition**.

---

238 Complétez le menu de ce restaurant avec les mots suivants.

salade de fruits – entrée – saumon – boissons – quiche – végétarienne – vin

> ### À la bonne franquette
>
> Menu du midi 15 €
>
> *Entrée*
>
> .... aux épinards
>
> Salade César
>
> *Plat*
>
> Steak-frites
>
> .... et haricots verts
>
> Option .... : sauté de tofu aux petits légumes
>
> *Dessert*
>
> ....
>
> Mousse au chocolat
>
> .... : bière, ... ou eau minérale

---

239 Complétez les phrases avec le mot qui convient.

Exemple : Une formule avec un plat, une boisson et parfois l'entrée et le dessert est un menu.

a. Pour être sûr d'avoir de la place, on réserve une ....

b. Pour choisir les plats, on regarde la ....

c. Quand on a fini de manger, on paie l'... .

d. Quand on a choisi les plats, on passe la .... au serveur.

e. Si on ne veut pas de bouteille d'eau, on peut demander de l'eau en ....

Vocabulaire

240 Entourez la bonne réponse.

Exemple : Vous avez réservé, c'est votre (table) / apéritif.

a. Bienvenus ! Vous désirez un *dessert / apéritif* ?
b. Nous avons fini. *L'addition / La carte*, s'il vous plaît !
c. Nous avons *un plat / une carafe* du jour.
d. Vous prenez *un dessert / une entrée* avant le plat ?
e. Vous avez choisi ? Je peux prendre votre *carte / commande* ?
f. Comme *boisson / addition*, nous avons de l'eau ou du vin.
g. Voici la *carte / table* des desserts.
h. Nous avons *le menu / la carte* avec entrée-plat-dessert.

241 Qui parle ? Cochez la bonne case.

	Le/La serveur/euse	Le/La client(e)
Exemple : Vous avez réservé ?	☒	☐
a. On pourrait avoir la carte ?	☐	☐
b. Et comme boisson ?	☐	☐
c. Nous allons prendre une carafe d'eau, s'il vous plaît.	☐	☐
d. Voilà la carte !	☐	☐
e. Vous avez choisi ?	☐	☐
f. Deux plats du jour, s'il vous plaît.	☐	☐
g. L'addition, s'il vous plaît.	☐	☐
h. Vous prenez un dessert ?	☐	☐

242 Remettez ce dialogue dans l'ordre.

a. – J'ai cette table pour deux personnes. ....
b. – Oui, ce sera deux plats du jour, s'il vous plaît. ....
c. – Une carafe d'eau, s'il vous plaît. ....
d. – Bien sûr, la voilà ! ....
e. – Vous désirez un apéritif ? ....
f. – Bonjour, vous avez réservé ? 1
g. – Elle est parfaite, merci. ....
h. – Vous avez choisi ? ....
i. – Et en boisson ? ....
j. – Non merci. On peut avoir la carte, s'il vous plaît ? ....
k. – Non, nous n'avons pas réservé. ....

Bilan

1. Complétez le texte avec les mots suivants. (0,5 point/réponse)

dessert – jus – dîner – poisson – laitier – repas – soupe – légumes – petit-déjeuner – boisson – pomme – eau – déjeuner – riz

Abdu prend trois .... par jour : le matin le ....,
le midi le .... et le soir le ....
Pour le petit-déjeuner, il ne prend pas de .... chaude, seulement
un .... d'orange avec un fruit en général une ....
Le midi, il rentre chez lui et il prend un repas complet avec de la viande ou du ....,
des .... et du .... ou des pâtes. Il prend
aussi un .... ou un produit .... Le soir,
il mange plus léger, en général de la .... Pendant les repas, il boit
toujours de l'........................ .

Total : .... /7

2. Classez ces mots dans le tableau. (0,5 point/réponse)

du thon – des petits pois – du poulet – des carottes – une pêche – des pommes – du bœuf – du saumon – des saucisses – des mûres – des fraises – du steak haché – des épinards – du jambon – une banane – une salade

Fruits	Légumes	Viandes	Poissons

Total : .... /8

3. Complétez les phrases avec le mot qui convient. (1 point/réponse)

a. Il ne mange jamais de ...., il est végétarien.

b. Tu prends une glace en .... ?

c. Il .... tous les midis au restaurant avec ses collègues.

d. Je ne bois pas d'alcool en mangeant, je préfère boire de l'... .

e. On coupe les aubergines avec un ....

f. On chauffe deux cuillères d'huile d'olive dans une ....

g. C'est une menu complet avec une entrée, un .... et un dessert.

h. Demande la .... au serveur.

Total : .... /8

4. Écoutez le dialogue et écrivez la commande de chaque client. 101 (1 point/réponse).

	La cliente	Le client
Entrée		
Plat		
Dessert		
Boisson		

Total : .... /7

Mon score : .... /30

10 • Les courses

Vocabulaire

 Faire ses achats 102

Faire ses achats, c'est **faire les courses**, c'est-à-dire acheter les produits de nettoyage et d'alimentation, ou **faire du shopping**, acheter des vêtements.

Pour faire les courses, on peut faire une **liste de courses**.
On peut faire ses achats dans une **boutique** ou un **magasin** (= un lieu spécialisé dans la vente d'un type d'article ou d'une **marque** ; voir page 94) ou aller au **marché** qui peut être couvert et ouvert tous les jours, ou à l'extérieur et ouvert une ou plusieurs fois par semaine.
Dans un **supermarché** ou un **hypermarché**, on peut trouver un peu de tout, comme dans une **épicerie**, mais l'épicerie est beaucoup plus petite.
Un **centre commercial** est un lieu où il y a plusieurs magasins.

Dans une boutique, il y a un **vendeur** ou une **vendeuse**, dans un supermarché un **caissier** ou une **caissière**, et sur le marché un **marchand** ou une **marchande** qui servent le **client** ou la **cliente**.

Aujourd'hui, c'est très courant de faire ses courses **en ligne**, c'est-à-dire par **Internet**, sur un **site**. Les supermarchés proposent des courses **en livraison**, le client ou la cliente **commande** en ligne et les articles sont livrés à domicile, ou des courses **en retrait**, le client ou la cliente **commande** en ligne et retire (ou vient chercher) ses articles au magasin.

243 Écrivez chaque mot sous la photo qui correspond.

un vendeur – une caissière – un marché – un centre commercial – un supermarché – une boutique

a. une caissière

b. ....

c. ....

d. ....

e. ....

f. ....

Vocabulaire

244 Retrouvez le mot ou l'expression correspondant à chaque description.

Exemple : Celui qui fait ses achats. → le client

a. C'est un bout de papier où on note ce qu'il faut acheter. → la l.................... de c....................
b. C'est un mini-supermarché de quartier. → une é....................
c. Acheter des produits d'entretien et des aliments. → faire les c....................
d. Lieu très grand où on trouve des magasins de toutes sortes. → le c.................... c....................
e. Lieu ouvert où on peut faire les courses une fois par semaine. → le m....................
f. Personne qui travaille à la caisse d'un supermarché. → une c....................
g. Personne qui travaille dans un magasin. → une v....................

245 Cochez la bonne réponse.

Exemple : Dans un supermarché on trouve... ☒ de tout. ☐ un type d'article.

a. Dans un magasin on trouve... ☐ de tout. ☐ un type d'article.
b. Une épicerie est un magasin qui est... ☐ petit. ☐ grand.
c. Un hypermarché est un magasin qui est... ☐ petit. ☐ grand.
d. Le marchand ou la marchande est la personne qui... ☐ vend. ☐ achète
e. Le client ou la cliente est la personne qui... ☐ vend. ☐ achète.
f. Faire du shopping, c'est acheter... ☐ des produits d'alimentation. ☐ des vêtements.
g. Faire les courses, c'est acheter... ☐ des produits d'alimentation. ☐ des vêtements.
h. Le nom d'un produit, c'est... ☐ la boutique. ☐ la marque.

246 Complétez les phrases avec les mots suivants.

épicerie – clients – marques – courses – vendent – supermarchés – vendeurs – marché

Pour les courses, je n'aime pas les ...., c'est beaucoup trop grand. Je préfère aller au .... tous les mercredis sur la place du Château ou à l'.................... de mon quartier. Ils .... de tout, des produits de qualité et de très bonnes .... En plus, les .... sont très sympathiques, ils reconnaissent les .... fidèles comme moi et leur donnent de bons conseils.

247 Corrigez les informations en italique.

Exemple : Il va *au supermarché* qui a lieu tous les mercredis sur la place du village. → au marché

a. Il fait ses courses *au magasin* sur le site d'un supermarché. → ....
b. Elle adore ce magasin parce qu'on y trouve *sa boutique* préférée ! → ....
c. C'est un très mauvais *client*, il ne donne aucun conseil sur les produits qu'il vend. → ....
d. Tu commandes les produits sur Internet et on te les *achète* à domicile. → ....
e. Quand tu fais les courses en ligne, tu peux *commander* tes articles au magasin. → ....
f. Il achète toujours des produits de *retrait*. → ....

10 • Les courses

Au supermarché 103

Dans un supermarché, il y a des **caddies** (= **chariots**) ou des **paniers** pour mettre nos achats.
Les différentes parties du supermarché sont les **rayons** : l'**alimentation**, les **boissons**, l'**entretien** et l'**hygiène**. Pour passer d'un rayon à l'autre, on va dans l'**allée centrale**.
En général, les produits sont **emballés** (= dans un **emballage**).
Quand on a fini ses achats, on va à la **caisse**, parfois il faut faire la **queue**. Aujourd'hui, beaucoup de supermarchés ont des **caisses automatiques**.

248 Que faites-vous au supermarché ? Remettez ces actions dans l'ordre.

a. Je prends mes articles. ....
b. Je paie. ....
c. Je rentre dans le supermarché. 1
d. Je passe à la caisse. ....
e. Je prends un caddie. ....
f. Je mets mes articles dans un caddie. ....

249 Retrouvez les mots.

Exemple : Prends un c**addie** pour mettre nos articles.

a. Excusez-moi, vous savez où se trouve le r... boissons ?
b. Viens, on va à la c... pour payer nos achats.
c. Tu peux trouver le savon au rayon h... .
d. Il est vraiment énorme le rayon a..., on peut trouver de tout, du sucré comme du salé.
e. Si tu te perds, tu reviens dans l'a... c... .
f. Les produits pour le ménage, tu les trouveras au rayon e... .
g. Ils utilisent trop de plastique pour les e... .

250 Dans quel rayon trouve-t-on ces produits ? Cochez la bonne réponse.

	Alimentation	Boissons	Entretien	Hygiène
Exemple : du pain	✗			
a. du gel douche				
b. du fromage				
c. de la lessive				
d. des petit pois				
e. du dentifrice				
f. un balai				
g. de l'eau				
h. du shampoing				

Vocabulaire

251 Est-ce qu'on parle d'un magasin ou d'un supermarché ? Cochez la bonne réponse.

	Supermarché	Magasin
Exemple : C'est mieux de prendre un caddie.	☒	☐
a. Il y a trop de rayons, je m'y perds !	☐	☐
b. Je ne peux pas y faire toutes mes courses !	☐	☐
c. L'accueil est personnalisé, j'aime bien ça !	☐	☐
d. C'est petit mais il y a beaucoup de choix !	☐	☐
e. Il faut remettre le caddie à sa place.	☐	☐
f. On ne peut y trouver qu'une seule marque.	☐	☐

Les quantités : les unités de mesure et les contenants

J'achète **un pack** d'eau (= six **bouteilles**), **un litre** (un demi-litre = 0,5 l ; un litre et demi = 1,5 l) de lait, **un kilo** (1 kg) de pommes et **500 grammes** (= une **livre**) de fraises. Pour connaître le **poids** des fruits et légumes, je dois les **peser**.

Je prends un **morceau** de fromage , une **tranche** de jambon , une **douzaine** (= 12) ou une **demi-douzaine** (= 6) d'œufs  et une **barquette** de fraises .

J'achète un **paquet** (en carton, en papier ou en plastique) de pâtes ,

un **pot** de moutarde , une **boîte** (de conserve, en métal) de petits pois ,

un **tube** de dentifrice , une **tablette** de chocolat  et un **flacon** de parfum .

Au restaurant, je prends une **assiette** de crudités et un **verre** d'eau.

252 Associez les éléments des deux colonnes.

a. une douzaine	1. 1 l
b. une demi-douzaine	2. 1 kg
c. un litre	3. 6
d. un demi-litre	4. 1,5 l
e. un litre et demi	5. 500 g
f. un kilo	6. 12
g. cinq cents grammes	7. 1,5 kg
h. un kilo et demi	8. 0,5 l

a → 6

10 • Les courses

253 Écrivez le nom du contenant sous la photo qui correspondant.

un pot – une boîte – un paquet – une bouteille – un tube – une barquette

a. un tube de mayonnaise   **b.** .... d'orange   **c.** .... de framboises

d. .... de yaourt   **e.** .... de riz   **f.** .... de biscuits

254 Entourez la bonne réponse.

Exemple : Moi, je prends 250 grammes / *une douzaine* / un kilo d'huîtres.

a. J'ai acheté 12 *bouteilles / flacons / paquets* d'eau.
b. Rajoute *une bouteille / un verre / une goutte* d'huile d'olive dans la mayonnaise !
c. Prends *un litre / une demi-douzaine / 200 grammes* d'œufs pour faire ton omelette.
d. J'ai besoin de *deux litres / 250 grammes / trois paquets* de farine pour faire ce gâteau.
e. N'oublie pas d'acheter *une tablette / un paquet / un tube* de riz.
f. Il est très bon ce chocolat. Achètes-en *une tablette / une bouteille / un pot*.
g. Tu as fini *le morceau / la boîte / le pot* de pâte à tartiner ?
h. Prends *un litre / un verre / une bouteille* de soda pour la fête d'anniversaire.

255 Complétez les phrases avec les mots suivants.

une boîte de – *une goutte d'* – un verre de – cinq tranches de – un tube de – une assiette de –
un paquet de – une tablette de – un pot de – un flacon de

Exemple : Ajoutez *une goutte d'*huile piquante sur votre pizza ; c'est délicieux.

a. Tu sais qu'on peut recycler .... parfum vide ?
b. Nous avons besoin d'........................ dentifrice pour les vacances.
c. Je vais prendre .... café.
d. Bonjour, Monsieur, je voudrais ce saucisson et .... jambon, s'il vous plaît.
e. Garçon, je prends .... vin blanc et .... crudités.
f. Il me faut .... chocolat noir pour préparer le gâteau au chocolat.
g. Prends .... moutarde à l'épicerie.
h. Tu peux m'acheter .... sardines, s'il te plaît ?

Vocabulaire

256 Corrigez les noms de quantité en italique.

Exemple : Je voudrais *un litre* de pommes, s'il vous plaît. → un kilo

a. Tu peux me donner *le pot* de gâteaux, s'il te plaît. → ....
b. Prends *une tranche* d'eau pour la route ! → ....
c. Tous les matins, elle boit *un paquet* de thé. → ....
d. Il mange trop de chocolat, *deux tubes* tous les soirs ! → ....
e. Prends-moi *une boîte* de miel si tu vas au marché ! → ....
f. Tu as pensé à acheter *un verre* de fromage ? Max adore ça ! → ....
g. À la charcuterie, il faudrait prendre *dix tablettes* de saucisson rosette. → ....
h. Je vais faire une paella, je crois qu'il reste *un morceau* de riz ! → ....

Le prix et les modes de paiement 105

Pour faire les courses, je peux **payer** (= **régler**) **en liquide** (ou **en espèces**, c'est-à-dire avec de **l'argent** : des **pièces** et des **billets**), par **carte** (généralement appelée **carte bleue**) ou par **chèque**. La monnaie européenne est l'**euro** et les **centimes** (cents). Quand je donne un prix je dis : **10 euros 50**.

Si je donne 20 € pour quelque chose qui coûte 15 €, alors le vendeur ou la vendeuse **me rend la monnaie**. **Faire de la monnaie**, c'est échanger un billet ou une pièce en billets ou pièces plus petites ; par exemple, on peut échanger un billet de 20 € contre un billet de 10 € et deux billets de 5 €.

Pour demander un prix, je dis : **Combien ça coûte ?** / **C'est combien ?** et le vendeur ou la vendeuse me répond : **C'est 10,50 €.** / **Ça coûte 10,50 €.**

Je trouve que c'est **cher** (= ça coûte beaucoup d'argent), ou au contraire que ce n'est pas cher (= **bon marché**). Les produits qui sont vendus moins chers sont en **promotion**.

Pour un achat en ligne, en général je paie par carte bleue : je **saisis** mon code, la **date d'expiration** et je **valide**.

257 Écrivez les mots sous la photo qui correspond.

des pièces – des billets – une carte bleue – du liquide – un chèque

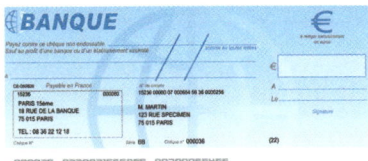  

a. un chèque b. .... c. ....

d. .... e. ....

10 • Les courses

258 Associez les expressions équivalentes.

a. Il va payer en liquide.
b. Il a de l'argent.
c. Il va payer.
d. Il rend la monnaie.
e. Il fait de la monnaie.
f. C'est bon marché.
g. C'est combien ?

1. Combien ça coûte ?
2. Il échange une pièce de 2 € contre une de 1 € et deux de 50 centimes.
3. Ce n'est pas cher.
4. Il donne la différence entre le prix et ce qu'il a payé.
5. Il va payer en espèces.
6. Il va régler.
7. Il a des pièces et des billets.

259 Trouvez les mots pour compléter les phrases.

Exemple : Je n'ai pas de carte, ni d'espèce, je vais payer par chèque.

a. Le client règle avec des pièces et des billets, il paie en l……………… ou en e……………… .
b. Ça coûte 25 € et je donne 30 €, le caissier me rend la m……………… .
c. Je n'ai plus de liquide, je vais payer par c……………… .
d. Je dois faire de la monnaie, j'ai des billets et pour payer à la machine, j'ai besoin de p……………… .
e. 10 € pour un kilo de pommes de terre, c'est vraiment c……………… .
f. Pour les achats de plus de cinquante euros, si on paie par carte bleue, on a besoin de taper notre c……………… .
g. Tu as vu, il y a une p……………… sur les chaussures, elles sont 20 % moins chères.

260 Complétez les dialogues avec les mots suivants.

liquide – monnaie – carte – cher – code – coûte – combien – promotion – C'est

a. – Combien coûte ce livre ?
– ……………………………… seulement 24,80 €. Il est en ……………………………… .
– D'accord, voici 30 €
– Et voici votre ……………………………… .
– Merci et à bientôt !

b. – Bonjour, c'est ……………………………… pour ce parfum ?
– C'est 72 €.
– 72 €, c'est ………………………………, mais il sent vraiment bon alors je le prends. Je n'ai pas assez de ………………………………, je peux payer par ……………………………… ?
– Bien sûr !
– Tenez.
– Votre ………………………………, s'il vous plaît.
– Voilà, merci !

Bilan

1. Donnez les mots ou expressions qui correspondent. (1 point/réponse)

a. Acheter les produits d'entretien et des aliments. → ....

b. Acheter des vêtements. → ....

c. Acheter sur Internet. → ....

d. Très grand magasin où on peut trouver de tout. → ....

e. Personne qui achète. → ....

f. Lieu ou on trouve un type d'articles en particulier. → ....

g. Lieu où on trouve plusieurs magasins. → ....

h. Papier où on note ce qu'il faut acheter. → ....

i. Nom d'un produit. → ....

j. Partie d'un supermarché. → ....

Total : .... /10

2. Associez les aliments et les contenants. (1 point/réponse)

a. la bouteille   1. du thon
b. le paquet   2. du lait
c. la boîte   3. du sucre
d. la barquette   4. des fraises
e. le pot   5. de la confiture

Total : .... /5

3. Écoutez le dialogue et répondez aux questions. (a et c 1 point/réponse, b 0,5 point/réponse) 🔊 106

a. Où font-ils leurs courses ?

☐ au supermarché   ☐ sur le marché   ☐ en ligne

b. Notez les quantités de chaque produit :

1. .... de chips   5. .... d'œufs
2. .... de thon   6. .... de chocolat
3. .... de maïs   7. .... de fraises
4. .... de tomates 8. .... de crème

c. Ils vont…

☐ retirer les courses au supermarché.

☐ recevoir les courses chez eux.

☐ payer plus tard.

Total : .... /6

4. Écoutez ces scènes dans un marché et reliez chaque aliment à son prix. (1 point/réponse) 🔊 107

a. (framboises)
b. (œufs)
c. (courgettes)
d. (mangues)
e. (pot de confiture)
f. (bouteille de lait)

1. 1 pot : 8 € / 2 pots : 15 €
2. 1 = 2,20 € / 6 = 12,50 €
3. La barquette : 3,50 €
4. 3 € les 6
5. 6 € les 3
6. 2 kg = 2 €

Total : .... /6

5. Complétez le dialogue avec les mots suivants. (0,5 point/réponse)

promotion – barquette – bouteilles – cher – carte – douzaine

– Je suis sur vosproduitsfrais.fr pour la commande de fruits et légumes, tu es prêt ?
– Oui, je t'écoute.
– Alors les melons, c'est 4 €.
– 4 € la pièce, c'est .... !
– Oui, mais il y a une ...., 6 € les deux.
– OK, on en prend deux.
– Il y a aussi des fraises, 2,50 € la ....
– D'accord, prends-en deux.
– Ensuite, il nous faut des œufs et du lait.
– Oui, les œufs, c'est 4 € la ...., et les six .... de lait sont à 14 €.
– C'est parfait ! Tiens, je te donne ma .... pour payer.

Total : .... /3

Mon score : .... /30

11 • En vacances

Vocabulaire

 Les vacances 108

Je suis **en vacances** : je prends des **vacances** et je **pars en voyage**.
Je peux partir :

à la mer (au **bord** de la mer)   **à la montagne**   **à la campagne**

On peut partir en vacances dans son pays ou à l'étranger.

Pendant les vacances :
- **Je me repose**, je **bronze** sur la **plage**.
- **Je visite** des villes, des villages, des **monuments**, des **musées**, des **parcs**.
- **Je me promène** : je fais des **balades** au parc ; je fais des randonnées dans la **nature** : en **forêt**, en **montagne**.
- Je fais du sport : en hiver, à la montagne, je pars aux **sports d'hiver** pour **skier** ; l'été, je **nage** dans la mer, je fais de la **plongée sous-marine**, de la **pêche**, de la **voile**.
- Je fais **la fête**.

Avant de partir en vacances, je fais **ma valise**.

261 Mettez les lettres dans l'ordre pour retrouver les mots.

Exemple : Cet été, je pars en **ygaove** à l'étranger. voyage

a. Je n'aime pas la mer, je préfère la **onegtamn**. ....

b. Comme elle n'aime pas le froid, l'hiver elle part au **odbr ed al rem**. ....

c. Il voulait partir avec eux mais il n'a pas de **cacavens**. ....

d. Cet hiver, tu vas aux **osrtps d'verhi**. ....

e. Vous allez toujours à l'**neratrgé** parce que vous aimez découvrir d'autres cultures. ....

f. J'adore la nature alors je pars à la **gamapcne**. ....

g. Je pars en vacances demain, je dois faire ma **ilaves**. ....

h. Pendant les vacances, je ne vais rien faire, seulement me **oseprer**. ....

11 • En vacances

262 Écrivez le nom de l'activité sous la photo qui correspond.

faire de la plongée sous-marine – faire une balade – faire sa valise – nager – faire la fête – visiter un musée – bronzer sur la plage – skier

a. nager **b.** .... **c.** .... **d.** ....

   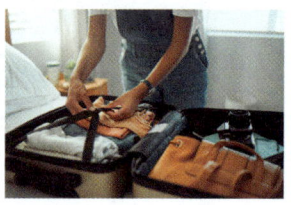

e. .... **f.** .... **g.** .... **h.** ....

263 Complétez le courriel avec les mots suivants.

monuments – plage – musée – mer – bronze – vacances – fête – visiter – plongée sous-marine

De : gaëllemuguetota@mail.com
À : myriam.campenoy@mail.com

Salut Myriam,

Je t'écris de Palavas-les-flots où je passe une super semaine de vacances au bord de la .... Je vais à la .... tous les jours et je .... J'ai fait de la ...., les fonds marins sont magnifiques ! Demain, nous allons .... la ville de Montpellier et ses célèbres .... comme l'arc de Triomphe et la cathédrale Saint-Pierre. Nous allons aussi visiter le .... Fabre et ses œuvres d'art. J'ai rencontré un groupe de jeunes et tous les soirs, nous faisons la ....

J'espère que toi aussi tu vas bien.

Je t'appelle quand je rentre.

À bientôt,

Gaëlle

Vocabulaire

264 Associez chaque type de vacances à une photo.

a. Vacances au bord de mer → 2
b. Vacances culturelles en ville (visite de musées, de monuments) → ....
c. Vacances sportives : randonnée → ....
d. Vacances aux sports d'hiver → ....
e. Vacances à la campagne → ....

1.

2.

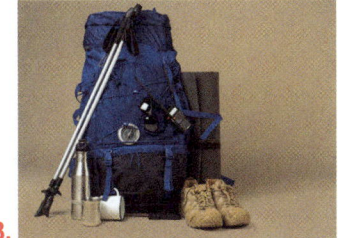
3.

4.

5.

Le tourisme

En vacances, je suis un **touriste**. Quand je pars en vacances à l'étranger, je peux voyager sur les sept continents : **en Europe**, **en Asie**, **en Afrique**, **en Océanie**, **en Amérique du Sud**, **en Amérique du Nord** ou **en Antarctique**.

Je peux voyager **en avion**, **en train**, **en voiture**, **en bus**, **en bateau**. J'achète un billet **aller-retour** et pour chaque voyage il y a un **départ** et une **arrivée**.

Quand je voyage en avion, je pars de et j'arrive à l'**aéroport** ; en train, de/à la **gare** ; en bus, de/à la **gare routière** ; en bateau, du/au **port**.

Pour visiter un lieu, je demande des **renseignements** (= des informations) que je peux trouver sur des **dépliants** ou des **brochures**. L'**office de tourisme** est un lieu de la ville où je peux trouver ce type d'informations. Je peux aussi avoir un **guide** et faire une **visite guidée**.

Pour donner des informations sur un lieu de vacances, je peux parler des **paysages** et dire s'il y a des **lacs**, des **rivières**, des **plages**, des **dunes**, des **forêts**, des **falaises**, des **îles**...

Parler de la gastronomie : **La spécialité de** + nom de ville ou de région, **c'est** + nom de la spécialité.
La spécialité de Bruxelles, c'est les moules-frites.

265 Associez les éléments des deux colonnes.

a. avion — 3. aéroport
b. bateau
c. bus
d. train
e. aller
f. départ
g. continent
h. gastronomie

1. spécialité
2. retour
3. aéroport
4. Océanie
5. gare
6. port
7. gare routière
8. arrivée

11 • En vacances

266 **Écrivez chaque mot sous la photo correspondante.**

un lac – une rivière – une plage – des dunes – une forêt – des falaises

a. des dunes

b. ....

c. ....

d. ....

e. ....

f. ....

267 **Entourez la bonne réponse.**

Exemple : En Ardèche, les (*paysages*) / *visites* sont magnifiques.

a. On a fait une visite guidée avec un *guide / touriste* professionnel.

b. Il a cherché des *spécialités / renseignements* avant de partir.

c. Tu as pris la *visite / brochure* à l'office de tourisme ?

d. Je préfère voyager en *avion / train* parce que les aéroports sont trop loin des villes.

e. C'était un très long voyage en *bus / voiture*, mais ils sont finalement arrivés à la gare routière.

f. Il y a beaucoup trop de *touristes / paysages* et il faut faire la queue pendant des heures pour toutes les visites.

g. Tu as acheté un billet aller-*arrivée / retour* ?

h. Je n'aime pas trop les voyages en *bateau / bus* parce que j'ai le mal de mer.

Vocabulaire

268 Complétez les textes avec les mots suivants.

montagne – voile – paysages – randonnées – avion – renseignements – soleil – îles

a.

Envolez-vous pour la **Nouvelle-Calédonie**, sous le soleil de l'océan Pacifique !
À 28 heures d'........................... de Paris, la Nouvelle-Calédonie vous offre des .... merveilleux, des .... à proximité et la possibilité de pratiquer tous les sports nautiques comme la ....

b.

Situé au sud des Alpes et à proximité de la Côte d'Azur, le **parc national du Mercantour** est un lieu de .... naturel et préservé qui offre de nombreuses possibilités de ....
Vous pouvez obtenir tous les .... nécessaires sur le site internet du parc.

Les types de voyage

Pour le logement, je peux **aller à l'hôtel**, **louer** un appartement / **une chambre d'hôte** ou **faire du camping** et dormir sous une **tente**.
Quand je vais à l'hôtel, je **réserve une chambre** pour une ou plusieurs **nuits**. Le **petit-déjeuner** peut être compris dans le prix de la chambre. Dans la chambre, il y a un **lit double** ou **deux lits simples**, il y a aussi une **salle de bains** avec des **serviettes** et des produits d'hygiène (gel douche, shampoing). Les hôtels ont des étoiles, le maximum est un hôtel **5 étoiles** (= le plus luxueux).
Je peux partir en voyage **individuel** ou en **groupe**, en voyage **organisé** par une **agence**.
Un **séjour** est un voyage où je reste au même endroit, un **circuit** est un voyage où je vais à plusieurs endroits, selon un **itinéraire**. Les excursions sont des visites de **sites touristiques** assez courtes.
On parle de **demi-pension** quand un repas (petit-déjeuner ou autre) est compris dans le prix du voyage, et de **pension complète** quand les trois repas sont compris.
Pour partir à l'étranger, j'ai besoin d'un **passeport** valide et parfois d'un **visa** et de **vaccins** obligatoires. Si la monnaie est différente alors je dois **changer de l'argent**.
On peut ramener de voyage un **souvenir** (= objet vendu aux touristes sur les sites touristiques).

269 Cochez la bonne réponse.

Exemple : Quand je pars en voyage, je peux ☒ louer ☐ réserver un appartement.

a. Quand je fais du camping, je dors sous une ☐ chambre ☐ tente.
b. Un lit simple est pour ☐ une ☐ plusieurs personne(s).
c. Le confort d'un hôtel est indiqué en ☐ étoiles. ☐ euros.
d. Si je pars en voyage seul, je fais un voyage ☐ en groupe. ☐ individuel.
e. Nous demandons à ☐ un hôtel ☐ une agence d'organiser le voyage.
f. Il a visité plusieurs villes, c'était un ☐ circuit. ☐ séjour.
g. Le demi-pension comprend ☐ trois ☐ un repas.
h. Pour voyager dans certains pays étrangers, il faut ☐ des euros. ☐ un visa.

11 • En vacances

270 Associez les éléments des deux colonnes.

a. une excursion
b. un site touristique
c. un guide
d. un touriste
e. un renseignement
f. un visa
g. un vaccin
h. un séjour
i. un souvenir

1. Personne qui est en voyage.
2. Piqûre pour se protéger de certaines maladies.
3. Une information.
4. Document d'identité qui sert aussi à voyager.
5. Objet qu'on ramène de voyage.
6. La visite d'un lieu.
7. Un voyage où on reste au même endroit.
8. Un lieu à visiter.
9. Personne qui explique pendant une visite.

271 Mettez les lettres dans l'ordre pour retrouver les mots.

Exemple : On va réserver une **mebharc** d'hôtel. chambre

a. Tu veux partir en **nimpagc** ? C'est l'idéal pour être proche de la nature. ....
b. Je n'aime pas partir en vacances seul, je préfère les voyages en **puerog**. ....
c. Avant de partir, vérifie si ton **spesatrop** est valide. ....
d. Vous n'aimez pas les hôtels, vous préférez les chambres **ôsd'eth**, c'est plus authentique ! ....
e. On a pris un séjour en **medi-nopinse** pour pouvoir dîner au restaurant. ....
f. On a fait un **citiruc** pour visiter les pyramides. ....
g. Demain, je pars en **cirxesuno** pour visiter le parc naturel. ....

272 Barrez l'intrus dans chaque liste.

Exemple : hôtel – camping – ~~itinéraire~~

a. Individuel – lit double – groupe
b. chambre – tente – camping
c. séjour – voyage – pension
d. chambre – hôte – appartement
e. argent – circuit – itinéraire
f. complète – serviettes – pension
g. logement – visa – passeport
h. circuit – excursion – agence

273 Complétez les dialogues avec les mots suivants.

étoiles – camping – pays – hôtels – groupe – sites – chambres d'hôte – circuits

a. – Tu préfères les voyages individuels ou en groupe ?
 – Ça m'est égal, mais ce qui est important pour moi, c'est de découvrir de nouveaux ....
 J'adore les .... parce que tu peux visiter des .... touristiques différents.

b. – Pour te loger, qu'est-ce que tu préfères ?
 – J'aime bien faire du .... , parce qu'on est plus proche de la nature. Mais ce n'est pas toujours confortable, surtout quand il pleut. Je n'aime pas trop les ...., même s'ils ont cinq .... !
 Les ...., c'est mieux parce que c'est beaucoup plus authentique et moins touristique !

Vocabulaire

La météo

Pour demander le temps, on dit : Quel temps fait-il ? / Il fait quel temps ?
Pour répondre, on dit :

 Il y a du **soleil**.　　 Il y a des **nuages**.

 Il pleut (pleuvoir). Il y a de la **pluie**.　　 Il y a de la **grêle**.

 Il **neige**. Il y a de la **neige**.　　 Il **gèle**.

 Il y a du **vent**.　　 Il y a du **brouillard**.

 Il y a une **tempête**.　　Il y a un **orage**, il y a des **éclairs** et du **tonnerre**.

Il fait **beau**. ≠ Il fait **mauvais**.
Le ciel est **bleu**. ≠ Le ciel est **gris**.
Le ciel est **nuageux/couvert**. ≠ Le ciel est **dégagé/ensoleillé** (= avec du soleil).

Pour demander la température : Il fait combien ? / Quelle est la température ?

Pour répondre, on dit :
Il fait 24° (degrés).
Il fait **chaud**. ≠ Il fait **froid**.
Il fait **bon/doux/frais**.

Pour savoir le temps qu'il va faire, je regarde, j'écoute ou je lis **le bulletin météo** ou **la météo** à la télé, à la radio ou dans la presse écrite ou sur Internet.

274 Complétez les mots-croisés.

a. 　e.

b. 　f.

c. 　g.

d. 　h.

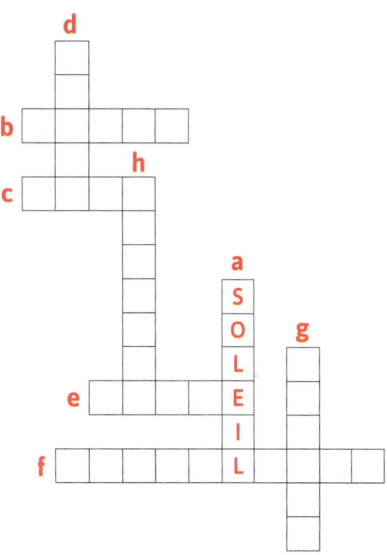

139

11 • En vacances

275 Reliez les éléments des deux colonnes.

a. Il gèle.
b. Il fait beau.
c. Il pleut.
d. Il y a une tempête.
e. Il y a un orage.
f. Il y a des nuages.
g. Il neige.
h. Il y a du brouillard.

1. Le ciel est couvert, on ne voit pas le soleil.
2. Il y a de la pluie.
3. On voit très mal dans la rue, seulement à quelques mètres.
4. Il y a de la neige.
5. Il y a du vent violent et une forte pluie.
6. Il y a du soleil et il fait 29°.
7. Il fait -2°.
8. Il y a des éclairs.

276 Complétez le texte avec les mots suivants.

soleil – vent – tempête – météo – mauvais – pluie – temps – neige

J'aime bien savoir le temps qu'il va faire, c'est pourquoi je regarde toujours la ……………………… à la télé. S'ils disent qu'il va y avoir de la ………………………, alors je prends mon parapluie. S'ils disent qu'il y aura du ………………………, alors je prends un coupe-vent. Pour le week-end, s'ils disent qu'il va faire ………………………, alors je reste chez moi ou je prévois d'aller au cinéma, et s'ils disent qu'il va y avoir du ………………………, alors je fais des projets pour partir à la campagne ou à la plage. Quand je vais aux sports d'hiver, je regarde s'il y a de la ………………………, et si je fais une randonnée, je vérifie qu'il ne va pas y avoir de ……………………… .

277 Écoutez et associez le bulletin météo à la carte qui correspond. Attention, il y a une carte de trop. 112

a. Bulletin n° ………………
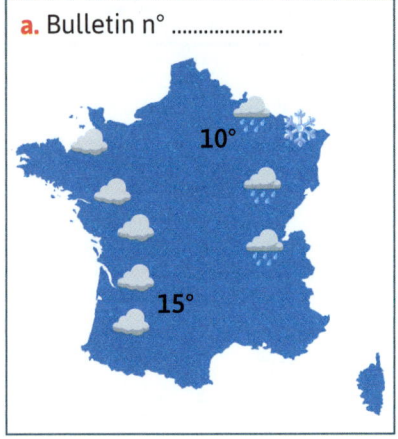

b. Bulletin n° ………………

c. Bulletin n° ………………
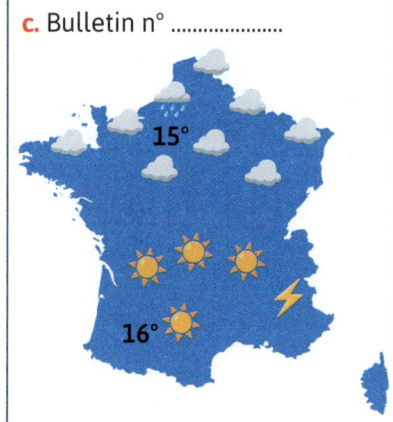

Vocabulaire

Bilan

1. Complétez le texte avec les mots suivants. (1 point/réponse)

plage – voyage – paysages – Océanie – plongée sous-marine – vacances – avion – montagne

Cette année, c'est décidé, pour nos .... d'été, nous allons faire un grand ....
à l'étranger. Nous voulons aller en ...., car nous connaissons déjà bien l'Europe,
l'Afrique et l'Amérique. Mon mari aime la .... mais moi, je préfère la .... et
la mer, car j'adore faire de la .... , c'est pour ça que nous pensons aller en Australie qui
a les deux ! Pour un voyage aussi loin, nous devrons prendre l'..................., ce qui me stresse
un peu. Mais je suis sûre que ce sera un merveilleux voyage et que nous allons découvrir des
.... magnifiques !

Total : .... /8

2. Cochez la bonne réponse. (1 point/réponse)

a. Tu pars où ☐ en vacances ☐ à l'étranger cet été ?
b. On passe la journée au soleil sur ☐ la plage ☐ la campagne.
c. Ils sont partis en avion, ils arrivent à ☐ l'aéroport ☐ la gare à 18 heures.
d. Le voyage comprend un ☐ hôtel ☐ séjour d'une semaine à Marrakech.
e. Je voudrais faire un ☐ séjour ☐ circuit pour visiter Marrakech, Ouarzazate et le désert.

Total : .... /5

3. Écoutez. Quelle offre de ce site de voyage correspond à chaque personne ? 🔊 113

---

evasion.com
Partez en Suisse et choisissez la destination qui vous correspond.

Sport et nature
Le Parc national suisse, avec plus de 100 km de sentiers, est un véritable paradis pour les randonneurs. C'est un parc alpin compris entre 1400 et 3200 m d'altitude qui offre beaucoup de randonnées.

Une ville au milieu des montagnes
Découvrez Genève et retrouvez l'énergie d'une capitale et la tranquillité d'une petite ville. Visitez la vieille ville et ses petites rues pavées ainsi que l'emblématique cathédrale Saint-Pierre.

Au bord du lac
Les îlots pour la baignade « Lorelei » dans le lac d'Uri sont parfaits pour les amateurs de bronzette. Cet espace naturel et ses eaux peu profondes réunissent la faune, la flore et les amateurs de baignade et de soleil.

Personne 1 > ....
Personne 2 > ....
Personne 3 > ....

Total : .... /3

4. Complétez les mots. (1 point/réponse)

a. On va visiter des s............................... touristiques.

b. Je voudrais acheter un petit s............................... de mon voyage à mes voisins.

c. Vous voulez faire une e............................... aux lacs demain ?

d. Elle a passé ses vacances en dehors de la France, elle est partie à l'é............................... .

e. Elle voudrait des r............................... sur ce voyage organisé.

f. Ils n'ont pas la même monnaie mais il est possible de c............................... de l'argent avant le départ.

g. Nous avons pris l'aller en train et le r............................... en avion.

h. Elle a visité plusieurs villes, elle a fait un c............................... .

i. Cet hôtel est vraiment luxueux, il a cinq é............................... .

Total : .... /9

5. Quel temps il fait ? Écrivez les expressions sous l'image qui correspond. (0,5 point/réponse)

Il y a des orages. – Il y a des nuages. – Il fait beau. – Il neige. – Il pleut. – Il y a du vent.

a. ....

b. ....

c. ....

d. ....

e. ....

f. ....

Total : .... /3

6. Quel est le temps idéal pour faire ces activités ? Associez. (0,5 point/réponse)

a. Voyage aux sports d'hiver   1. Il fait chaud.
b. Visite d'un musée   2. Il neige.
c. Vacances à la plage   3. Il fait doux.
d. Excursions   4. Il pleut.

Total : .... /2

Mon score : .... /30

12 • Vie sociale

Vocabulaire

 Avoir rendez-vous 114

Pour **inviter** un(e) ami(e) ou proposer des activités, je peux dire :
Tu **veux venir** dîner avec moi ? Tu **viens** avec moi/nous ?
Ça te dit d'aller au cinéma ce soir ? **On pourrait** aller au théâtre ce soir.

Mon ami(e) peut :
- **accepter** l'invitation : **D'accord ! Avec plaisir ! OK !**
- ou **refuser** l'invitation : Demain, **je ne peux pas**, je **dois** réviser. / **Ça ne me dit rien.** / **Désolé(e)**, je ne suis pas libre.

Pour organiser un **rendez-vous** (= dire où et à quelle heure on se voit), je peux dire :
On se retrouve / **Rendez-vous** devant le restaurant à 20 heures.

278 Dans quelle situation utilisez-vous ces phrases ? Cochez la bonne case.

	Pour proposer une sortie	Pour accepter une invitation	Pour refuser une invitation	Pour organiser le rendez-vous
Exemple : Tu veux faire une promenade cet après-midi ?	✗			
a. Super ! Samedi à 20 heures.				
b. Ça te dit de faire un volley ?				
c. Tu veux venir avec nous au cinéma ?				
d. Désolé, je dois travailler !				
e. Rendez-vous devant le cinéma.				
f. D'accord.				
g. On pourrait faire un brunch.				
h. C'est où et à quelle heure ?				

12 • Vie sociale

279 Remettez le dialogue dans l'ordre.

a. – Vers 13h-13h30. ....
b. – Dimanche matin, je fais un footing, mais l'après-midi je suis libre. ....
c. – Parfait, c'est où ? ....
d. – Ça te dit de venir avec moi au cinéma demain soir ? 1
e. – Ça marche, à dimanche ! ....
f. – OK. Je réserve le resto Les frangines, c'est super bon ! ....
g. – Ça te dit de déjeuner ensemble et d'aller au cinéma après ? ....
h. – À Montmartre. ....
i. – Non, demain, je ne peux pas, je termine tard du travail. Dimanche tu es libre ? ....
j. – D'accord, à quelle heure ? ....

280 Mettez les lettres dans l'ordre pour retrouver les mots.

Exemple : Tu **isnev** viens avec nous au musée ?

a. Tu **xuve** .... venir au bowling ?
b. Oui, c'est une excellent **édie** .... !
c. Ah **doléés** ...., je ne peux pas !
d. **nezedr-suvo** .... devant le restaurant à 13h30.
e. Avec **isarlip** .... !
f. Ça ne me dit **nire** ....
g. On se **vurrotee** .... à 16 heures au musée !
h. Je ne peux pas, je **isdo** .... aider ma grand-mère.

281 Complétez les messages avec les mots suivants.

viens – balade – dois – dit – exposition – veux – restaurant – heures – matin

a. Bonjour !
Samedi 3 mars, il y a une super exposition sur les momies. C'est au musée d'Architecture, à partir de 10 .... Tu .... avec moi ?

b. Salut !
Mercredi ...., je vais faire une .... avec Max au parc des expositions. Tu .... venir avec nous ?

c. Salut, ça te .... de venir au .... avec Paula et moi jeudi ? On déjeune ensemble. J'espère que tu peux venir et que tu ne .... pas travailler.

Vocabulaire

282 **Reliez les éléments des deux colonnes.**

a. Tu viens avec nous au théâtre ?
b. Tu viens avec nous voir l'expo Magritte demain ?
c. On se retrouve où ?
d. Ça te dit de faire un footing demain matin ?
e. D'accord, à quelle heure et où ?
f. On pourrait aller au cinéma ce soir.
g. À quelle heure ?
h. Tu viens te promener avec moi vendredi matin ?

1. À 20 heures, ça te va ?
2. Rendez-vous devant la salle de sport.
3. À 15 heures à la bibliothèque.
4. Demain, je ne peux pas, je pars en voyage d'affaires.
5. Avec plaisir, vendredi, je n'ai rien de prévu !
6. Pour voir quelle pièce ?
7. Ça ne me dit rien, je préfère aller me promener.
8. Oh non, je déteste courir.

Donner des directions 115

Pour aller chez moi, il faut descendre à la station de métro Bellecour, **prendre** la première rue **à gauche** (≠ **à droite**), **continuer tout droit** (≠ **tourner**) **jusqu'**au **bout** (= la fin) de la rue et, au **feu**, **traverser** la rue. **C'est là**, au numéro 73.

Mon appartement est **près d'**un bar (= **à côté de/d'** ; ≠ **loin de/d'**), **en face d'** (= **devant** ; ≠ **derrière**) une boulangerie.

Nous **retrouvons** nos amis **dans** le bar, ils vont nous attendre **dedans** (≠ **dehors**). Ils habitent **au-dessus du** (≠ **au-dessous du**) bar.

283 **Reliez les mots à leurs contraires.**

a. à gauche
b. près
c. devant
d. dedans
e. continuer tout droit
f. descendre
g. au-dessus

1. dehors
2. loin
3. au-dessous
4. tourner
5. à droite
6. monter
7. derrière

12 • Vie sociale

284 Complétez le texte avec les mots suivants.

continues – traverses – place – descends – droite – prends – première – bout – feu

On se retrouve au Café du Midi, tu vas voir c'est facile à trouver.
Tu prends le métro direction Gèze et tu .... à la station Jules Guesde.
À la sortie du métro, tu prends la .... à droite et tu ....
tout droit jusqu'au .... de la rue. Au .... ,
tu .... et tu tournes à .... Tu arrives sur
une petite .... Et voilà, tu es arrivé !

285 Mettez les lettres dans l'ordre pour retrouver les mots.

Exemple : Tu prends l'avenue Vaugirard et tu continues tout **trido** droit sur 20 mètres.

a. Tu dois **rerdenp** .... la première à gauche.
b. On se **vreutoer** .... devant le musée ?
c. Le métro est à 50 mètres de chez moi, j'habite à **étôc ud** .... métro.
d. Il y a du bruit toute la nuit chez lui, il habite **ua-dsusse** .... d'un bar.
e. Dans ma rue, il y a un cinéma. Pour y aller, je dois juste **resvarter** .... la rue.
f. Continuez tout droit **uuqsj'à** .... l'arrêt de métro.
g. Après, tu **urtosne** .... à droite et c'est là !
h. Regarde, l'arrêt de bus est **ne cafe ud** .... musée !

286 Reliez le verbe à l'élément qui correspond pour indiquer le chemin.

a. tourner   1. la rue
b. prendre   2. du métro
c. traverser   3. tout droit
d. monter   4. les escaliers
e. descendre   5. la première à droite
f. sortir   6. à l'arrêt Montmartre
g. continuer   7. à gauche

Vocabulaire

 Les fêtes traditionnelles 116

En France, il y a des **fêtes traditionnelles**. En général, ce sont des **jours fériés**, c'est-à-dire des jours où on ne travaille pas.

Il y a :

- le 1er janvier : le **jour de l'An**. On **fête** la nouvelle année avec un repas le soir du 31 décembre (le **réveillon** de Nouvel An), le soir de la Saint-Sylvestre. On compte les secondes avant minuit et on se souhaite une « bonne année ! ». On envoie également, par courrier ou par mail, des **cartes de vœux** à nos proches. Ce sont des cartes où on souhaite une **bonne année**.
- le 25 décembre : **Noël**. C'est une fête catholique qui correspond à la naissance de Jésus-Christ. On décore la maison avec un **sapin de noël** (= un arbre) et une crèche (une petite reproduction de la maison de Jésus). On fait un repas le soir du 24 décembre (le **réveillon** de Noël) et le **père Noël** apporte des **cadeaux**.
- **Pâques** : entre le 22 mars et le 25 avril. C'est une **fête catholique** qui correspond à la résurrection de Jésus-Christ. On mange du chocolat. On cache des **œufs au chocolat** dans les jardins et les maisons, et les enfants doivent les retrouver.
- le 1er mai : **la fête du travail**. C'est un jour férié avec des **manifestations** des syndicats dans les villes. On offre du muguet (= une fleur).
- le 14 juillet : la **fête nationale**. Il y a un **défilé militaire**, des **bals** et des **feux d'artifice**.
- le 1er novembre : la **Toussaint**. On célèbre les personnes décédées (mortes) et on met des fleurs sur leurs tombes.

En plus de ces fêtes plus ou moins célébrées dans toute l'Europe, il existe d'autres **fêtes populaires**, souvent liées à la culture comme la musique, l'art ou l'architecture. Il y a, par exemple :

- la **fête de la musique** : le 21 juin. Il y a des concerts gratuits dans les rues ou les cafés.
- la **Nuit Blanche** : la nuit du premier samedi du mois d'octobre. L'accès aux musées et lieux culturels est gratuit.
- les **Journées du Patrimoine** : le troisième dimanche de septembre. Les villes et les villages ouvrent gratuitement des musées, des monuments et des lieux normalement fermés au public pour faire connaître le **patrimoine**.

Il y a aussi des fêtes célébrées dans certaines villes ou régions comme le carnaval à Nice ou à Dunkerque (et dans certaines villes de Belgique), les fêtes de l'Ours dans les Pyrénées, la Fête des lumières à Lyon, etc., et des fêtes qui viennent d'autres pays comme Halloween (États-Unis) ou la Holi ou fête des couleurs (Inde).

287 Reliez les éléments des deux colonnes.

a. On fête le travail.
b. On fête le Nouvel An.
c. On met un sapin et on offre des jouets.
d. On cherche des œufs en chocolat.
e. On fête la musique.
f. On visite les musées la nuit.
g. On a accès à des lieux normalement fermés au public.
h. On met des fleurs sur les tombes.

1. Pâques.
2. La Toussaint.
3. Les Journées du Patrimoine.
4. Noël.
5. Le 21 juin.
6. Le 1er janvier.
7. Le 1er mai.
8. La Nuit Blanche.

12 • Vie sociale

288 Complétez les mots-croisés.

a. C'est la culture transmise à un groupe, on le fête le troisième dimanche de septembre.
b. C'est une fête célébrée le 25 décembre.
c. C'est une fête célébrée entre mars et avril.
d. C'est l'arbre qui décore la maison au mois de décembre.
e. Repas de fête que l'on fait la nuit de Noël ou le 31 décembre.
f. Le 1er janvier, on fête la nouvelle...
g. Un jour où on ne travaille pas, c'est un jour...
h. On l'écoute et on la fête le 21 juin.

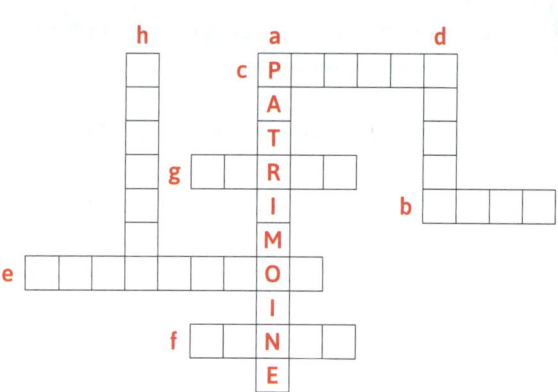

289 Complétez les phrases avec les mots suivants.

réveillon – muguet – bonne année – œufs – feu d'artifice – cadeaux – manifestations – chocolat – bal – cartes de vœux

Exemple : Pour Pâques, les enfants cherchent des œufs dans le jardin et on offre du chocolat.

a. C'est la fête nationale, ce soir on ira voir le .... et après on ira danser au ....

b. Pour le Nouvel An, je vais envoyer des .... à mes proches pour leur souhaiter une ....

c. Pour Noël, le 25 décembre, les enfants reçoivent beaucoup de .... et le 24, pour le .... de Noël, il y a un grand repas d'organisé.

d. Il y a des .... dans toute la ville pour le premier mai et on offre du .... à tout le monde.

290 Écrivez le nom de la fête qui correspond à chaque image.

fête de la musique – Halloween – Noël – 1er mai – Pâques – fête des couleurs (Holi) – fête nationale – Nouvel An

a. Noël   b. ....   c. ....   d. ....

e. ....   f. ....   g. ....   h. ....

Vocabulaire

Internet et les réseaux sociaux 117

Internet, **réseaux sociaux**, **applications**… nous passons du temps sur nos **ordinateurs**, **tablettes** ou **smartphones** (**portables**, **GSM** en Belgique, **cellulaires** au Canada). C'est aussi une façon de parler avec ses amis ou ses proches et de rencontrer de nouvelles personnes.

On se connecte à **Internet** pour surfer sur la **Toile** (= le **web**). Sur **Internet**, on peut visiter des **sites** (= **pages** internet), regarder des **vidéos**, écouter de la musique, envoyer des **e-mails** (des **courriels**), étudier, lire des articles, etc. Pour accéder à un site internet, il faut le **lien** (= l'adresse) du site. Les **internautes** sont les personnes qui utilisent Internet.

Pour utiliser un **réseau social** (Facebook, WhatsApp, Instagram, TikTok, Telegram, etc.), il faut **créer** un **compte**, s'inscrire avec une **adresse e-mail**, choisir un **nom d'utilisateur** (= un **identifiant**) et un **mot de passe**, et créer un **profil**. Ensuite, on peut indiquer un **statut** (= la situation familiale ou la situation actuelle concernant le travail, les émotions, etc.), commencer à **ajouter des amis** et à **poster** (= **publier** et **partager** des photos, des vidéos, des documents, des textes, etc.). **Sur** les **réseaux sociaux**, on peut **télécharger** des vidéos, des photos, des documents, laisser ou recevoir des **commentaires** (quand on aime on peut *liker* une photo et nous pouvons dire : « j'ai des *likes* ! »), **chatter** (parler avec des amis ; **clavarder** au Canada).

291 Barrez l'intrus dans chaque liste.

Exemple : e-mail – ~~réseau~~ – courriel

a. identifiant – statut – situation actuelle

b. chatter – clavarder – poster

c. mot de passe – nom d'utilisateur – identifiant

d. poster – surfer – publier

e. laisser un commentaire – publier – liker

f. TikTok – site – Instagram

g. la Toile – le courriel – le web

h. statut – page internet – site

292 Complétez les mots-croisés.

a. Téléphone portable au Canada.

b. C'est comme un petit ordinateur ou un grand téléphone.

c. Ce sont des courriers que j'envoie par Internet.

d. C'est le nom du réseau mondial qui permet d'aller sur des sites et les réseaux sociaux.

e. C'est ce que je visite quand je surfe.

f. C'est l'adresse d'un site internet, il commence souvent par www.

g. C'est ce que les internautes laissent pour donner leur opinion, une photo, une vidéo, un statut, etc.

h. C'est ce que je crée pour m'inscrire sur un réseau social.

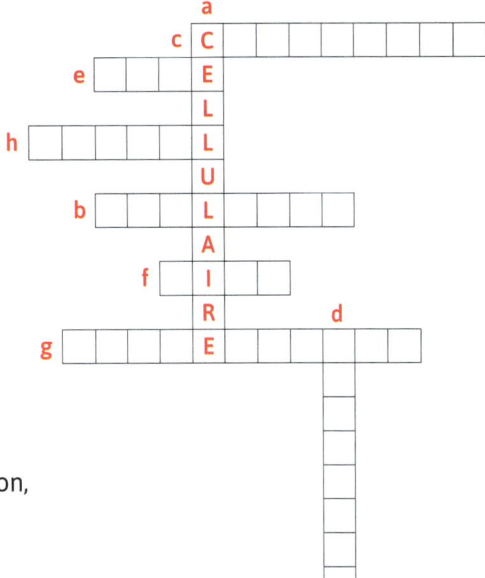

12 • Vie sociale

293 Reliez les éléments des deux colonnes. Plusieurs réponses sont possibles.

a. surfer
b. télécharger
c. laisser
d. poster
e. ajouter
f. partager
g. créer
h. visiter

1. des amis
2. des photos
3. des sites
4. sur Internet
5. des commentaires
6. des documents
7. des vidéos
8. un profil

294 Remettez dans l'ordre ces étapes pour s'inscrire à un réseau social.

a. Indiquer son statut. ………
b. Créer un compte avec une adresse e-mail. ………
c. Ajouter des amis. ………
d. Aller sur le site du réseau social choisi. ………
e. Laisser des commentaires et chatter entre amis. ………
f. Partager des photos, des vidéos ou des documents. ………
g. Se connecter à Internet. 1
h. Choisir un nom d'utilisateur et un mot de passe. ………

295 Complétez avec les mots suivants.

commentaire – chatter – photo – courriel – connecter – likes – partager – adresse – publié

a. – Tu as vu, Aurore a publié une nouvelle …………………………………… .
 – Non, je n'ai pas vu. Je ne peux pas me …………………………………… aujourd'hui.
 – Elle a déjà 150 …………………………………… ! Je vais laisser un …………………………………… .
b. J'ai besoin de l'…………………………………… e-mail de Max, je dois lui écrire un …………………………………… .
c. Je vais sur le réseau *mesancienspotes.fr* pour …………………………………… avec des vieux amis
 et …………………………………… des photos et des vidéos.

Bilan

1. Écoutez les questions et trouvez les bonnes réponses. (1 point/réponse)

	Question n°
a. Je ne peux pas, je dois passer à la médiathèque.	
b. On se retrouve au parc, devant la fontaine.	
c. Ça ne me dit pas trop, c'est trop petit, je préférerais aller en forêt.	
d. À 20 heures, ça te va ?	
e. Parfait ! Tu sais quels films il y a l'affiche ?	
f. 20 heures au restaurant, je réserve la table !	

Total : .... /6

2. Complétez les phrases avec les mots suivants. (1 point/réponse)

là – deuxième – au bout – à côté – à gauche – droit

a. La rue des Postes, c'est la première ou la .... à gauche ?

b. L'université est .... de la bibliothèque ?

c. La gare routière c'est à droite ou .... ?

d. La bibliothèque, c'est par ici ou par .... ?

e. Après tu dois continuer tout .... sur 200 mètres.

f. .... de la rue Pascal, tu tournes à droite.

Total : .... /6

3. Écoutez le dialogue et répondez aux questions. (1 point/réponse)

a. Matteo…
☐ accepte l'invitation de Sarah.
☐ invite Sarah chez lui.
☐ propose une sortie à Sarah.

b. Il veut…
☐ faire une promenade.
☐ voir une exposition.
☐ boire un verre.

c. Sarah…
☐ accepte la proposition.
☐ refuse la proposition.
☐ demande de changer de date.

d. Le rendez-vous est à…
☐ 10 heures.
☐ 11 heures.
☐ midi.

e. Tracez l'itinéraire de chez Sarah pour arriver au rendez-vous.

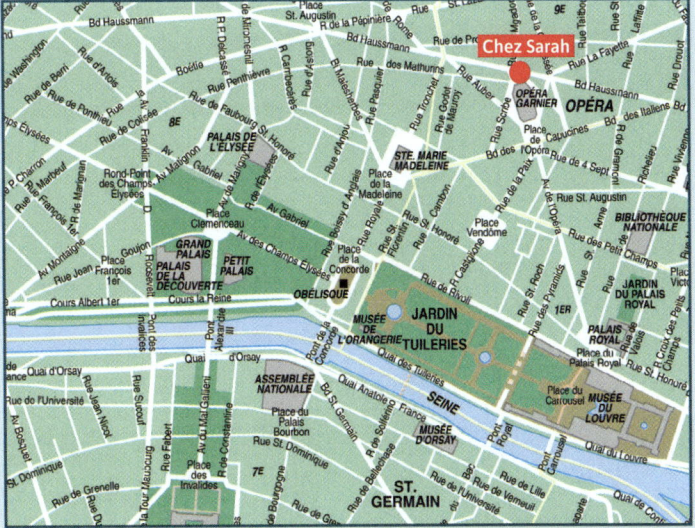

Total : .... /5

4. Écoutez et dites dans quelles phrases on parle de ces fêtes. (1 point/réponse) 🔊

a. Noël : phrase n° ....

b. Pâques : phrase n° ....

c. Nouvel An : phrase n° ....

d. La Nuit Blanche : phrase n° ....

e. Les Journées du Patrimoine : phrase n° ....

Total : .... /5

5. Mettez les lettres dans l'ordre pour retrouver les mots. (1 point/réponse)

a. Tu dois ajouter ton mot de **sepas**. ....

b. Tu as un **mopcet** sur le réseau instatik ? ....

c. Ils vont **regarapt** les vidéos de leur voyage. ....

d. Il utilise les **éxusare** sociaux ? ....

e. Sur **neritten**, on peut trouver beaucoup d'informations. ....

f. Je lui envoie un **ecriulor** pour l'inviter à la soirée, il ne répond pas au téléphone ! ....

g. Je vais **etraoju** Constance comme amie sur Snapchat. ....

h. Je vais regarder son **fropli**. ....

Total : .... /8

Mon score : .... /30

13 • Le nom et l'article
Grammaire/Conjugaison

Le genre des noms

• Les noms de personnes : profession et nationalité

un président / une présidente – un Danois / une Danoise – un artiste / une artiste – un journaliste / une journaliste

• Pour les noms de personnes (profession, nationalité), le genre correspond au sexe (masculin/féminin). En général, on ajoute un -e au nom masculin pour former le féminin.
• Si le nom masculin termine par un -e, il ne change pas au féminin.

296 Entourez les noms qui ne changent pas au féminin.

Exemple : un Luxembourgeois – un (Suisse) – un Italien

a. un Suédois – un Islandais – un Scandinave
b. un artiste – un artisan – un écrivain
c. un Allemand – un Anglais – un Russe
d. un Bulgare – un Roumain – un Polonais
e. un Chinois – un Asiatique – un Japonais
f. un sculpteur – un peintre – un dessinateur
g. un Argentin – un Belge – un Américain
h. un boulanger – un poissonnier – un fleuriste

297 Les noms suivants sont masculins, féminins ou les deux ? Cochez la bonne réponse.

	Masculin	Féminin	Les deux
Exemple : Suisse			✗
a. Anglais			
b. Allemande			
c. Asiatique			
d. Africaine			
e. journaliste			
f. artiste			
g. écrivain			

13 • Le nom et l'article

298 Donnez le féminin des noms.

Exemple : un Chinois → une **Chinois e**

a. un ministre → une ....
b. un Camerounais → une ....
c. un avocat → une ....
d. un libraire → une ....
e. un Hongrois → une ....
f. un pilote → une ....
g. un écrivain → une ....
h. un Sénégalais → une ....

> Pour le féminin des noms de nationalité, les règles sont les mêmes que pour les personnes.
> Attention : un Grec, une Grec**que** – un Turc, une Tur**que**.

299 Écoutez et dites si on parle d'un homme, d'une femme ou on ne sait pas. Cochez la bonne réponse. 🔊 121

	Un homme	Une femme	On ne sait pas
Exemple :			✗
a.			
b.			
c.			
d.			
e.			
f.			
g.			
h.			

--- **Les noms de personnes : cas particuliers** ---

un boulanger / une boulangère – un chercheur / une chercheuse – un directeur / une directrice – un comédien / une comédienne – un Italien / une Italienne

- Certaines terminaisons changent au féminin.
  -er → -ère   -teur → -trice
  -eur → -euse   -ien → -ienne

- Certains noms sont différents au masculin et au féminin.
  un homme → une femme   un garçon → une fille   un copain → une copine
  un fils → une fille   un frère → une sœur   un père → une mère

  ✋ Le nom médecin ne change pas au féminin.

Grammaire/Conjugaison

300 Qui parle ? Un homme, une femme ou on ne sait pas ? Cochez la bonne réponse.

	Un homme	Une femme	On ne sait pas
Exemple : Je suis chercheuse.		X	
a. Je suis médecin.			
b. Je suis artiste.			
c. Je suis journaliste.			
d. Je suis actrice.			
e. Je suis boulangère.			
f. Je suis garagiste.			
g. Je suis infirmier.			
h. Je suis instituteur.			

301 Entourez la forme correcte.

Exemple : Ma fille est *éditeur* / (*éditrice*).

a. Cette jeune femme est *directeur* / *directrice*.
b. Mon fils est *avocat* / *avocate*.
c. Son mari est *ouvrier* / *ouvrière*.
d. Sa fille est *vendeuse* / *vendeur*.
e. Son frère est *informaticienne* / *informaticien*.
f. Mon oncle est *serveur* / *serveuse*.
g. Cet homme est *infirmière* / *infirmier*.
h. Ma tante est *agriculteur* / *agricultrice*.

302 Complétez avec le nom au masculin ou au féminin.

Exemple : un ami → une amie

a. mon cousin → ma ....
b. mon .... → ma sœur
c. un chanteur → une ....
d. un .... → une touriste
e. un chercheur → une ....
f. mon fils → ma ....
g. mon père → ma ....
h. un pilote → une ....

13 • Le nom et l'article

303 Donnez le féminin de chaque nom.

Exemple : un grand-père → une grand-mère

a. un copain → une ....
b. un dessinateur → une ....
c. un électricien → une ....
d. un traducteur → une ....
e. un chercheur → une ....
f. un agriculteur → une ....
g. un banquier → une ....
h. un architecte → une ....

> • **Les noms de pays**
>
> **le Pérou – le Canada**
> **la France – la Mauritanie – la Turquie – l'Argentine**
> • Les noms de pays qui se terminent par un -e sont féminin.
> Il y a des exceptions : *le Mexique, le Mozambique, le Cambodge, le Zimbabwe*

304 Entourez les noms de pays féminins.

Norvège   Hollande
　　　Pologne   Mexique   Luxembourg   Espagne
Argentine
　　　Corée   Canada   Bolivie
　　　　　　　　　　　　　　　　　Népal
Maroc   Belgique   Inde   Pakistan
Italie   Tunisie   Colombie   Pérou
　　　　Algérie
　　Russie   Danemark   Chine
　　　Suède   Vietnam
Portugal   Ukraine

Grammaire/Conjugaison

305 Les noms de pays suivants sont masculins ou féminins ? Notez M ou F.

Exemple : Corée F

a. Hongrie ....
b. Pérou ....
c. Paraguay ....
d. Cambodge ....
e. Colombie ....
f. Thaïlande ....
g. Équateur ....
h. Pakistan ....

306 Écrivez les noms de nationalité au masculin et au féminin pour chacun de ces pays francophones.

Exemple : La Suisse : un Suisse / une Suisse

a. La France : ....
b. La Belgique : ....
c. Le Sénégal : ....
d. Le Cameroun : ....
e. Le Canada : ....
f. Le Congo : ....
g. L'Algérie : ....
h. La Côte d'Ivoire : ....
i. La Tunisie : ....

307 Répondez aux questions comme dans l'exemple.

Exemple : – Tu connais un Italien et une Italienne ? – Non, mais je connais l'Italie.

a. – Tu connais un Espagnol et une Espagnole ? – ....
b. – Tu connais un Portugais et une Portugaise ? – ....
c. – Tu connais un Japonais et une Japonaise. ? – ....
d. – Tu connais un Danois et une Danoise ? – ....
e. – Tu connais un Grec et une Grecque ? – ....
f. – Tu connais un Norvégien et une Norvégienne ? – ....
g. – Tu connais un Bolivien et une Bolivienne ? – ....
h. – Tu connais un Australien et une Australienne ? – ....

13 • Le nom et l'article

> **• Les terminaisons et le genre**
>
> **une** personne – **une** ville – **un** sexe – **un** anniversaire – **un** été – **un** dimanche
> **un** monument – **un** village – **un** couteau
> **une** nationalité – **une** télévision – **une** chaussette – **une** couleur
> **la** nourriture – **la** peinture – **la** connaissance – **la** science
>
> • Les noms de saison, de mois et les jours sont masculins.
> • En général, les mots qui se terminent en -ment, -age et -eau sont masculins.
> ✋ On dit : une plage, une image, une eau.
> • En général, les mots qui se terminent en -té, -ion -ette, -eur, -ure, -ance et -ence sont féminins.

308 **Les lieux de la ville : soulignez les noms féminins.**

<u>école</u> – boulangerie – poissonnerie – poste – lycée – place – usine – gare – boulangerie – cinéma – musée – librairie – épicerie – jardin public – collège – office de tourisme – bibliothèque – marché – pharmacie – supermarché – restaurant

309 **Les mots suivants sont masculins ou féminins ? Notez M ou F.**

Exemple : soir M

a. jour ....
b. lundi ....
c. mercredi ....
d. samedi ....
e. printemps ....
f. saison ....
g. semaine ....
h. mois ....
i. nuit ....
j. matin ....
k. midi ....

310 **Entourez le mot féminin dans chaque liste.**

Exemple : (photocopie) – papier – cahier

a. livre – tableau – feuille
b. stylo – crayon-mine – chaise
c. salle – bureau – étage
d. plat – menu – confiture
e. boisson – légume – fruit
f. dessert – viande – poisson
g. plage – océan – parasol
h. sport – science – anglais

Grammaire/Conjugaison

311 Les noms suivants sont masculins ou féminins ? Cochez la bonne case.

	Masculin	Féminin
Exemple : février	✗	
a. été	✗	
b. saison		✗
c. printemps	✗	
d. mars	✗	
e. avril	✗	
f. mois	✗	
g. an	✗	
h. année		✗
i. cahier	✗	
j. lycée	✗	
k. instrument	✗	
l. âge	✗	
m. sentiment	✗	
n. profession		✗
o. situation		✗
p. pays	✗	

312 Entourez les noms masculins et soulignez les féminins dans chaque liste.

Exemple : (dos) – (bras) – épaule

a. fourchette – couteau – couvert
b. nuit – soir – matin
c. pays – ville – continent
d. fils – fille – oncle
e. chambre – salon – cuisine
f. blouson – robe – veste
g. casquette – écharpe – chapeau
h. adresse – numéro de téléphone – courriel

13 • Le nom et l'article

Le pluriel des noms

> **• Le pluriel : cas général**
>
> **un jour / des jours – un arbre / des arbres – une forêt / des forêts**
> • En général, pour former le pluriel, on ajoute un -s à la fin du nom au singulier.

313 Dites si les mots suivants sont au singulier ou au pluriel.

	Singulier	Pluriel
Exemple : voisins		✗
a. acteurs		
b. étage		
c. dentifrice		
d. élèves		
e. heures		
f. élève		
g. années		
h. sport		

314 Retrouvez le nom de ces objets et mettez-les au pluriel si nécessaire.

cuillère – tasse – violon – guitare – fourchette – instrument – bol – assiette

a. trois instruments   **b.** ....   **c.** ....   **d.** ....

e. ....   **f.** ....   **g.** ....   **h.** ....

Grammaire/Conjugaison

315 Soulignez la bonne réponse pour retrouver les titres de film.

Exemple : La (famille) / familles Bélier

a. Les tonton / tontons flingueurs.

b. Huit femme / femmes

c. Le dîner / dîners de cons.

d. Les enfant / enfants du paradis.

e. La vie / vies d'Adèle.

f. Les visiteur / visiteurs

g. Le grand bain / bains

h. Les bronzé / bronzés

316 Mettez les mots au singulier.

Exemple : des balles → une balle

a. des continents → un ....

b. des amis → un ....

c. des pièces → une ....

d. des villes → une ....

e. des jambes → une ....

f. des mains → une ....

g. des cœurs → un ....

h. des têtes → une ....

• Le pluriel : cas particuliers

**un corps / des corps – un prix / des prix – un nez / des nez
un lieu / des lieux – un gâteau / des gâteaux – un pneu / des pneus – un animal / des animaux –
un travail / des travaux – un genou / des genoux**

• Les noms qui finissent par -s, -x ou -z ne changent pas au pluriel.

• En général :
- les noms qui finissent par -eu, -au ou -eau prennent un -x au pluriel.

✋ Mais *un pneu / des pneus – un bleu / des bleus*

- les noms qui finissent par -al se terminent par -aux au pluriel.

✋ Mais *des festivals ; des carnavals*

- les noms qui finissent par -ail prennent un -s au pluriel.

✋ Mais *un travail / des travaux*

Certains mots qui finissent en -ou prennent un -x au pluriel : *des bijoux, des cailloux, des choux, des genoux, des hiboux, des joujoux, des poux.*

13 • Le nom et l'article

317 Mettez les mots au pluriel.

Exemple : un concert → des concerts

a. un cinéma → des ....
b. une voix → des ....
c. un mot → des ....
d. un nez → des ....
e. un voisin → des ....
f. un prix → des ....
g. un bus → des ....
h. une visite → des ....

318 Soulignez les mots de la liste qui ne changent pas au pluriel.

dos – taille – pays – poids – fois – pied – choix – menu – main – bras

319 Mettez les mots au singulier.

Exemple : des tableaux → un tableau

a. des lieux → un ....
b. des travaux → un ....
c. des animaux → un ....
d. des cadeaux → un ....
e. des neveux → un ....
f. des chapeaux → un ....
g. des chevaux → un ....
h. des eaux → une ....

320 Mettez les mots au pluriel.

Exemple : un tableau → des tableaux

a. un jeu → des ....
b. un journal → des ....
c. un hôpital → des ....
d. un cheveu → des ....
e. un château → des ....
f. un feu → des ....
g. un bureau → des ....
h. un cheval → des ....

Grammaire/Conjugaison

321 Classez ces mots dans la bonne colonne et écrivez le pluriel.

voiture – manteau – vache – genou – pneu – eau – hibou – maison – carreau – feu – festival – oiseau – bijou – pou

Noms qui prennent un *-s* au pluriel	Noms qui prennent un *-x* au pluriel
voitures	manteaux

322 Écrivez les mots entre parenthèses au pluriel.

a. Dans le zoo, il y a des animaux (animal) en semi-liberté : des .... (tigre), des .... (lion) mais aussi des .... (éléphant), des .... (hibou) et des .... (loup). Tu peux aussi voir des .... (oiseau) de toute sortes !

b. Il y a des .... (travail) près de chez moi. Les .... (voiture) ne circulent pas bien. Il vaut mieux prendre des .... (autobus) pour se déplacer.

c. Les .... (prix) sont bons ; tu peux acheter dix .... (place) pour cinq .... (euro).

• **L'article défini**

Le quartier est magnifique. – **La** tour Eiffel est très visitée. – **L'**Espagne est un pays européen. – Il étudie **l'**histoire. – J'aime **les** quartiers animés et **les** grandes villes.

• Les articles accompagnent et déterminent les noms.
• L'article défini s'accorde en genre (masculin, féminin) et en nombre (singulier, pluriel) avec le nom qu'il accompagne.
• On utilise les articles définis pour parler d'une chose ou d'une personne précise.

	Masculin	Féminin
Singulier	le	la
Pluriel	les	

 Devant une voyelle (a, e, y, o, u, y) ou un h muet, *le* et *la* deviennent *l'* : *l'adresse – l'hôpital*.

---

323 Reliez les articles et les noms.

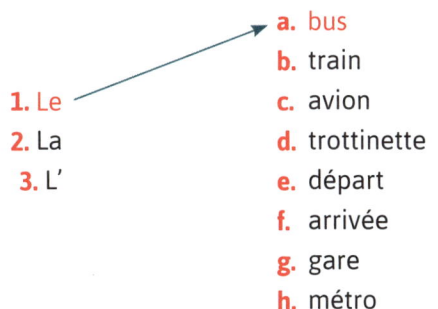

1. Le
2. La
3. L'

a. bus
b. train
c. avion
d. trottinette
e. départ
f. arrivée
g. gare
h. métro

13 • Le nom et l'article

324 Entourez le bon article.

Exemple : Sur le / (la) / les photo, il y a toute la famille.

a. Je ne connais pas le / la / l'adresse exacte.

b. Le / La / Les toilettes sont au fond à gauche.

c. Il aime le / la / les lecture.

d. Le / La / L' 10 septembre, elle part en voyage.

e. Le / La / L' Maroc est un pays magnifique.

f. Nous étudions le / la / les sciences.

g. Le / La / Les enfants sont dans le / la / l' salle de jeux.

h. Ils écoutent le / la / l' chanson de Zaz que j'adore.

325 Complétez avec « le », « la » ou « l' ».

a. J'étudie .... histoire.

b. Je te présente .... copine de mon frère.

c. Nous avons rendez-vous avec .... oncle de Sam.

d. Le directeur est dans .... bureau de Medhi.

e. .... programme est intéressant.

f. .... 21 juillet, c'est .... fête nationale belge.

g. Je préfère .... art moderne.

h. .... musée du quai Branly est fermé aujourd'hui.

326 Retrouvez les titres de ces chansons françaises. Entourez le bon article.

Exemple : (Le) / La bal des oiseaux (Thomas Fersen)

a. Le / La vie en rose (Édith Piaf)

b. Le / La parc Montsouris (Jacques Higelin)

c. Le / La lettre (Renan Luce)

d. Le / La lumière (Pomme)

e. Le / La peur de l'échec (Orelsan)

f. Le / La chant des grives (Zaz)

g. Le / La nuit je mens (Alain Bashung)

h. Le / La pêche à la ligne (Renaud)

Grammaire/Conjugaison

> **• L'article indéfini**
>
> **un** salon, **une** chambre – **des** salons, **des** chambres
> - Les articles accompagnent et déterminent les noms.
> - L'article indéfini s'accorde en genre (masculin, féminin) et en nombre (singulier, pluriel) avec le nom qu'il accompagne.
> - On utilise les articles indéfinis pour parler d'une catégorie de choses.
> - Les articles un et une s'utilisent aussi pour parler d'une quantité. Dans ce cas, on peut les remplacer par un autre nombre : *un chien, deux chats.*
>
> | | Masculin | Féminin |
> | --- | --- | --- |
> | **Singulier** | un | une |
> | **Pluriel** | des ||

327 Barrez le nom qui ne convient pas avec l'article.

a. un monument / ville

b. une dessert / poire

c. un fauteuil / chaise

d. une concert / photo

e. une ami / amie

f. un musicienne / photographe

g. un jupe / jean

h. une place / bureau

328 Complétez les phrases avec « un », « une » ou « des ».

a. Dans ce cinéma, on peut voir .... films en français.

b. Je voudrais aller voir .... pièce de théâtre.

c. Il y a .... concerts dans la ville ce soir.

d. Ils visitent .... exposition sur le street art.

e. La ville organise .... feu d'artifice sur la plage.

f. Elle va voir .... film au cinéma par mois.

g. Dans ce parc, il y a .... sculptures magnifiques.

h. Ce sont .... artistes célèbres.

13 • Le nom et l'article

329 Reliez le début et la fin des phrases.

a. Elle écoute une — 7. chanson brésilienne.
b. Ils lisent une
c. Dans la bibliothèque, il y a des
d. Elle organise une
e. Il assiste à une
f. Tu regardes des
g. Ils regardent un
h. Sur la table il y a un
i. Il participe à un

1. conférence très intéressante.
2. film à la télévision.
3. magazine.
4. bande dessinée.
5. séries anglaises.
6. livres en français.
7. chanson brésilienne.
8. match de football.
9. fête pour ses 20 ans.

330 Entourez le bon article.

Exemple : J'ai (un) / l'ami à Londres, c'est (le) / un frère d'une amie.

a. Pascal adore *la / une* montagne, il fait souvent *les / des* randonnées dans *la / une* montagne.
b. J'ai pris *la / une* place pour *le / un* vol de 18h40.
c. Marc aime *la / une* musique, il joue dans *le / un* groupe de rock.
d. Je prends *le / un* dessert et après je demande *l' / une* addition.
e. Dans son appartement, *le / un* salon est grand et il y a *la / une* petite terrasse.
f. Dans *l' / une* armoire, il y a *les / des* vêtements.
g. J'ai *les / des* vacances alors je vais faire *le / un* voyage.
h. Pour aller à *la / une* gare, il faut prendre *le / un* bus H12.

331 Complétez avec un article défini ou un article indéfini.

Exemple : Nour est un prénom arabe. C'est le prénom de ma meilleure amie.

a. Je parle .... langues étrangères : .... français, ... anglais, ... espagnol et .... allemand.
b. Il visite .... pays en Amérique du Sud : .... Brésil, ... Argentine et .... Chili.
c. Elle organise .... exposition. .... exposition va présenter ses derniers tableaux.
d. Vous habitez dans .... grande ville, c'est .... ville de Grenoble.
e. Il y a .... églises à Barcelone : .... Sagrada Familia ou .... église de Santa Maria del Mar.
f. J'écoute .... chansons de Stromae. J'aime surtout .... chansons du dernier album.
g. J'ai .... amie au Brésil, c'est .... sœur d'Adriana.
h. Tu fais .... groupe WhatsApp, ça va être .... groupe de la famille.

Grammaire/Conjugaison

• Les articles à la forme négative

– Vous aimez **le** jazz ?   – Non, nous n'aimons pas **le** jazz.
– Vous avez **un** vélo ?   – Non, je n'ai pas **de** vélo.
– Tu as **des** enfants ?   – Non, je n'ai pas **d'**enfants.

• À la forme négative, les articles indéfinis un, une et des deviennent de ou d' devant une voyelle ou un h muet.
• Les articles définis ne changent pas à la forme négative.

 Avec *ce n'est pas / ce ne sont pas*, les articles indéfinis ne changent pas.
C'est *une* voiture. Ce n'est pas *une* voiture.
Ce sont *des* Français. Ce ne sont pas *des* Français.

332 Complétez avec un article défini.

a. J'aime .... ciel bleu, mais je n'aime pas .... soleil.
b. Tu aimes .... soleil, mais tu n'aimes pas .... pluie.
c. Il aime .... nuages, mais il n'aime pas .... ciel gris.
d. Elle aime .... campagne, mais elle n'aime pas .... ville.
e. Vous aimez .... ville, mais vous n'aimez pas .... campagne.
f. Nous aimons .... forêt, mais nous n'aimons pas .... montagne.
g. Ils aiment .... français, mais ils n'aiment pas .... mathématiques.
h. Elles aiment .... chant des oiseaux, mais elles n'aiment pas .... bruit.

333 Répondez à la forme négative.

Exemple : – Tu as des frères et des sœurs ? – Non, je n'ai pas de frères et pas de sœurs.

a. – Il a une barbe ? – ....
b. – Elle a une maison à la campagne ? – ....
c. – Vous avez une trottinette ? – ....
d. – Il y a un professeur dans la salle ? – ....
e. – Tu portes des lunettes ? – ....
f. – Ils ont des cheveux blancs ? – ....
g. – Tu as une voiture de sport ? – ....
h. – Elle a une terrasse ? – ....
i. – C'est une bonne voiture ? – ....
j. – Ce sont les amis de Bruxelles ? – ....

13 • Le nom et l'article

334 Complétez avec « un », « une », « le », « la » ou « de ».

Exemple : Je n'aime pas la boxe.

a. Tu as .... voiture ?

b. Je n'ai pas .... voiture.

c. Il y a .... parcs dans .... quartier.

d. Ils ferment .... dernier cinéma de la ville.

e. Il n'y a plus .... cinéma dans la ville.

f. Je voudrais .... billet pour l'opéra.

g. Ils ne vendent pas encore .... billets pour cette pièce.

h. J'adore .... café, mais je ne bois pas .... café au lait.

• L'article contracté

**Je vais au club de sport. – Elle arrive à la plage. – Ils ont mal à l'oreille – Nous jouons aux cartes.
C'est le restaurant du club de sport. – C'est l'hôtel de la plage. – Il est près de l'hôtel. –
Il est loin des îles Baléares.**

• Après les prépositions à et de, les articles définis le et les se contractent.

	à	de
Masculin	au (à + le)	du (de + le)
Féminin	à la (à + la)	de la (de + la)
Pluriel	aux (à + les)	des (de + les)

335 Entourez la forme correcte.

Exemple : Je reviens (du) / de la / de l' bureau.

a. Il vient du / de la / de l' gare.

b. Ils sortent du / de la / de l' église.

c. Elles sont près du / de la / de l' aéroport.

d. Vous venez du / de la / de l' station de métro.

e. Ils habitent à côté du / de la / de l' maison de Paul.

f. Elles reviennent du / de la / de l' école à pied.

g. Je sors du / de la / de l' marché.

h. Tu viens du / de la / de l' entraînement ?

Grammaire/Conjugaison

336 Écrivez des groupes de mots comme dans l'exemple.

Exemple : le château / le maire → le château du maire

a. le livre / l'élève → ....
b. le sac / la directrice → ....
c. le bureau / le président → ....
d. la robe / la mariée → ....
e. le costume / le marié → ....
f. le bouquet / les professeurs → ....
g. les cadeaux / les invités → ....
h. l'emploi du temps / les étudiants → ....

337 Reliez les éléments des deux colonnes. Plusieurs associations sont possibles.

a. Je joue **à la**
b. Il joue **au**
c. Elle joue **à l'**
d. Vous jouez **aux**

1. football
2. console
3. jeux vidéo
4. balle
5. échecs
6. élastique
7. volley-ball
8. cartes
9. handball

338 Complétez avec « à la », « au », « à l' » ou « aux ».

Exemple : J'ai mal à la gorge.

a. J'ai mal .... dents.
b. J'ai mal .... tête.
c. J'ai mal .... épaule.
d. J'ai mal .... dos.
e. J'ai mal .... pieds.
f. J'ai mal .... jambes.
g. J'ai mal .... main.
h. J'ai mal .... ventre.

339 Entourez la forme correcte.

Exemple : Vous venez à la / de la / (du) magasin.

a. Ma fille joue au / de la / du football.
b. Nous allons au / à l' / du restaurant chinois.
c. Ils ont mal à l' / de l' / du estomac.
d. Elle arrive au / à la / du station de métro.
e. Ce sont les livres aux / de l' / des étudiants.
f. Elles sortent au / de la / du musée Picasso.
g. Nous revenons à la / du / des cinéma à pied.
h. C'est la voiture à la / de la / du voisine.

Bilan

1. Classez les mots dans le tableau. Attention un mot peut être dans plusieurs catégories ! (0,5 point/réponse)

culture – cinémas – photographie – exposition – fêtes – nature – campagne – villes – bruit – circulation – comédiennes – boulanger – chefs – secrétaires – responsable – célibataires – maris – femme – enfants – situations – menus – plat

Masculin singulier	Féminin singulier	Masculin pluriel	Féminin pluriel

Total : .... /11

2. Écrivez les noms entre parenthèses à la forme correcte ou complétez avec les articles selon les cas. (1 point/réponse)

Tous les .... (an) on fête le carnaval. En France, il y a des .... (carnaval) différents, par exemple à Dunkerque et à Nice. Mais le pays du carnaval, c'est .... Brésil, les .... (Brésilien) l'adorent ! Ils défilent dans .... rues avec .... déguisements incroyables !

Total : .... /6

3. Complétez le texte avec des articles. (0,5 point par réponse)

a. J'aime .... cultures .... pays européens. J'aime beaucoup .... films hongrois.

b. .... Australiens ont .... habitude de prendre .... petit-déjeuner salé.

c. Noël est .... fête importante en France. Après .... repas, on distribue .... cadeaux.

d. Ils aiment beaucoup .... Cameroun. Ils mangent .... spécialités camerounaises, comme .... poulet DG et .... poisson braisé.

e. Pour aller à Nice, il préfère .... voiture parce que .... avion est trop cher et .... train est trop long. En plus, il peut partir à .... heure qu'il veut.

f. Monica n'a pas .... vélo mais elle a .... trottinette.

g. Yves et Géza déménagent dans .... appartement à côté .... centre-ville. Ce n'est pas loin .... station de métro et .... bibliothèque.

h. Mei est .... meilleure amie de Jovanka. Ensemble, elles jouent souvent .... dames et .... volley-ball.

Total : .... /13

Mon score : .... /30

14 • L'adjectif

Grammaire/Conjugaison

Le genre, le nombre et la place de l'adjectif

> **• L'accord au féminin en « -e »**
>
> **Marie est petite, blonde et mince, comme son mari Mathieu, qui est petit, blond et mince.**
> • L'adjectif qualificatif s'accorde en genre avec le nom.
> • Pour former le féminin, on ajoute un -e à l'adjectif au masculin.
> • Quand l'adjectif masculin finit par un -e (sans accent), il ne change pas au féminin.

340 Ces adjectifs sont au masculin, au féminin ou les deux ? Cochez la bonne réponse.

	Masculin	Féminin	Les deux
Exemple : petite		✗	
a. grand			
b. jeune			
c. mariée			
d. verte			
e. calme			
f. joli			
g. célibataire			
h. malin			

341 Entourez la forme qui convient.

Exemple : Il est *sûr* / *sûre* de lui

a. Le chimiste est très *élégant* / *élégante*.
b. La médecin est très *pressé* / *pressée*.
c. Maria est *ravi* / *ravie* de son nouveau travail.
d. Simon est *blond* / *blonde*.
e. Adam est *brun* / *brune*.
f. Ce tableau est vraiment *laid* / *laide*.
g. C'est une histoire *vrai* / *vraie*.
h. Son tee-shirt est *bleu* / *bleue*.

14 • L'adjectif

342 Donnez le masculin de ces adjectifs et soulignez ceux qui ne changent pas.

a. verte ....
b. tranquille ....
c. bavarde ....
d. maline ....
e. honnête ....
f. intelligente ....
g. hypocrite ....
h. matinale ....

343 Réécrivez le texte au féminin.

Mon **voisin** Samir, il est **suisse**. Il est **petit** et **mince**. C'est le **voisin idéal**. Il est connu dans l'immeuble car il est très **poli**, **sympathique** et **serviable** : il rend toujours service !

Ma voisine Samira, elle est .... Elle est .... et .... C'est la .... Elle est .... dans l'immeuble car elle est très .... , ... et .... : elle rend toujours service !

• **Autres terminaisons des adjectifs**

**un parc canadien / une forêt canadienne – un restaurant nippon / une spécialité nipponne –
un homme heureux / une femme heureuse – un étudiant rêveur / une étudiante rêveuse –
un élève observateur / une élève observatrice – un garçon sportif / une fille sportive –
un exercice entier / une page entière – un pull blanc / une robe blanche**

• Parfois on double la consonne finale :
  -en → -enne   -on → -onne   -el → -elle   -s → -sse
• Parfois on change la terminaison :
  -eux / -eur → -euse   -teur → -trice   -er → -ère   -et → -ète   -c → -che   -if → -ive
• Exceptions : fou / folle – vieux / vieille – beau / belle – nouveau / nouvelle – long / longue –
  faux / fausse – roux / rousse – jaloux / jalouse – frais / fraîche – gros / grosse – gras / grasse –
  nul / nulle – chanteur / chanteuse

---

344 Indiquez si l'on parle d'une femme (F) ou d'un homme (H).

Exemple : Tu es indienne.   F

a. Tu es un peu trop franche.   ....
b. Vous êtes sérieux ?   ....
c. Vous êtes vraiment observatrice.   ....
d. Tu es gentil !   ....
e. Tu n'es pas naturel.   ....
f. Vous êtes arrivé dernier ?   ....
g. Tu es bonne en maths !   ....
h. Vous êtes syrienne ?   ....

Grammaire/Conjugaison

345 — Entourez la bonne réponse.

Exemple : C'est un document (officiel) / officielle.

a. Ce bébé est vraiment *mignon / mignonne*.
b. Ma collègue est *coréen / coréenne*.
c. C'est un dossier *confidentiel / confidentielle*.
d. Sa cousine n'est jamais *ponctuel / ponctuelle*.
e. C'est une mère très *protecteur / protectrice*.
f. C'est une très *bon / bonne* glace !
g. Le mois de mai est très *printanier / printanière*.
h. C'est une voiture *neuf / neuve*.

346 — Donnez le féminin.

Exemple : un gâteau italien → une glace italienne

a. un village européen → une capitale ....
b. un acteur merveilleux → une actrice ....
c. un bijou cher → une montre ....
d. un enfant actif → une professeure ....
e. un père inquiet → une grand-mère ....
f. un livre ancien → une armoire ....
g. un joueur étranger → une langue ....
h. un instituteur franc → une personne ....

347 — Accordez les adjectifs entre parenthèses.

Exemple : Fanny est une femme heureuse (heureux).

a. Dans ce restaurant, le menu du jour est .... (succulent).
b. Le poulet était trop .... (gras).
c. Je mange une salade .... (vert).
d. Il a donné une .... (mauvais) réponse.
e. C'est la .... (premier) de sa classe.
f. Il est très .... (sportif).
g. C'est une recette .... (particulier), tout le monde n'aime pas.
h. Sa cousine est .... (menteur).

14 • L'adjectif

348 Reliez le masculin au féminin.

a. roux
b. beau
c. frais
d. fou
e. gros
f. nouveau
g. faux
h. long

1. nouvelle
2. longue
3. fraîche
4. grosse
5. fausse
6. rousse
7. folle
8. belle

349 Entourez la bonne réponse.

Exemple : Manuela est une vieux / **vieille** dame.

a. Elle est *jaloux / jalouse* de son frère.
b. Il est très *fier / fière*.
c. Elle est toujours *joyeux / joyeuse*.
d. C'est une *long / longue* avenue.
e. J'ai de l'eau mais elle n'est pas *frais / fraîche*.
f. Elle est vraiment *gras / grasse* ta crème.
g. C'est la *nouveau / nouvelle* génération.
h. Cette conférence était *nul / nulle*.

350 Complétez avec « Il est » ou « Elle est ».

Exemple : Il est espagnol.

a. .... généreux.
b. .... particulière.
c. .... un peu grosse.
d. .... très sûre d'elle.
e. .... un peu jaloux.
f. .... malin.
g. .... conservatrice.
h. .... faux.

351 Réécrivez les phrases au féminin.

a. Mon village est petit, animé, beau, magnifique même et fleuri.
Ma rue est ....

b. Mon appartement est grand, bien décoré, spacieux, lumineux, agréable et bien situé !
Ma maison est .... !

Grammaire/Conjugaison

> **• Le nombre des adjectifs**
>
> **des amis intéressants / des amies intéressantes – des hommes bruns / des femmes brunes – un étudiant français / des étudiants français / des étudiantes françaises – un enfant heureux / des enfants heureux / des copines heureuses**
>
> - L'adjectif qualificatif s'accorde en nombre avec le nom. Pour former le pluriel, on ajoute un **-s** au singulier. Quand l'adjectif singulier finit par un **-s** ou un **-x**, il ne change pas au pluriel.
> - **Exceptions :**
> un hymne national / des hymnes nationaux / des traditions nationales – un nouveau vélo / des nouveaux vélos
> - En général, les adjectifs masculins en **-al** se terminent par **-aux** au pluriel.
> ✋ Sauf bancal, fatal, banal, naval qui prennent un **-s** : un coup fatal ; des coups fatals.
> - En général, les adjectifs masculins en **-eau** prennent un **-x** au pluriel.

352 Soulignez les adjectifs au pluriel.

Exemple : <u>blonds</u> – brun – châtain

Le -s et le -x du pluriel ne se prononcent pas.

a. sûre – sûr – sûres
b. sérieux – sérieuse – sérieuses
c. passionnée – passionné – passionnés
d. amateur – amatrice – amatrices
e. premier – premiers – dernier
f. joli – jolis – jolies
g. blancs – blanc – noire
h. vieux – heureux – vieille

353 Donnez le pluriel des adjectifs. Soulignez ceux qui ne changent pas au pluriel.

Exemples : sérieux → <u>sérieux</u>
         grand → grands

a. petit → ....
b. mince → ....
c. vert → ....
d. gris → ....
e. optimiste → ....
f. dynamique → ....
g. heureux → ....
h. sportif → ....

14 • L'adjectif

354 Entourez la forme qui convient.

Exemple : Il a des frères très *sympa* / (*sympas*).

a. Vos fils sont *grand* / *grands* maintenant.
b. J'adore cette chanson, elle est très *rythmée* / *rythmées*.
c. Ces bottes sont très *confortable* / *confortables* !
d. Monsieur Lambert, vous n'êtes pas *sérieux* / *sérieuse*.
e. Elle a visité des ruines *antique* / *antiques*.
f. C'est une ville très *moderne* / *modernes*.
g. Votre chemisier est très *élégant* / *élégants*.
h. C'est un prix *fou* / *fous* !

355 Accordez les adjectifs entre parenthèses.

Exemple : Ce sont des films merveilleux (merveilleux).

a. Ses pièces de théâtre sont .... (fantastique).
b. Ces acteurs ne sont pas .... (professionnel), ils sont .... (amateur).
c. Les opéras sont en général assez .... (long).
d. Il y a des activités .... (gratuit) à faire !
e. Ces chanteurs sont .... (incroyable).
f. Les décors sont .... (simple).
g. Les dialogues sont très .... (travaillé).
h. Les figurants ne sont pas .... (payé).

356 Entourez la forme qui convient.

Exemple : Ces bâtiments sont *nouveau* / (*nouveaux*).

a. Tracez des traits *vertical* / *verticaux*.
b. Ce sera pendant les vacances *estivales* / *estivaux*.
c. Ces artistes sont *génial* / *géniaux* !
d. Il a fait un sourire *glacial* / *glaciale*.
e. Demain, on va avoir les résultats *final* / *finaux*.
f. Dans cet institut, ils proposent des soins *facial* / *faciaux* sur mesure.
g. On a changé le titre *initial* / *initiaux* de ce livre.
h. Il m'a écrit des lettres *amicaux* / *amicales*.

Grammaire/Conjugaison

357 Accordez les adjectifs entre parenthèses.

Exemple : Je vais dans des centres commerciaux (commercial).

a. Ces chaises sont .... (bancal).
b. Il travaille pour des chantiers .... (naval).
c. Il a collaboré pour plusieurs organisations .... (international).
d. Ils nous ont fait des plats .... (spécial).
e. Les .... (principal) musées sont fermés le mardi.
f. Ses histoires ne sont pas .... (banal).
g. Il a fait des films très .... (original).
h. Ce sont des voisins très .... (loyal).

358 Donnez le pluriel de ces adjectifs et dites s'ils se prononcent de la même manière au singulier et au pluriel. Écoutez pour vérifier vos réponses. 122

	Pluriel	Même prononciation	Prononciation différente
Exemple : rouge	rouges	✗	
a. internationale			
b. international			
c. sérieux			
d. sérieuse			
e. nouveau			
f. nouvelle			
g. radical			
h. radicale			

359 Reliez les éléments qui vont ensemble. Plusieurs associations sont possibles.

1. élégantes.
2. résistants.

a. Son bureau est ⟶ 3. pratique.

b. La chaise est   4. nouveaux.

c. Les meubles sont   5. bancale.

d. Les armoires sont   6. grandes.

7. disponibles.
8. occupée.

14 • L'adjectif

> • **Les adjectifs de couleur**
>
> **Elle porte un pull rouge, une jupe verte, une écharpe kaki et des chaussures marron.**
> • Les adjectifs de couleur s'accordent en genre et en nombre sauf quand ils correspondent à un nom de chose, comme pour marron, turquoise, or, kaki, marine, orange ou moutarde.
> • Les adjectifs rose et pourpre sont des exceptions : des robes roses / pourpres.
> • Le féminin de violet est violette.

360 Entourez les adjectifs qui ne s'accordent pas.

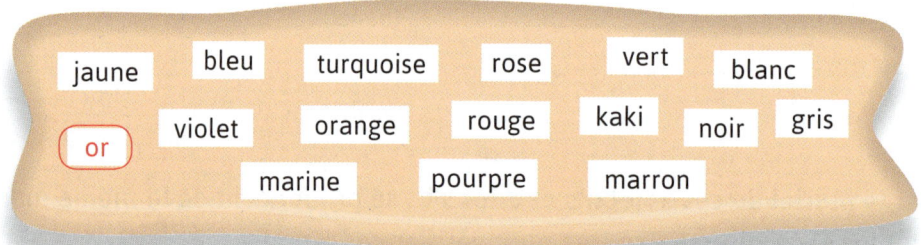

jaune, bleu, turquoise, rose, vert, blanc, (or), violet, orange, rouge, kaki, noir, gris, marine, pourpre, marron

361 Accordez les adjectifs entre parenthèses.

Exemple : Il a de grands (grand) yeux bleus (bleu).

a. Elle a de .... (beau) dents .... (blanc).
b. Le voisin a six .... (énorme) chats .... (noir).
c. Il y a plein de drapeaux .... (rouge) et .... (jaune) dans la rue.
d. Tu préfères les sandales .... (gris) ou .... (kaki).
e. Pour l'apéritif, on a des olives .... (noir) et .... (vert).
f. Elle a mis ses .... (nouveau) chaussures .... (bleu).
g. Tu as des boucles d'oreille .... (turquoise) et .... (argenté).
h. Tu préfères ces fleurs .... (rose) ou les .... (violet) ?

362 Cochez le genre (masculin, féminin) et le nombre (singulier, pluriel) de l'adjectif.

	Genre		Nombre	
	Masculin	Féminin	Singulier	Pluriel
Exemple : belles		✗		✗
a. gris				
b. sauvage				
c. pratiques				
d. veuves				
e. connues				
f. entière				
g. méchantes				
h. réaliste				

Grammaire/Conjugaison

363 Reliez les éléments des deux colonnes. Plusieurs associations sont possibles.

a. Il est
b. Elle est
c. Ils sont
d. Elles sont

1. merveilleux.
2. mignonnes.
3. marron.
4. sympa.
5. sales.
6. propre.
7. solide.
8. fragiles.
9. carrées.

• **La place de l'adjectif**

C'est un petit village rural, très vivant, avec une jolie place. Le samedi, il y a un marché artisanal avec des produits locaux.

• En général, l'adjectif se place après le nom. Quelques adjectifs courts se placent avant le nom : petit, gros, joli, grand, gentil, bon, long, court, beau, vieux, jeune, nouveau, ancien.

• Certains adjectifs peuvent se placer avant ou après le nom. La signification change.
Un homme pauvre (qui n'est pas riche) ≠ Le pauvre homme (un homme à plaindre).
Une curieuse histoire (une histoire étrange) ≠ Une femme curieuse (une femme indiscrète).
C'est mon dernier jour d'école (= contraire de « premier », après il n'y a plus rien) / Mardi dernier (= mardi passé, l'antérieur)
L'adjectif prochain se place après le nom quand on parle d'une date ou d'une période (mardi prochain) et avant quand on parle d'autre chose : La prochaine station, c'est Bockstael.

---

364 Écoutez et dites si l'adjectif est placé avant ou après le nom. 123

	Avant	Après
Exemple : argentin		✗
a. jaune		
b. chiliens		
c. bleue		
d. mexicains		
e. grand		
f. sénégalaise		
g. long		
h. extravagants		

14 • L'adjectif

365 — Dites si ces adjectifs se placent avant ou après le nom.

Exemple : beau — avant

a. court ....
b. vieux ....
c. sympa ....
d. africain ....
e. grand ....
f. nouveau ....
g. joli ....
h. incroyable ....

366 — Mettez les mots dans l'ordre pour former des phrases.

Exemple : une / maison / loue / Je / belle → Je loue une belle maison.

a. a / avec / espagnole / sa / Il / rendez-vous / copine → ....
b. fait / concert / grand / Il / un → ....
c. quatre / orange / Donnez / pêches / moi → ....
d. notes / a / très / Elle / de / bonnes → ....
e. vois / ton / collègue / Tu / ancienne → ....
f. des / Ce / bijoux / sont / artisanaux → ....
g. porte / africaines / des / Elle / tenues → ....
h. as / bague / jolie / une / Tu → ....

367 — Placez les adjectifs correctement et faites l'accord si nécessaire.

Pour le pique-nique, tu peux prendre :

Exemple : sac à dos (grand) → un grand sac à dos

a. lampe de poche (petit) → une ....
b. coupe-vent (vert) → ton ....
c. couverts (jetable) → des ....
d. verres (gros) → des ....
e. nappe (grand) → une ....
f. salade (marocain) → une ....
g. gâteau (délicieux) → un ....
h. humeur (bon) → et surtout ta ....

Grammaire/Conjugaison

368 Placez correctement les adjectifs entre parenthèses.

Exemple : (prochaine) La prochaine semaine .... du goût a lieu en octobre.

a. (prochaine) L'.................................. année ...., il part en Erasmus.

b. (dernière) Il a eu son bac l'.................................. année ....

c. (dernier) Tu as vu le .... Harry Potter .... ?

d. (prochaine) La .... fois ...., j'arriverai plus tôt.

e. (dernier) Je pars vite, je ne veux pas rater le .... métro ....

f. (prochain) Je vais te l'offrir pour ton .... anniversaire ....

g. (dernière) La .... semaine .... de cours était émouvante.

h. (prochaine) La .... semaine ...., j'ai un séminaire à Tours.

Les déterminants

• Les adjectifs possessifs

C'est mon oncle et voici sa femme Lisa. Leur maison est à Lorient.
Mes enfants vont à l'école de notre quartier. Leurs amis vivent tous dans le quartier.
– Vous habitez encore chez vos parents ?
– Non, j'habite avec mon amie Sabrina.

• Les adjectifs possessifs marquent l'appartenance. Ils varient selon les personnes et s'accordent en genre et en nombre avec le nom auquel ils se rapportent.

ADJECTIFS POSSESSIFS				
		Nom masc. sing.	Nom fém. sing.	Nom pluriel
Un possesseur	1re personne sing.	mon	ma	mes
	2e personne sing.	ton	ta	tes
	3e personne sing.	son	sa	ses
Plusieurs possesseurs	1re personne pl.	notre	notre	nos
	2e personne pl.	votre	votre	vos
	3e personne pl.	leur	leur	leurs

• Pour les noms féminins qui commencent par une voyelle ou un h muet, on utilise mon, ton, son : mon amie Angela, ton heure, son idée.

369 Entourez la bonne réponse.

Exemple : mon / (ma) société

a. mon / ma carte bleue
b. ton / ta université
c. son / sa lit
d. mon / ma boutique
e. ton / ta magasin
f. son / sa boulangerie
g. mon / ma école
h. ton / ta usine

14 • L'adjectif

370 Reliez les éléments qui vont ensemble.

a. Il sait
- 1. son
- 2. sa
- 3. ses

- A. leçon.
- B. tables de multiplication.
- C. poème.

b. Je connais
- 1. ton
- 2. ta
- 3. tes

- A. parents.
- B. adresse.
- C. famille.

c. Tu prends
- 1. mon
- 2. ma
- 3. mes

- A. voiture.
- B. patins à roulette.
- C. vélo.

371 Complétez les phrases avec « notre », « nos », « votre » ou « vos ».

Exemple : Notre voiture fonctionne, nous allons la prendre pour venir à Toulouse.

a. Comment va .... sœur ? Vous l'avez vue ?
b. J'ai visité .... bureaux mais vous n'étiez pas là.
c. .... salle de cours est fermée et nous commençons dans 10 minutes.
d. J'ai un bonne nouvelle pour vous, j'ai retrouvé .... parapluie.
e. Nous allons envoyer .... enfants en colonies cet été.
f. .... professeure est géniale, nous l'adorons !
g. Vous aimez .... nouveau quartier.
h. Vous avez trouvé .... nouveaux collègues sympathiques ?

372 Faites des phrases comme dans les exemples.

Exemples : Bernard / magasin → C'est son magasin.
Olivia / ateliers → Ce sont ses ateliers.

a. Sophie / entreprise → ....
b. Martin et Emma / voiture → ....
c. Nour / appartements → ....
d. Najid et Louane / maison → ....
e. Geza / vélo → ....
f. Marvin / bagages → ....
g. Andres et Elena / enfants → ....
h. Sam et François / quartier → ....

Grammaire/Conjugaison

373 Complétez les phrases avec « son », « sa », « ses », « leur » ou « leurs ».

Exemple : Mathilde et Charles sont mariés, leurs enfants s'appellent Noah et Simon.
a. Malo-les-Bains est une ville agréable, ... maire voudrait en faire une ville thermale.
b. Les habitants de Vitry vont devoir élire .... nouveau maire.
c. Sophie va chez le coiffeur avec .... fille, Jeanne.
d. L'entreprise a accordé une augmentation à .... employés.
e. Elle a démissionné et va quitter .... poste lundi prochain.
f. Le réceptionniste de l'hôtel accueille les clients et le concierge s'occupe de .... bagages.
g. Les employés de cette usine sont en conflit avec .... directeur.
h. Le ministre et .... épouse ont été condamnés pour fraude.

• **Les adjectifs démonstratifs**

J'adore **ce** peintre ! **Cet** arbre est millénaire ! **Cette** année, je pars en vacances à l'étranger. Regarde **ces** tableaux, ils sont magnifiques ! **Ces** fleurs sentent très bons.

• Pour désigner ou faire référence à un objet ou une personne précise, on utilise les adjectifs démonstratifs. Ils se placent toujours avant le nom.
• On utilise **ce** devant un nom masculin qui commence par une consonne ; **cet** devant un nom masculin qui commence par une voyelle ou un h muet ; **cette** devant un nom féminin ; **ces** devant un nom pluriel.

---

374 Écrivez le nom sous chaque photo en utilisant les adjectifs démonstratifs « ce », « cet », « cette » ou « ces ».

a. ces oranges
b. ....
c. ....

d. ....
e. ....
f. ....

g. ....
h. ....
i. ....

14 • L'adjectif

375 Entourez la bonne réponse.

Il y a trop de vêtements dans *ce / cet /* (*cette*) armoire, nous allons faire le tri. *Cette / Ce / Ces* chaussures en cuir, tu pourrais les donner. *Ce / Cet / Cette* imperméable, tu peux le donner à Déborah. *Cette / Ce / Ces* pull en laine est trop petit pour toi, on va le donner à une association. *Ce / Cet / Cette* jupe et *ce / cet / cette* jean sont en parfait état, tu peux les garder. *Cette / Cet / Ces* chaussettes sont trouées, il faut les recycler ! *Cette / Cet / Ce* veste est très belle ! Tu devrais la mettre plus souvent.

376 Complétez les phrases avec « ce », « cet », « cette » ou « ces ».

Exemple : Ce ballon est de mauvaise qualité.

a. .... équipe a un très bon niveau.
b. .... joueur est exceptionnel.
c. .... joueuse est la plus rapide.
d. Ils vont jouer dans .... championnat.
e. Je vais regarder .... match.
f. .... entraîneur est très sévère.
g. .... raquette est vraiment légère.
h. .... patins sont très chers.

377 Écrivez des phrases comme dans les exemples en employant « ce », « cet », « cette » ou « ces ».

Exemples : (roman) J'aimerais bien lire ce roman.
(série) J'aimerais bien voir cette série.

a. (article) ....
b. (BD) ....
c. (livres) ....
d. (romans policiers) ....
e. (concert) ....
f. (film) ....
g. (actrice) ....
h. (acteur) ....

Bilan

1. Placez et accordez les adjectifs entre parenthèses. (1 point/réponse)

Pascal a un .... frère .... (**a.** aîné), Mathieu, et une .... sœur .... (**b.** petit), Barbara. Son frère est marié à une .... femme .... (**c.** sympathique) et sa sœur a un .... garçon .... (**d.** gentil). Pour son anniversaire le .... mois .... (**e.** prochain), Pascal a décidé de faire une .... fête .... (**f.** grand).

Barbara veut lui offrir un .... cadeau .... (**g.** beau), un .... voyage .... (**h.** merveilleux) en Asie parce qu'il adore la .... civilisation .... (**i.** asiatique), en particulier, les .... traditions .... (**j.** japonais). Elle a donc acheté un .... séjour .... (**k.** magnifique) d'un mois où il rencontrera la .... population .... (**l.** local) et goûtera les .... plats .... (**m.** national). Mathieu a pensé à lui acheter une .... valise .... (**n.** spécial) pour l'occasion. Il doit aller dans plusieurs .... centres .... (**o.** commercial) pour la choisir.

Total : .... /15

2. Complétez les textes avec des adjectifs possessifs ou démonstratifs. (1 point/réponse)

a. .... après-midi, Philippe et Marc préparent .... voyage au Danemark. Ils font .... valise. Philippe a préparé tous .... vêtements, mais Marc pas encore.

b. – Je ne sais pas ce que veut Simon pour .... anniversaire. Tu as une idée ?
– Oui, je pense que nous pouvons lui acheter .... baskets pour jouer au football.
– C'est vrai, il adore le football !
– On pourrait ajouter .... maillot de l'équipe du Brésil et .... gants. Je crois qu'il joue comme gardien.

c. – .... ordinateur est en panne. Je vais aller dans .... boutique pour le faire réparer.
– Je peux te prêter .... tablette en attendant, mais ce n'est pas pareil !
– Ne t'inquiète pas, pour les urgences, je peux utiliser .... téléphone !

d. Nous venons de déménager. .... nouvel appartement est assez grand et nous découvrons .... nouveau quartier et .... nouveaux voisins.

Total : .... /15

Mon score : .... /30

15 • Les pronoms

Grammaire/Conjugaison

Les pronoms personnels sujets

> • **Le pronom sujet**
>
> **Je** travaille à Grenoble, mais **j'**habite à Sassenage.
> **Tu** habites à Montpellier, mais **ils** habitent à Lille.
> **Nous** habitons dans le sud, mais **vous** habitez dans le Nord.
>
> • Les pronoms personnels sujets je, tu, il, elle, on, nous, vous, ils et elles se placent devant le verbe et ils remplacent généralement un nom.
>   Devant une voyelle ou un h muet, je devient j'.
>
> • Généralement, avec tu, le verbe finit par -s, avec nous, par -ons et avec vous par -ez.
>
> ✋ Le pronom sujet ne s'utilise JAMAIS seul, il est toujours suivi d'un verbe !

378 Entourez le bon pronom.

Exemple : Je / (Tu) es français ?

a. J' / Tu étudie la chimie.
b. Je / Tu regardes la télé.
c. Je / Tu travaille à Paris.
d. Je / Tu suis architecte.
e. Je / Tu vais à New-York.
f. Je / Tu parles hongrois.
g. Je / Tu chante du jazz.
h. Je / Tu danses très bien.

379 Soulignez les verbes avec lesquels on utilise « j' » au présent.

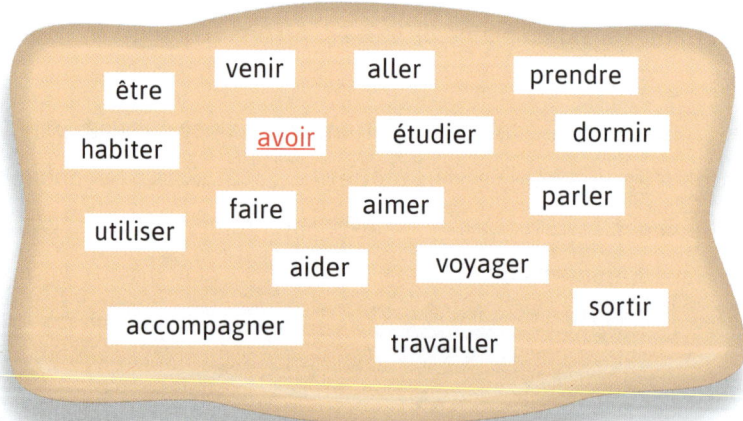

Grammaire/Conjugaison

380 Complétez avec « nous » ou « vous ».

Exemple : Nous adorons l'opéra.

a. .... êtes norvégien ?
b. .... aimons le sport.
c. .... habitons en France.
d. .... avez l'heure ?
e. .... arrivez toujours en retard.
f. .... étudions les sciences politiques.
g. .... réservez les billets ?
h. .... prenons le train.

381 Cochez la ou les réponses possibles.

Exemple : ☒ Je ☐ J' ☒ Tu   fais du yoga

a. ☐ Je ☐ J' ☐ Tu   me lève à 7 heures du matin.
b. ☐ Je ☐ J' ☐ Tu   sais parler turc.
c. ☐ Je ☐ J' ☐ Tu   aime la boxe.
d. ☐ Je ☐ J' ☐ Tu   connais ses parents.
e. ☐ Je ☐ J' ☐ Tu   viens pour les vacances.
f. ☐ Je ☐ J' ☐ Tu   ne bois jamais d'alcool.
g. ☐ Je ☐ J' ☐ Tu   suis végétarien.
h. ☐ Je ☐ J' ☐ Tu   vais à l'école à pied.

• Il/Ils – Elle/Elles

Il est beau cet acteur ! **Il** est beau le musée d'Orsay. C'est mardi, **ils** sont fermés les musées !
Elle est ouverte, la banque ? **Elle** est fantastique Alina ! **Elles** sont anglaises.

• Il, ils, elle et elles remplacent des choses ou des personnes.

✋ Il parle (singulier) et ils parlent (pluriel) se prononce de la même manière. Sans contexte, on ne peut pas savoir si c'est il singulier ou ils pluriel. C'est la même chose avec elle et elles.

382 Complétez avec « il » ou « elle ».

Exemple : Il est colombien ce café ?

a. .... est française ?
b. .... ouvert aujourd'hui ce magasin ?
c. .... est magnifique ce film.
d. .... est fâché.
e. .... est très sportive.
f. .... est trop long ce livre.
g. .... n'est pas intéressant cet auteur.
h. .... déteste la ville, c'est un agriculteur.

15 • Les pronoms

383 Que remplacent les pronoms dans chaque phrase ? Cochez la bonne réponse.

Exemple : Elles parlent français.
☐ les parents ☒ les étudiantes ☐ la directrice

a. Ils sont au lycée ?
☐ ton fils ☐ tes cousins ☐ tes sœurs

b. Il regarde une série.
☐ les étudiants ☐ la voisine ☐ ton frère

c. Elle écoute toujours la radio.
☐ ta sœur ☐ tes professeurs ☐ ton père

d. Il télécharge un film sur Internet.
☐ tes amis ☐ ton frère ☐ ta sœur

e. Elles savent parler russe.
☐ les étudiants ☐ la professeure ☐ les amies de Lisa

f. Ils regardent les informations à la télévision.
☐ les gens ☐ l'élève ☐ le médecin

g. Ils lisent un livre d'aventures.
☐ tes cousines ☐ le professeur ☐ les élèves

h. Elles aiment la mer.
☐ ta mère ☐ les filles de Marie ☐ tes grands-parents

384 Écoutez et dites si les phrases entendues sont au singulier, au pluriel ou on ne sait pas. 124

	Singulier (il ou elle)	Pluriel (ils ou elles)	On ne sait pas
Exemple :			✗
a.			
b.			
c.			
d.			
e.			
f.			
g.			
h.			

> Quand le verbe du 1er groupe commence par une voyelle, on distingue le singulier du pluriel grâce à la liaison.
> Il aime – Ils aiment [z].

Grammaire/Conjugaison

385 Associez la description à l'objet qui correspond.

a. Il contient toutes mes notes de cours.
b. Ils sont utiles pour écouter de la musique.
c. Ils sont nombreux : Facebook, Instagram, Twitter, TikTok…
d. Il est utile pour noter mes rendez-vous.
e. Elle sert à cliquer.
f. Il me réveille le matin quand il est bien chaud.
g. Elle stocke des documents.
h. Il sert à écrire.

1. Les réseaux sociaux
2. Le stylo
3. La souris
4. Les écouteurs
5. Le cahier
6. La clé USB
7. L'agenda
8. Le café

• **Le « vous » de politesse et le « vous » pluriel**

Les enfants, vous mettez la table ?
Vous pouvez m'indiquer le chemin ?

- Le pronom vous peut représenter plusieurs personnes ou une seule.
- Quand il représente une seule personne, c'est le « vous » de politesse et on dit alors qu'on vouvoie la personne (= vouvoyer).
- Quand il représente plusieurs personnes, c'est le « vous » pluriel.
- Quand on utilise le tu avec une personne on dit qu'on tutoie (= tutoyer) la personne (voir page 19).

---

386 « Vous » de politesse ou « vous » pluriel, de quoi s'agit-il ?

	« Vous » de politesse	« Vous » pluriel
Exemple : Vous voulez un dessert, les filles ?		✗
a. Vous êtes tous ici pour apprendre le français.		
b. Bonjour, Madame, comment allez-vous ?		
c. Salut les gars, vous allez bien ?		
d. Vous avez choisi, Madame ?		
e. Les enfants, vous venez ?		
f. Vous pourriez me prêter votre stylo, Monsieur ?		
g. Vous pourriez faire vos devoirs.		

15 • Les pronoms

387 Complétez avec « tu » ou « vous ».

Exemple : Vous pourriez m'aider ?

a. .... peux m'accompagner à la fac ?
b. .... voulez une glace, les enfants ?
c. .... êtes en avance Madame.
d. .... cherchez quelque chose de précis ?
e. .... voulez un renseignement ?
f. .... joues du piano ?
g. .... peux m'aider ?

388 Transformez les phrases en utilisant « vous ».

Exemple : Tu vas à la piscine. → Vous allez à la piscine.

a. Tu regardes des séries à la télé. → ....
b. Tu joues au football le dimanche. → ....
c. Tu manges au restaurant le vendredi midi. → ....
d. Tu fais les courses le samedi. → ....
e. Tu visites les musées le week-end. → ....
f. Tu aimes les expositions de peinture. → ....
g. Tu vis dans une grande ville. → ....
h. Tu aimerais faire de la boxe ? → ....

• « On » et « nous »

Ce soir, avec mes amis, **on** va au restaurant. **Nous** y allons tous les samedis.
Aux États-Unis, **on** boit beaucoup de sodas. **On** frappe à la porte.

• On peut représenter nous = je + une ou plusieurs personnes. Il est généralement utilisé à l'oral à la place du nous.

• On peut aussi désigner quelqu'un (= une personne inconnue) ou un groupe de personne.
Dans tous les cas, on représente une personne et le verbe se conjugue à la 3e personne du singulier.

---

389 Complétez les phrases avec « on » ou « nous ».

Exemple : Nous sommes en vacances.

a. .... est à la campagne.
b. .... fête Noël en famille.
c. .... partons en vacances dimanche.
d. .... veut dormir à la belle étoile.
e. .... aime les sports d'hiver.
f. .... faisons la fête samedi.
g. .... prenons le soleil à la plage.
h. .... avons une maison de campagne.

Grammaire/Conjugaison

390 Nous, les gens ou quelqu'un ? Que représente « on » dans chaque phrase ?

	Nous	Les gens	Quelqu'un
Exemple : Sabine et moi, on va à la piscine demain, tu viens ?	✗		
a. En France, on apporte des fleurs ou un gâteau quand on est invité chez quelqu'un.			
b. On m'a dit que c'est un bon film.			
c. En Suisse, on parle allemand, italien et français.			
d. Hier à la gare, on m'a volé mon sac.			
e. On achète quoi à Rachid pour son anniversaire ?			
f. En Malaisie, on mange beaucoup de riz.			
g. Avant d'embarquer, on doit enregistrer ses bagages.			

391 « Je » ou « on » ? Entourez le bon pronom.

Exemple : Le passeport est nécessaire si je / (on) voyage à l'étranger.

a. Pendant les vacances, je / on me repose dans ma maison de campagne.
b. Quand j'achète un billet d'avion, je / on prends aussi une assurance.
c. Pour éviter des surprises à l'arrivée à l'hôtel, je / on conseille aux voyageurs de bien se renseigner avant le départ.
d. Plus personne n'achète ses billets dans une agence, maintenant je / on surfe sur Internet pour les acheter.
e. Quand je / on cherche bien, il existe des offres spéciales pour voyager à bas prix.
f. Normalement, quand je pars en vacances, je / on préfère la montagne.
g. Les guides touristiques sur papier peuvent disparaître ; je / on utilise de plus en plus les guides en ligne.

392 Reliez les pronoms sujets au reste de la phrase.

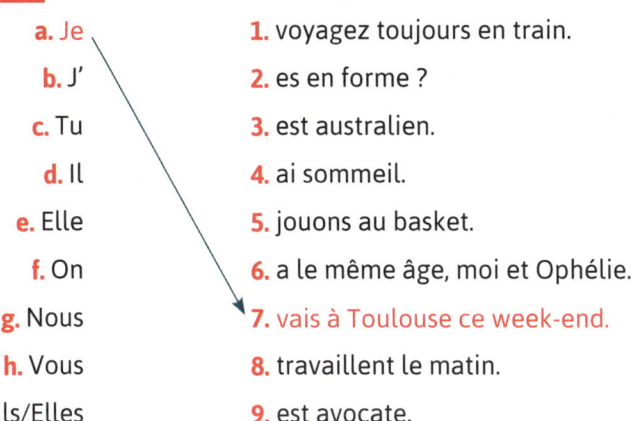

a. Je   1. voyagez toujours en train.
b. J'   2. es en forme ?
c. Tu   3. est australien.
d. Il   4. ai sommeil.
e. Elle   5. jouons au basket.
f. On   6. a le même âge, moi et Ophélie.
g. Nous   7. vais à Toulouse ce week-end.
h. Vous   8. travaillent le matin.
i. Ils/Elles   9. est avocate.

15 • Les pronoms

393 Cochez le pronom correct.

Exemple : Moi et Max — ☒ on ☐ vous ☐ ils ☐ elles

a. Ses cousines et sa tante — ☐ on ☐ vous ☐ ils ☐ elles
b. Pascal et toi — ☐ on ☐ vous ☐ ils ☐ elles
c. Mes collègues et moi — ☐ on ☐ vous ☐ ils ☐ elles
d. Madame Verague — ☐ on ☐ vous ☐ il ☐ elle
e. Tes amis et ta famille — ☐ on ☐ vous ☐ ils ☐ elles
f. Vous et lui — ☐ on ☐ vous ☐ ils ☐ elles
g. Eux et moi — ☐ on ☐ vous ☐ ils ☐ elles
h. Les élèves et leur professeur — ☐ on ☐ vous ☐ ils ☐ elles

Les pronoms toniques

• Emploi des pronoms toniques

– Qui a fait ça ? – Moi.
– Moi, je suis française, et toi ? – Moi aussi.
Moi, je suis pour. Lui, il est contre.
– Qui est là ? – C'est moi.

On utilise les pronoms toniques moi, toi, lui, elle, nous, vous, eux, elles :
• quand le pronom est seul ou après c'est ;
• quand le pronom est renforcé (Moi aussi, lui non plus, etc.) ;
• pour renforcer le pronom sujet et marquer un contraste.

✋ Les pronoms toniques ne peuvent pas être suivis d'un verbe.

394 Complétez ces phrases avec le pronom tonique correct.

Exemple : Toi, tu aimes l'art contemporain.

a. ...., je préfère l'impressionnisme.
b. ...., vous êtes comédienne.
c. ...., ils sont étudiants.
d. ...., nous sommes les membres du groupe.
e. ...., elle est chanteuse.
f. ...., il est bassiste.
g. ...., elles jouent dans le même groupe.
h. ...., tu es soliste ?

Grammaire/Conjugaison

395 **Entourez la forme correcte.**

Exemple : Elle déteste le vin mais ses parents, (eux) / lui, ils adorent les vins italiens.

a. Elle aime le judo, mais *lui / eux*, il préfère le taekwondo.
b. Nous adorons le fromage, et *nous / vous* aussi.
c. J'adore l'opéra mais *toi / vous*, tu préfères le reggae.
d. Tu es végétarien, mais pas *nous / je*.
e. Il apprécie les crêpes, mais *eux / lui*, ils préfèrent les croissants.
f. Vous n'aimez pas les escargots, et *nous / ils* non plus.
g. Il adore la natation mais sa femme, *elle / vous*, apprécie la marche nordique.
h. Les enfants n'aiment pas beaucoup les quiches et *tu / moi* non plus.

396 **Répondez aux questions en utilisant le pronom tonique correspondant aux mots entre parenthèses.**

Exemple : – Qui met la table ?
– Nous (Clément et moi).

a. – Qui fait la vaisselle ?
– .... (papa).

b. – Qui est-ce ?
– .... (Olivia et moi).

c. – Qui débarrasse la table ?
– .... (papa et maman).

d. – Qui fait les lits ?
– .... (Théo et toi).

e. – Qui passe l'aspirateur ?
– .... (je).

f. – Qui range la chambre ?
– .... (tu).

g. – Qui fait la poussière ?
– .... (Marco).

h. – Qui fait les courses ?
– .... (Cyril et Angela).

397 **Complétez le tableau avec les pronoms toniques ou les pronoms sujets.**

Pronoms sujet	Pronoms toniques
je / j'	moi
....	toi
il	....
....	elle
....	soi
nous	....
....	vous
ils	....
....	elles

Soi est le pronom tonique de **on** indéfini : On est bien chacun chez **soi**.

15 • Les pronoms

> **• Les pronoms toniques après les prépositions et pour comparer**
>
> Je pars en vacances avec **vous**, et toi, tu restes avec **eux**.
> Ils habitent chez **elle**, mais ce soir ils dorment chez **nous**.
> Je suis plus petite que **lui**. Il est plus jeune que **toi**.
>
> • Après les prépositions (avec, de, chez, par, pour, sans, etc.), on utilise les pronoms toniques.
> • Avec les comparatifs, on utilise également les pronoms toniques.

398 Reliez les éléments pour former des phrases.

a. Si tu as envie d'emmener Lucas, — 4. tu peux venir avec lui.
b. Demain, c'est l'anniversaire de Clara,
c. Je vais voir l'appartement de Laeticia et Jérôme,
d. Ses parents la laissent voyager seule,
e. Ce professeur est excellent,
f. C'est la secrétaire de direction, pour avoir le certificat,

1. grâce à lui j'ai compris les pronoms toniques.
2. elle prend le train sans eux.
3. j'ai un cadeau pour elle.
4. tu peux venir avec lui.
5. il faut passer par elle.
6. ce soir, je dîne chez eux.

399 Répondez aux questions en employant une préposition et un pronom.

Exemple : – Tu viens avec nous ?
– Oui, je viens avec vous.

a. – Vous déjeunez avec Béatrice ?
– Oui, je déjeune ....

b. – Il écrit ce poème pour ses parents ?
– Oui, il l'écrit ....

c. – Tu pars sans Biel ?
– Non, je ne pars pas ....

d. – Ils sont d'accord avec Paula et Joana ?
– Oui, ils sont d'accord ....

e. – Tu t'assois à côté de Serge ?
– Oui, je m'assois ....

f. – Tu t'es habituée à ce professeur ?
– Oui, je me suis habituée ....

g. – Tu es fier de tes enfants ?
– Oui, je suis fier ....

h. – Il faut passer par sa femme pour lui parler ?
– Oui, je suis passé ....

Grammaire/Conjugaison

400 Complétez les phrases avec le pronom qui convient. Faites l'élision si nécessaire.

Exemple : Nous sommes là depuis plus longtemps que *vous*. (vous)

a. J'écris plus que .... (ils)

b. Elles jouent mieux que .... (tu)

c. Tu rentres plus tôt que .... (elle)

d. Il roule plus vite que .... (nous)

e. Il parle mieux chinois que .... (tu)

f. Elle est arrivée plus tard que .... (vous)

g. Elles sont plus dynamiques que .... (ils)

h. Elle est plus intelligente que .... (il)

401 Entourez la bonne réponse.

Exemple : – J'aime la natation.
– (Moi) / Toi aussi.

a. Ce sont *eux / elles* qui sont étudiantes.

b. Je n'aime pas la boxe et *eux / nous* non plus.

c. J'ai rencontré le directeur et grâce à *lui / vous*, j'ai trouvé du travail.

d. Thomas est en retard, à cause de *lui / nous* nous arriverons en retard.

e. Joan, c'est *elle / toi* qui as fait ça ?

f. Les Belges *eux / nous* aussi parlent français.

g. C'est le tour d'Angel, c'est à *vous / lui* de jouer.

h. Les footballeuses ont gagné, ce sont *nous / elles* qui ont fait la fête hier soir.

Bilan

1. Dites si les affirmations sont vraies ou fausses, puis corrigez celles qui sont fausses. (1 point/réponse)

	Vrai	Faux
a. On écrit « j' » devant une voyelle.		
b. Avec « nous », le verbe finit par « -ez ».		
c. Le pronom sujet peut s'utiliser seul.		
d. « Elle » remplace seulement des personnes.		
e. « Il chante » et « ils chantent » se prononcent de la même façon.		
f. « Vous » peut remplacer une seule personne.		
g. « On » peut remplacer une chose.		
h. Les pronoms toniques peuvent s'utiliser seuls.		

Total : .... /8

2. Entourez la forme correcte. (1 point/réponse)

a. *Moi / Toi*, je suis française, mais j'habite à Montréal.
b. *Eux / Vous*, les Canadiens n'aiment pas être confondus avec les Américains.
c. Pour *je / moi*, le Canada est un pays immense.
d. C'est le pays de mon mari, je suis tombé amoureuse de *il / lui* à l'université.
e. *Elle / Lui*, il étudie la chimie et *moi / toi*, j'apprends l'anglais.
f. Ensemble, nous avons trois enfants, avec *eux / vous*, nous formons une famille heureuse et unie.

Total : .... /7

3. Complétez avec un pronom sujet ou un pronom tonique. (1 point/réponse)

a. J'aime bien Gabriel et Pierre, ce sont .... qui m'ont donné envie de faire du jazz. .... jouent tous les soirs au Club Harlem avec Sophie Louhant. .... , elle est connue dans le monde entier. .... adorerais faire un concert avec .... ! Je rêve souvent qu'elle et .... , nous nous retrouvons sur scène et que .... connaissons un immense succès.

b. Max et moi sommes très bons amis. Il aime la natation et .... aussi. Souvent .... va à la piscine ensemble. .... rejoint des amis. Avec .... , ... s'amuse beaucoup ! Le soir, ... se sépare et .... rentrons chez ....

Total : .... /15

Mon score : .... /30

16 • Verbes courants : « être », « avoir », « aller » et « faire »

Grammaire/Conjugaison

• Le présent du verbe « être »

• C'est un verbe irrégulier.
Je suis ; tu es ; il/elle/on est ; nous sommes ; vous êtes ; ils/elles sont.

✋ - es et est se prononcent de la même façon : [e].
 - Liaison obligatoire : vous êtes [vu zet] ; on est [õne]

---

402 Reliez les éléments comme dans l'exemple.

a. Il   1. sont amies.
b. Vous   2. est acteur.
c. Ils   3. suis à Madrid.
d. Tu   4. êtes étudiante ?
e. Nous   5. sont marocains.
f. Je   6. est ingénieure.
g. Elles   7. es en forme.
h. Elle   8. sommes en vacances.

403 Complétez les phrases avec « es » ou « est ».

Exemple : Sam est prêt.

a. C'........................ une grande nouvelle.
b. Max .... médecin.
c. Tu .... fatigué, mon chéri ?
d. Tout le monde .... présent ?
e. On .... motivé.
f. Tu .... là, Olivia ?
g. Mohammed .... trilingue.
h. Tu .... chez toi ce soir ?

404 Complétez les phrases avec le verbe « être » à la forme qui convient.

Exemple : Il est au musée.

a. Vous .... de Bari ?
b. Yannis .... grec.
c. Marc et moi, nous .... anglais.
d. Tu .... sûr de pouvoir venir ?
e. An et Amber .... en voyage.
f. Je .... au restaurant.
g. Il .... trop chaud ce café.
h. Elle .... seule pour ses vacances.

Grammaire/Conjugaison

405 Écrivez les phrases au pluriel.

Exemple : Je suis en bonne santé. → Nous sommes en bonne santé.

a. Tu es suisse. → ....

b. Il est ouvert. → ....

c. Je suis à Madrid pour les vacances. → ....

d. Elle est russe. → ....

e. Tu es marié. → ....

f. Il est de Mexico. → ....

g. Elle est médecin. → ....

h. Il est là. → ....

• Le présent du verbe « avoir »

• C'est un verbe irrégulier.
J'ai ; tu as ; il/elle/on a ; nous avons ; vous avez ; ils/elles ont.

✋ - ai se prononce [e].
- as et a se prononcent de la même façon : [a].
- Liaison obligatoire : on‿a [õna] ; nous‿avons [nu zavõ] ; vous‿avez [vu zave] ;
  ils‿ont [il zõ] ; elles‿ont [el zõ].

---

406 Reliez les éléments comme dans l'exemple.

a. Il   1. avez raison.
b. Vous   2. as le mot de passe.
c. Elles   3. ai une maison de campagne.
d. Tu   4. a dix-huit ans.
e. Nous   5. ont les tickets.
f. J'   6. avons de la chance.

407 Entourez la forme correcte.

Exemple : Elle as / (a) deux enfants.

a. Il a / avons une voiture.

b. On ai / a le temps.

c. Elles avez / ont un frère.

d. J'ai / a chaud.

e. Nous avons / avez une invitation.

f. Tu as / a peur ?

g. Ils avons / ont des problèmes.

h. Vous avez / ont un vélo ?

16 • Verbes courants : « être », « avoir », « aller » et « faire »

408 Complétez les phrases avec le verbe « avoir » à la forme qui convient.

Exemple : Est-ce que tu as un plan du métro ?

a. La France métropolitaine .... des frontières avec huit pays.
b. J'........................ un diplôme en sciences humaines.
c. Nous .... des voisins très sympathiques.
d. Elles .... des invités ce soir.
e. Tu .... rendez-vous avec le responsable.
f. Ils .... une solution à ton problème.
g. On .... les billets pour le spectacle.
h. Si vous .... une question, posez-la !

409 Faites une phrase avec les éléments donnés et le verbe « avoir ».

Exemple : Vous / invitations pour aller à la fête → Vous avez des invitations pour aller à la fête ?

a. Nous / trois minutes pour répondre → ....
b. Elle / un chien → ....
c. Tu / une excellente idée → ....
d. Les enfants / école demain → ....
e. Je / l'habitude de travailler en musique → ....
f. Ils / un très bon travail → ....
g. Elles / une nouvelle voiture → ....
h. Vous / une adresse e-mail → ....

410 Conjuguez les verbes « être » et « avoir ».

être	avoir
Je suis	J'........................
Tu	Tu ....
Il/Elle/On	Il/Elle/On a
Nous	Nous ....
Vous	Vous ....
Ils/Elles	Ils/Elles ....

Grammaire/Conjugaison

411 « Être » ou « avoir » ? Entourez en rouge le verbe « être » et en bleu le verbe « avoir ».

Exemple : Il (a) du retard, mais il (est) près d'ici.

a. – Vous avez l'heure ?
   – Oui, il est huit heures.
b. Ils ont deux enfants, ce sont des jumeaux.
c. Vous êtes jeunes, vous avez trente ans.
d. Elle a les cheveux blonds, elle est blonde.
e. J'ai envie d'une glace, je suis gourmande.
f. Près de chez nous, il y a un parc, c'est très beau.
g. Il est trilingue et il a la double nationalité.
h. Cet ordinateur est cher mais il a beaucoup d'options.

412 Vous entendez « ils sont » ou « ils ont » ? Cochez la bonne réponse. 125

	« ils sont »	« ils ont »
Exemple :	✗	
a.		
b.		
c.		
d.		
e.		
f.		
g.		
h.		

Ils sont [il sõ] (verbe « être ») ;
ils ont [il zõ] (verbe « avoir »).

413 Complétez en utilisant le verbe « être » ou « avoir ».

Exemple : Vous avez des enfants ?

a. J'........................ 29 ans.
b. Je .... parisien
c. Ils .... trois enfants.
d. Quel âge .... Tintin ?
e. Elle .... actrice.
f. Nous .... françaises.
g. Vous .... deux voitures.
h. Tu .... architecte ?

16 • Verbes courants : « être », « avoir », « aller » et « faire »

> **• Les expressions avec le verbe « avoir »**
>
> **Dans ma rue, il y a des restaurants mais il n'y a pas de boucherie.**
> - il y a s'utilise pour indiquer qu'une ou plusieurs choses ou qu'une ou plusieurs personnes se trouvent dans un lieu. Il est toujours au singulier.
>
> **J'ai faim.**
> **Nous avons soif.**
> **Les enfants sont fatigués, ils ont sommeil.**
> **Il ne veut pas descendre à la cave, il a peur des araignées.**
> - Pour exprimer une sensation de manque ou la peur, on utilise le verbe avoir avec un nom sans article.
>
> **Vous devez aller chez le dentiste, vous avez mal aux dents.**
> - Pour exprimer une douleur, on utilise avoir mal à + nom de la partie du corps où se trouve la douleur.
>
> **Pour faire les devoirs, j'ai besoin (= j'ai la nécessité) d'un dictionnaire.**
> - Pour exprimer la nécessité, on utilise avoir besoin de + nom de la chose ou personne que l'on nécessite.

414 Complétez avec la forme qui convient : « il y a » ou « il n'y a pas ».

Exemple : *Il n'y a pas* d'aéroport dans cette ville.

a. .... un parc près de chez lui.
b. .... un club de sport ouvert 24 heures sur 24.
c. .... de bar dans cette rue.
d. .... une voisine qui peut t'aider.
e. .... des informations sur Internet.
f. .... de livres qui expliquent ce problème.
g. .... un code pour entrer.
h. .... une banque dans cette rue.

415 Mettez les mots dans l'ordre pour former des phrases.

Exemple : du / peur / Les enfants / ont / noir. → *Les enfants ont peur du noir.*

a. a / bras. / mal / Il / au → ....
b. n'as / faim. / pas / Tu → ....
c. avez / le sport, / soif. / Après / vous → ....
d. besoin / sur / Elle / informations / les / insectes. / a / d' → ....
e. est / sommeil. / fatigué, / a / il / Il → ....
f. d'un / voyager, / on / passeport. / besoin / Pour / a → ....
g. vide. / Il / vertige, / peur / a / il / du / le / a → ....

Grammaire/Conjugaison

416 Complétez les phrases avec « être », « avoir » ou les expressions « avoir mal », « avoir faim », « avoir sommeil » ou « avoir peur ».

Exemple : Après leur match, les sportifs ont soif.

a. Nous cherchons un restaurant, nous ....
b. Il est minuit, je suis fatigué(e), j' ....
c. Ma collègue arrive toujours à l'heure. Elle .... ponctuelle.
d. Ses amis vivent seuls. Ils .... célibataires.
e. Les enfants .... chez le dentiste. Ils .... aux dents.
f. Mes enfants n'aiment pas l'obscurité. Ils .... du noir.
g. Quel âge .... ton fils ?
h. Vous .... une grande maison dans le sud.

417 Cochez la bonne question.

Exemple : Il fait seulement 15°.   ☒ Vous n'avez pas froid ?   ☐ Vous n'avez pas chaud ?

a. Il est midi passé !   ☐ Vous n'avez pas faim ?   ☐ Vous n'avez pas sommeil ?
b. Ce plat est trop salé !   ☐ Vous n'avez pas peur ?   ☐ Vous n'avez pas soif ?
c. Il est deux heures du matin et tu travailles encore !   ☐ Tu n'as pas mal ?   ☐ Tu n'as pas sommeil ?
d. Il fait très sombre dans cette rue et tu rentres seule !   ☐ Tu n'as pas peur ?   ☐ Tu n'as pas froid ?
e. Il fait plus de 40 ° !   ☐ Vous n'avez pas froid ?   ☐ Vous n'avez pas chaud ?

• Le présent du verbe « aller »

• C'est un verbe irrégulier.
Je vais ; tu vas ; il/elle/on va ; nous allons ; vous allez ; ils/elles vont.

✋ - vais se prononce [ve].
   - vas et va se prononcent de la même façon : [va].
   - Liaison obligatoire : nous‿allons [nu zalɔ̃] ; vous‿allez [vu zalɔ̃].

---

418 Reliez les éléments comme dans l'exemple.

a. Ils   1. vais à Berlin.
b. Nous   2. vas au concert.
c. Elle   3. allez à Vesoul.
d. Je   4. vont chez des amis.
e. Vous   5. allons au cinéma.
f. Tu   6. va à la gare.

16 • Verbes courants : « être », « avoir », « aller » et « faire »

419 Entourez la forme correcte.

Exemple : Je (vais) / vas à la montagne en hiver.

a. Vous *allez* / *vont* à la mer en été.
b. Tu *vais* / *vas* parfois au théâtre.
c. On *va* / *allons* régulièrement au cinéma.
d. Il *vas* / *va* au restaurant le samedi.
e. Nous *allons* / *allez* quelquefois à la campagne.
f. Elles *allons* / *vont* très bien.
g. Comment ça *va* / *allez* ?
h. Je *vais* / *va* au bureau à pied.

420 Écrivez les phrases au pluriel.

Exemple : Je vais chez des amis. → Nous allons chez des amis.

a. Elle va à la banque. → ....
b. Tu vas à la plage. → ....
c. Il va à la poste. → ....
d. Je vais sur la place. → ....
e. Il va bien. → ....
f. Tu vas à la salle de sport. → ....

421 Complétez avec le verbe « aller » au présent.

Exemple : Ma femme et moi, nous allons au bureau en voiture

a. Mon fils .... à l'université en bus.
b. Ma fille .... à l'école à pied.
c. Vous .... au supermarché le samedi.
d. Ils .... à Athènes pour les vacances.
e. Je .... à la poste.
f. L'auteur .... à la librairie.
g. Tu .... à la pharmacie.

• Le présent du verbe « faire »

• C'est un verbe irrégulier.
Je fais ; tu fais ; il/elle/on fait ; nous faisons ; vous faites ; ils/elles font.

 - fais et fait se prononcent [fɛ].
- faites se prononce [fɛt].

Grammaire/Conjugaison

422 Reliez le pronom au reste de la phrase. Plusieurs associations sont possibles.

a. Nous
b. Ils
c. Tu
d. On
e. Je
f. Elle
g. Vous

1. fais du sport.
2. faisons de la musique.
3. faites de la marche.
4. fait de la boxe.
5. font du bruit.
6. fais du camping.
7. fait du judo.

423 Complétez avec un pronom. Plusieurs réponses sont possibles.

Exemple : *Je / Tu* fais du vélo.

a. .... faites les courses.
b. .... fait le ménage.
c. .... font le lit.
d. .... faisons la vaisselle.
e. .... fais des projets.
f. .... fait beau.
g. .... fais la cuisine.
h. .... faites les exercices.

424 Écrivez les phrases au pluriel.

Exemple : Il fait les devoirs. → Ils font les devoirs.

a. Qu'est-ce que tu fais demain ? → ....
b. Je fais un footing. → ....
c. Tu fais les courses. → ....
d. Elle fait la cuisine. → ....
e. Je fais du sport. → ....
f. Tu fais un régime. → ....
g. Il fait le ménage. → ....
h. Tu fais la vaisselle. → ....

425 Complétez le texte suivant avec le verbe « faire ».

En été, toute la famille fait du sport : mon mari et mes fils .... du jogging le matin et l'après-midi, ils .... du volley. Ma fille et moi, nous .... du tennis en fin de matinée et quelquefois, l'après-midi, nous .... du cheval. Quand il .... froid, nous .... de la musique. Parfois, ma fille Mylène .... du piano, mon fils Stéphane .... de la clarinette et leur amie Lucille .... du violoncelle.

Bilan

1. Reliez les éléments pour former des phrases. (1 point/réponse)

a. J'
b. Vous
c. La banque
d. Nous
e. Le café
f. Je
g. Tu
h. Elles

1. avons faim.
2. sont contentes d'être là.
3. ai deux enfants.
4. êtes mariée.
5. suis en forme
6. es là, Fatou ?
7. est ouverte.
8. est chaud.

Total : .... /8

2. Complétez les phrases avec les mots ou expressions qui conviennent. (1 point/réponse)

as sommeil – a besoin – avez soif – va – a mal – y a – a peur – ai – a

a. Quand on .... à la gorge, on .... chez le médecin.
b. J'..................... de l'eau si vous ...., les enfants.
c. Mario .... du noir, c'est pour ça qu'il .... une veilleuse dans sa chambre.
d. Pour voyager au Cameroun, on .... d'un visa.
e. Si tu es trop fatigué et que tu ...., il .... un lit dans la chambre à côté.

Total : .... /9

3. Complétez les textes en conjuguant le verbe « être » ou « avoir ». (0,5 point/réponse)

a. Sullivan .... un ami de la famille. Il .... sculpteur. Il .... jeune, il .... trente-deux ans. Il .... en couple avec François, qui .... artiste. Ils n'..................... pas d'enfant.
b. Pedro .... un très bel appartement, c'..................... un studio, il .... donc très petit. Il .... seulement une pièce mais la salle de bains .... très grande. Il .... au 6e étage mais il n'y .... pas d'ascenseur.

Total : .... /7

4. Complétez les phrases avec le verbe « faire ». (1 point/réponse)

a. Elle .... du bateau.
b. Je .... des projets pour l'année prochaine.
c. Vous .... du sport le week-end ?
d. Ils .... le ménage le samedi.
e. Aujourd'hui, il .... très beau.
f. Nous .... les courses au marché.

Total : .... /6

Mon score : .... /30

17 • Le présent des verbes du 1er groupe (-er)

Grammaire/Conjugaison

• Formation du présent de l'indicatif des verbes en « -er » : généralités

Parler : Je parle, tu parles, il/elle/on parle, nous parlons, vous parlez, ils/elles parlent.
- Les verbe du 1er groupe se terminent en -er.
- Conjugaison :
  Singulier : radical → infinitif (parl[er]) + terminaisons : -e, -es, -e, -ons, -ez, -ent.

  ✋ On ne prononce pas les terminaisons -e, -es et -ent : je parle [parl] – tu parles [parl] – il/elle/on parle [parl] – ils/elles parlent [parl].
---

426 **Reliez les éléments comme dans l'exemple.**

a. Il   1. danses le hip-hop ?
b. Vous   2. rentrons demain soir.
c. Ils   3. aime la littérature anglaise.
d. Tu   4. chantent à l'opéra.
e. Nous   5. fête mon anniversaire au restaurant.
f. Je   6. regardez la nouvelle série de TF1 ?

427 **Entourez la forme correcte.**

Exemple : Je (marche) / marches cinq kilomètres par jour.
a. Ils *discute* / *discutent* de leurs notes.
b. Tu *reste* / *restes* manger ?
c. Nous *jouons* / *jouent* aux cartes le vendredi soir.
d. Elle *parles* / *parle* cinq langues.
e. Je *porte* / *portes* des lunettes.
f. On *arrives* / *arrive* en métro.
g. Vous *chantes* / *chantez* très bien !
h. Elles *habitez* / *habitent* en Normandie.

428 **Complétez avec les bonnes terminaisons.**

Exemple : En semaine, elle travaille tous les jours.
a. Le lundi, je déjeun............ chez moi.
b. Le mardi, ils étudi............ à la bibliothèque.
c. Le mercredi, nous regard............ une série.
d. Le jeudi, vous dîn............ avec vos collègues.
e. Le vendredi, tu rentr............ tôt du travail.
f. Le samedi, elles jou............ aux échecs.
g. Le dimanche, elle téléphon............ à sa mère.

17 • Le présent des verbes du 1er groupe (-er)

429 Conjuguez les verbes au présent.

Exemple : Il déjeune souvent au restaurant mais il dîne tous les soirs chez lui.

a. Je .... (regarder) rarement la télévision seulement pour les séries que j'.................... (aimer).
b. Mes enfants .... (adorer) jouer au basket et parfois, ils .... (jouer) tout le week-end.
c. Tu .... (travailler) beaucoup trop et tu n'.................... (arrêter) jamais.
d. Ses parents .... (parler) fort et .... (discuter) souvent.
e. Vous .... (chercher) un appartement et vous .... (regarder) les petites annonces ?
f. Nous .... (inviter) des amis français et nous .... (dîner) avec eux.
g. Elle .... (passer) ses vacances à Varsovie ou elle .... (rester) à Bordeaux ?

430 Écrivez les phrases au pluriel ou au singulier.

Exemples : Elle regarde un film d'aventure. → Elles regardent un film d'aventure.
Nous dessinons des portraits. → Je dessine des portraits.

a. Je passe les vacances au Portugal. → ....
b. Ils étudient la philosophie. → ....
c. Nous cherchons des correspondants anglophones. → ....
d. Elle collectionne les cartes postales. → ....
e. Tu parles russe. → ....
f. Il adore le sport et les jeux vidéo. → ....
g. Vous écoutez souvent la radio. → ....
h. Elles gardent toutes les photos dans un album. → ....

431 Indiquez quand on fait la liaison. Écoutez pour vérifier vos réponses. 126

Exemples : Ils‿aiment le chocolat.
Elle apprécie le rap.

a. Tu étudies le droit.
b. Vous aimez la danse ?
c. Nous oublions notre sac.
d. J'utilise beaucoup le téléphone.
e. Ils adorent la campagne.
f. Elle aime venir ici.
g. On apporte des fleurs.
h. Vous acceptez sa proposition ?

> Avec les verbes qui commencent par une voyelle, on fait la liaison avec les pronoms sujets **on**, **nous**, **vous**, **ils** et **elles**.

Grammaire/Conjugaison

432 Écrivez les phrases au pluriel, puis dites si la prononciation change ou pas. Écoutez pour vérifier vos réponses. 127

	Même prononciation	Prononciation différente
Exemple : Il aime le foot. → Ils aiment le foot.		✗
a. Elle étudie la géographie. →		
b. Il donne de bons conseils. →		
c. Il danse à l'opéra. →		
d. Elle apprécie les films d'horreur. →		
e. Il contacte les responsables. →		
f. Elle joue de la batterie. →		
g. Elle oublie les mauvais souvenirs. →		
h. Il abandonne la partie. →		

> On ne prononce jamais le **-ent** à la fin du verbe, donc à l'oral, on ne peut pas distinguer le singulier (**il parle**) du pluriel (**ils parlent**). Sauf pour les verbes qui commencent par une voyelle ou un **h** muet, parce qu'on fait la liaison : il étudie **[iletydi]** ; ils étudient **[ilzetydi]**.

433 Écoutez. On parle d'une personne, de plusieurs personnes ou on ne sait pas ? 128

	Une personne	Plusieurs personnes	On ne sait pas
Exemple :	✗		
a.			
b.			
c.			
d.			
e.			
f.			
g.			
h.			

17 • Le présent des verbes du 1er groupe (-er)

Les verbes à particularités en « -er »

> **• Les verbes en « -cer », « -ger » et « -yer »**
>
> **Je commence – nous commençons / je mange – nous mangeons / j'envoie – nous envoyons – ils envoient**
>
> • Pour les verbes en -cer, le c devient ç devant le o.
> • Pour les verbes en -ger, le g devient ge devant le o.
> • Pour les verbes en -yer, le y devient i devant les terminaisons muettes (je, tu, il/elle/on, ils/elles).
>
> ✋ Les verbes en -ayer s'écrivent et se prononcent de deux façons différentes : je paie / je paye, tu paies / tu payes, il paie / il paye, nous payons, vous payez, ils/elles paient / ils/elles payent.

434 Complétez avec « c » ou « ç ».

Exemple : Je commence le travail à 7 heures du matin.

a. Elle commen…………e son travail à 9 heures.
b. Nous commen…………ons à 8 heures.
c. Ils commen…………ent à 10 heures.
d. Comment on pronon…………e ce mot ?
e. Nous pronon…………ons bien le « r » ?
f. Tu dépla…………es le rendez-vous.
g. Vous dépla…………ez la réunion.
h. Nous dépla…………ons l'heure du concert.

435 Répondez avec « nous ».

Exemple : – Vous changez de quartier ?
– Oui, nous changeons de quartier.

a. – Vous voyagez souvent ?
– Oui, nous ………………………………………………………………

b. – Vous nagez dans la mer ?
– Oui, nous ………………………………………………………………

c. – Vous partagez votre appartement ?
– Oui, nous ………………………………………………………………

d. – Vous mangez de la viande ?
– Oui, nous ………………………………………………………………

e. – Vous déménagez à Lisbonne ?
– Oui, nous ………………………………………………………………

f. – Vous rangez votre chambre ?
– Oui, nous ………………………………………………………………

g. – Vous changez votre ordinateur ?
– Oui, nous ………………………………………………………………

h. – Vous mélangez les ingrédients ?
– Oui, nous ………………………………………………………………

Grammaire/Conjugaison

436 Écrivez l'infinitif des verbes.

Exemple : Elle paie par carte bleue. → payer

a. Ils nettoient la maison. → ....
b. Elle s'ennuie à Lausanne. → ....
c. Nous envoyons de la publicité. → ....
d. Vous essayez une très belle robe. → ....
e. Nous nous vouvoyons. → ....
f. Il le tutoie. → ....
g. Vous appuyez sur la touche « entrée ». → ....
h. Tu balaies la maison. → ....

437 Écrivez les phrases au pluriel.

Exemple : Je commence l'exercice. → Nous commençons l'exercice.

a. Tu manges des pâtes. → Vous ....
b. Il voyage au printemps. → Ils ....
c. Elle envoie un courriel. → Elles ....
d. Tu nages très bien. → Vous ....
e. Je nettoie la voiture. → Nous ....
f. Tu avances bien. → Vous ....
g. Il paie par chèque. → Ils ....
h. Je déménage en juin. → Nous ....

• **Les verbes comme « acheter » ou « préférer »**

Je me lève – nous nous levons / tu achètes – nous achetons / elle complète – vous complétez / il espère – ils espèrent / je préfère – nous préférons / tu répètes – vous répétez

• Pour les verbes comme acheter, e → è devant les terminaisons muettes (je, tu, il/elle/on, ils/elles).
• Pour les verbes comme préférer, é → è devant les terminaisons muettes (je, tu, il/elle/on, ils/elles).

✋ Les verbes appeler et jeter sont différents : j'appelle, tu appelles, il/elle/on appelle, nous appelons, vous appelez, ils/elles appellent – je jette, tu jettes, il/elle/on jette, nous jetons, vous jetez, ils/elles jettent.

---

438 Reliez les éléments pour former des phrases. Il y a parfois plusieurs possibilités.

a. Je → 1. promène le chien.
b. Elles   2. achètent un pantalon.
c. Vous   3. espérons que tu vas bien.
d. Tu   4. emmène les enfants à l'école.
e. Il   5. enlève le sac.
f. Nous   6. pelez les fruits.
g. On   7. lève les bras.
h. J'   8. complètes la collection.

17 • Le présent des verbes du 1er groupe (-er)

439 Mettez les phrases au singulier, puis écrivez l'infinitif des verbes.

Exemple : Nous nous promenons dans la ville. → Je me promène dans la ville. → se promener

a. Nous enlevons nos chaussures. → .... → ....

b. Ils emmènent le chien. → .... → ....

c. Vous pesez 50 kilos. → .... → ....

d. Vous achetez un sac. → .... → ....

e. Ils répètent le mardi. → .... → ....

f. Elles préfèrent rester chez elle. → .... → ....

g. Nous complétons la phrase. → .... → ....

h. Vous vous levez à quelle heure ? → .... → ....

440 Ajoutez les accents si nécessaire.

Exemple : J'achète des fruits.

a. Nous achetons du poulet.

b. Je prefere le vert.

c. Ils preferent le train.

d. Vous repetez pour le concert.

e. Tu repetes la chanson.

f. Nous promenons le chien.

g. Tu promenes le bébé

h. Il gele.

441 Complétez la conjugaison des verbes « appeler » et « jeter ».

	Appeler	Jeter
Je/J'	appelle	je...............
Tu	appe...............	jettes
Il/Elle/On	appe...............	je...............
Nous	appelons	je...............
Vous	appe...............	jetez
Ils/Elles	appe...............	je...............

Grammaire/Conjugaison

442 **Complétez avec les verbes entre parenthèses au présent.**

Exemple : On appelle (appeler) Lio ?

a. Tu .... (lever) la jambe.
b. Il .... (préférer) partir.
c. Nous .... (appeler) Cyril.
d. Vous .... (acheter) le pain.
e. Ils .... (enlever) leur manteau.
f. Nous .... (peler) les fruits.
g. Tu .... (jeter) le journal.
h. Elle .... (emmener) ses enfants à l'école.

Bilan

1. Complétez la terminaison des verbes. (0,5 point/réponse)

a. J'ador......... l'opéra, mais vous, vous n'aim......... pas du tout.

b. Il jou......... au tennis et elles jou............ au foot.

c. Nous habit............ à Barcelone et elle habit............ à Lisbonne.

d. Il cherch............ le musée et tu cherch............ la bibliothèque.

e. Vous regard............ un tableau et ils regard............ une sculpture.

Total : .... /5

2. Complétez les phrases en conjuguant les verbes proposés au présent. (1 point/réponse)

visiter – étudier – jouer – regarder – continuer – déjeuner – aimer

a. J'...................................... me promener dans la montagne.

b. Ils .... les sciences politiques.

c. Elle .... un film à la télé.

d. Les touristes .... la ville.

e. On .... aux cartes tous les mardis soir.

f. Le vendredi, vous .... du poisson.

g. Tu .... tout droit et c'est là !

Total : .... /7

3. Complétez les phrases avec les verbes entre parenthèses au présent. (1 point/réponse)

a. Je .... (penser) que tu as raison.

b. Tu .... (préférer) le train.

c. Ils .... (aimer) à la campagne.

d. Vous .... (jeter) les poubelles.

e. Nous .... (commencer) à 8 heures du matin.

f. Elles .... (manger) une glace.

g. Il .... (essayer) un pantalon.

h. Vous .... (travailler) tôt.

i. Elles .... (acheter) le journal.

j. Je .... (payer) en liquide.

Total : .... /10

4. Écrivez les phrases au pluriel. (1 point/réponse)

a. J'appelle ma mère. → Nous ....

b. Tu paies en liquide. → Vous ....

c. Il tutoie Patrick. → Ils ....

d. Elle vérifie les ordinateurs. → Elles ....

e. Je mange des pâtes. → Nous ....

f. J'anime des ateliers. → Nous ....

g. Elle loue son appartement. → Ils ....

h. Je complète l'exercice. → Nous ....

Total : .... /8

Mon score : .... /30

18 • Les verbes en « -ir », « -re » et « -oir »

Grammaire/Conjugaison

Les verbes du 2ᵉ groupe

• Les verbes en « -ir » du 2ᵉ groupe

Je finis, tu finis, il/elle/on finit, nous finissons, vous finissez, ils/elles finissent
Je choisis, tu choisis, il/elle/on choisit, nous choisissons, vous choisissez, ils/elles choisissent

• Ce sont des verbes a un radical : fin-/chois- + terminaisons : -is, -is, -it, -issons, -issez, -issent.

✋ Les verbes en -ir ne sont pas tous du 2ᵉ groupe.
✋ Les trois personnes du singulier se prononcent de la même manière.

443 Entourez les verbes du 2ᵉ groupe, puis donnez l'infinitif de chaque verbe.

Exemple : (Nous choisissons) – Nous venons → choisir – venir

a. Ils étudient – Ils remplissent → .... – ....
b. Vous finissez – Vous partez → .... – ....
c. Elles réfléchissent – Elles dorment → .... – ....
d. Nous réunissons – Nous sortons → .... – ....
e. Ils choisissent – Ils remercient → .... – ....
f. Elles viennent – Elles finissent → .... – ....

444 Cochez le pronom correct.

Exemple : ☐ Je ☒ Ils   remplissent le formulaire.
a. ☐ Il   ☐ Tu   finis à 15 heures.
b. ☐ Vous   ☐ Tu   réfléchissez à la solution.
c. ☐ Je   ☐ Vous   choisissez le menu.
d. ☐ Tu   ☐ On   remplit le formulaire.
e. ☐ Elles ☐ Elle   finissent le match.
f. ☐ Je   ☐ Vous   choisis les fleurs.
g. ☐ Nous   ☐ Ils   finissons le petit-déjeuner.
h. ☐ Tu   ☐ Il   réfléchis trop.

445 Écrivez les phrases au pluriel comme dans l'exemple.

Exemple : Je finis à 15 heures. → Nous finissons à 15 heures.

a. Tu remplis le verre. → Vous ....
b. Il choisit le menu. → Ils ....
c. Je réunis les joueurs. → Nous ....
d. Elle finit son travail. → Elles ....
e. Tu choisis le cadeau ? → Vous ....
f. Tu finis bientôt ? → Vous ....
g. Il remplit la déclaration. → Ils ....
h. Tu choisis le côté gauche ? → Vous ....

Grammaire/Conjugaison

446 Conjuguez les verbes entre parenthèses au présent.

a. Je finis (finir) à 15 heures, elle .... (finir) à 18 heures et les enfants .... (finir) à 16h30. Et vous, à quelle heure vous ....(finir) ?

b. Tu ....(remplir) ton verre, Lara ....(remplir) la bouteille et Martin et Clément .... (remplir) leur gourde.

c. Nous ....(choisir) le menu ou tu .... (choisir) ? Carlos et Rocío .... (choisir) aussi ?

Les verbes du 3ᵉ groupe à un radical

• Les verbes comme « ouvrir », « offrir », « attendre » ou « répondre »

J'ouvre – tu découvres – il/elle/on offre – nous ouvrons – vous découvrez – ils/elles offrent
- Certains verbes en -ir comme ouvrir ou offrir.
- Ce sont des verbes a un radical : ouvr-/offr- + terminaisons : -e, -es, -e, -ons, -ez, -ent.

J'attends – tu réponds – il/elle/on entend – nous vendons – vous descendez – ils/elles rendent
- Certains verbes en -dre comme attendre ou répondre.
- Ce sont également des verbes a un radical : attend-/répond- + terminaisons : -s, -s, -ø, -ons, -ez , -ent.

✋ Les verbes en -re n'ont pas tous un radical.
✋ Les trois personnes du singulier se prononcent de la même manière.

447 Reliez le sujet au reste de la phrase. Plusieurs associations sont possibles.

a. On → 1. découvre la ville.
b. Ils 2. ouvres la porte.
c. Je 3. offrons le dessert.
d. Nous 4. découvrez vos cadeaux.
e. Elle 5. offre un cadeau.
f. Tu 6. découvrent ce chanteur.
g. Vous 7. ouvre le restaurant.
h. J' 8. découvrons la région.

448 Entourez le bon pronom.

Exemple : (Je) / Vous réponds demain.

a. Il / Elles attendent le bus.
b. Nous / Vous entendez les voisins ?
c. Tu / Elle vends des chemises.
d. On / Nous descendons les escaliers.
e. Je / Tu attends les résultats.
f. On / Ils rendent le livre à la bibliothèque.
g. Je / Il réponds en anglais.
h. Tu / Vous entends bien ?

18 • Les verbes en « -ir », « -re » et « -oir »

449 Complétez les verbes.

Exemple : Il offr**e** des roses.

a. Tu découvr................. ton nouveau quartier.
b. Ils entend................. la musique des voisins.
c. Nous attend................. le bus.
d. Vous vous rend................. au rendez-vous.
e. On descend................. les escaliers.
f. Je vend................. des livres anciens.
g. Ils ouvr................. la boutique à 9 heures.
h. Elles offr................. un cadeau à leurs parents.

450 Qu'est-ce que vous entendez ? Cochez la bonne réponse. 129

	Singulier	Pluriel	On ne sait pas
Exemple :		✗	
a.			
b.			
c.			
d.			
e.			
f.			
g.			
h.			

451 Conjuguez les verbes entre parenthèses au présent.

a. La piscine ouvre (ouvrir) à 8 heures et les boutiques du centre-ville .... (ouvrir) à 10 heures.
b. Géa et Alix .... (attendre) le bus et Maxime .... (attendre) près de la piscine.
c. Nous .... (descendre) à la station Port-Royal et vous .... (descendre) à Jaume Ier.
d. Elles .... (découvrir) leur collège et il .... (découvrir) son lycée.
e. Je .... (répondre) en français et il .... (répondre) en portugais.

Grammaire/Conjugaison

Les verbes du 3ᵉ groupe à deux radicaux

• Les verbes comme « partir », « dormir », « servir », « vivre » ou « suivre »

Je pars, tu pars, il/elle/on part, nous partons, vous partez, ils/elles partent

• Ils ont deux radicaux :
Personnes du singulier : par-/dor-/ser-/vi-/sui- + terminaisons : -s, -s, -t.
Personnes du pluriel : part-/dorm-/serv-/viv-/suiv- + terminaisons : -ons, -ez, -ent.

✋ Les trois personnes du singulier se prononcent de la même manière.

452 Entourez le verbe entendu. 🔊 130

Exemple : *Il part /* **Ils partent** à 11 heures.

a. *Il part / Ils partent* à 16 heures.
b. *Elle dort / Elles dorment* bien.
c. *Elle dort / Elles dorment* dans la chambre d'ami.
d. *Il vit / Ils vivent* à Lisbonne.
e. *Il vit / Ils vivent* en centre-ville.
f. *Elle suit / Elles suivent* un cours d'anglais.
g. *Il suit / Ils suivent* le mouvement.
h. *Il sert / Ils servent* un verre.
i. *Il sert / Ils servent* le dessert.

453 Complétez avec « s » ou « t ».

Exemple : *On sui**t** cette série.*

a. Je sui................ l'actualité.
b. Tu dor................ ?
c. Il par................ ce matin.
d. Elle dor................ chez Safia.
e. Il vi................ à New York.
f. On par................ dans l'après-midi.
g. Tu vi................ près d'ici ?
h. Tu ser................ le café ?

18 • Les verbes en « -ir », « -re » et « -oir »

454 Écrivez les phrases en utilisant « vous » à la place de « tu ».

Exemple : Tu vis à Paris. → Vous vivez à Paris.

a. Tu suis cette influenceuse. → ....
b. Tu pars au travail. → ....
c. Tu dors bien ? → ....
d. Tu sers les plats ? → ....
e. Tu attends le bus. → ....
f. Tu rends la monnaie. → ....
g. Tu réponds au téléphone. → ....
h. Tu entends le vent ? → ....

455 Complétez en conjuguant les verbes entre parenthèses au présent.

Exemple : Nous suivons (suivre) une formation à distance.

a. Tu .... (vivre) à la campagne.
b. Vous .... (dormir) dans la petite chambre.
c. Ça .... (servir) à faire le café.
d. Je .... (partir) vendredi.
e. Nous .... (servir) à partir de midi.
f. Tu .... (suivre) un Erasmus à Milan.
g. Elles .... (vivre) chez leurs parents.
h. Tu .... (dormir) profondément.

• **Les verbes « connaître » et « savoir »**

Je connais l'Europe. Je sais parler anglais. Nous savons nager. Nous connaissons Virginie.
Tu connais, il/elle/on connaît, vous connaissez, ils/elles connaissent
Tu sais, Il/elle/on sait, vous savez, ils/elles savent

- Ils ont deux radicaux :
  Personnes du singulier : connai-/sai- + terminaisons : -s, -s, -t.
  Personnes du pluriel : connaiss-/sav- + terminaisons : -ons, -ez, -ent.
  ✋ Les trois personnes du singulier se prononcent de la même manière.
- Les verbes savoir et connaître ont un sens proche mais une utilisation différente :
  - savoir +- verbe à l'infinitif ou phrase : Je sais chanter. Tu sais que je chante.
  - connaître + nom : Je connais cette chanson.

---

456 Complétez la conjugaison des verbes.

Je	sais	conn.........
Tu	sa.........	connais
Il / Elle / On	sa.........	conn.........
Nous	savons	conn.........
Vous	sa.........	connaissez
Ils / Elles	savent	conn.........

Grammaire/Conjugaison

457 Reliez les deux parties de la phrase que vous entendez.

a. Je connais — 5. tes parents.
b. On sait
c. Ton frère connaît
d. Je sais
e. Ma mère sait
f. Mes voisins connaissent
g. Nous savons
h. Vous connaissez

1. ma sœur.
2. mes grands-parents.
3. où ton frère habite.
4. bricoler.
5. tes parents.
6. mon prof d'allemand.
7. jouer aux cartes.
8. parler anglais.

458 Entourez le bon pronom.

Exemple : *Il* / *Vous* sait skier.

a. *Nous* / *Elles* savons jouer au foot.
b. *On* / *Ils* savent marcher.
c. *Nous* / *Vous* savez où est la pharmacie.
d. *Je* / *On* sais bricoler.
e. *Tu* / *Vous* connais Helena.
f. *Je* / *Elle* connaît cette chanson.
g. *Nous* / *Vous* connaissez ce poème.
h. *Elle* / *Elles* connaissent le professeur.

459 Complétez en utilisant « savoir » ou « connaître » au présent.

a. Je .... des Parisiens.
b. Tu .... quel âge il a ?
c. Ils .... Oriol.
d. Ma fille .... compter jusqu'à quatre-vingt-dix.
e. Elle .... ce que tu cherches.
f. Nous .... la marque de sa voiture.
g. Vous .... un restaurant éthiopien ?
h. On .... nager.

221

18 • Les verbes en « -ir », « -re » et « -oir »

• Les verbes « mettre », « lire » et « écrire »

Je mets un pantalon. Nous mettons la table.
Tu mets, il/elle/on met, vous mettez, ils/elles mettent

• Personnes du singulier : met- + terminaisons : -s, -s, -ø.
• Personnes du pluriel : mett- + terminaisons : -ons, -ez, -ent.

Je lis un poème. Nous lisons un roman policier.
Tu lis, il/elle/on lit, vous lisez, ils/elles lisent

• Personnes du singulier : li- + terminaisons : -s, -s, -t.
• Personnes du pluriel : lis- + terminaisons : -ons, -ez, -ent.

J'écris une lettre. Nous écrivons un courriel.
Tu écris, il/elle/on écrit, vous écrivez, ils/elles écrivent

• Personnes du singulier : écri- + terminaisons : -s, -s, -t.
• Personnes du pluriel : écriv- + terminaisons : -ons, -ez, -ent.

✋ Les trois personnes du singulier se prononcent de la même manière.

460 Reliez le sujet au reste de la phrase. Il y a plusieurs possibilités.

a. Je → 2. mets une cravate.
b. Tu
c. Il
d. On
e. Nous
f. Vous
g. Ils
h. Elles

1. mettons des gants.
2. mets une cravate.
3. met un short.
4. mettez des vêtements de sport.
5. mettent une robe.
6. met un manteau.
7. mettent des chaussettes.
8. mets une écharpe.

461 Complétez la conjugaison des verbes.

Je / J'	écris	li.........
Tu	écri.........	lis
Il / Elle / On	écri.........	li.........
Nous	écrivons	li.........
Vous	écri.........	lisez
Ils / Elles	écrivent	li.........

Grammaire/Conjugaison

462 Écrivez les phrases au pluriel.

Exemple : J'écris un roman. → Nous écrivons un roman.

a. Il écrit une lettre. → ....
b. Tu écris bien. → ....
c. Tu mets un pull. → ....
d. Je mets un foulard. → ....
e. Elle met des chaussures. → ....
f. Elle lit un livre. → ....
g. Je lis le journal. → ....
h. Tu lis l'horoscope. → ....

463 Conjuguez les verbes entre parenthèses au présent.

Exemple : Vous mettez (mettre) la table ?

a. Tu .... (lire) ce journal ?
b. Ils .... (écrire) dans le journal.
c. Nous .... (mettre) les livres sur l'étagère.
d. J'................................. (écrire) un roman d'aventures.
e. Il .... (lire) une bande dessinée.
f. Ils .... (mettre) l'eau dans le verre.
g. Nous .... (lire) des livres en anglais.
h. Vous .... (écrire) des lettres à Liliane.

Les verbes à trois radicaux

• Les verbes « pouvoir », « vouloir » et « devoir »

Je **peux** venir. Nous **pouvons** aller au marché. Ils **peuvent** faire l'exercice.
Tu **peux**, il/elle/on **peut**, vous **pouvez**
Je **veux** marcher. Nous **voulons** aller au cinéma. Elles **veulent** faire du sport.
Tu **veux**, il/elle/on **veut**, vous **voulez**
Je **dois** travailler. Nous **devons** partir tôt. Ils **doivent** mettre la table.
Tu **dois**, il/elle/on **doit**, vous **devez**

- Personnes du singulier : peu-/veu- + terminaisons : -x, -x, -t.
  doi- + terminaisons : -s, -s, -t.
- 1re et 2e personnes du pluriel : pouv-/voul-/dev- + terminaison : -ons, -ez
- 3e personne du pluriel : peuv-/veul-/doiv- + terminaison : -ent.

✋ Les trois personnes du singulier se prononcent de la même manière.

18 • Les verbes en « -ir », « -re » et « -oir »

464 Complétez avec le bon pronom. Plusieurs réponses sont possibles.

Exemple : Nous pouvons arriver tôt.

a. .... peux prendre la voiture.

b. .... peuvent parler français.

c. .... peut venir.

d. .... pouvez téléphoner à Sam.

e. .... peux traverser la rue.

f. .... peux partir.

g. .... pouvez répéter, s'il vous plaît ?

h. .... pouvons aller au théâtre.

465 Complétez avec « veu », « voul » ou « veul ».

Exemple : Ils veulent une glace.

a. Je ....x aller au parc.

b. Vous ....ez aller à la plage.

c. Elles ....ent faire du sport.

d. Tu ....x un vélo.

e. Nous ....ons prendre le bus.

f. Ils ....ent prendre l'avion.

g. On ....t aller en Chine.

h. Vous ....ez aller au Japon.

466 Entourez le bon pronom.

Exemple : Je / (On) doit partit tôt.

a. Nous / Ils doivent aller en ville.

b. On / Vous devez finir.

c. Tu / On dois prendre ton pull.

d. On / Nous devons prendre la voiture.

e. Vous / Elles doivent faire l'exercice.

f. Je / On doit parler au professeur.

g. Tu / On dois appeler Samira.

h. Nous / Vous devez faire attention.

Grammaire/Conjugaison

467 Complétez avec les verbes « vouloir » et « pouvoir » au présent.

Exemple : Si tu veux, tu peux rester.

a. Si elle .... cette robe, elle .... l'acheter.
b. Si vous .... aller au restaurant, vous .... réserver.
c. Si nous .... nous lever tôt, nous .... mettre le réveil.
d. Si elles .... faire du camping, elles .... prendre ma tente.
e. Si je .... venir, je .... m'inscrire.
f. Si elle .... jouer dans notre équipe, elle ....
g. S'il .... perdre du poids, il .... faire du sport.
h. Si on ...., on .... prendre un dessert.

468 Écrivez les phrases au pluriel.

Exemple : Il veut manger. → Ils veulent manger.

a. Je peux participer. → Nous ....
b. Tu dois expliquer l'exercice. → Vous ....
c. Je veux promener le chien. → Nous ....
d. Il peut jouer avec nous. → Ils ....
e. Elle doit aller chez le coiffeur. → Elles ....
f. Tu veux sortir. → Vous ....
g. Je dois prendre le train. → Nous ....
h. Tu peux faire les courses. → Vous ....

469 Complétez avec les verbes entre parenthèses au présent.

a. – Tu veux (vouloir) venir skier avec moi ce week-end ? Je .... (pouvoir) t'emmener en voiture.
– J'aimerais bien mais je ne .... (pouvoir) pas. Ce week-end, je .... (devoir) assister à un congrès.
b. – Vous .... (vouloir) venir au cinéma avec nous ce soir ? Nous .... (pouvoir) aller voir un film français.
– Ce soir, nous ne .... (pouvoir) pas. Nous .... (devoir) travailler.
c. – Ils .... (vouloir) venir au zoo avec nous demain matin ?
– Demain matin, ils ne .... (pouvoir) pas. Ils .... (devoir) s'occuper de leur petite sœur.

18 • Les verbes en « -ir », « -re » et « -oir »

> **• Le verbe « prendre »**
>
> **Je prends** une salade. **Nous prenons** du vin. **Ils prennent** du jus d'orange.
> **Tu prends, il/elle/on prend, vous prenez**
>
> • Personnes du singulier : prend- + terminaisons : -s, -s, -ø.
> • 1re et 2e personnes du pluriel : pren- + terminaisons : -ons, -ez.
> • 3e personne du pluriel : prenn- + terminaison : -ent.
>
> Les verbes apprendre et comprendre se conjuguent comme prendre.
>
> ✋ Les trois personnes du singulier se prononcent de la même manière.

470 Complétez la conjugaison des verbes.

Je / J'	apprends	compren………………
Tu	appren………………	comprends
Il / Elle / On	appren………………	compren………………
Nous	apprenons	compren………………
Vous	appren………………	comprenez
Ils / Elles	apprennent	compren………………

471 Entourez le bon pronom.

Exemple : (Je) / On comprends tes problèmes.

a. Nous / Vous apprenez le chinois.
b. Il / Ils prennent le petit-déjeuner.
c. Tu / Vous apprends l'histoire.
d. Je / Elle comprend la leçon.
e. On / Nous prenons le temps.
f. Vous / Ils apprennent vite.
g. Je / On comprends la situation.
h. Tu / Vous prends le train de 18h40.

472 Écoutez et reliez. 132

a. Je	1. comprend	A. à jouer le piano.
b. Elles	2. prend	B. le français.
c. Elle	3. comprennent	C. un café.
d. Vous	4. apprends	D. l'espagnol.
e. Il	5. prennent	E. une décision.
f. Ils	6. prends	F. l'allemand.
g. J'	7. prenez	G. ses clés.
	8. apprend	H. à chanter.
	9. apprennent	I. le bus

f. Ils → 5. prennent → I. le bus

Grammaire/Conjugaison

473 Conjuguez les verbes entre parenthèses au présent.

Exemple : Tu prends (prendre) le métro.

a. Nous .... (prendre) le déjeuner au restaurant.
b. Elles .... (prendre) la route.
c. Je .... (comprendre) le professeur.
d. Vous .... (comprendre) François ?
e. Ils .... (comprendre) ce que je dis.
f. Elle .... (apprendre) le portugais.
g. Nous .... (apprendre) à cuisiner.
h. Ils .... (apprendre) à conduire.

• Le verbe « boire »

**Je bois de l'eau. Nous buvons du vin. Ils boivent du jus d'orange.
Tu bois, il/elle/on boit, vous buvez**

- Personnes du singulier : boi- + terminaisons : -s, -s, -t.
- 1re et 2e personnes du pluriel : buv- + terminaison : -ons, -ez.
- 3e personne du pluriel : boiv- + terminaison : -ent.

✋ Les trois personnes du singulier se prononcent de la même manière.

---

474 Complétez la conjugaison du verbe « boire ».

Je	....
Tu	bois
Il / Elle / On	....
Nous	....
Vous	....
Ils / Elles	....

475 Reliez le sujet au reste de la phrase.

a. Je
b. Tu   1. buvons de l'eau fraîche.
c. Il   2. bois un jus d'orange.
d. Elle   3. boivent un chocolat chaud.
e. On   4. boit un café.
f. Nous   5. buvez du thé.
g. Vous
h. Elles

18 • Les verbes en « -ir », « -re » et « -oir »

476 Complétez les terminaisons.

Exemple : Je bois un verre.

a. Nous buv........................ de l'eau.
b. Ils prenn........................ le bus.
c. Elle appren........................ français.
d. Nous descend........................ les escaliers.
e. Ils offr........................ un cadeau pour son anniversaire.
f. Vous répond........................ au téléphone.
g. Je sai........................ parler anglais.
h. Il dor........................ chez sa sœur.

477 Conjuguez les verbes entre parenthèses au présent.

Exemple : Elle boit (boire) un thé.

a. Tu .... (prendre) un café.
b. Vous .... (boire) de l'eau.
c. Nous .... (mettre) la table.
d. Elle .... (écrire) la réponse.
e. Je .... (découvrir) la ville.
f. Nous .... (attendre) le métro.
g. Vous .... (connaître) Dubaï ?
h. À quelle heure on .... (partir) ?

• Le verbe « venir »

**Je viens demain. Nous venons à pied. Ils viennent en bus.
Tu viens, il/elle/on vient, vous venez**

• Personnes du singulier : vien- + terminaisons : -s, -s, -t.
• 1re et 2e personnes du pluriel : ven- + terminaisons : -ons, -ez.
• 3e personne du pluriel : vienn- + terminaison : -ent.
Les verbes revenir et devenir se conjuguent comme venir.

 Les trois personnes du singulier se prononcent de la même manière.

---

478 Reliez le sujet au reste de la phrase. Plusieurs associations sont possibles.

a. Vous   1. viens demain.
b. Olivia et Clément   2. venons vous chercher.
c. Max   3. viennent tous les jeudis.
d. Tu   4. ne vient pas.
e. Nous   5. viens d'où ?
f. Je   6. vient du Cameroun.
g. On   7. venez au concert ?
h. Elles   8. viennent nous aider.

Grammaire/Conjugaison

479 Entourez la bonne réponse.

Exemple : Cette clémentine (vient) / viennent du Maroc.

a. Ces kiwis *viennent* / *vient* de Nouvelle-Zélande.
b. Cette tomate *vient* / *viennent* d'Espagne.
c. Cet ananas *vient* / *viennent* du Pérou.
d. Ces melons *vient* / *viennent* de France.
e. Ces pommes *viennent* / *vient* de Normandie.
f. Cette banane *vient* / *viennent* de la Guadeloupe.
g. Ces olives *viennent* / *vient* du Portugal.
h. Ce fruit de la passion *vient* / *viennent* du Brésil.

480 Complétez avec les verbes « être » et « venir ».

Exemple : Tu es sénégalais. Tu viens de l'île de Gorée.

a. Vous .... russes. Vous .... de Saint-Pétersbourg.
b. Elles .... italiennes. Elles .... de Venise.
c. Nous .... français. Nous .... de Lille.
d. Il .... australien. Il .... de Sydney.
e. Tu .... portugais. Tu .... de Lisbonne.
f. Vous .... canadien. Vous .... de Toronto.
g. Nous .... estoniens. Nous .... de Tallin.
h. Ils .... espagnols. Ils .... de Séville.

481 Mettez les phrases au pluriel.

Exemple : Tu viens ce soir ? → Vous venez ce soir ?

a. Je viens avec toi au cours. → Nous ....
b. Elle vient au théâtre. → Elles ....
c. Qu'est-ce que tu deviens ? → Qu'est-ce que vous ....
d. Tu reviens du Canada. → Vous ....
e. Je viens ce week-end. → Nous ....
f. Il revient vite. → Ils ....
g. Tu viens quand ? → Vous ....
h. Elle vient du Danemark. → Elles ....

Bilan

1. Classez les verbes dans le tableau. (0,5 point/réponse)

répondre – commencer – mettre – choisir – lire – essayer – boire – écrire – payer – connaître – acheter – savoir – partir – finir – dormir – remplir – servir – ouvrir – vivre – prendre

1er groupe (-er)	2e groupe	3e groupe

Total : .... /10

2. Vrai ou faux ? Cochez la bonne réponse. (0,5 point/réponse)

a. Les verbes du 2e groupe finissent en **-er** à l'infinitif. ☐ Vrai ☐ Faux
b. Les verbes du 2e groupe finissent en **-ir** à l'infinitif. ☐ Vrai ☐ Faux
c. Tous les verbes en **-ir** à l'infinitif sont du 2e groupe. ☐ Vrai ☐ Faux
d. Certains verbes du 3e groupe finissent en **-re** à l'infinitif. ☐ Vrai ☐ Faux
e. Au présent, la 3e personne du pluriel finit en **-ent**. ☐ Vrai ☐ Faux
f. Au présent, la 1re personne du pluriel finit en **-ez**. ☐ Vrai ☐ Faux
g. Au présent, la 2e personne du pluriel finit en **-ez**. ☐ Vrai ☐ Faux
h. On met toujours un **-t** à la 2e personne du singulier (tu). ☐ Vrai ☐ Faux
i. Au présent, les trois personnes du singulier se prononcent de la même manière. ☐ Vrai ☐ Faux
j. Au présent, les verbes du 3e groupe ont la même conjugaison. ☐ Vrai ☐ Faux

Total : .... /5

3. Cochez la bonne réponse. (0,5 point/réponse)

a. ☐ Je   ☐ On   remplit le formulaire
b. ☐ Tu   ☐ Vous   choisis une robe.
c. ☐ On   ☐ Nous   connaît ses parents.
d. ☐ Je   ☐ On   finit à 14 heures.
e. ☐ Nous   ☐ Vous   savez parler français.
f. ☐ Elle   ☐ Elles   part à 15 heures.
g. ☐ Nous   ☐ On   dormons à l'hôtel.
h. ☐ Vous   ☐ Ils   écrivent une lettre.
i. ☐ Je   ☐ On   lis un roman.
j. ☐ Tu   ☐ Elle   vit à San Francisco.

Total : .... /5

4. Conjuguez les verbes entre parenthèses au présent. (1 point/réponse)

a. Si vous .... (choisir) la formule Luxe, vous .... (partir) en avion.

b. Nous .... (savoir) qu'il .... (apprendre) le chinois.

c. Elles .... (prendre) un verre et elles le .... (remplir).

d. Ils .... (boire) du café et nous .... (boire) du thé.

e. Tu .... (venir) voir la pièce de Marco, donc tu .... (comprendre) l'anglais.

Total : .... /10

Mon score : .... /30

19 • Les verbes pronominaux
Grammaire/Conjugaison

> **• Le présent des verbes pronominaux**
>
> **Je me douche, tu te douches, il/elle/on se douche, nous nous douchons, vous vous douchez, ils/elles se douchent**
>
> • Pour les verbes pronominaux, on place le pronom réfléchi avant le verbe. La forme du pronom change selon le sujet.
> • Devant une voyelle ou un h muet, les pronoms me, te, se deviennent m', t', s'.

482 Cochez les phrases contenant un verbe pronominal.

a. ☒ Elle se brosse les dents deux fois par jour.
b. ☐ Il lave ses vêtements à la main.
c. ☐ Elle promène son chien tous les matins.
d. ☐ Elle se promène dans la ville.
e. ☐ J'appelle ma fille tous les jours.
f. ☐ Je te téléphone dans la journée.
g. ☐ Ils sont mariés depuis 1995.
h. ☐ Elles se sont mariées en octobre.
i. ☐ Nous lui parlons de ses études

483 Reliez le sujet au reste de la phrase.

a. Je   1. se lave au gymnase.
b. Tu   2. vous couchez tard.
c. Il   3. me lève tôt.
d. Nous   4. se connaissent depuis longtemps.
e. Vous   5. te reposes le week-end.
f. Elles   6. nous habillons élégamment.

484 Écrivez le pronom réfléchi qui convient.

Exemple : Je me dépêche parce que je suis en retard.

a. Vous .... habituez à votre nouveau quartier.
b. Ils .... baignent dans la mer.
c. Elles .... appellent tous les jours.
d. Nous .... donnons rendez-vous.
e. Tu .... habilles rapidement !
f. Il .... occupe de sa mère.
g. Elle .... ennuie.
h. Ils .... tutoient.

Grammaire/Conjugaison

485 Conjuguez les verbes entre parenthèses au présent.

Exemple : Ils se parlent (se parler) en français.

a. Nous .... (se réveiller) tôt pour le match.
b. Elles .... (se ressembler).
c. Vous .... (s'occuper) d'une association.
d. Je .... (s'intéresser) à l'art moderne.
e. Il .... (se préparer) pour son examen.
f. Elle .... (s'installer) à Québec.
g. Nous .... (s'informer) sur l'actualité.
h. Tu .... (se présenter) aux élections.

• **La négation des verbes pronominaux**

Elle ne se réveille pas tôt. Nous ne nous connaissons pas.

• À la forme négative, ne et pas entourent le verbe pronominal ; ne se place avant le pronom pronominal, et pas après le verbe.

---

486 Complétez les phrases négatives, comme dans l'exemple.

Exemple : Je ne m'inscris pas au cours de danse.

a. Il .... occupe .... des clients.
b. Vous .... connaissez .... ?
c. Ils .... lavent .... les dents le midi.
d. Nous .... saluons .... le matin.
e. Elles .... coiffent .... avant de sortir.
f. Je .... rappelle .... son nom.

487 Écrivez les phrases à la forme négative.

Exemple : Nous nous douchons le soir. → Nous ne nous douchons pas le soir.

a. Tu t'appelles Mario. → ....
b. Il se déguise pour le carnaval. → ....
c. Nous nous coiffons pour sortir. → ....
d. Je me réveille à 6 heures tous les jours. → ....
e. Elles se promènent seules le soir. → ....
f. Elles se marient dimanche prochain. → ....

19 • Les verbes pronominaux

488 Mettez les mots dans l'ordre pour former des phrases.

Exemple : se / pas / maquillent / ne / Elles / souvent. → Elles ne se maquillent pas souvent.

a. vous / couchez / ne / tard. / pas / Vous → ....
b. ne / Je / jamais / tôt. / réveille / me → ....
c. pas / l' / ne / Ils / occasion. / habillent / s' / pour → ....
d. le / Nous / pas / reposons / ne / week-end. / nous → ....
e. pas / tôt. / me / lève / ne / Je → ....
f. le / ne / les / enfants / brossent / Les / se / midi. / pas / dents → ....

489 Complétez avec un verbe à la forme négative.

se laver – se lever – se coucher tôt – se réveiller tôt – se reposer – se promener – s'habiller

Exemple : Il ne se couche pas tôt, donc il est fatigué.

a. Il ...., donc il arrive en retard.
b. Il ...., donc il est nu.
c. Il .... parce qu'il dort encore.
d. Il ...., donc il est sale.
e. Il .... parce qu'il travaille toujours.
f. Il .... parce qu'il n'aime pas marcher.

• **L'impératif des verbes pronominaux**

Douche-toi ! Couchez-vous tôt ! Reposons-nous à la campagne !

• À la forme affirmative, le pronom réfléchi se place après le verbe et on met un trait d'union pour relier le verbe et le pronom.

✋ Le pronom te/t' devient toi.

Ne te lève pas ! Ne vous inquiétez pas ! Ne nous présentons pas !

• À la forme négative, ne et pas entourent le verbe pronominal ; ne se place avant le pronom pronominal, et pas après le verbe.

---

490 Complétez avec le pronom qui convient.

Exemple : Arrête-toi là !

a. Préparons-........................ !   e. Dépêchons-........................ !
b. Levez-........................ !   f. Organise-........................ !
c. Habille-........................ !   g. Entraînez-........................ !
d. Réveillez-........................ !   h. Lève-........................ !

Grammaire/Conjugaison

491 Complétez avec la bonne terminaison.

Exemple : Calm**e**-toi !

a. Réveill..................-toi !

b. Bross..................-toi les dents !

c. Bross..................-vous les cheveux !

d. Connai..................-toi toi-même !

e. Dépêch..................-nous !

f. Amus..................-vous bien !

g. Excus..................-nous !

h. Parl..................-vous !

492 Écrivez le contraire.

Exemple : Place-toi sur la scène. → Ne te place pas sur la scène !

a. Réveille-toi tôt ! → ....

b. Réveillez-vous tôt ! → ....

c. Réveillons-nous tôt ! → ....

d. Inquiète-toi ! → ....

e. Inquiétez-vous ! → ....

f. Repose-toi ! → ....

g. Reposez-vous ! → ....

h. Reposons-nous ! → ....

493 Reformulez en utilisant l'impératif.

Exemples : Il faut vous lever tôt. → Levez-vous tôt !
           Il ne faut pas vous lever tôt. → Ne vous levez pas tôt !

a. Il faut nous habiller en noir. → ....

b. Il ne faut pas nous habiller en noir. → ....

c. Il faut vous maquiller. → ....

d. Il ne faut pas vous maquiller. → ....

e. Il faut te dépêcher. → ....

f. Il ne faut pas te dépêcher. → ....

g. Il faut te coucher tôt. → ....

h. Il ne faut pas te coucher tôt. → ....

19 • Les verbes pronominaux

> **• Le futur proche des verbes pronominaux**
>
> **Je vais me promener. Il va se doucher. Vous allez vous amuser.**
> • On place le pronom réfléchi entre le verbe aller conjugué et le verbe à l'infinitif. La forme du pronom change selon le sujet de la phrase.
>
> **Je ne vais pas me réveiller tôt. Elle ne va pas se coucher tard. Nous n'allons pas nous parler.**
> • À la forme négative, on met le verbe aller entre ne/n' et pas.

494 Complétez avec un pronom réfléchi.

Exemple : Je vais me lever.

a. Elle va .... préparer.
b. Ils vont .... organiser.
c. Nous allons .... coucher.
d. Tu vas .... doucher.
e. On va .... retrouver au cinéma.
f. Vous allez .... maquiller.
g. Je vais .... amuser.
h. Elle va .... promener.

495 Complétez avec les verbes suivants au futur proche.

se préparer – se doucher – se brosser – se lever – se maquiller – se déguiser – s'amuser – s'habiller

Exemple : Il est tard, je vais me préparer.

a. Après le dîner, vous .... les dents.
b. Le réveil a sonné, il ....
c. C'est le carnaval, nous ....
d. C'est une soirée chic, elles ....
e. Je suis en pyjama, je ....
f. Tu es sale, tu ....
g. Pendant les vacances, on ....

496 Complétez les phrases à la forme négative, comme dans l'exemple.

Exemple : On ne va pas se présenter aux élections.

a. Tu .... vas .... doucher ce soir.
b. Ils .... vont .... organiser avant demain.
c. Nous .... allons .... retrouver plus tard.
d. Vous .... allez .... voir ce week-end.
e. Elle .... va .... habiller chic.
f. Je .... vais .... maquiller avant la piscine.
g. Elles .... vont .... entendre.
h. Nous .... allons .... dépêcher.

Grammaire/Conjugaison

497 **Écrivez les verbes à la forme négative.**

Exemple : Ce soir, je vais me coucher tard. → Ce soir, je ne vais pas me coucher tard.

a. Cet après-midi, il va se promener en ville.
   → Cet après-midi, il .... en ville.

b. Ce week-end, elles vont se reposer à la campagne.
   → Ce week-end, elles .... à la campagne.

c. Demain, nous allons nous lever à huit heures.
   → Demain, nous .... si tôt.

d. Demain, vous allez vous doucher le matin.
   → Demain, vous .... le matin.

e. On va se retrouver sur la place.
   → On .... sur la place.

f. Aujourd'hui, tu vas te préparer avant le petit-déjeuner.
   → Aujourd'hui, tu .... avant le petit-déjeuner.

g. Ce soir, ils vont s'habiller chic.
   → Ce soir, ils .... chic.

Bilan

1. Conjuguez les verbes entre parenthèses au présent. (1 point/réponse)

a. Le matin, il .... (se réveiller) tôt. Il .... (se lever) à 5 heures et après il .... (se laver).

b. Nous .... (se promener) en forêt les week-ends et après nous .... (se reposer).

c. Pour le carnaval, elles .... (se déguiser) et .... (se maquiller).

Total : .... /7

2. Écrivez les phrases de l'exercice précédent à la forme négative. (1 point/verbe)

a. ....
b. ....
c. ....

Total : .... /7

3. Mettez ces conseils à l'impératif. (1 point/phrase)

Pour être en bonne santé :
a. Il faut vous lever tôt.   ....
b. Il ne faut pas vous coucher tard.   ....

Pour se préparer le matin :
c. Il faut vous lever.   ....
d. Il faut vous habiller.   ....
e. Il faut vous brosser les dents.   ....

Pour être calme :
f. Il ne faut pas te dépêcher.   ....
g. Il faut te reposer.   ....
h. Il faut te promener.   ....

Total : .... /8

4. Mettez les phrases au futur proche. (1 point/phrase)

a. Ils se voient demain. → ....
b. Elles s'achètent un cadeau. → ....
c. On ne se dispute pas. → ....
d. Il ne se présente pas aux élections. → ....
e. Ils se réunissent dans la salle 4. → ....
f. Nous nous mettons d'accord. → ....
g. Vous vous inscrivez à la salle de sport. → ....
h. Je ne me dépêche pas. → ....

Total : .... /8

Mon score : .... /30

20 • « C'est », « il y a » et les verbes impersonnels

Grammaire/Conjugaison

> • « C'est », « Ce sont »
>
> **C'est un écrivain. C'est une mangue. C'est une œuvre d'art.**
> **Ce sont des Russes. Ce sont des fruits. Ce sont des tableaux.**
>
> • Pour identifier une chose ou une personne, on utilise : C'est / Ce sont + nom avec un article.
> • La question est toujours au singulier :
>
> **Qu'est-ce que c'est ?**   C'est un dessin de ma fille. / Ce sont des dessins de ma fille.
> **Qui est-ce ?**   C'est Cyr, mon beau-frère. / Ce sont mes cousines, Sharon et Sophie.

498 Complétez avec « C'est » ou « Ce sont ».

Exemple : C'est une artiste célèbre.

a. .... des piscines naturelles.
b. .... une chaîne de montagnes.
c. .... un long fleuve.
d. .... des lacs naturels.
e. .... une immense forêt.
f. .... des îles grecques.
g. .... un grand pays.
h. .... un champ de blé.

499 Reliez la question à la réponse.

a. Qu'est-ce que c'est ?
b. Qui est-ce ?

1. Ce sont des mangues.
2. C'est un poète.
3. Ce sont mes grands-parents.
4. C'est un fauteuil.
5. C'est le directeur général.
6. C'est une féministe.
7. C'est du street art.
8. C'est une artiste internationale.

500 Mettez les mots dans l'ordre pour former des phrases.

Exemple : chanteuse / Édith Piaf, / une / c'est / internationale. → Édith Piaf, c'est une chanteuse internationale.

a. française. / écrivaine / c'est / Olympe de Gouges, / une / → ....
b. poète / Jacques Prévert, / un / c'est / populaire. → ....
c. sénégalais. / Mohamed Mbougar Sarr, / écrivain / c'est / un / → ....
d. une / c'est / Alice Diop, / de cinéma. / réalisatrice → ....
e. homme / burkinabais. / c'est / politique / Thomas Sankara, / un / → ....
f. Les Gnawa Diffusion, / musiciens / des / algériens. / ce sont → ....
g. des / ce sont / français. / ingénieurs / Les frères Lumière, → ....
h. dramaturge / connue. / c'est / une / Yasmina Reza, → ....

20 • « C'est », « il y a » et les verbes impersonnels

501 Écrivez des phrases comme dans l'exemple.

Exemple : Montmartre – quartier touristique à Paris → Montmartre, c'est un quartier touristique à Paris.

a. La Concorde – place située au pied de l'avenue des Champs-Élysées → ....
b. Notre-Dame – cathédrale du XIVe siècle → ....
c. Le Louvre – musée très connu → ....
d. Les tours de la Défense – bureaux → ....
e. Pierre et Marie Curie – scientifiques → ....
f. Mariama Bâ – écrivaine → ....
g. Justin Trudeau – homme politique → ....
h. Marie Stuart – reine → ....

• « C'est », « Il/Elle est »

C'est Marc. C'est un ingénieur ; il est ingénieur.
C'est ta directrice. Elle est suisse. C'est une Suisse.
C'est moi !
C'est Angela et Cyril, ce sont mes amis. Ils sont agréables.
Ce sont mes beaux-parents. Ce sont des retraités ; ils sont à la retraite.

- Pour annoncer quelqu'un, on utilise c'est, toujours au singulier.
- Pour présenter et décrire quelqu'un, on utilise c'est ou ce sont suivi d'un déterminant.
- Pour décrire une personne ou une chose, on utilise il/elle est, ils/elles sont avec un adjectif ou un nom de profession ou de nationalité sans déterminant.

---

502 Complétez avec « C'est » ou « Ce sont ».

Exemple : C'est Amélie, ma grand-tante.

a. .... Max et Rage, mes amis de Californie.
b. .... tes camarades de classe ?
c. .... une voisine.
d. .... nos collègues.
e. .... mes enfants.
f. .... Sonia, ma femme.
g. .... des amis d'enfance.
h. .... Eugénie, ma belle-sœur.

Grammaire/Conjugaison

503 Cochez la bonne option. Plusieurs réponses sont possibles.

	C'est	Il est	Elle est
Exemple : ... David !	✗		
a. ... très beau.			
b. ... une femme d'affaires.			
c. ... très intelligente.			
d. ... très agréable.			
e. ... un homme très agréable.			
f. ... Sam et Noémie.			
g. ... notre médecin de famille.			
h. ... compétente.			

504 Entourez la bonne réponse.

Exemple : **C'est** / Elle est ma voisine, c'est / **elle est** artiste.

a. Ce sont / Ils sont des tableaux impressionnistes, ce sont / ils sont très chers.
b. C'est / Elle est une toile de Monet, c'est / elle est importante.
c. C'est / Il est Bansky, c'est / il est un artiste d'art urbain.
d. C'est / Il est JR, c'est / il est un artiste contemporain, c'est / il est engagé.
e. C'est / Ce sont Emma et Louise, ce sont /elles sont sœurs.
f. C'est / Elle est Camille Claudel, c'est /elle est sculptrice.
g. C'est / Il est Marcel Duchamp, c'est / il est l'artiste qui a inventé le *ready made*.
h. C'est / Elle est Joana Vasconcelos, c'est / elle est artiste et portugaise.

505 Complétez les dialogues avec « c'est », « ce sont », « elle est » ou « elles sont ».

a. – Qui est-ce ?
– C'est Paula Lucianni.
– .... une étrangère ?
– Oui, ... italienne. .... une grande chirurgienne.
– Elle travaille en France ?
– Oui, ... la chirurgienne de l'hôpital universitaire de Marseille.

b. – Qu'est-ce que c'est ?
– .... des chouquettes, ... une pâtisserie.
– Mais .... très sucrées, non ?
– Non, si .... de bonne qualité, ... délicieuses !

20 • « C'est », « il y a » et les verbes impersonnels

> **• « C'est », « Il/Elle est » + adjectif**
>
> **La mer, c'est beau. J'habite en face de la mer du Nord, elle est magnifique !**
> **Les glaces, c'est bon. J'aime les glaces de ce glacier, elles sont délicieuses !**
>
> • On utilise c'est + adjectif pour une appréciation générale et il/elle est ou ils/elles sont + adjectif pour décrire quelque chose en particulier.
>
> ✋ Pour les appréciations générales, on utilise c'est au singulier et l'adjectif est toujours au masculin singulier : Les examens, c'est stressant.

506 Reliez les éléments pour former des phrases. Plusieurs réponses sont possibles.

    1. merveilleuses.
    2. incroyable !
a. C'est
    3. gentils.
b. Il est
    4. bon.
c. Elle est
    5. forte.
d. Ils sont
    6. espagnoles.
e. Elles sont
    7. génial !
    8. australienne ou sudafricaine ?

(a → 2)

507 Cochez la bonne réponse.

	C'est	Il est	Elle est	Ils sont	Elles sont
Exemple : Les balades à la plage, ... reposant !	✗				
a. La vie en ville, ... fatiguant !					
b. La visite de la cathédrale, ... intéressante.					
c. Les spécialités culinaires turques, ... délicieuses.					
d. Les safaris organisés par cette agence, ... très agréables.					
e. Le musée du quai Branly, ... très intéressant.					
f. Les week-ends à la montagne, ... tranquilles.					
g. Les croisières, ... très cher.					
h. Les visites guidées de l'exposition, ... passionnantes.					

Grammaire/Conjugaison

508 Complétez les phrases avec « c'est », « ce sont », « elle est », « il est », « ils sont » ou « elles sont ».

Exemple : Qui a les clés ? C'est toi ?

a. Voilà Nicolas, ... mon frère.
b. Tu connais Caroline, ... française.
c. Paul et Didier, ... artistes.
d. Lili et Ella, ... jumelles.
e. J'attends Clara et Sylvie, ... des collègues.
f. Sean ? .... professeur d'anglais !
g. Je vous présente Albert, ... un ami de la famille.
h. Virginie et Delphine, ... mes voisines.

509 Répondez aux questions en utilisant « c'est », « ce sont », « elle est », « il est », « ils sont » ou « elles sont », comme dans l'exemple.

Exemple : – Qui est-ce ?
– C'est Laura. (Laura)

a. – Qu'est-ce qu'elle fait ?
– .... (une décoratrice)
b. – Quelle est sa nationalité ?
– .... (grecque)
c. – Tu la connais ?
– Oui, ... (gentille)
d. – Qui est-ce ?
– .... (Léo et Emma)
e. – C'est qui ?
– .... (des amis)
f. – C'est quoi ?
– .... (des écouteurs)
g. – C'est à qui ?
– .... (à Mario)
h. – Ils sont comment ?
– .... (sans fil)

20 • « C'est », « il y a » et les verbes impersonnels

> **• « Il y a un/une/des », « Il n'y a pas de »**
>
> **Dans la rue, il y a des magasins et deux salons de coiffure, mais il n'y a pas de boucherie.**
> **Dans cette forêt, il y a beaucoup d'arbres et des plantes, mais il n'y a pas de loups.**
> **À Bruxelles, il y a l'Atomium, c'est un monument très particulier.**
>
> • On utilise il y a pour indiquer la présence ou l'existence d'une ou plusieurs chose(s) ou personne(s). Il est généralement suivi d'un déterminant.
> • À la forme négative, le déterminant est de/d' : Dans le jardin, il n'y a pas **de** fleurs. Il n'y a pas **d'**élèves dans la classe.

510 Complétez les phrases avec « il y a » ou « il n'y a pas ».

Exemple : Il y a un parc dans la ville.

a. .... d'aéroport dans cette ville.
b. .... de tram dans la ville.
c. .... deux lignes de métro.
d. .... d'arbres centenaires dans cette forêt.
e. .... un lac près de la montagne.
f. .... des vignes dans le coin.
g. .... encore de train régional dans la région.
h. .... beaucoup d'animaux à la campagne.

511 Transformez les phrases comme dans l'exemple.

Exemple : Le Mucem se trouve à Marseille. → À Marseille, il y a le Mucem.

a. La basilique Notre-Dame se trouve à Montréal. → ....
b. Le festival de la bande dessinée a lieu à Angoulême. → ....
c. La Maison des Esclaves est située sur l'île de Gorée, à Dakar. → ....
d. Le festival international du film fantastique a lieu à Sitges, en Espagne. → ....
e. La Grande Mosquée de Djenné se trouve au Mali. → ....
f. Le festival du spectacle vivant a lieu à Avignon. → ....
g. La cathédrale Saint-Louis se trouve à Fort-de-France. → ....
h. Le carrefour international de théâtre a lieu à Québec. → ....

512 Complétez les phrases avec « c'est », « ce sont » ou « il y a ».

Exemple : Regarde, c'est une maison ancienne. En face, il y a la mer.

a. Dans son jardin, ... des fleurs, ... des roses et des tulipes.
b. Dans sa maison, ... trois chambres, ... des chambres doubles.
c. Dans sa cuisine, ... une vieille gazinière, ... la gazinière de sa grand-mère.
d. Dans sa chambre, ... le désordre, ... des affaires partout !
e. La première pièce, ... le salon, ... un très grand salon où .... une télé.
f. Dans l'entrée, ... un porte-manteau et un meuble à chaussures. .... dans ce meuble que nous rangeons nos chaussures.
g. À côté de la salle de bains, ... les toilettes ; .... des toilettes sèches.

Grammaire/Conjugaison

513 **Écrivez des phrases selon le modèle.**

Exemple : la cordillère des Andes – une chaîne de montagnes
En Amérique latine, *il y a la cordillère des Andes ; c'est une chaîne de montagnes.*

a. l'Amazone / un fleuve
  En Amérique du Sud, ...

b. l'Etna / un volcan
  En Sicile, ...

c. l'Adour / une rivière
  Dans les Pyrénées, ...

d. l'Amazonie / une forêt
  En Amérique du Sud, ...

e. le Saint-Laurent / un long fleuve
  Au Canada, ...

f. Minorque / une île
  En Espagne, ...

g. la forêt du bassin du Congo / la deuxième plus grande forêt du monde
  En Afrique centrale, ...

h. les Alpes / une chaîne de montagnes
  En Europe, ...

• Les verbes impersonnels

Il neige. – Il pleut.
- On dit qu'un verbe est impersonnel quand il ne se conjugue qu'à la 3e personne du singulier.
- Pour parler de phénomènes météorologiques, on peut utiliser des verbes spécifiques : il gèle, il grêle…

Il faut enregistrer ses bagages avant d'embarquer. Il faut des œufs pour faire une omelette. Il faut être plus patient.
Il ne faut pas rouler en voiture dans la rue piétonne.
- Pour exprimer l'obligation ou la nécessité, on peut utiliser le verbe *falloir*. Il est suivi d'un nom ou d'un verbe à l'infinitif : Il faut faire les exercices pour bien comprendre.

---

514 **Reliez chaque image à ce qu'elle représente.**

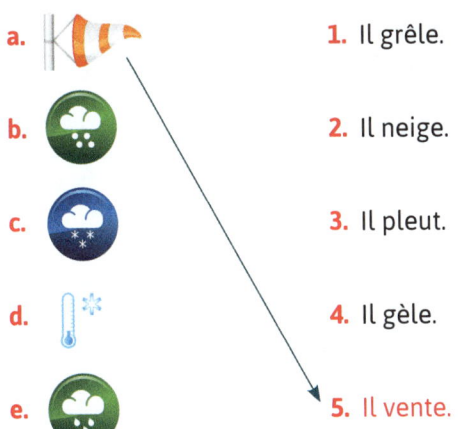

a.   1. Il grêle.

b.   2. Il neige.

c.   3. Il pleut.

d.   4. Il gèle.

e.   5. Il vente.

20 • « C'est », « il y a » et les verbes impersonnels

515 Transformez les phrases, comme dans l'exemple.

Exemple : On reste en groupe. → Il faut rester en groupe.

a. On se calme ! → ....
b. On attend au feu rouge ! → ....
c. On traverse au feu vert ! → ....
d. On respecte les autres. → ....
e. On écoute l'équipe d'animation. → ....
f. On fait attention aux voitures ! → ....

516 Observez les panneaux et écrivez l'obligation ou l'interdiction correspondante. Utilisez « il faut » ou « il est interdit de ».

> Pour exprimer l'interdiction, on peut utiliser **il ne faut pas** mais aussi la tournure impersonnelle **il est interdit de** ou **c'est interdit de** + verbe à l'infinitif. **Il est interdit de** manger en classe.

Exemple : Il est interdit d'allumer un feu.

a. ....
b. ....
c. ....
d. ....
e. ....
f. ....
g. ....

517 Écoutez et dites si le verbe « falloir » indique une obligation, une nécessité ou une interdiction. 133

	Obligation	Nécessité	Interdiction
Exemple :		✗	
a.			
b.			
c.			
d.			
e.			
f.			
g.			

Grammaire/Conjugaison

518 Faites des phrases avec les éléments proposés entre parenthèses, comme dans les exemples.

Exemples : Cette randonnée est difficile, (falloir / bonnes chaussures)
Cette randonnée est difficile, il faut de bonnes chaussures.
Ce parc est protégé, (interdit / faire des barbecues)
Ce parc est protégé, il est interdit de faire des barbecues.

a. Pour protéger les skieurs, (interdit / faire du ski hors-piste)
....

b. Pour être en bonne santé, (falloir / faire du sport)
....

c. Pour bien dormir, (ne pas falloir / regarder les écrans le soir)
....

d. Pour protéger les non-fumeurs, (interdit / fumer dans les lieux publics)
....

e. Pour des questions d'hygiène, (interdit / manger dans les salle de cours)
....

f. Pour protéger l'environnement, (falloir / trier ses déchets)
....

g. Pour éviter de trop consommer, (ne pas falloir / acheter de choses inutiles)
....

h. Au travail, (falloir / arriver à l'heure)
....

Bilan

1. Complétez les réponses avec « il/elle est », « ils/elles sont » ou « c'est/ce sont ». (1 point/réponse)

a. – Comment est votre nouveau quartier ?

– ………………………………… calme.

b. – Qui est-ce ?

– ………………………………… Guylaine, ma nouvelle voisine.

c. – Qu'est-ce qu'elle fait dans la vie ?

– ………………………………… une ouvrière.

d. – Quelle est sa profession ?

– ………………………………… chauffeur routier.

e. – Comment elle est ?

– ………………………………… très serviable.

f. – Qui est-ce ?

– ………………………………… mes collègues.

g. – Comment sont tes neveux ?

– ………………………………… adorables.

h. – Quelle est la nationalité de tes amies ?

– ………………………………… chiliennes.

Total : …………… /8

2. Complétez ces deux dialogues avec « c'est » ou « il y a ». (0,5 point/réponse)

a. – Pablo, tu sais s'………………………………… beaucoup de choses à voir à Madrid ?

– Eh ben quand même ! ………………………………… la capitale de l'Espagne ! ………………………………… des musées comme le musée du Prado. ………………………………… un des plus renommés dans le monde.

– D'accord, ………………………………… noté, et ………………………………… des parcs pour se promener ?

– Oui, ………………………………… le parc du Retiro. ………………………………… un très grand parc !

b. – Qu'est-ce qu'………………………………… ce soir à la télé ?

– Un super documentaire. ………………………………… sur la fonte des glaces en Alaska.

– Ah oui, ………………………………… intéressant, dis-moi ! ………………………………… sur quelle chaîne ?

– ………………………………… sur la 2. ………………………………… aussi un film sur la 6, *Hors normes*.

– Ah oui, ………………………………… sur des enfants autistes.

Ça a l'air bien aussi. Et ………………………………… Reda Kateb qui joue dedans. J'adore cet acteur !

Total : …………… /8

3. Complétez en utilisant « c'est », « il y a » ou « il n'y a pas ». (0,5 point/réponse)

Knokke est une ville située au nord-ouest de la Belgique. .... une ville balnéaire où .... des hôtels et des villas de luxe, des lieux nocturnes et mondains et des rues commerçantes animées, mais .... de supermarchés. .... la ville où .... la plus grande concentration de galeries d'art au monde. Par contre, ... de théâtre, mais .... un festival de cinéma, ... le festival international du cinéma expérimental.

Total : .... /4

4. Choisissez la bonne réponse. (1 point/réponse)

a. Aujourd'hui à Paris, … pleut.
 ☐ il   ☐ il y a

b. À Bordeaux, … fait un froid glacial.
 ☐ il   ☐ il y a

c. À Nantes, … un beau soleil
 ☐ il   ☐ il y a

d. À Marseille, … du soleil.
 ☐ il   ☐ il y a

e. En hiver, à Chamonix, … neige.
 ☐ il   ☐ il y a

f. À Lille, … gèle.
 ☐ il   ☐ il y a

g. À Avignon, … de la pluie.
 ☐ il   ☐ il y a

Total : .... /7

5. Complétez le texte avec « Il faut », « il ne faut pas » et « il est interdit ». (0,5 point/réponse)

Stephen a mal au dos, il est chez le médecin qui lui dit :

– Monsieur, ... absolument vous reposer. .... de porter des objets lourds. Pour mettre vos chaussures, ... rester debout, ... vous asseoir ! Pour ramasser un objet, ... vous pencher. .... vous baisser, le dos droit.

Total : .... /3

Mon score : .... /30

21 • La quantité
Grammaire/Conjugaison

> • **Les articles partitifs**
>
> On peut manger **du** pain avec **de la** confiture ou **de** l'huile d'olive ou **des** pâtisseries. J'ai **de la** chance. Il y a **du** soleil. Il faut **de l'**énergie. Ce style a **des** influences romaines.
>
> • On utilise les articles partitifs pour :
>   - les quantités indéterminées ou non comptables : Je voudrais **du** bœuf. Il y a **du** vent.
>   - quelque chose d'abstrait et non visible : J'écoute **de la** musique.
>
> ✋ Avec les verbes aimer, adorer, préférer, détester, etc., on utilise les articles définis le, la, l', les : J'aime **le** pain et **la** confiture.
>
> ✋ Si je dis « je mange un pain », il s'agit du pain en entier, mais si je dis « je mange du pain », c'est seulement une partie du pain.

519 Reliez les deux colonnes.

a. du
b. de la
c. de l'
d. des

1. huile
2. oignon
3. tomates fraîches
4. ail
5. gingembre moulu
6. pâte d'arachide
7. poulet
8. sel
9. poivre

520 Entourez la bonne réponse.

Exemple : Nous prenons (du) / de la / de l' / des café avec du / de la / de l' / (des) biscottes le matin.

a. Je voudrais du / de la / de l' / des crème et du / de la / de l' / des beurre.
b. Ils prennent du / de la / de l' / des fromage et du / de la / de l' / des lait.
c. Je voudrais du / de la / de l' / des ail et du / de la / de l' / des oignons.
d. Vous prenez du / de la / de l' / des salade et du / de la / de l' / des poisson.
e. Il achète du / de la / de l' / des viande et du / de la / de l' / des charcuterie à la boucherie.
f. Elles achètent du / de la / de l' / des tomates et du / de la / de l' / des poivrons au marché.
g. Elles prennent du / de la / de l' / des pizza et du / de la / de l' / des glace.
h. Ils voudraient du / de la / de l' / des fraises et du / de la / de l' / des cerises.

Grammaire/Conjugaison

521 Écrivez des phrases comme dans l'exemple.

Exemple : courage / sauter en parachute → Il faut du courage pour sauter en parachute.

a. temps / faire des activités manuelles → ....
b. argent / faire de l'équitation → ....
c. colle / bois / fabriquer un cadre → ....
d. peinture / imagination / peindre un tableau → ....
e. eau / terre / faire de la poterie → ....
f. tissu / fil / créer un vêtement → ....
g. papier / patience / faire un origami → ....
h. crayons de couleur / attention / colorier un mandala → ....

522 Complétez avec les articles partitifs qui conviennent.

a. Dans la soupe à l'oignon, on met de l'oignon, ... ail, ... bouillon de légumes, ... croûtons de pain et .... fromage

b. Dans la *fideua*, on met .... vermicelles, ... bouillon de poisson, ... crevettes, ... calamars, ... fruits de mer, ... poivrons rouges et verts, ... ail, ... sauce tomate, ... huile ; et on sert avec .... aïoli.

c. Dans la ratatouille, on met .... aubergines, ... courgettes, ... huile d'olive, ... ail, ... oignons, ... tomates et .... poivrons.

d. Dans la salade niçoise, on met .... tomates, ... olives noires, ... salade verte, ... poivron, ... thon et .... œufs. Pour l'assaisonnement, on fait une vinaigrette. Pour cela, on met .... huile d'olive, ... vinaigre, ... sel, ... poivre et .... moutarde.

e. Pour la crêpe bretonne, il faut .... œufs, ... lait, ... farine, ... sucre et .... bière ou .... levure.

251

21 • La quantité

523 Répondez comme dans l'exemple.

Exemple : – Tu veux du lait dans ton café ?
– Non merci, je n'aime pas / je déteste le lait.
– Bien sûr, j'aime / j'adore le café au lait.

a. – Tu veux de la glace ?
– Bien sûr, ...

b. – Vous prenez des huîtres ?
– Non merci, ...

c. – Tu veux des pâtes ?
– Bien sûr, ...

d. – Elle veut du potage ?
– Bien sûr, ...

e. – Il veut de la soupe à l'oignon ?
– Non, ...

f. – Elle prend un fruit en dessert ?
– Bien sûr, ...

g. – Vous prenez des escargots ?
– Non merci, ...

h. – Vous voulez du jus d'ananas ?
– Non merci, ...

524 Complétez le texte avec « le », « la », « les », « du », « de la » ou « des ».

Chez nous, tout le monde aime les pâtes. Le samedi soir, nous mangeons toujours .... pâtes. Les enfants prennent .... pâtes avec .... sauce tomate ou .... pesto et nous, nous préférons .... pâtes avec .... légumes. Parfois, nous mangeons .... raviolis. Les enfants adorent .... raviolis avec .... viande mais nous, nous prenons .... raviolis avec .... épinards et .... fromage frais. Quelquefois, pour changer, nous achetons .... lasagnes ou .... pizza, mais sans fromage parce que mon fils déteste .... fromage !

• **Préciser une quantité avec un adverbe**

**Je bois un peu de champagne. Il met beaucoup d'épices. Elles prennent peu de légumes.
Vous avez trop de travail. Elles ont assez de patience.**

• Pour préciser une quantité, on peut utiliser un adverbe de quantité.
• Avec un nom, il est toujours suivi de de ou d' si le nom commence par une voyelle ou un h muet.
   Tu mets peu **d'**ail dans tes recettes.

Grammaire/Conjugaison

525 Complétez les phrases avec les adverbes suivants.

beaucoup de – pas assez de – un peu d' – assez de – peu de – trop d' – peu d' – trop de

a. Je fais peu de salade parce que les enfants n'aiment pas ça.
b. Six sucres dans ton café ! Tu mets .... sucre, ce n'est pas bon pour la santé !
c. Un fruit par semaine ! Tu ne manges .... fruits !
d. Cinq bières par jour ! Il boit .... alcool !
e. Nous sommes trois et il y a deux bananes et une mandarine, il y a donc .... fruits pour tous.
f. Mets .... épices dans la sauce, les invités ne sont pas habitués !
g. Ils mangent .... fruits et légumes, c'est très bon pour la santé !
h. J'ajoute .... ail dans la sauce parce que c'est délicieux !

526 Complétez les phrases à l'aide des éléments entre parenthèses.

a. Elle demande juste un peu d'attention (un peu / attention) parce qu'elle doit faire .... (beaucoup / choses) en .... (peu / temps).
b. Vous avez .... (trop / travail), vous n'avez donc pas .... (assez / temps) pour vous !
c. Les enfants lisent .... (beaucoup / livres) pendant les vacances.
d. Avec .... (un peu / courage), on peut faire .... (beaucoup / choses).
e. Nous mangeons .... (peu / viande) et .... (beaucoup / légumes).
f. Il y a .... (trop / sportifs) qui gagnent .... (trop / argent).
g. Tu as .... (assez / temps) pour finir tes exercices ?
h. Vous ne faites pas .... (assez / efforts) et vous avez .... (peu / chance) de réussir.

527 Mettez les mots dans l'ordre pour former des phrases.

Exemple : pas / argent. / a / n' / d' / pas / Elle → Elle n'a pas assez d'argent.

a. vêtements. / Tu / de / trop / as → ....
b. peu / avons / de / travail. / Nous → ....
c. Il / beaucoup / neige. / y / de / a → ....
d. assez / légumes. / Il / pas / de / mange / ne → ....
e. chance. / Nous / beaucoup / avons / de → ....
f. de / peu / professeur / silence. / demande / Le / un → ....
g. regardent / séries. / trop / Ils / de → ....
h. exercices. / Elles / d' / assez / font / ne / pas → ....

21 • La quantité

528 Répondez aux questions avec « trop de », « beaucoup de », « assez de » ou « peu de ».
Il y a parfois plusieurs possibilités.

Exemple : – Vous buvez du thé ?
– Oui, je bois beaucoup de thé. / Non, je bois peu de thé.

a. – Vous avez du temps libre ?
– Non, ...

b. – Vous mangez du chocolat ?
– Oui, ...

c. – Il a de la patience ?
– Oui, ...

d. – Elle fait des efforts ?
– Non, ...

e. – Ils boivent de l'alcool ?
– Oui, ...

f. – Vous avez de la mémoire ?
– Oui, ...

g. – Ils font du sport ?
– Non, ...

h. – Ils écoutent de la musique ?
– Non, ...

• **Préciser une quantité avec un nom**

Je voudrais un litre d'eau, un kilo de poires, 500 grammes de cerises, une bouteille d'eau, un verre de lait, une tasse de thé, une boîte de gâteau, un pot de confiture et un paquet de riz.

• Pour préciser encore plus une quantité, on peut utiliser :
  - un nombre : **un** café, **deux** pommes, **trois** carottes… ;
  - une unité de mesure : **un demi-litre d'**huile, **250 grammes de** sucre… ;
  - un nom de récipient : **un tube de** dentifrice, **une tablette de** chocolat, **un sac de** pommes de terre… ;
  - une partie du produit : **un morceau de** fromage, **une tranche de** jambon, **une gousse d'**ail…
• Ces mots (unité de mesure, nom de récipient et partie du produit) sont toujours suivis de de/d'.

---

529 Reliez les éléments des deux colonnes.

a. une barquette de   **1.** pâtes
b. une bouteille d'   **2.** amandes
c. deux kilos de   **3.** lait
d. un paquet de   **4.** fraises
e. un pot de   **5.** œufs
f. 300 grammes d'   **6.** eau
g. une douzaine d'   **7.** confiture
h. un verre de   **8.** pommes

Grammaire/Conjugaison

530 Observez les images et écrivez la liste de courses de Greta.

a. → deux citrons

b. → 500 grammes de farine

c. → ....

d. → ....

e. → ....

f. → ....

g. → ....

h. → ....

i. → ....

j. → ....

21 • La quantité

531 Complétez les phrases avec les éléments proposés.

Exemple : *12 / une douzaine*
   Moi, je prends une douzaine d'œufs et 12 huîtres.

a. *deux bouteilles / de l'*
   J'ai acheté .... d'eau et .... huile d'olive.

b. *une tablette de / 250 grammes*
   J'ai besoin de .... de farine et .... chocolat pour faire ce gâteau.

c. *un / un verre*
   Je prends .... café et .... d'eau.

d. *cinq / beaucoup*
   Il mange .... de fruits chaque jour : .... pommes en une matinée !

532 Écoutez et dites si les quantités sont très précises, précises ou imprécises. 🔊 134

	Quantité très précise	Quantité précise	Quantité imprécise
Exemple 1 :		✗	
Exemple 2 :			✗
Exemple 3 :	✗		
a.			
b.			
c.			
d.			
e.			
f.			
g.			
h.			

533 Mettez les mots dans l'ordre pour former des phrases.

Exemple : plaît / un / de / poires, / voudrais / vous / Je / kilo / s'il → Je voudrais un kilo de poires, s'il vous plaît.

a. soir, / mange / de / pot / Le / un / je / yaourt. → ....
b. de / la / jambon / achetez / charcuterie. / une / Vous / tranche / à → ....
c. boit / les / tasse / Tous / elle / thé. / de / matins, / une → ....
d. tube / à / Il / un / la / prend / d' / pharmacie. / aspirine → ....
e. une / voisins. / boîte / chez / Tu / les / chocolats / apportes / de → ....
f. verre / Je / prendre / vin ! / de / vais / un → ....
g. il / bœuf bourguignon, / viande. / préparer / un / un / faut / de / Pour / kilo → ....
h. beaucoup / dans / Il / légumes / la / y / ratatouille. / a / de → ....

Grammaire/Conjugaison

> **• La quantité et la négation**
>
> – Il fait du café ? — Non, il ne fait pas de café.
> – Tu veux de la soupe ? — Non, je ne veux pas de soupe.
> – On a des pâtes ? — Non, on n'a pas de pâtes.
> – On a une mousse au chocolat ? — Non, on n'a pas de mousse au chocolat.
> – Ils ont de l'imagination ! — Non, ils n'ont pas d'imagination !
>
> • Il existe une seule forme négative (commune au masculin, féminin et pluriel) : de/d'.
> • Quand la quantité est nulle (= 0), on utilise de/d' : *J'ai un vélo, mais tu n'as pas **de** vélo.*
> ✋ Les articles définis le, la, l', les ne changent pas à la forme négative : *Je n'aime pas **le** pain.*

534 Transformez à la forme négative.

Le chanceux dit : « J'ai de la chance, j'ai de l'argent, j'ai du travail, j'ai du temps, j'ai des amis, j'ai une maison et j'ai une piscine. »

Le malchanceux dit : « Je n'ai pas de chance, ...

.... »

535 Mettez les mots dans l'ordre pour former des phrases.

Exemple : pas / n' / Je / voiture. / de / ai → Je n'ai pas de voiture.

a. pas / Tu / alcool. / dois / d' / ne / boire → ....
b. d' / avons / milliardaires. / pas / amis / n' / Nous → ....
c. y / soleil / a / Il / pas / n' / de → ....
d. pas / a / Elle / de / n' / patience → ....
e. plus / café / n' / On / a / de → ....
f. plus / pâtes / Il / paquet / de / de / reste / ne → ....
g. n' / de / ai / Je / pas / temps. → ....
h. n' / argent. / pas / ont / Ils / d' → ....

536 Complétez avec « de », « le », « la », « l' » ou « les ».

Exemple : Je ne connais pas la Provence.

a. Il n'y a pas .... restaurant ouvert après minuit.
b. Elle déteste .... neige.
c. Je ne connais pas .... Français à Moscou.
d. Je n'aime pas .... bruit.
e. Vous ne comprenez pas .... anglais.
f. Je ne veux pas .... sucre dans le café.
g. Je ne trouve pas .... clefs de ma voiture.
h. Je ne mange pas .... viande, je suis végétarien.

21 • La quantité

537 Répondez comme dans l'exemple.

Exemple : – Tu veux du café ?
– Non merci, je ne veux pas de café.

a. – Tu as pris des notes en cours ?
– Non, ...

b. – Tu as les bonnes réponses ?
– Non, ...

c. – Tu prends un dessert ?
– Non merci, ...

d. – Tu prends le métro ?
– Non, ...

e. – Tu veux des cacahuètes ?
– Non merci, ...

f. – Tu as de la mémoire ?
– Non, ...

g. – Tu as du temps à m'accorder ?
– Non, ...

h. – Tu aimes les jus de fruits ?
– Non, ...

Bilan

1. Complétez avec « la », « les », « du », « de la », « des », « de » ou « d' ». (0,5 point/réponse)

a. – Vous ne mangez pas .... poulet ?
– Non, nous sommes végétariens, nous préférons .... légumes.
b. Les Français mangent beaucoup .... pain mais les Italiens, eux, mangent .... pâtes.
c. Le soir, nous prenons un repas léger, ... poisson avec un peu .... épinards.
d. Pour le dessert, je prends .... glace, mais sans crème chantilly parce que je n'aime pas .... crème chantilly.

Total : .... /4

2. Entourez la bonne réponse. (0,5 point/réponse)

a. Tu pourrais acheter *les / des* steaks pour le dîner ?
b. Je n'aime pas trop *la / de la* viande du supermarché, par contre ils ont *le / du* très bon poisson.
c. Dans les crêpes, il faut mettre *le / du* lait et *les / des* œufs, *la / de la* farine et *la / de la* levure.
d. J'irai acheter *le / du* saumon ce soir.
e. Je vais au marché pour prendre un peu *de / des* fraises.
f. N'achète pas *le / de* fromage, on en a déjà !

Total : .... /5

3. Complétez les dialogues avec les articles qui conviennent. (0,5 point/réponse)

Dialogue 1

– Alors, pour le déjeuner je te propose .... viande avec .... salade et .... haricots verts.
– C'est tout ce que tu as ?
– Oui, pourquoi ? Ça ne va pas ?
– Eh bien, je ne mange pas .... viande et je n'aime pas .... haricots verts.
– Alors, je peux te proposer .... poisson et .... pommes de terre.
– Parfait ! J'adore .... poisson.

Dialogue 2

– Bonjour, comment ça va ?
– Pas très bien, ce matin il y a .... pluie et il n'y a pas .... soleil, alors je n'ai envie de rien !
– Allez ! Essaie d'avoir .... imagination, il y a .... choses à faire même s'il ne fait pas beau.
– Tu as .... énergie et .... motivation, je t'admire !

Total : .... /7

4. Complétez avec les mots suivants. (0,5 point/réponse)

paquet – tranches – tube – de – boîtes – des – du – paquets – bouteilles – deux – sac – beaucoup de – morceau – tablette – de l' – pot

– S'il te plaît, tu peux aller au supermarché et faire les courses ? J'ai besoin de .... choses et j'ai peu .... temps. Alors, il me faut six .... de lait, une .... de chocolat, un .... de café, deux .... de pâtes, deux .... de thon, un .... de confiture et un .... de dentifrice. Si tu passes au marché, je voudrais aussi .... légumes : un .... de pommes de terres, ... courgettes, ... ail, un .... de fromage, ... comté et dix .... de jambon.
– Tu peux m'écrire la liste ?

Total : .... /8

5. Répondez aux questions à la forme négative. (1 point/réponse)
a. Est-ce qu'il aime la choucroute ? ....
b. Est-ce que tu bois du café ? ....
c. Est-ce que tu manges des gâteaux ? ....
d. Est-ce que tu as des nouvelles de Tom ? ....
e. Est-ce que tu aimes le vin rouge ? ....
f. Est-ce qu'il y a du vent ? ....

Total : .... /6

Mon score : .... /30

22 • La négation

Grammaire/Conjugaison

> **• La négation simple : « ne ... pas »**
>
> Il **ne** vient **pas** ce soir. Il **n'**est **pas** fatigué mais il **ne** va **pas** au cinéma. Il **n'**aime **pas** les films français.
> • La négation s'exprime avec ne et pas ; ne se place avant le verbe et pas après.
> ✋ Quand le verbe commence par une voyelle ou un h muet, ne devient n'.

538 Complétez les phrases avec « ne », « n' » et « pas ».

Exemple : Je ne sais pas.

a. Vous .... travaillez .... le dimanche.
b. Le café .... est .... chaud.
c. Je .... ai .... faim, merci.
d. Nous .... connaissons .... ce réalisateur.
e. Tu .... aimes .... beaucoup ce professeur.
f. Elle .... comprend ....
g. Ils .... parlent .... anglais.
h. Elle .... accepte .... les rendez-vous le soir.

539 Répondez de façon négative, comme dans l'exemple.

Exemple : – Elle est petite ?   – Non, elle n'est pas petite.

a. – Il est roux ?   – Non, ...
b. – Elle est intelligente ?   – Non, ...
c. – Il est rapide ?   – Non, ...
d. – Elle est dynamique ?   – Non, ...
e. – Il est suisse ?   – Non, ...
f. – Elle est danoise ?   – Non, ...
g. – Il est boulanger ?   – Non, ...
h. – Elle est garagiste ?   – Non, ...

540 Mettez les mots dans l'ordre pour former des phrases.

Exemple : n' / pas / sympa. / Il / est → Il n'est pas sympa.

a. ne / pas / suis / Je / malade. → ....
b. pas / content. / Tu / es / n' / → ....
c. aimables. / Elles / ne / pas / sont → ....
d. n' / pas / est / Il / généreux. → ....
e. êtes / Vous / n' / heureux. / pas → ....
f. Elle / pas / intéressante. / est / n' → ....
g. n' / Tu / es / intéressé. / pas → ....
h. Je / pas / suis / ne / stupide. → ....

22 • La négation

541 Reliez les questions et les réponses.

a. Est-ce que c'est facile ?
b. Ils vont à la piscine ?
c. C'est un bon livre ?
d. Marine dort ?
e. C'est ton anniversaire demain ?
f. C'est possible de payer par carte bleue ?
g. Tu comprends le chinois ?
h. Tu parles portugais ?

1. Non, elle ne dort pas.
2. Non, je ne parle pas portugais.
3. Non, ils n'y vont pas, ils sont malades.
4. Non, ce n'est pas demain.
5. Non, ce n'est pas si facile !
6. Non, je ne comprends pas.
7. Non, ce n'est pas possible.
8. Non, ce n'est pas un bon livre.

542 Écoutez et dites si la phrase entendue est à la forme affirmative ou négative. 🔊 135

	Forme affirmative	Forme négative
Exemple :		✗
a.		
b.		
c.		
d.		
e.		
f.		
g.		
h.		

543 Écoutez et dites si vous avez entendu le « ne » ou « n' » de la négation. 🔊 136

Exemple : ☐ Oui ☒ Non

a. ☐ Oui ☐ Non   e. ☐ Oui ☐ Non
b. ☐ Oui ☐ Non   f. ☐ Oui ☐ Non
c. ☐ Oui ☐ Non   g. ☐ Oui ☐ Non
d. ☐ Oui ☐ Non   h. ☐ Oui ☐ Non

> À l'oral, souvent, on ne dit pas ne ou n' : **Je sais pas** = Je ne sais pas. **Il est pas là** = il n'est pas là.

Grammaire/Conjugaison

544 — Choisissez l'adjectif et complétez de façon négative, comme dans l'exemple.

drôle – cher – poli – rapide – sympa – difficile – original – facile

Exemple : Je suis sûre que tu peux trouver la réponse, ce n'est pas difficile !

a. Pourquoi tu ne dis pas bonjour ? ....
b. Il faut vraiment réfléchir pour faire cet exercice, ...
c. Cinq euros pour un pantalon, ...
d. Pourquoi tu ris ? ....
e. Trois heures pour faire un seul kilomètre ! ....
f. Elle fait toujours comme lui, ...
g. Ils ne rendent jamais service, ...

• La négation complexe : « ne … jamais »

Il ne va jamais au cinéma.
Tu ne parles jamais au journaliste.
Elles n'invitent jamais leurs voisins.

• jamais remplace pas : ne se place avant le verbe et jamais après.
• jamais est le contraire de toujours, souvent, quelquefois, parfois, etc.

---

545 — Complétez avec « n' », « ne », « pas » ou « jamais ».

Exemple : Elle ne comprend pas ta réaction.

a. Elle .... habite .... à Madrid.
b. Lui, il va souvent à l'opéra mais elle, elle .... y va ....
c. Tu bois souvent des sodas, mais moi, je .... en bois ....
d. Elle va en vacances en Italie mais elle .... parle .... italien.
e. Je .... admire .... les hommes politiques.
f. C'est très sale chez lui, il .... fait .... le ménage.
g. Tu peux lui téléphoner, il .... dort ....
h. Tu .... aimes .... la cuisine mexicaine.

546 — Transformez les phrases en utilisant « ne … jamais », comme dans l'exemple.

Exemple : Je vais parfois à l'opéra. → Je ne vais jamais à l'opéra.

a. Ton fils gagne quelquefois ses compétitions. → ....
b. Tu écoutes toujours ses conseils. → ....
c. Ils regardent toujours les films de Marvel. → ....
d. Elles lisent souvent les BD d'Astérix. → ....
e. Vous faites souvent la vaisselle. → ....
f. Il court souvent en forêt. → ....
g. Je vais toujours au travail à vélo. → ....
h. Il parle souvent avec ses voisines. → ....

22 • La négation

547 Faites le portrait du mauvais élève.

L'élève modèle :

a. Il fait toujours ses exercices,
b. Il apprend toujours ses leçons.
c. Il arrive toujours à l'heure en classe.
d. Il salue toujours quand il entre dans la salle de classe.
e. Il répond toujours aux questions du professeur.
f. Il aide toujours ses camarades de classe.
g. Il note toujours les points importants.
h. Il est toujours content de venir en classe.

Le mauvais élève :

a. Il ne fait jamais ses exercices.
b. ....
c. ....
d. ....
e. ....
f. ....
g. ....
h. ....

548 Répondez à l'aide des éléments entre parenthèses, comme dans l'exemple.

Exemple : – Tu connais Adrien ? C'est un excellent prof !
– Non, ce n'est pas un excellent prof. Il ne prépare jamais ses cours. (ne jamais préparer ses cours)

a. – Tu connais Marco ? C'est un excellent politicien !
– Non, ...
.... (ne jamais écouter les électeurs)

b. – Tu connais Samantha ? C'est une excellente avocate !
– Non, ...
.... (ne jamais défendre les plus faibles)

c. – Tu connais Roberta ? C'est une excellente médecin !
– Non, ...
.... (ne jamais prendre le temps)

d. – Tu connais cette chanteuse ? C'est une excellente chanteuse !
– Non, ...
.... (ne jamais signer les autographes)

Grammaire/Conjugaison

> • **La place de la négation avec deux verbes**
>
> **Je ne peux pas venir ce soir.** • **Il ne sait pas répondre à toutes les questions.** •
> **Elles ne veulent pas danser.** • **Nous n'allons pas prendre le bus.**
>
> • En présence de deux verbes, la négation encadre le premier.

549 Mettez les mots dans l'ordre pour former des phrases.

Exemple : pas / danser. / sait / ne / Elle → Elle ne sait pas danser.

a. veulent / pas / cinéma. / Elles / aller / ne / au → ....

b. Elle / utiliser / pas / tablette. / sait / une / ne → ....

c. aller / dans / ne / parc. / Il / pas / ce / faut / seul → ....

d. aider. / Elle / pas / t' / peut / ne → ....

e. ne / réserver / Tu / pas / place. / dois / ta → ....

f. après / ne / Vous / pas / minuit. / pouvez / rentrer → ....

g. Tom. / parler / Tu / pas / vas / à / ne → ....

h. peuvent / ne / nous. / Ils / avec / venir / pas → ....

550 Réécrivez ces phrases en utilisant le verbe « falloir ».

Au musée :

a. On ne parle pas fort. → Il ne faut pas parler fort.

b. On ne touche pas les œuvres d'art. → ....

c. On ne prend pas de photo. → ....

d. On ne mange pas. → ....

e. On ne boit pas. → ....

f. On ne joue pas. → ....

g. On ne jette pas de papiers par terre. → ....

h. On n'emmène pas d'animaux de compagnie. → ....

551 Répondez à la forme négative.

Exemple : – Tu peux faire les courses ?   – Non, je ne peux pas faire les courses.

a. – Tu dois apprendre ce poème par cœur ?   – Non, ...

b. – Il sait nager ?   – Non, ...

c. – Tu veux rendre visite à mon frère ?   – Non, ...

d. – Vous pouvez prêter votre ordinateur ?   – Non, ...

e. – Elles savent coudre ?   – Non, ...

f. – Tu dois comprendre ce qu'il dit ?   – Non, ...

g. – Tu vas visiter l'exposition ?   – Non, ...

h. – Vous allez apprendre le japonais ?   – Non, ...

22 • La négation

552 **Complétez le dialogue en conjuguant les verbes entre parenthèses au présent.**

– Je ne connais pas (ne pas connaître) la nouvelle amie de Louisa, et toi ?
– Moi, je la connais ! Je .... (ne pas pouvoir la voir). Elle .... (ne pas être) sympa, elle .... (ne jamais parler), elle .... (ne jamais sourire) et elle .... (ne pas aimer) sortir.
– Eh bien, je .... (ne pas vouloir la connaître). Je .... (ne pas aller dîner) avec elles ce soir. J'appelle pour prévenir Louisa.

• Le changement d'article à la forme négative

J'ai une vie très saine : je ne fume pas de cigarettes et je ne bois pas d'alcool, mais toi, tu ne fais pas de sport.

• À la forme négative, les articles indéfinis (un, une et des) et les articles partitifs (du, de la et de l') deviennent de ou d' devant une voyelle ou un h muet.

✋ Les articles définis (le, la, l' et les) ne changent pas.

✋ À la forme négative, c'est un, c'est une, ce sont des deviennent ce n'est pas un, ce n'est pas une, ce ne sont pas des.

---

553 **Transformez les phrases à la forme négative.**

Exemple : Tu as une voiture. → Tu n'as pas de voiture.

a. Je cherche un appartement. → ....
b. Je connais un hôtel pas cher dans le quartier. → ....
c. Il y a un train direct pour Bordeaux. → ....
d. Tu fais du sport. → ....
e. Je regarde un film à la télé. → ....
f. J'ai un frère. → ....
g. Il y a une lettre pour toi. → ....
h. Il mange de la viande. → ....

554 **Répondez à la forme négative.**

Exemple : – C'est un bijou ?   – Non, ce n'est pas un bijou.

a. – Ce sont des chaussures ?   – Non, ...
b. – C'est un jeu de société ?   – Non, ...
c. – C'est un tableau ?   – Non, ...
d. – C'est un massage ?   – Non, ...
e. – C'est une robe ?   – Non, ...
f. – Ce sont des boucles d'oreille ?   – Non, ...
g. – Ce sont des chocolats ?   – Non, ...
h. – C'est une place de concert ?   – Non, ...

Grammaire/Conjugaison

555 **Reliez les questions et les réponses.**

a. Tu veux un soda ?   1. Non, pas de glace, prenez un fruit plutôt.
b. Tu aimes les sodas ?   2. Non, ce n'est pas un dessert.
c. Tu aimes la charcuterie ?   3. Non, je ne mange pas de saucisse.
d. Tu manges de la saucisse ?   4. Pas de dessert, je vais prendre un café.
e. Tu aimes la glace ?   5. Non, je n'aime pas la charcuterie.
f. On peut avoir une glace ?   6. Non, je n'aime pas les sodas.
g. Vous voulez un dessert ?   7. Non, pas de soda. Je vais prendre du thé.
h. C'est un dessert ?   8. La glace ! Non, je n'aime pas !

556 **Complétez avec « pas le », « pas l' », « pas les », « pas de » ou « pas d' ».**

Exemple : Je n'ai pas le numéro de téléphone de Marc.

a. Chéri, je ne trouve pas mes clés, tu n'as .... clés de la maison, toi ?
b. Vous semblez fatigué, vous n'avez .... énergie.
c. Vous ne regardez .... documentaire sur les dauphins, ce soir, sur la 3 ? Ça a l'air bien !
d. Vous ne prenez .... pain en mangeant.
e. Tu n'achètes .... places pour Cathy ? Elle en veut trois !
f. Tu n'as .... places à vendre pour le spectacle.
g. Tu n'aimes .... aïoli.
h. Vous ne prenez .... aïoli avec vos frites ?

Bilan

1. Complétez le texte avec les éléments de la négation. (0,5 point/réponse)

Nous .... sommes .... satisfaits de la chambre d'hôtel. Le confort .... nous convient .... Le lit .... est .... confortable, la vue .... est .... agréable, la salle de bains .... est .... propre. On .... peut .... aller à la piscine parce qu'elle .... est .... ouverte ! Je .... le recommanderais ....

Total : .... /8

2. Alix et Eliot sont jumeaux mais ils sont très différents. Dites le contraire en utilisant la forme négative, comme dans l'exemple. (1 point/réponse)

Exemple : Alix est étudiante.
→ Eliot n'est pas étudiant.

a. Alix parle anglais.
→ Eliot ....

b. Alix a des amis.
→ ....

c. Alix mange des légumes.
→ ....

d. Alix boit du café.
→ ....

e. Alix veut changer de pays.
→ ....

f. Alix étudie la philosophie.
→ ....

g. Alix fume.
→ ....

h. Alix sourit toujours.
→ ....

i. Alix est sympathique.
→ ....

j. Alix écoute du jazz.
→ ....

Total : .... /10

3. Répondez à la forme négative. (1 point/réponse)

a. – Tu fais souvent des randonnées ?
– ....

b. – Tu aimes les fleurs ?
– ....

c. – Tu apportes un dessert chez Léa ?
– ....

d. – Tu achètes un cadeau d'anniversaire pour Paul ?
– ....

e. – Tu fais le ménage le samedi ?
– ....

f. – Tu connais le centre-ville ?
– ....

g. – Tu joues avec ta petite sœur ?
– ....

Total : .... /7

4. Mettez les mots dans l'ordre pour former des phrases. Ajoutez la ponctuation nécessaire. (1 point/réponse)

a. de / numéro / mon / pas / avez / téléphone / vous / n'
....

b. jamais / électronique / n' / ils / musique / de / écoutent
....

c. veux / cinéma / soir / tu / pas / au / ne / aller / ce
....

d. pas / ta / de / Il / transport / faut / carte / ne / oublier
....

e. enfants / pas / Paris / n' / à / vos / habitent
....

Total : .... /5

Mon score : .... /30

23 • L'interrogation
Grammaire/Conjugaison

> **• La question fermée avec et sans « est-ce que »**
>
> **Tu es chilien ? Est-ce que tu es chilien ?**
> **Il habite à Paris ? Est-ce qu'il habite à Paris ?**
>
> • Une question fermée est une question à laquelle on ne peut répondre que par oui ou non.
> • Une question fermée se construit comme une phrase affirmative, mais à l'écrit, on ajoute un point d'interrogation (?) à la fin de la phrase, et à l'oral, on change l'intonation qui devient montante.
> • On peut aussi ajouter est-ce que au début de la phrase et un point d'interrogation (?) à la fin de la phrase. Si le sujet commence par une voyelle ou un h muet, on utilise est-ce qu'.

557 Complétez avec « est-ce que » ou « est-ce qu' ».

Exemple : *Est-ce que* vous vivez en France ?

a. .... tu aimes la musique classique ?
b. .... vous aimez le jazz ?
c. .... ils savent parler espagnol ?
d. .... vous parlez chinois ?
e. .... elle va à l'école à vélo ?
f. .... il va à l'école à pied ?
g. .... vous avez le programme ?
h. .... le programme est sorti ?

558 Reliez les questions et les réponses.

a. Elle sait parler français ?   1. Oui, elle a vécu dix ans à Moscou.
b. Est-ce qu'elle parle russe ?   2. Non, pas seule, je pars avec mon fils.
c. Elle fait du sport ?   3. Non, pas l'avion, je prends le train.
d. Est-ce qu'elle fait de la boxe ?   4. Oui, très bien, elle est québécoise.
e. Tu pars seule en vacances ?   5. Oui, elle fait de la boxe.
f. Est-ce que ton fils t'accompagne ?   6. Non, je ne prends jamais l'avion.
g. Est-ce que tu prends l'avion ?   7. Non, j'y vais seule.
h. Tu y vas toujours en avion ?   8. Non, elle n'aime pas la boxe.

Grammaire/Conjugaison

559 Transformez ces questions avec « est-ce que ».

Exemple : Vous connaissez ce film ? → Est-ce que vous connaissez ce film ?

a. On part ensemble ? → ....
b. Le spectacle t'a plu ? → ....
c. C'est un bon chef d'orchestre ? → ....
d. Tu es guitariste ? → ....
e. Elle aime ce groupe ? → ....
f. Vous allez au concert ce soir ? → ....
g. Le concert finit tard ? → ....
h. Il vient avec nous ? → ....

560 Trouvez la question qui correspond à la réponse. Utilisez « est-ce que ».

Exemple : – Est-ce que tu viens avec nous ?
– Non, je ne viens pas avec vous.

a. – ....
– Oui, j'aime les films français.

b. – ....
– Non, le musée est fermé demain.

c. – ....
– Oui, le cinéma se trouve dans cette rue.

d. – ....
– Oui, c'est un bon film.

e. – ....
– Non, je ne connais pas cet acteur.

f. – ....
– Oui, prends ton parapluie.

g. – ....
– Non, nous ne partons pas demain mais jeudi prochain.

h. – ....
– Non, je ne viens pas, je me repose.

23 • L'interrogation

561 Qu'est-ce que vous entendez : question par intonation, question avec « est-ce que » ou affirmation ? Remplissez le tableau. 137

	Question par intonation	Question avec « est-ce que »	Affirmation
Exemple :	✗		
a.			
b.			
c.			
d.			
e.			
f.			
g.			
h.			

• **La question fermée avec inversion**

Parlez-vous anglais ? Danses-tu la valse ? Parle-t-il allemand ?

- Dans des situations plus formelles (= langage soutenu), pour les questions fermées, on inverse le pronom sujet* et le verbe. Le verbe est donc placé en première position suivi du sujet. Entre les deux, on met un tiret (-).

✋ Si le verbe se termine par une voyelle, on ajoute -t- devant le pronom sujet pour faciliter la prononciation.

* Les pronoms sujets sont : je, tu, il, elle, on, nous, vous, ils, elles (voir chapitre 15).

---

562 Question par intonation, question avec « est-ce que » ou question par inversion. De quoi s'agit-il ? Cochez la bonne réponse.

	Intonation	Est-ce que	Inversion
Exemple : Tu peux inviter mamie ?	☒	☐	☐
a. On prépare un couscous ?	☐	☐	☐
b. Est-ce qu'on a des courgettes ?	☐	☐	☐
c. Peux-tu acheter du pain ?	☐	☐	☐
d. Max va venir ?	☐	☐	☐
e. Est-ce qu'on fait une entrée ?	☐	☐	☐
f. Prévoit-on un thème ?	☐	☐	☐
g. Est-ce que tu sais si Marco vient ?	☐	☐	☐
h. On fait un menu pour les enfants ?	☐	☐	☐

Grammaire/Conjugaison

563 Réécrivez ces questions en utilisant l'inversion.

Exemple : Vous étudiez la chimie ? → Étudiez-vous la chimie ?

a. Vous allez à l'université ? → ....
b. Tu aimes la physique ? → ....
c. Vous allez à la conférence demain ? → ....
d. Tu lis beaucoup ? → ....
e. Vous prenez des notes ? → ....
f. Tu fais des cartes mentales pour réviser ? → ....
g. Tu préfères travailler le soir ou le matin ? → ....
h. Vous travaillez pour payer vos études ? → ....

564 Posez des questions par inversion à partir de ces réponses.

Exemple : – Habitez-vous à Cannes ?
– Oui, nous habitons à Cannes.

a. – ....
– Oui, je remplis le formulaire.

b. – ....
– Non, je ne suis pas étudiant, je travaille.

c. – ....
– Oui, je cherche un studio.

d. – ....
– Oui, nous organisons une fête.

e. – ....
– Non, il ne prend pas le métro.

f. – ....
– Oui, j'ai l'invitation.

g. – ....
– Non, nous sommes mal placés.

h. – ....
– Oui, il faut apporter un cadeau.

565 Ajoutez « - » ou « -t- ».

Exemple : Va-t-elle à la plage avec nous ?

a. Voyages .... tu souvent ?
b. A .... on le droit d'apporter un repas ?
c. Prenez .... vous le bus ?
d. Achètes .... tu une entrée pour Pedro ?
e. Aime .... elle les films hongrois ?
f. Écoute .... il de la musique classique ?
g. Fait .... elle ses devoirs ?
h. Rentre .... elle en taxi ?

23 • L'interrogation

566 Réécrivez ces questions en utilisant l'inversion.

Exemples : Est-ce qu'il sera là ? → Sera-t-il là ?
Est-ce qu'il attend quelqu'un ? → Attend-il quelqu'un ?

a. Est-ce qu'elle vient avec lui ? → ....
b. Est-ce qu'il prépare le repas ? → ....
c. Est-ce qu'elle aime les épinards ? → ....
d. Est-ce qu'elle part tôt ? → ....
e. Est-ce qu'il joue au tennis ? → ....
f. Est-ce qu'elle fait du sport ? → ....
g. Est-ce qu'elle habite en France ? → ....
h. Est-ce qu'il connaît la région ? → ....

• L'interro-négation et le « si » d'acquiescement

– **Vous n'avez pas faim ?**
– **Si, j'ai très faim.**
– **Il ne veut pas venir avec nous ?**
– **Non, il préfère rester à la maison se reposer.**

• L'interro-négation est une question posée à la forme négative, c'est-à-dire avec les éléments ne / n' et pas de la négation.
• Quand la réponse à une interro-négation est positive, on dit « si ». Quand la réponse est négative, on dit « non ».

---

567 Complétez les réponses avec « oui », « si » ou « non ».

Exemples : *Vous n'aimez pas la littérature ?* Si, j'adore, surtout la littérature anglo-saxonne.
Non, je déteste lire.

Vous aimez la littérature ? Oui, j'adore, surtout la littérature anglo-saxonne.
Non, je déteste lire.

Vous n'aimez pas la cuisine française ?

a. ...., pas trop, je trouve ça trop gras.
b. ...., bien sûr, le gratin dauphinois, la quiche Lorraine, le foie gras, ce sont des plats que j'adore !

Vous aimez la cuisine italienne ?

c. ...., bien sûr, les pâtes, les pizzas.
d. ...., pas vraiment, je suis allergique au gluten et au lait alors je ne peux pas en manger.

Il ne revient pas tout seul ?

e. ...., ce n'est pas loin.
f. ...., c'est beaucoup trop dangereux !

Il va à l'école à vélo ?

g. ...., il y va à trottinette.
h. ...., même quand il pleut.

Grammaire/Conjugaison

568 **Reliez les questions et les réponses.**

a. On déjeune au restaurant ?
b. On ne déjeune pas bientôt ?
c. Tu as invité Gaëlle ?
d. Elle n'est pas libre ce soir ?
e. Tu as fait les courses ?
f. Tu n'as pas acheté le pain ?
g. On ne va pas chercher les courses ?
h. On n'a pas reçu les courses ?

1. Non, ils vont nous livrer.
2. Si, le repas est presque prêt.
3. Si, elles sont à la cuisine.
4. Si, elle est libre, elle peut venir !
5. Non, je vais les faire demain !
6. Non, à la maison, le repas est presque prêt !
7. Si, il y a une baguette à la cuisine !
8. Oui, mais elle n'est pas libre.

569 **Transformez ces questions en interro-négations.**

Exemple : Tu bois de l'eau ? → Tu ne bois pas de l'eau ?

a. Tu fais les courses ? → ....
b. Il prépare le repas ? → ....
c. On balaie ? → ....
d. Tu débarrasses la table ? → ....
e. Vous faites la vaisselle ? → ....
f. Nous faisons le ménage ? → ....
g. Elles vident les poubelles ? → ....
h. Vous faites le lit ? → ....

570 **Posez les questions (par intonation) à partir des réponses.**

Exemples : Si, j'ai ma brosse à dent ! → Tu n'as pas ta brosse à dents ?
Oui, j'ai mon portefeuille → Tu as ton portefeuille ?

a. Si, ma gourde est remplie. → ....
b. Oui, mon style fonctionne. → ....
c. Si, je note dans mon agenda. → ....
d. Si, je range les stylos. → ....
e. Oui, j'efface les mauvaises réponses. → ....
f. Si, je prends mon téléphone. → ....
g. Oui, je te donne la clé USB. → ....
h. Si, il dort. → ....

23 • L'interrogation

Les mots interrogatifs

• L'interrogatif « qui »

– Qui est-ce ? / C'est qui ?
– C'est mon frère. Ce sont mes cousins.
Qui vient à la soirée ? • Avec qui tu y vas ? / Tu y vas avec qui ? • C'est chez qui ?

- On utilise l'interrogatif qui pour poser une question sur une ou plusieurs personnes. La question est toujours au singulier.
- L'interrogatif qui peut être précédé d'une préposition.
- Avec qui, on peut poser une question par inversion ou avec est-ce que → qui est-ce que.

571 Reliez les questions aux réponses. Plusieurs réponses sont possibles.

a. Qui est-ce ?
b. Qui tu as vu ?
c. Qui est ta nouvelle prof ?
d. Qui voulez-vous voir ?

1. Martine.
2. C'est Mme Lallemand, je ne l'aime pas trop.
3. Ce sont des touristes.
4. La professeure de chimie, s'il vous plaît.
5. J'ai vu Paul.
6. La personne qui s'occupe des admissions.
7. Ce sont mes parents.
8. C'est Fred, un copain.

572 Mettez les mots dans l'ordre pour former des questions.

Exemple : te / chercher / vient / ce / Qui / soir ? → Qui vient te chercher ce soir ?

a. écrit / Qui / a / livre ? / ce → ....
b. est / infirmerie / Qui / l' / à → ....
c. cherche / travail ? / du / Qui → ....
d. avec / court / Qui / toi ? → ....
e. pizzas ? / commande / les / Qui → ....
f. va / avec / jouer / Qui / nous ? → ....
g. prépare / pour / le / Qui / repas / la / fête → ....
h. Qui / cette / vend / voiture ? → ....

573 Complétez avec « qui », « à qui », « avec qui » ou « chez qui ».

Exemple : Tu parles à qui ?

a. Tu vas à la salle de sport .... ?
b. .... vient voir le match de foot ?
c. .... est ce pantalon ?
d. Tu vas manger .... ?
e. .... connaît cette BD ?
f. Tu penses .... ?
g. .... peut réparer mon téléphone ?
h. Tu vas .... ?

Grammaire/Conjugaison

574 Complétez les questions avec « qui », « à qui », « avec qui » ou « chez qui ».

Exemple : Farouck vient. → Qui vient ce soir ?

a. C'est mon meilleur ami. → .... est-ce ?
b. Moi, je le connais ! → .... connaît Léo ?
c. À ma mère. → .... tu penses ?
d. Avec Marc, il adore le cinéma ! → .... tu vas au cinéma ?
e. Chez Pascal, il habite à côté d'ici. → Tu vas réviser .... ?
f. La nouvelle stagiaire. → .... est-ce ?
g. Avec sa sœur. → Olivia va au théâtre .... ?
h. Max est végane. → .... est végane ?

• Les interrogatifs « que » et « quoi »

Que doit-on apporter ? Qu'est-ce qu'on doit apporter ? On doit apporter quoi ? À quoi tu joues ?

- On utilise les interrogatifs que et quoi pour poser une question sur une chose.
- Avec que, on peut poser une question par inversion ou avec est-ce que → qu'est-ce que. Devant les voyelles ou un h muet, on dit : qu'est-ce qu'.
- On utilise quoi pour les questions par intonation (dans ce cas, le pronom interrogatif est en fin de phrase) ou avec une préposition.

✋ Ne pas confondre est-ce que et qu'est-ce que : est-ce que s'utilise pour une question fermée et qu'est-ce que pour une question ouverte sur un ou plusieurs objets.

---

575 Complétez avec « qu'est-ce que » ou « qu'est-ce qu' ».

Exemple : Qu'est-ce qu'il boit au petit-déjeuner ?

a. .... tu veux pour ton goûter ?
b. .... elle met pour aller à l'école ?
c. .... je vous sers ?
d. .... il prend pour la plage ?
e. .... il pense du nouveau professeur ?
f. .... vous cherchez ?
g. .... vous connaissez au Portugal ?
h. .... tu as eu pour Noël ?

23 • L'interrogation

576 Réécrivez les questions en utilisant « qu'est-ce que ».

Exemple : Tu lis quoi ? → Qu'est-ce que tu lis ?

a. Tu as mangé quoi ? → ....
b. Tu fais quoi ? → ....
c. Tu étudies quoi ? → ....
d. Tu prends quoi comme dessert ? → ....
e. Tu achètes quoi ? → ....
f. Tu regardes quoi ? → ....
g. Tu écris quoi ? → ....
h. Tu dis quoi ? → ....

577 Complétez avec « qu'est-ce que » ou « est-ce que ».

Exemple : Est-ce que tu comprends ?

a. .... tu fais dans la vie ?
b. .... vous faites de l'escalade ?
c. .... tu prends au petit-déjeuner ?
d. .... vous prenez le métro ?
e. .... tu aimes bien ce jeu ?
f. .... tu aimes faire pendant les vacances ?
g. .... tu nages ?
h. .... tu choisis comme sport ?

578 Complétez avec « que », « qu' » ou « quoi ».

Exemple : Tu penses à quoi ?

a. .... prends-tu ?
b. .... veux-tu pour Noël ?
c. Vous parlez de .... ?
d. .... crois-tu ?
e. Vous faites .... dans la vie ?
f. .... avez-vous ?
g. Tu regardes .... ?
h. .... penses-tu de ce film ?

Grammaire/Conjugaison

579 Reliez les questions et les réponses.

a. Qu'est-ce que vous prenez ?
b. Qu'est-ce que tu préfères : rester avec nous ou partir avec eux ?
c. Qui apporte le dessert ?
d. Qui est-ce ?
e. Qu'est-ce que tu as choisi comme BD ?
f. Qu'est-ce qu'on fait ce week-end ?
g. Qui t'a dit ça ?
h. Qu'est-ce qu'elle a dit ?

1. Ce sont mes collègues de travail, Jessica et Irene.
2. Le dernier album de Pénélope Bagieu.
3. Marco, il arrive à 21 heures.
4. C'est Bérangère qui me l'a dit.
5. Je vais prendre le plat du jour.
6. Elle m'a dit que Caro partait s'installer en Australie.
7. On peut aller voir l'exposition sur les momies, il paraît qu'elle est très bien !
8. Je préfère rester avec vous.

• Les interrogatifs « où » et « quand »

Où est la rue du Parc ? Où est-ce que tu vas ? Tu vas où ?
• L'interrogatif où sert à poser une question sur un lieu. On peut utiliser les trois types de questions : question par intonation (dans ce cas, où est en fin de phrase), question avec est-ce que (où est-ce que/qu') ou question par inversion (on inverse le sujet et le verbe).

Quand est-ce que vous partez ? Vous partez quand ? Quand partez-vous ?
• L'interrogatif quand sert à poser une question sur le temps. On peut utiliser les trois types de questions : question par intonation (dans ce cas, quand est en fin de phrase), question avec est-ce que (quand est-ce que/qu') ou question par inversion (on inverse le sujet et le verbe).

---

580 Mettez les mots dans l'ordre pour former des questions.

Exemple : gare ? / Où / est / La → Où est la gare ?

a. habitez / où ? / Vous → ....
b. passes / vacances / Tu / où ? / tes → ....
c. travailles / où ? / Tu → ....
d. est / Samuel / où ? / né → ....
e. rue Picasso ? / est / Où / la → ....
f. Samedi, / où ? / vas / tu → ....
g. la / est / fromagerie ? / Où → ....
h. demain ? / seras / où / Tu → ....

581 Transformez les phrases comme dans l'exemple.

Exemple : Où déjeunes-tu ? → Où est-ce que tu déjeunes ?

a. Où vas-tu ? → ....
b. Où prenez-vous le métro ? → ....
c. Où pars-tu en voyage ? → ....
d. Où arrives-tu ? → ....
e. Où gares-tu ta voiture ? → ....
f. Où fais-tu de la gym ? → ....
g. Où allons-nous ? → ....
h. Où avons-nous rendez-vous ? → ....

23 • L'interrogation

582 Trouvez la question qui correspond à la réponse.

Exemple : – Quand est-ce que le film commence ?
– Le film commence à 20 heures.

a. – ....
– Elle finit son travail à 18 heures.

b. – ....
– Elle est née le 2 avril.

c. – ....
– Il arrive mercredi.

d. – ....
– Le taxi arrive dans cinq minutes.

e. – ....
– Je pars en vacances demain.

f. – ....
– Le repas sera prêt dans une demi-heure.

g. – ....
– J'arrête de travailler dans un quart d'heure.

h. – ....
– Les travaux vont finir en juin.

583 Reliez les questions et les réponses.

a. Où est-ce qu'il faut prendre le métro ?   1. J'arrive à la gare centrale.
b. Quand le train part-il ?   2. Ils vont dans une station thermale.
c. Quand devez-vous être à l'aéroport ?   3. À la station de la place Turenne.
d. Où arrives-tu ?   4. Lundi prochain.
e. Où vont-ils ce week-end ?   5. Place des Vosges, ce n'est pas loin.
f. Quand est-ce que les vacances commencent ?   6. Dans 10 minutes.
g. Où est le musée ?   7. À 19 heures.
h. Quand est-ce que les magasins ferment ?   8. Nous devons y être à 10 heures.

• **Les interrogatifs « comment » et « pourquoi »**

Comment vas-tu ? Comment fais-tu la pizza ?
Comment est-ce qu'elle vient ? Tu fais comment ?

• L'interrogatif comment sert à poser une question sur la manière ou le moyen. On peut utiliser les trois formes de questions : question par intonation, question avec est-ce que (comment est-ce que/qu') ou question par inversion (on inverse le sujet et le verbe).

Pourquoi est-ce que vous parlez anglais ? Pourquoi parlez-vous anglais ?

• L'interrogatif pourquoi sert à poser une question sur la cause. On ne peut utiliser que la question avec est-ce que (pourquoi est-ce que/qu') et la question par inversion (on inverse le sujet et le verbe).

Grammaire/Conjugaison

584 Transformez les questions comme dans l'exemple.

Exemple : Comment t'appelles-tu ? → Comment est-ce que tu t'appelles ?

a. Comment réglez-vous vos achats ? → ....
b. Comment peut-on s'inscrire ? → ....
c. Comment allez-vous à la fête ? → ....
d. Comment te sens-tu ? → ....
e. Comment trouves-tu ta nouvelle collègue ? → ....
f. Comment appellent-ils leur bébé ? → ....
g. Comment connais-tu la nouvelle ? → ....
h. Comment dormez-vous ? → ....

585 Mettez les mots dans l'ordre pour former des questions.

Exemple : fonctionne / Pourquoi / pas ? / ça / est-ce que / ne → Pourquoi est-ce que ça ne fonctionne pas ?

a. beaucoup ? / travaille / est-ce qu' / Pourquoi / il → ....
b. est-ce qu' / ne / pas ? / elle / Pourquoi / vient → ....
c. manges / peu ? / est-ce que / tu / Pourquoi → ....
d. le / est-ce que / vous / français ? / Pourquoi / apprenez → ....
e. de / Pourquoi / la / ils / est-ce qu' / pas / vont / salle / sports ? / ne / à → ....
f. vas / chez / Pourquoi / tu / médecin ? / est-ce que / le → ....
g. valise ? / est-ce que / une / prends / grosse / Pourquoi / tu → ....
h. montagne ? / Pourquoi / vas / la / est-ce que / à / tu → ....

586 Posez la question en utilisant l'interrogatif entre parenthèses.

Exemples : Il va au marché. (comment) → Comment est-ce qu'il va au marché ?
Il va au marché. (Pourquoi) → Pourquoi est-ce qu'il va au marché ?

a. Il apprend le grec. (Pourquoi) → ....
b. Tu pars en vacances. (Comment) → ....
c. Il travaille beaucoup. (Pourquoi) → ....
d. Il fait le ménage. (Comment) → ....
e. Vous courez. (Pourquoi) → ....
f. Elle est absente. (Pourquoi) → ....
g. Tu t'appelles. (Comment) → ....
h. Vous vous sentez. (Comment) → ....

23 • L'interrogation

587 Observez les mots en gras dans la réponse et trouvez la question qui correspond.

Exemple : – Quand est-ce qu'il arrive ?
– Il arrive **samedi**.

a. – ....
– Il va à l'école **à pied**.

b. – ....
– Il boit de l'eau **parce qu'il a soif**.

c. – ....
– Elle va au théâtre **ce soir**.

d. – ....
– Il habite **à Dublin**.

e. – ....
– Elle met **une robe** pour sortir.

f. – ....
– Elle mange **au restaurant** ce midi.

• L'adjectif interrogatif « quel »

**Quel est le plat du jour ? Quelle est ta série préférée ? Quels sports faites-vous ?
Quelles animatrices connaissez-vous ?**

• Quel est un adjectif ; il s'accorde en genre et en nombre avec le nom qu'il qualifie.

	Masculin	Féminin
Singulier	quel	quelle
Pluriel	quels	quelles

• Les quatre formes se prononcent de la même manière [kel].
• L'adjectif interrogatif quel sert à poser une question qui attend une réponse précise.
• Il peut être précédé d'une préposition : **Dans quel** quartier il habite ? **À quelle** heure elle arrive ?

588 Complétez avec « quel », « quels », « quelle » ou « quelles ».

Exemple : Quelle est votre profession ?

a. Tu as .... âge ?
b. Tu pratiques .... sports ?
c. .... est ton e-mail ?
d. .... est votre date de naissance ?
e. Tu connais .... professeurs ici ?
f. Tu travailles pour .... entreprise ?
g. Vous cherchez .... informations exactement ?
h. Vous avez visité .... monuments ?

Grammaire/Conjugaison

589 Posez des questions avec « quel », « quels », « quelle » ou « quelles ».

Exemple : votre nom → Quel est votre nom ?

a. votre prénom → ....
b. votre adresse → ....
c. votre nationalité → ....
d. votre numéro de téléphone → ....
e. vos diplômes → ....
f. vos loisirs → ....
g. vos disponibilités → ....
h. vos principales qualités → ....

590 Trouvez la question qui correspond à la réponse, comme dans les exemples.

Exemples : – Quelle est ta matière préférée ?
– Ma matière préférée est l'histoire.
– À quel âge tu as appris à nager ?
– J'ai appris à nager à six ans.

a. – ....
– J'arrive à huit heures.

b. – ....
– Je suis disponible le jeudi.

c. – ....
– Je parle des États-Unis.

d. – ....
– On doit apporter un dessert.

e. – ....
– Mon appartement est dans la rue des Fleurs.

f. – ....
– Ma date de naissance est le 8 mai 2011.

g. – ....
– Mon sport préféré est le foot.

h. – ....
– La station de métro la plus proche est Montmorency.

23 • L'interrogation

591 **Reliez les questions et les réponses.**

a. À quel service souhaitez-vous parler ?
b. Dans quelle ville habitez-vous ?
c. En quelle année ça s'est passé ?
d. À quel âge as-tu commencé à travailler ?
e. Quelle ville as-tu visitée cet été ?
f. Quel service s'occupe des logements ?
g. Quel âge as-tu ?
h. Quelle est l'année de l'abolition de la peine de mort en France ?

1. À 17 ans.
2. Le service habitation.
3. En 2011.
4. 1981.
5. Au service des renseignements.
6. 22 ans.
7. Milan, c'est magnifique !
8. À Marseille.

Bilan

1. **Qu'est-ce que vous entendez : question par intonation, question avec « est-ce que » ou question par inversion ? Cochez la bonne réponse.** (1 point/réponse)

	Intonation	Est-ce que	Inversion
a.	☐	☐	☐
b.	☐	☐	☐
c.	☐	☐	☐
d.	☐	☐	☐
e.	☐	☐	☐
f.	☐	☐	☐
g.	☐	☐	☐
h.	☐	☐	☐

   Total : .... /8

2. **Reliez les questions aux réponses.** (1 point/réponse)

   a. Tu n'es pas canadien ?
   b. Est-ce que tu es canadien ?
   c. Voulez-vous un café ?
   d. Est-ce que tu bois du café ?
   e. Tu prends ta douche ?
   f. Vous ne prenez pas votre douche ?
   g. Tu veux jouer avec moi ?
   h. Vous ne voulez pas jouer avec moi ?

   1. Non, merci, nous ne buvons pas de café.
   2. Oui, je vais la prendre.
   3. Si, on veut jouer avec toi.
   4. Oui, je bois du café chaque matin.
   5. Mais si, je suis canadien !
   6. Oui, je veux bien !
   7. Oui, je suis canadien.
   8. Si, nous allons la prendre.

   Total : .... /8

3. **Complétez avec « qu'est-ce que/qu' », « est-ce que/qu' » ou « qui ».** (0,5 point/réponse)

   a. .... elle veut ?
   b. .... elle veut un sandwich au fromage ?
   c. .... a fait ce dessin ?
   d. .... ça représente ?
   e. .... tu trouves ça beau ?
   f. .... tu as lu le dernier livre de Virginie Despentes ?
   g. .... tu en penses ?
   h. .... n'a pas aimé ?

   Total : .... /4

4. Complétez avec l'interrogatif qui convient. (0,5 point/réponse)

a. .... est-ce que tu habites ?

b. .... peut me répondre ?

c. .... est-ce que vous faites ?

d. En avril, en mai ou en juin ? .... est-ce que tu es né ?

e. .... est-ce que tu rentres chez toi ? En métro ou en taxi ?

f. .... est-ce que tu veux ? Un thé ou un café ?

g. .... est-ce que tu pleures ? Tu as un problème ?

h. .... est-ce que se joue le match ? À domicile ?

Total : .... /4

5. Reliez les questions et les réponses. (1 point/réponse)

a. Où est-ce que tu travailles ?   1. Parce que je veux devenir scientifique.

b. Comment est-ce que tu vas travailler ?   2. À moto.

c. Pourquoi est-ce que tu étudies la chimie ?   3. Lundi prochain.

d. Comment ça va ?   4. Dans une entreprise de construction.

e. Quand est-ce que tu es en vacances ?   5. À Grenoble, rue Danton.

f. Où habite-t-il ?   6. Très bien, et toi ?

Total : .... /6

Mon score : .... /30

24 • La situation dans l'espace

Grammaire/Conjugaison

> **• Les prépositions devant les noms communs et les noms de personnes**
>
> Je suis **au** lycée. Je vais **à l'**université. Ils vont **à la** plage. Elles sont **aux** Halles.
> Tu vas **chez** Paloma ? Vous êtes **chez** le fleuriste. Les enfants vont **chez** le médecin et moi, je vais **chez** mes amis.
>
> • On utilise la même préposition pour les lieux où on va et où on est.
> • On utilise : - à + article + lieu (nom commun)
>   - chez + personne
>
> À + le devient au et à + les devient aux.
>
> Il y a des exceptions : **en** ville, **dans** la rue, **sur** la place.

592 Reliez les éléments pour faire des phrases.

a. J'achète des médicaments → à la → 7. pharmacie.
b. Le midi, il déjeune
c. Ils achètent un voyage — à la
d. Pour obtenir un visa, nous devons aller
e. Elle achète des livres — à l'
f. Il y a une exposition de tableaux
g. Leur fille étudie — au
h. Elle prend le métro
i. Il fait les courses

1. agence de voyage.
2. musée.
3. librairie.
4. université.
5. supermarché.
6. station Arc en triomphe.
7. pharmacie.
8. restaurant.
9. ambassade.

593 Entourez le bon lieu.

Exemple : Je vais au *salle de concert* / (*théâtre*).

a. Tu vas au *cinéma / opéra*.
b. Il part à la *gymnase / piscine*.
c. Tu vas t'inscrire à l'*école de danse / patinoire* ?
d. Il voudrait participer aux *compétition de samedi / Jeux olympiques*.
e. Ce soir, ils iront au *partie de tennis / match de rugby*.
f. Ils ont rendez-vous à la *bibliothèque / laboratoire de langue*.
g. Je me promène dans le *parc / forêt*.
h. Je vais voir une exposition à la *musée / galerie de peinture*.

24 • La situation dans l'espace

594 Complétez avec « à la », « à l' », « au », « aux » ou « chez ».

Exemple : Je vais chez mes parents.

a. Nous allons .... gare.
b. Tu vas .... toilettes.
c. On va .... restaurant.
d. Elle va .... salle de sport.
e. Ils vont .... musée.
f. Elles vont .... moi.
g. Vous allez .... banque.
h. Je vais .... le médecin.
i. Il va .... hôpital.
j. Nous allons .... bureau.

595 Mettez les mots dans l'ordre pour former des phrases.

Exemple : nous / Lundi, / au / allons / spectacle. → Lundi, nous allons au spectacle.

a. ai / l' / rendez-vous / hôtel. / à / J'
→ ....

b. font / courses / l' / Ils / leurs / épicerie. / à
→ ....

c. regardons / place Jean-Bart. / spectacle / Nous / sur / le / la
→ ....

d. la / à / cherche / le / cave. / Je / vin / à
→ ....

e. Dans / y / spectacle. / un / a / la / il / rue,
→ ....

f. à / lait / la / Elles / du / crèmerie. / achètent
→ ....

g. dîner / à / elle / maison / la / vient / Demain,
→ ....

h. raccompagner / pouvez / moi ? / Vous / chez / me
→ ....

596 Complétez avec « à la », « à l' », « au », « aux », « dans », « sur » ou « chez ».

Exemple : Ils préfèrent se promener au parc.

a. Il accompagne le blessé .... urgences.
b. Ils ont rendez-vous .... la place du marché.
c. Ce week-end, je pars .... campagne.
d. Elle retourne .... ses amis ce soir.
e. Je dois aller .... bureau, j'ai une réunion.
f. Nous nous promenons .... les rues de la vieille ville.
g. Ils logent .... hôtel ou .... l'habitant ?
h. Ils vont se marier .... mairie et .... église.

Grammaire/Conjugaison

> • **Les prépositions devant les destinations géographiques (pays, ville...)**
>
> Je pars **au** Canada, **à** Montréal. Il va **en** France, **à** Clermont-Ferrand. Elle est **en** Italie, **à** Bari.
> Vous partez **aux** États-Unis, **à** New-York.
> Vous allez aux sports d'hiver **dans** les Pyrénées et elles vont à la plage, **sur** la Côte d'Azur.
>
> • On utilise la préposition : - **à** devant les noms de ville ;
>   - **en** devant les noms de pays féminins*, les noms de pays qui commencent par une voyelle ou un h muet et les continents ;
>   - **au** devant les noms de pays masculins qui commencent par une consonne ;
>   - **aux** devant les noms de pays pluriel.
>
> • On utilise la préposition **dans** pour les montages et **sur** pour les côtes.
>
> • On utilise les mêmes prépositions pour les lieux où on est et où on va.
>
> * Pour le genre des noms de pays, voir page 156.

597 Reliez la préposition au pays.

Je pars en voyage → **a.** en
                             b. au

1. Portugal.
2. Suisse.
3. Chili.
4. Colombie.
5. Liban.
6. Norvège.
7. Maroc.
8. Belgique.
9. Allemagne.

598 Entourez la bonne préposition.

Exemple : Il est né *au /* **en** Égypte.

a. Tes parents vivent *au / en* Brésil.
b. Elles étudient *au / en* Tunisie.
c. Mes amis travaillent *au / en* Russie.
d. Naël va *au / en* Canada.
e. Vous habitez *au / en* Kenya.
f. Elles voudraient vivre *au / en* Chine.
g. On mange très bien *au / en* Cameroun.
h. Il ont des amis *au / en* Sénégal.

24 • La situation dans l'espace

599 Complétez avec « au », « en » ou « aux ».

Exemple : Il va en Espagne la semaine prochaine.

a. Elle va souvent .... Inde pour le travail.
b. Mes cousins vont .... Italie cet été.
c. Ses amis ont une ferme .... Australie.
d. Il repart bientôt .... Pérou.
e. Tu passes tes vacances .... Amérique du Sud, ... Mexique ?
f. .... Océanie, les paysages sont incroyables.
g. Elle est partie faire un Erasmus .... Suède.
h. Il y a de très beaux endroits .... Afrique.
i. Ton frère habite .... Philippines.

600 Complétez avec « au », « en », « aux » ou « à ».

Exemple : Elle habite à Paris, en France.

a. Il travaille .... Lagos, ... Nigéria.
b. Elle est née .... Berlin, ... Allemagne.
c. Tu vis .... Washington, ... États-Unis.
d. Nous habitons .... Mexico, ... Mexique.
e. Vous travaillez .... Pékin, ... Chine.
f. Je vais .... Nairobi, ... Kenya.
g. Tu es née .... Toronto, ... Canada.
h. Vous habitez .... Melbourne, ... Australie.

601 Cochez la bonne réponse.

Exemple : Ils vivent ☐ au ☒ en Bolivie.

a. L'hiver dure longtemps ☐ à ☐ en Helsinki.
b. Il fait toujours beau ☐ aux ☐ en Baléares.
c. Ils sont nés ☐ à ☐ au Pérou.
d. Nathan travaille ☐ à ☐ au Miami.
e. Elle est allée ☐ à ☐ au Tokyo.
f. Il voudrait travailler ☐ à ☐ au Japon.
g. Il retourne ☐ au ☐ en Irak.
h. Il repart bientôt ☐ à ☐ au Népal.

Grammaire/Conjugaison

602 Complétez avec « au », « en », « aux », « dans » ou « sur ».

Exemple : Vous étudiez le portugais au Portugal ou au Brésil ?

a. Tu pars aux sports d'hiver .... les Alpes ou .... les Pyrénées ?

b. Tu préfères aller .... la Côte d'Azur ou .... la côte basque ?

c. Il veut aller .... Émirats Arabes ou .... Arabie Saoudite ?

d. Il veut faire un trekking .... l'Himalaya ou .... l'Everest.

e. Il va passer une semaine .... Bahamas ou .... Nouvelle-Zélande.

f. .... la côte polynésienne, ... Bora-Bora, il y a de superbes paysages.

g. J'ai adoré mes vacances .... Italie et .... Croatie !

h. Tu préfères aller .... Canaries ou .... Baléares ?

• Dire d'où on vient

Je reviens du marché. Et toi, tu viens de la plage ? Daniel revient juste des îles Canaries, de chez ses parents. Son amie Francine vient de l'hôtel.
Elles viennent de Belgique, de Bruges, et lui, il vient d'Italie, de Rome.
Quand est-ce que vous revenez du Portugal ?
Il revient des Alpes mais elles viennent de la côte basque.

• Pour le lieu d'où l'on vient, on utilise :
  - de + article + lieu (nom commun)
  - de chez + personne ;
  - de/d' devant les noms de ville, les noms de pays féminins* et ceux qui commencent par une voyelle ou un h muet, et les continents ;
  - du devant les noms de pays masculins ;
  - des devant les noms de pays pluriels.

✋ De + le devient du et de + les devient des.

* Pour le genre des noms de pays, voir page 156.

---

603 Reliez pour faire des phrases.

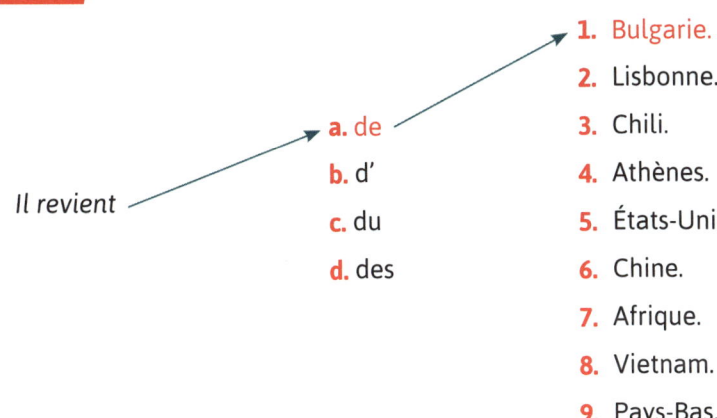

291

24 • La situation dans l'espace

604 Écrivez des phrases avec les éléments proposés.

Exemples : arrive / Asie → J'arrive en Asie.
           viens / Europe → Je viens d'Europe.

a. suis / Inde → ....

b. reste / Bombay → ....

c. retourne / Chine → ....

d. reviens / Pékin → ....

e. vais / Japon → ....

f. suis / Tokyo → ....

g. vais / Corée du Sud → ....

h. sors / Asie → ....

605 Cochez la bonne réponse.

Exemple : Elle revient   ☐ de l'   ☒ de la   bibliothèque.

a. Il revient   ☐ des   ☐ d'   urgences.
b. Je viens   ☐ du   ☐ de la   marché, je n'y retourne pas !
c. Tu rentres   ☐ du   ☐ de la   travail à quelle heure ?
d. Elles sortent   ☐ du   ☐ de la   théâtre.
e. Elles reviennent ☐ de l' ☐ de la   école de musique.
f. Elle vient   ☐ du   ☐ des   douches.
g. Tu sors   ☐ du   ☐ de la   maison.
h. Tu viens   ☐ du   ☐ de l'   accueil.

606 Complétez avec « d' », « de », « du », « de la », « de l' » ou « de chez ».

Exemple : Ils viennent d'Équateur ou de Colombie ?

a. Pour aller au Sénégal, tu pars .... Paris ou .... Nice ?

b. Les voyageurs arrivent .... Chine, ... Népal ou .... Inde ?

c. Elle revient .... bibliothèque ou .... médiathèque ?

d. Tu sors .... le médecin. Tu es malade ?

e. Tu reviens .... pharmacie.

f. Elles reviennent .... université ou .... salle de sport ?

g. Tu sors .... épicerie ou tu reviens .... supermarché ?

h. Tu viens .... maison ou .... Anna ?

Grammaire/Conjugaison

607 Complétez en utilisant « de », « du », « à », « au », « à la » ou « en ».

Exemple : Il va au marché tous les jours.

a. Il est .... sud de la France.

b. J'habite .... ville, mais le week-end, je vais .... campagne.

c. Il sort .... bureau à 18 heures.

d. Je vais passer mes vacances .... Honduras.

e. Ils retournent .... Mexique mais après ils rentrent .... Suisse.

f. Il va vivre .... Bruxelles.

g. Elles viennent .... restaurant.

h. Hier, il est sorti .... chez lui à 8 heures.

• **Situer quelque chose**

Où est le chat ?

Il est **ici**, dans la maison ? Non, il est **là**, dans le jardin.

Le chat est **sur** la boîte . Il est **sous** la boîte .

Il est **entre** la boîte et la plante  .

Il est **devant** la boîte . Il est **derrière** la boîte .

Il est **à côté de** / **à gauche de** / **à droite de** la boîte .

Il est **dans** (= à l'intérieur de) la boîte  .

---

608 Où est le chien ? Observez les dessins et complétez avec la bonne préposition.

a. Le chien est **dans** la niche.

b. Le chien est .... la niche.

c. Le chien est .... la niche et l'assiette.

d. Le chien est .... la niche.

e. Le chien est .... la niche.

f. Le chien est .... la niche.

g. Le chien est .... la niche.

h. Le chien est .... la niche.

i. Le chien est .... la niche.

24 • La situation dans l'espace

609 Entourez la bonne préposition.

Exemple : Les biscuits sont (dans) / *derrière* le placard.

a. Je t'attends *devant / à côté* le cinéma.
b. Tu peux regarder *dans / sous* ta chambre si tu trouves les casques ?
c. Où se cache le chat ? *Dans / Sous* la table basse ?
d. Tu as mis les clés *sous / sur* la table ?
e. Je ne trouve pas mes chaussettes, je vais regarder *entre / sous* le lit.
f. Nous travaillons *à côté / sur* de la Grand Place.
g. Il est confortablement installé *sous / sur* son fauteuil, *derrière / devant* la télé !
h. Regarde *à côté / derrière* toi, c'est Julia !

610 Observez l'image et complétez avec les prépositions suivantes.

sous – devant – entre – à gauche – derrière – sur – à côté

Exemple : Il y a du scotch entre la pomme et les crayons de couleur.

a. .... de l'agenda, il y a une agrafeuse.
b. .... l'agrafeuse, il y a des marqueurs.
c. .... l'agenda, il y a une pomme.
d. .... les crayons de couleur bleu, marron, vert, noir et rouge, il y a l'agenda.
e. .... du scotch, il y a une pomme.
f. L'agenda est .... les trombones.

611 Mettez les mots dans l'ordre pour former des phrases.

Exemple : mes / armoire. / range / vêtements / l' / Je / dans → Je range mes vêtements dans l'armoire.

a. est / sur / Il / le / assis / banc. → ....
b. réfrigérateur ! / la / Mets / dans / viande / le → ....
c. peux / fleurs / table ? / la / poser / les / Tu / sur → ....
d. eau / le / verse / de / Elle / verre. / dans / l' → ....
e. canapé. / est / le / casquette / sur / Ta → ....
f. portefeuille / ton / sac. / Range / dans / ton → ....
g. dans / clés / le / sont / tiroir. / Les → ....
h. plantes / y / sur / Il / terrasse. / a / des / la → ....

Bilan

1. Complétez le texte avec « au », « aux », « en » et « à ». (0,25 point/réponse)

Pierre est un grand voyageur. Depuis dix ans, tous les étés, il parcourt le monde. Il est déjà allé .... Afrique, ... Amérique et .... Océanie. Son voyage .... Sénégal l'a beaucoup marqué parce qu'il a visité l'île de Gorée avec sa maison aux esclaves. Il a fait un safari .... Kenya et il a pêché .... Côte d'Ivoire. Il est allé .... États-Unis plusieurs fois et aussi .... Mexique et .... Guatemala. Il est également parti de nombreuses fois .... Amérique du Sud : .... Brésil, ... Colombie, ... Argentine et .... Pérou. Il est également allé .... Australie et .... Nouvelle-Zélande. Et bien sûr il a visité beaucoup de pays .... Europe. Parmi tant d'autres, il a voyagé .... Danemark, ... Finlande, ... Espagne, ... Portugal et .... Roumanie. Son rêve est d'aller .... Russie, ... Saint-Pétersbourg.

Total : .... /6

2. Entourez la bonne préposition. (0,5 point/réponse)

a. J'aime faire des randonnées *à / dans* la forêt et aller *au / à la* cinéma.

b. Tu aimes voir des expositions d'art *au / à la* musée, aller *au / à la* théâtre et *au / à la* plage.

c. *Dans / Sur* la place du château, il y a beaucoup de restaurants.

d. Elles vont en vacances *au / en* Portugal, *dans / sur* la côte atlantique.

e. Ils vont *au / en* centre-ville, *dans / sur* la rue des cinémas.

Total : .... /5

3. Complétez le dialogue avec « à » ou « de » et l'article. Attention aux articles contractés « du », « des », « au » et « aux ». (0,5 point/réponse)

– Clément mon chéri, tu viens d'où ?

– Je viens .... lycée et je dois aller .... entraînement .... gymnase.

– D'accord, tu peux passer .... pharmacie avant ?

– Oui, pas de problème.

– Quand tu reviens .... pharmacie, tu peux aller .... marché prendre quelques fruits et .... épicerie acheter de la moutarde ?

– Bon d'accord, mais pourquoi tu ne demandes pas à Olivia ?

– Elle n'est pas encore revenue .... piscine, je ne sais pas si elle aura le temps !

Total : .... /4

4. Complétez avec « à la », « à l' » ou « chez ». (0,5 point/réponse)

a. Elles vivent .... étranger.

b. Elle le raccompagne .... lui.

c. Ce week-end, je pars .... mer.

d. Elle est .... vidéothèque.

e. Ils sont .... le dentiste.

f. Vous allez la voir .... hôpital ?

g. N'oublie pas de passer .... le fleuriste !

h. Tu reviens .... maison à quelle heure ?

Total : .... /4

5. Entourez la bonne préposition. (0,5 point/réponse)

a. J'habite *à / en* Grenoble *dans / en* le quartier de l'Île-Verte. *Près / Devant* de chez moi, il y a le musée archéologique.

b. Samantha habite *à / en* Suisse, *dans / en* un appartement situé *au / en* dernier étage d'un immeuble.

c. *Dans / Sur* ma rue, il y a un cinéma et *devant / près* le cinéma, il y a une place. *À / Sur* la place, il y a une fontaine.

d. Tom est *au / chez* le dentiste, installé *sous / sur* la chaise et *sous / sur* la lampe.

Total : .... /6

6. Complétez avec « à », « de », « sur », « près » ou « dans ». (1 point/réponse)

a. Je ne trouve pas le livre de grammaire. Regarde, il est .... la table.

b. C'est les soldes ! Il y a beaucoup de monde .... la rue !

c. Pour les vacances, nous allons .... la montagne.

d. Ce n'est qu'à trois minutes à pied, c'est .... d'ici !

e. Il sort .... la maison à l'instant.

Total : .... /5

Mon score : .... /30

25 • L'expression du temps

Grammaire/Conjugaison

> **• Situer une action dans le futur**
>
> **Dans un mois, elle passe son examen. Tu as fini tes exercices en une heure.
> Ils vont en Estonie pour trois semaines.**
> • **en** s'utilise pour dire le temps nécessaire pour faire quelque chose.
> • **dans** s'utilise pour indiquer un moment dans le futur.
> • **pour** s'utilise pour une durée dans le futur.

612 Faites des phrases, comme dans l'exemple.

Exemple : Ils viennent me voir (six jours). → Ils viennent me voir dans six jours.

a. Ils vont finir le match (dix minutes). → ....
b. Elle va faire un grand voyage (six mois). → ....
c. Elles vont se marier (un an). → ....
d. Il arrive (dix minutes). → ....
e. Il va planter des salades (un mois). → ....
f. Un magnifique jardin aux plantes va ouvrir (six mois). → ....
g. Léo va fêter son anniversaire (une semaine). → ....
h. Je vais au cinéma (deux jours). → ....

613 Mettez les mots dans l'ordre pour former des phrases.

Exemple : dans / jours. / Nous / quinze / partons → Nous partons dans quinze jours.

a. semaines. / aller / Autriche / vont / deux / en / pour / Ils
→ ....
b. a / travail / Il / en / demi-heure. / fini / une / son
→ ....
c. minutes ! / train / partir / dans / Vite, / va / deux / le
→ ....
d. dans / finis / minutes. / Je / dix
→ ....
e. douze / court / en / kilomètres / heure. / Elle / une
→ ....
f. quatre / vont / seulement ! / Ils / à / jours / aller / Madrid / pour
→ ....
g. va / trois / Il / dans / jours. / pleuvoir
→ ....

25 • L'expression du temps

614 — Entourez la bonne réponse.

Exemple : Vite, le train part *dans* / *en* cinq minutes !

a. C'est sûr, elle part demain *pour* / *dans* six jours.
b. Il va partir en Inde *en* / *dans* une semaine !
c. Tu m'attends, je finis *dans* / *pour* cinq minutes.
d. Lundi, il part en tournée en Amérique du Sud *dans* / *pour* quatre mois.
e. Elle a appris à parler français *en* / *pour* six mois !
f. Nous sommes à Marrakech *en* / *pour* toute la semaine.
g. C'est facile, je vais terminer *en* / *pour* cinq minutes !
h. Tu peux attendre, j'en ai *dans* / *pour* huit minutes.

615 — Cochez la bonne préposition.

Exemple : Fabienne arrive ☒ dans ☐ en une heure.

a. J'ai lu ce livre ☐ dans ☐ en une nuit.
b. Il part ☐ dans ☐ en une semaine.
c. Je finis ☐ dans ☐ en cinq minutes.
d. Elle revient ☐ dans ☐ en une heure.
e. Le train part ☐ dans ☐ en une heure.
f. Je suis en vacances ☐ dans ☐ en quinze jours.
g. Tu peux le faire ☐ dans ☐ en une demi-heure ?
h. Elles font 40 kilomètres ☐ dans ☐ en une heure.

• **Situer dans le passé**

Il vit à Athènes depuis six mois. • **Elle a eu son diplôme il y a deux mois !** •
Nous avons voyagé en Afrique pendant deux mois.

- depuis indique une durée. Quand on utilise depuis, l'action a encore lieu au moment où on parle :
  Il vit à Athènes depuis six mois = il vit encore à Athènes aujourd'hui et il est arrivé il y a six mois.
  On l'utilise avec des verbes au passé ou au présent.
- il y a indique un moment précis dans le passé. Quand on utilise il y a, l'action est finie aujourd'hui :
  Il y a deux ans, j'ai fait un voyage à Athènes = j'ai fait ce voyage deux ans avant mais aujourd'hui, je ne suis plus en voyage. On l'utilise avec des verbes au passé.
- pendant s'utilise pour une durée limitée. On l'utilise avec des verbes au passé, au futur ou au présent.

---

616 — Faites des phrases, comme dans l'exemple.

Exemple : Vous habitez au Venezuela (deux mois). → Vous habitez au Venezuela depuis deux mois.

a. Ils font de la boxe (trois mois). → ....
b. Elle est inscrite au club de sport (le mois de septembre). → ....
c. Nous faisons du compost (l'année dernière). → ....
d. Ils organisent des réunions (le début). → ....
e. Vous prenez des cours de chant (six mois). → ....
f. Tu fais de la compétition (un an). → ....
g. On est en couple (22 ans). → ....
h. Je travaille dans cette entreprise (huit ans). → ....

Grammaire/Conjugaison

617 À partir de ces informations, transformez les phrases comme dans l'exemple.

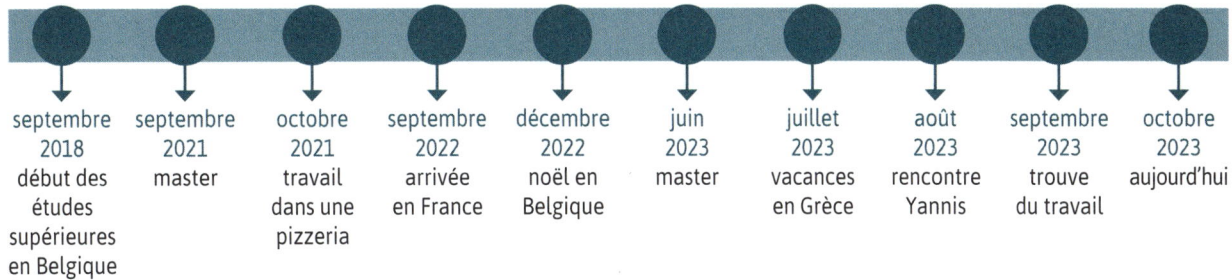

Exemple : En septembre 2018, il a commencé ses études supérieures en Belgique.
→ Il y a cinq ans, il a commencé ses études supérieures en Belgique.

a. En septembre 2021, il a commencé son master. → ....

b. En octobre 2021, il a travaillé dans une pizzeria. → ....

c. En septembre 2022, il est arrivé en France. → ....

d. En décembre 2022, il a fêté Noël en Belgique. → ....

e. En juin 2023, il a eu son master. → ....

f. En juillet 2023, il est parti en vacances en Grèce. → ....

g. En août 2023, il a rencontré Yannis. → ....

h. En septembre 2023, il a trouvé du travail. → ....

618 Mettez les mots dans l'ordre pour former des phrases.

Exemple : joué / cinq ans. / de la / J'ai / trompette / pendant
→ J'ai joué de la trompette pendant cinq ans.

a. le / lire. / je / Pendant / vais / trajet,

→ ....

b. partez / en vacances / deux semaines. / Vous / pendant

→ ....

c. pendant / va / tournée / trois mois. / une / Il / faire

→ ....

d. de la / fait / pendant / Elle / huit ans. / gymnastique / a

→ ....

e. habité / leur / en Grèce / enfance. / Ils / pendant / ont

→ ....

f. voyagé / Ils / pendant / ont / deux ans.

→ ....

g. sciences / cinq ans. / étudié / Nous / les / avons / pendant

→ ....

h. professeure / quinze ans. / a / Elle / pendant / été

→ ....

299

25 • L'expression du temps

619 « Il y a » ou « dans » ? Cochez la bonne réponse.

Exemple : Je pars en vacances ☒ dans ☐ il y a quinze jours.
a. Elle a fait les courses ☐ dans ☐ il y a trois jours.
b. J'ai lu ce livre ☐ dans ☐ il y a un mois.
c. Je vais planter des tomates ☐ dans ☐ il y a trois semaines.
d. Restez, j'explique le projet ☐ dans ☐ il y a dix minutes.
e. Elle a vu Marie ☐ dans ☐ il y a huit mois.
f. Je sors du bureau ☐ dans ☐ il y a une heure.
g. J'ai quitté le travail ☐ dans ☐ il y a une heure, je suis à la maison.
h. Ils sont arrivés ☐ dans ☐ il y a dix minutes seulement.

620 Entourez la bonne réponse.

Exemple : Ils se connaissent (depuis) / il y a cinq ans.
a. Tous les jours, il téléphone à sa mère *il y a / pendant* une heure.
b. Ce médicament se prend *il y a / pendant* les repas.
c. Il a vendu sa voiture *depuis / il y a* deux semaines.
d. Nous habitons près de Nice *depuis / il y a* 1992.
e. Elle étudie l'anglais *depuis / pendant* un an.
f. *Depuis / Il y a* quand est-ce que tu travailles dans cette entreprise ?
g. Il a étudié le grec *depuis / pendant* un an.
h. Je t'ai attendu *depuis / pendant* une heure, tu exagères !

• Le présent progressif : « être en train de »

Je ne peux pas répondre au téléphone, je suis en train de conduire ! • Sam est en train de se promener.
• Pour parler d'une action qui est en cours, on utilise être (au présent) en train de/d'* + infinitif.
* d' devant une voyelle ou un h muet.

---

621 Soulignez les verbes conjugués au présent progressif.

Exemple : <u>Elle est en train de dormir.</u>
   Elle dort.
a. Elle prend le train de 12h47.
b. Il va à Paris.
c. Je suis en train de travailler.
d. Je prends une douche.
e. Ils sont dans le train pour Paris.
f. Elles étudient dans le train.
g. Ils sont en train de jouer.
h. Tu es en train de chanter.

Grammaire/Conjugaison

622 Reliez les sujets aux verbes.

a. Moi, je — 3. suis en train de lire.
b. Toi, tu
c. Marc
d. Avec les enfants, nous
e. Vous
f. Les enfants

1. sommes en train de faire un puzzle.
2. sont en train de jouer un match.
3. suis en train de lire.
4. êtes en train de mettre la table ?
5. es encore en train de regarder ton téléphone ?
6. est en train de jouer aux jeux vidéo.

623 Réécrivez les phrases au présent progressif.

Exemple : Il pleut. → Il est en train de pleuvoir.

a. Elle prend des notes. → ....
b. Nous mangeons. → ....
c. Il révise ses cours. → ....
d. Ils dansent. → ....
e. Il neige. → ....
f. Elles préparent le spectacle. → ....
g. Elle fait une randonnée. → ....
h. Vous regardez la télé. → ....

624 Observez les photos et dites ce que ces personnes sont en train de faire.

a. Ils sont en train de préparer un gâteau.

b. ....

c. ....

d. ....

e. ....

f. ....

25 • L'expression du temps

625 Mettez les mots dans l'ordre pour former des phrases.

Exemple : en / est / s' / train / Il / habiller. / Il / de → Il est train de s'habiller.

a. d' / les / Je / en / mathématiques. / étudier / suis / train → ....
b. train / sont / s' / Ils / de / en / amuser. → ....
c. Il / train / examen. / réviser / est / en / l' / de / pour → ....
d. êtes / vous / en / Vous / doucher / de / train → ....
e. pizza. / cuisiner / en / Tu / de / es / train / une → ....
f. plage. / est / de / sur / courir / train / On / en / la → ....
g. se / train / Elles / reposer. / de / en / sont → ....
h. sommes / promener. / en / de / train / nous / Nous → ....

• Le passé récent : « venir de »

Le bus **vient de** passer, nous devons attendre le prochain. • Ils **viennent d'**avoir un petit garçon. • Tu **viens de** te reposer, il faut travailler maintenant.

• Pour parler d'une action immédiate, qui est finie depuis peu de temps, on utilise venir (au présent) de/d'* + infinitif.

* d' devant une voyelle ou un h muet.

---

626 Soulignez les verbes conjugués au passé récent.

Exemple : Elle vient à l'université à pied.
          Elle vient de courir.

a. Elle vient de rater son train.
b. Il vient à Paris pour retrouver des amis.
c. Je viens de commencer un nouveau livre.
d. L'avion vient de Bruxelles.
e. Ils viennent de rentrer de l'école.
f. Elles viennent de comprendre l'exercice.
g. Ils viennent du sport.
h. Tu viens de rencontrer son mari.

627 Réécrivez les phrases au passé récent.

Exemple : J'ai fini mon master. → Je viens de finir mon master.

a. Ma fille a commencé des études de médecine. → ....
b. Vous avez fait un stage dans une grande entreprise. → ....
c. Ils ont fait le tour du monde. → ....
d. Il a organisé une conférence. → ....
e. Tu as obtenu ton diplôme. → ....
f. Vous avez étudié le droit. → ....
g. Ils se sont amusés ! → ....
h. Elles ont regardé un super film. → ....

Grammaire/Conjugaison

628 Complétez la phrase en conjuguant les verbes entre parenthèses au passé récent.

Exemple : Je **viens de déménager** (déménager) dans le quartier.

a. Il n'est pas là, il .... (partir).
b. Je ne sors plus, je .... (faire) les courses.
c. Un nouveau restaurant .... (ouvrir) à côté de chez moi.
d. Nous .... (signer) le contrat.
e. Non merci, je .... (prendre) un café.
f. Les enfants .... (finir) leurs devoirs.
g. Elle .... (aller) en ville et c'était fermé !
h. Vous .... (écrire) un e-mail pour le demander.

629 Entourez la bonne réponse.

Exemple : – Tu **viens** / es en train de venir à la piscine avec moi ?
– Impossible, je **viens de perdre** / perds mes papiers, je **vais** / viens de venir au commissariat.

a. Mes amis *viennent* / *sont en train* d'arriver de Paris et ils *m'attendent* / *viennent de m'attendre* dans la cafétéria de l'aéroport.
b. – Pourquoi tu *viens* / *es en train* de pleurer ?
– Parce que je suis triste, Cécile *vient* / *est en train* de me quitter, elle est partie hier.
c. Il faut se dépêcher ! Le cours *vient* / *est en train* de commencer ! Le professeur *est en train* / *vient* d'expliquer la leçon.
d. Je suis riche, je *gagne* / *viens de gagner* au loto.
e. Elle est très heureuse, elle *est en train* / *vient* de réussir ses examens.

630 Écrivez un verbe au passé récent et un autre au présent progressif, comme dans l'exemple.

Exemple : Elle – avoir son diplôme – étudier à l'université
Elle **vient d'avoir** son diplôme et elle **est en train d'étudier** à l'université.

a. Je – faire les courses – cuisiner le repas
....
b. Tu – finir tes études – chercher un travail
....
c. Vous – se doucher – s'habiller
....
d. Ils – arriver à l'université – suivre un cours de latin.
....

Bilan

1. Associez pour former des phrases. (1 point/réponse)

a. Elle commence demain dans une nouvelle entreprise
b. Il a construit sa maison
c. Vous allez travailler à l'étranger
d. Phileas Fogg a fait le tour du monde
e. C'est rapide ! Vous recevrez le colis chez vous
f. Je vais à Pékin, je reviens bientôt,
g. En février, nous allons aux sports d'hiver
h. C'est une excellente élève, elle a eu son master

1. dans quelques jours.
2. dans une semaine.
3. dans quatre mois.
4. en 79 jours.
5. en deux ans !
6. pour six mois.
7. pour une semaine !
8. en sept mois !

Total : .... /8

2. Complétez avec « dans », « depuis », « en », « il y a » ou « pendant ». (1 point/réponse)

J'ai étudié .... un an à Londres. J'ai pris des cours d'anglais .... quatre mois et j'ai fait un stage en entreprise .... cinq mois. Je suis revenu en France .... six mois. J'ai très vite trouvé du travail, ... seulement un mois. .... cinq mois, je travaille comme professeur d'anglais dans un collège et .... six mois, avec les élèves de 5e B, on va aller en voyage de fin d'année à Londres.

Total : .... /7

3. « Il y a » ou « depuis » ? Cochez la bonne réponse. (1 point/réponse)

a. Ils sont mariés ☐ depuis ☐ il y a deux ans.
b. Elles sont allées en voyage en Chine ☐ depuis ☐ il y a quinze jours.
c. Elles se sont rencontrées ☐ depuis ☐ il y a quinze ans.
d. Nous nous connaissons ☐ depuis ☐ il y a l'année dernière.
e. Il travaille comme infirmier ☐ depuis ☐ il y a huit ans.
f. Il a commencé la guitare ☐ depuis ☐ il y a seulement une semaine.
g. Tu apprends le chant ☐ depuis ☐ il y a longtemps.
h. Il cherche ses clés ☐ depuis ☐ il y a un quart d'heure.

Total : .... /8

4. Conjuguez les verbes entre parenthèses au présent progressif. (0,5 point/réponse)

a. Je ne peux pas t'accompagner, je .... (travailler).
b. Elle ne peut pas répondre, elle .... (prendre) sa douche.
c. Ne t'inquiète pas ! Ils .... (faire) le ménage.
d. Ils .... (chercher) leurs clés.
e. Nous .... (aider) les nouveaux élèves.
f. Tu .... (préparer) le repas ?
g. Chut, Marc .... (parler) au téléphone !
h. Ce n'est pas la peine, ils .... (manger).

Total : .... /4

5. Réécrivez les phrases au passé récent. (0,5 point/réponse)

a. Tu vas à la bibliothèque. ....

b. Vous regardez un film. ....

c. Elle finit son travail. ....

d. Ils montent dans l'autobus. ....

e. Nous chantons dans une chorale. ....

f. Ils font un grand voyage. ....

Total : .... /3

Mon score : .... /30

26 • L'impératif

Grammaire/Conjugaison

> **• L'impératif des verbes du 1er groupe**
>
> **Parlez plus fort ! Rentre vite ! Chantons !**
> • On utilise l'impératif pour donner des indications, des conseils, des ordres ou des interdictions.
> • Les verbes à l'impératif ne se conjuguent qu'à trois personnes : la 2e personne du singulier et les 1re et 2e personnes du pluriel.
> • Le pronom personnel sujet n'est pas exprimé avant le verbe.
> • L'impératif se forme sur le même radical que le présent de l'indicatif + terminaisons : -e, -ons, -ez.
> • Les verbes ont les mêmes particularités qu'au présent (voir chapitre 17).

631 Transformez ces phrases à l'impératif.

Exemple : Tu regardes la copie. → Regarde la copie !

a. Tu parles doucement. → ....

b. Tu rentres tôt. → ....

c. Tu corriges les fautes. → ....

d. Tu changes de direction. → ....

e. Tu commences ton travail. → ....

f. Tu restes à la maison. → ....

g. Tu marches vite. → ....

h. Tu joues avec eux. → ....

632 Mettez les verbes au pluriel.

Exemple : Étudie ! → Étudiez !

a. Téléphone à Marie ! → ....

b. Prépare ton sac ! → ....

c. Porte la table ! → ....

d. Baisse la musique ! → ....

e. Invite Pedro ! → ....

f. Passe par le marché ! → ....

g. Cherche au salon ! → ....

h. Écoute ! → ....

Grammaire/Conjugaison

633 Mettez un « s » et le tiret si nécessaire.

Exemple : Manges-en !

a. Parle......... lui !

b. Rappelle......... toi de l'appeler !

c. Passe......... moi le sel !

d. Emmène......... les à l'école !

e. Apporte......... en pour le dîner !

f. Parle......... en !

g. Regarde......... les !

h. Répète......... le !

> Quand le verbe est suivi d'un pronom on met un tiret (-). Devant les pronoms compléments en et y, on ajoute un -s à la 2ᵉ personne du singulier : *Parles-en à Paul. Penses-y.*

634 Conjuguez les verbes entre parenthèses à l'impératif.

Exemple : *Prépare* le dîner pour ce soir ! (préparer / tu)

a. .... ces vidéos ! (regarder / nous)

b. .... des fruits ! (manger / vous)

c. .... les enfants à l'école ! (emmener / tu)

d. .... la porte ! (fermer / tu)

e. .... votre calme ! (garder / vous)

f. .... à faire ta valise ! (penser / tu)

g. .... le canapé de place ! (changer / nous)

h. .... en liquide ! (payer / vous)

635 Conjuguez le verbe « aller » à l'impératif.

Exemple : Si nous devons y aller, *allons-y* ! (nous)

a. .... chez nos amis ! (tu)

b. .... ! On y va. (vous)

c. .... au cinéma. (nous)

d. Si tu veux des réponses, ...-y ! (tu)

e. C'est l'heure, ... à l'école ! (vous)

f. .... à la banque ! (tu)

g. .... au marché acheter des fruits ! (nous)

h. Vous êtes prêts, ...-y ! (vous)

> Le verbe aller suit la même règle que les verbes du 1ᵉʳ groupe : pas de -s à la 2ᵉ personne du singulier, sauf devant en et y, et même forme que le présent à la 1ʳᵉ et 2ᵉ du pluriel.
> *Va à la banque ! Allons danser ! Allez dans la classe ! Vas-y !*

26 • L'impératif

> **• L'impératif des verbes des 2e et 3e groupes**
>
> **Prends** ton temps ! **Venez** vite ! **Finissons** !
>
> • Même conjugaison qu'au présent de l'indicatif.
>
> ✋ Les verbes comme ouvrir et offrir qui finissent en -es à la 2e personne du singulier au présent perdent le -s à l'impératif. *Offre un cadeau !*

636 Ajoutez les terminaisons de l'impératif.

Exemple : Réfléch**is** un peu ! (tu)

a. Fin............ la préparation ! (vous)
b. Rempl............ le questionnaire ! (nous)
c. Chois............ un jouet ! (vous)
d. Fin............ ta phrase ! (tu)
e. Réun............ l'équipe ! (nous)
f. Ouvr............ la lettre ! (tu)
g. Offr............-lui des fleurs ! (tu)
h. Découvr............ la ville ! (vous)

637 Entourez la bonne réponse.

Exemple : (*Bois*) / *Boit* de l'eau !

a. *Prend / Prends* soin de toi !
b. *Dors / Dort* bien !
c. *Part / Pars* tôt !
d. *Reviens / Revient* vite !
e. *Met / Mets* la table !
f. *Attends / Attend*-moi !
g. *Répond / Réponds*-lui !
h. *Écrit / Écris* ton nom !

638 Mettez les mots dans l'ordre pour former des phrases à l'impératif.

Exemple : un / spécial ! / Offrez / cadeau → Offrez un cadeau spécial !

a. le / Prends / de / train / 18h48 ! → ....
b. le / du / Faites / sport / matin ! → ....
c. s'il / la / Rendez / vous / monnaie, / plaît ! → ....
d. un / Attendons / peu ! → ....
e. un / confirmation ! / de / Écrivons / courriel → ....
f. voiture ! / la / Vendons → ....
g. ce / moi / Viens / week-end ! / chez → ....
h. par / escaliers ! / Descendez / les → ....

Grammaire/Conjugaison

639 Conjuguez les verbes entre parenthèses à l'impératif.

Exemple : Loue la voiture ! (tu)

a. .... la vaisselle ! (faire / tu)
b. .... plus vite ! (marcher / vous)
c. .... demain ! (venir / vous)
d. ....-en pour demain ! (garder / nous)
e. .... l'oiseau ! (écouter / tu)
f. ....-moi ! (comprendre / tu)
g. .... à voix haute ! (lire / vous)
h. .... la lettre ! (écrire / nous)

> • **Les exceptions : « avoir », « être », « savoir », « vouloir »**
>
> **Aie du bon temps ! Soyez patient ! Sachons dire « non » ! Veuillez patienter !**
>
> • Les verbes avoir, être et savoir sont des exceptions :
> avoir : aie, ayons et ayez
> être : sois, soyons et soyez
> savoir : sache, sachons et sachez
> • Le verbe vouloir se conjugue seulement à la 2ᵉ personne du pluriel : veuillez.

640 Mettez les phrases au pluriel.

Exemple : Aie du courage ! → Ayez du courage !

a. Sois prudent ! → ....
b. Aie tes papiers ! → ....
c. Sois sage ! → ....
d. Aie confiance ! → ....
e. Sois ponctuel ! → ....
f. Aie pitié ! → ....
g. Sois content ! → ....

641 Reformulez les phrases en utilisant l'impératif.

Exemple : Il faut savoir vos leçons. (vous) → Sachez vos leçons !

a. Il faut avoir une invitation. (vous) → ....
b. Il faut être calme. (tu) → ....
c. Il faut savoir où c'est. (tu) → ....
d. Il faut avoir le temps. (nous) → ....
e. Il faut être disponible. (vous) → ....
f. Il faut savoir nager. (nous) → ....
g. Il faut avoir une voiture. (tu) → ....

26 • L'impératif

642 Conjuguez les verbes entre parenthèses à la 2ᵉ personne du singulier de l'impératif.

Exemple : **Réponds** au courriel de Lola ! (répondre)

a. .... la poubelle ! (sortir)
b. .... que je t'apprécie ! (savoir)
c. .... ton plat ! (finir)
d. .... du courage ! (avoir)
e. .... d'être à la maison ! (attendre)
f. .... ton temps ! (prendre)
g. ....-y en bus ! (aller)
h. .... toi-même ! (être)

643 Complétez avec les verbes suivants conjugués à l'impératif.

acheter – aller – attendre – avoir – être – ouvrir – prendre – vouloir

Exemple : Il n'y a plus de légumes, **achète** des carottes, s'il te plaît ! (tu)

a. Il fait chaud ! .... la fenêtre, s'il te plaît ! (tu)
b. Raphaël arrive, ...-le ! (vous)
c. .... nous excuser pour le retard. (vous)
d. Il n'y a plus rien dans le frigo, ... au marché faire des courses. (nous)
e. C'est quelqu'un d'honnête, ... confiance ! (tu)
f. Le train est déjà parti, ... le bus ! (tu)
g. Tu auras la réponse dans deux mois, ... patient ! (tu)

• **L'impératif à la forme négative**

N'aie pas peur ! Ne buvez pas cette eau ! N'attendons pas !

• Pour mettre un verbe à l'impératif à la forme négative, on place ne/n' avant le verbe et pas après.

---

644 Écoutez et dites si vous entendez l'impératif à la forme négative ou affirmative. 🔊 139

	Forme affirmative	Forme négative
Exemple :	☐	☒
a.	☐	☐
b.	☐	☐
c.	☐	☐
d.	☐	☐
e.	☐	☐
f.	☐	☐
g.	☐	☐
h.	☐	☐

Grammaire/Conjugaison

645 Mettez ces phrases à la forme négative.

Exemple : Soyez à l'heure ! → Ne soyez pas à l'heure !

a. Met ton pull ! → ....

b. Fais tes devoirs ! → ....

c. Parlez doucement ! → ....

d. Gardons une copie ! → ....

e. Envoyons le courriel ! → ....

f. Écrivez la lettre ! → ....

g. Répondez à la question ! → ....

h. Ayez vos papiers sur vous ! → ....

646 Mettez « ne » ou « n' » quand cela est nécessaire.

Exemple : Ne soyez pas fâchés !

a. .... fumez pas, c'est mauvais pour la santé !

b. Surtout .... buvez beaucoup d'eau !

c. .... faites pas des sports trop violents !

d. .... prenez vos médicaments !

e. .... allez pas à l'hôpital !

f. .... goûtez ce gâteau !

647 Complétez en conjuguant les verbes entre parenthèses à l'impératif négatif.

Exemple : Ne sois pas triste ! (être / tu)

a. .... tes clés ! (oublier / tu)

b. .... de méthode ! (changer / nous)

c. .... de temps ! (perdre / vous)

d. .... avant cinq heures ! (venir / tu)

e. .... pendant l'exposé ! (dormir / vous)

f. .... dans le bus ! (manger / tu)

g. .... ce secret ! (répéter / tu)

h. .... à la plage ! (aller / nous)

Bilan

1. Écoutez et dites si vous entendez l'impératif ou le présent. 140
   (1 point/réponse)

	Impératif	Présent
a.	☐	☐
b.	☐	☐
c.	☐	☐
d.	☐	☐
e.	☐	☐
f.	☐	☐
g.	☐	☐
h.	☐	☐

Total : .... /8

2. Conjuguez les verbes à l'impératif. (1 point/réponse)

a. Tourner à gauche. (vous) ....
b. Continuer tout droit. (tu) ....
c. Aller à la place du château. (nous) ....
d. Tourner à droite. (tu) ....
e. Prendre la première rue à gauche. (vous) ....
f. Chercher l'école Lamartine. (vous) ....
g. Marcher sur 500 mètres. (nous) ....
h. Traverser le boulevard. (tu) ....

Total : .... /8

3. Associez. (1 point/réponse)

a. J'ai mal à la tête.   1. Faites du sport !
b. Tu es toujours en retard.   2. Sois ponctuel !
c. Vous êtes toujours fatigués.   3. N'aie pas peur !
d. Tu pleures trop.   4. Prenez votre goûter !
e. Tout va bien se passer.   5. Prends un médicament !
f. Nous ne sommes pas en retard.   6. Ne sois pas triste !
g. Vous devez rester en forme.   7. Prenons notre temps !
h. Vous avez faim.   8. Dormez plus !

Total : .... /8

4. Conjuguez les verbes entre parenthèses à l'impératif. (1 point/réponse)

a. .... au supermarché ! (aller / tu)
b. .... la porte ! (ne pas fermer / vous)
c. .... patient ! (être / tu)
d. .... me contacter plus tard ! (vouloir / vous)
e. .... ce cahier ! (ne pas prendre / nous)
f. .... de bruit ! (ne pas faire / vous)

Total : .... /6

Mon score : .... /30

27 • Le futur proche
Grammaire/Conjugaison

> **• Emploi et formation du futur proche**
>
> **Je vais parler. Elle va venir vite. Vous allez danser.**
> - On utilise le futur proche pour des actions immédiates ou qui vont se passer dans un futur proche.
> - Le futur proche se forme avec le verbe aller* au présent + verbe à l'infinitif.
> * Pour la conjugaison du verbe aller au présent, voir page 203.

648 Reliez le sujet au reste de la phrase. Plusieurs réponses sont possibles.

a. Nous
b. Je
c. Tu
d. Il
e. On
f. Vous
g. Elles
h. Elle

1. vas changer d'école.
2. va regarder une série.
3. vont travailler à l'étranger.
4. va déménager.
5. allez acheter des vêtements.
6. vais faire le ménage.
7. va étudier ce livre.
8. allons prendre un café.

649 Écoutez et dites si vous entendez le futur proche ou le présent. Cochez la bonne case. 141

	Futur proche	Présent
Exemple	☒	☐
a.	☐	☐
b.	☐	☐
c.	☐	☐
d.	☐	☐
e.	☐	☐
f.	☐	☐
g.	☐	☐
h.	☐	☐

650 Mettez les mots dans l'ordre pour former des phrases.

Exemple : vais / bientôt. / Je / partir → Je vais partir bientôt.

a. vas / train. / Tu / en / arriver → ....
b. des / vont / prendre / Elles / décisions. → ....
c. la / quitter / Nous / ville. / allons → ....
d. au / Je / vais / responsable. / parler → ....
e. apprendre / allez / vos / Vous / leçons. → ....
f. va / vaisselle. / faire / On / la → ....
g. venir / ce / Elle / va / soir. → ....
h. vendre / vas / voiture. / Tu / ta → ....

Grammaire/Conjugaison

651 Conjuguez les verbes entre parenthèses au futur proche.

Exemple : Vite, le cinéma va fermer (fermer).

a. Je crois qu'il .... (pleuvoir).
b. Entre, le spectacle .... (commencer).
c. C'est le responsable. Il .... (expliquer) ce qu'il faut faire.
d. Il .... (inviter) Maria à son anniversaire.
e. Je .... (aller) chez le coiffeur.
f. Tu .... (faire) les courses demain.
g. Elle .... (comprendre).
h. Ils .... (choisir) leurs jouets.

> **• Le futur proche à la forme négative**
> **Tu ne vas pas prendre de dessert. Il ne va pas choisir le menu. Nous n'allons pas venir.**
> • À la forme négative, on met ne/n' avant le verbe aller et pas après.

652 Réécrivez les phrases à la forme négative.

Exemple : Je vais aller au supermarché. → Je ne vais pas aller au supermarché.

a. Il va pleuvoir. → ....
b. Tu vas appeler Jacques. → ....
c. Elles vont quitter la ville. → ....
d. Nous allons travailler dans cette entreprise. → ....
e. Elle va étudier la philosophie. → ....
f. Vous allez prendre du vin. → ....
g. Je vais revenir en train. → ....
h. Nous allons partir à la montagne. → ....

653 Mettez les mots dans l'ordre pour former des phrases.

Exemple : ne / pas / passer / Il / examen. / va / son → Il ne va pas passer son examen.

a. vais / pas / travailler. / Je / ne → ....
b. ne / voir / Mylène. / va / On / pas → ....
c. pas / son / Il / préparer / ne / voyage. / va → ....
d. allons / n' / étudier / la / Nous / à / pas / bibliothèque. → ....
e. photos. / faire / Vous / pas / de / allez / n' → ....
f. de / ne / prendre / vont / thé. / Elles / pas → ....
g. vas / Tu / ne / aux / répondre / pas / questions. → ....
h. à / venir / ne / vont / fête. / pas / la / Ils → ....

27 • Le futur proche

654 Complétez en disant le contraire.

Exemple : Moi, je vais étudier à la bibliothèque, mais toi, tu ne vas pas étudier à la bibliothèque.

a. Nous, nous allons déménager, mais vous, vous ....
b. Lui, il va partir, mais elle, elle ....
c. Elle, elle va visiter la ville, mais lui, il ....
d. Elles vont aller au cinéma, mais nous, nous ....
e. Vous allez jouer aux cartes, mais eux, ils ....
f. Moi, je vais sortir le chien, mais toi, tu ....
g. Eux, ils vont faire les courses, mais vous, vous ....
h. Toi, tu vas prendre le métro, mais moi, je ....

655 Conjuguez les verbes entre parenthèses au futur proche.

Exemple : On ne va pas travailler demain. (ne pas travailler)

a. Tu .... tes amis à ta famille ? (ne pas présenter)
b. Nous .... la fête ce week-end. (ne pas faire)
c. Vous .... au restaurant. (ne pas manger)
d. Il .... sa voiture. (ne pas prendre)
e. Elles .... le musée. (ne pas visiter)
f. On .... la soirée chez lui. (ne pas passer)
g. Ils .... en discothèque. (ne pas sortir)
h. Je .... longtemps. (ne pas rester)

Bilan

1. Entourez les verbes conjugués au futur proche. (1 point/réponse)

a. Demain, je ne travaille pas, je vais aller à la plage.

b. Elle a acheté une nouvelle robe, elle va la mettre pour le mariage de Lucille.

c. La chorale est prête, les enfants vont faire un concert d'une heure.

d. Le fim va commencer, il faut entrer !

e. Prends ton parapluie, il va pleuvoir.

f. Tu as mal au dos, va voir le médecin. Il va te soigner.

g. Si tu n'as pas fait les exercices, tu vas avoir une mauvaise note.

h. À la télé, ils disent qu'il va faire beau demain.

i. Je ne sais pas de quoi ils vont parler à la réunion.

Total : .... /9

2. Complétez la conjugaison du verbe « parler » au futur proche. (1 point/réponse)

Je ....

Tu ....

Il / Elle / On ....

Nous ....

Vous ....

Ils / Elles ....

Total : .... /6

3. Mettez les phrases au pluriel. (0,5 point/réponse)

a. L'enfant va chanter. → Les enfants ....

b. Je vais passer les vacances au Vietnam. → Nous ....

c. Elle va travailler ce matin. → Elles ....

d. Il va chanter au concert. → Ils ....

e. Tu vas jouer de la musique. → Vous ....

f. Je vais rentrer tard. → Nous ....

g. Tu vas prendre ton parapluie. → Vous ....

h. Il va faire du sport. → Ils ....

i. Je vais commencer à travailler. → Nous ....

j. Elle va choisir un plat. → Elles ....

Total : .... /5

4. Réécrivez les phrases au futur proche. (1 point/réponse)

a. Ce soir, je travaille. ....

b. Ce week-end, vous révisez votre examen. ....

c. Cet été, nous voyageons. ....

d. La semaine prochaine, nous passons notre examen. ....

e. Samedi soir, tu vas à l'anniversaire de Clara. ....

f. Dimanche, nous aidons Sam à déménager. ....

g. Vous ne jouez pas ensemble ? ....

h. Tu ne comprends pas ce qu'il dit. ....

i. Il ne prend pas le métro. ....

j. Elle ne sort pas ce soir. ....

Total : .... /10

Mon score : .... /30

28 • Le passé composé

Grammaire/Conjugaison

Le passé composé avec l'auxiliaire « avoir »

• Le passé composé des verbes du 1er groupe (-er)

J'ai parlé à une amie. Elle a mangé un fruit. Nous avons regardé une série. Ils ont travaillé dans cette entreprise.

- On utilise le passé composé pour raconter des actions au passé.
- Le passé composé se forme avec l'auxiliaire avoir ou être conjugué au présent suivi du participe passé.
- La majorité des verbes se conjuguent avec l'auxiliaire avoir.
- Pour former le participe passé des verbes en -er, on enlève la terminaison de l'infinitif puis on ajoute la terminaison -é.

656 Qu'est-ce que vous entendez : le passé composé ou un autre temps ? 142

	Passé composé	Autre temps
Exemple :	☒	☐
a.	☐	☐
b.	☐	☐
c.	☐	☐
d.	☐	☐
e.	☐	☐
f.	☐	☐
g.	☐	☐
h.	☐	☐

657 Complétez avec l'auxiliaire « avoir ».

Exemple : Ils ont chanté dans une église.

a. Ils .... trouvé la solution.
b. Elle .... chanté à l'opéra.
c. Nous .... déjeuné en ville.
d. Vous .... voyagé en Inde.
e. Tu .... étudié l'histoire.
f. J'............................ présenté mon père.
g. On .... regardé un film.
h. Ils .... payé le déjeuner.

28 • Le passé composé

658 Mettez les mots dans l'ordre pour former des phrases.

Exemple : joué / au / Tu / basket. / as → Tu as joué au basket.

a. chocolat. / trop / avez / de / Vous / mangé → ....
b. cette / concert / Nous / assisté / chanteuse. / au / avons / de → ....
c. Tu / fête ? / as / la / aimé → ....
d. a / Jean / addition. / payé / l' → ....
e. à / ont / l'étranger. / Elles / travaillé → ....
f. magasin / Le / a / 19 heures. / fermé / à → ....
g. J' / film ! / adoré / ai / ce → ....
h. réservé / Elle / une / a / table. → ....

659 Conjuguez les verbes entre parenthèses au passé composé.

Exemple : Il a écouté (écouter) de la musique.

a. Vous .... (habiter) à New York.
b. J'.. (trouver) mes clés.
c. Tu .... (envoyer) une lettre.
d. Vous .... (aider) Marie.
e. Nous .... (appeler) nos grands-parents.
f. Il .... (commencer) hier.
g. Nous .... (danser) toute la nuit.
h. Ils .... (acheter) le repas.

• Le participe passé des verbes « avoir », « être » et « faire »

Tu as eu un vélo. On a été étudiant. Nous avons fait un jeu.
• Le passé composé des verbes avoir, être et faire se forment avec l'auxiliaire avoir.
• Les participes passés des verbes avoir, être et faire sont irréguliers :
   avoir → eu   être → été   faire → fait

---

660 Reliez les éléments pour former des phrases. Plusieurs associations sont possibles.

a. J'   1. avons eu froid.
b. On   2. a eu 10 euros.
c. Nous   3. ont eu chaud.
d. Tu   4. a eu de la pluie.
e. Elles   5. a eu de la chance.
f. Vous   6. avez eu peur.
g. Elle   7. ai eu soif.
h. Il y   8. as eu une médaille.

Grammaire/Conjugaison

661 Complétez avec le sujet et le participe passé du verbe « être ». Plusieurs sujets sont parfois possibles.

Exemple : Il / Elle / On a été aimable.

a. .... as .... présent.
b. .... ai .... absente.
c. .... avons .... rapides.
d. .... ont .... patientes.
e. .... avez .... malades.
f. .... a .... invité.
g. .... a .... mariée.
h. .... ont .... formidables.

662 Mettez les mots dans l'ordre pour former des phrases.

Exemple : eu / au / Il / bras. / mal / a → Il a eu mal au bras.

a. avez / des / peur / Vous / insectes. / eu → ....
b. vingt / eu / Ils / ans. / ont → ....
c. a / diplôme. / Il / son / eu → ....
d. très / eu / Nous / chaud. / avons → ....
e. ont / difficultés. / eu / des / Ils → ....
f. eu / très / J' / faim. / ai → ....
g. beaucoup / eu / Vous / de / avez / chance. → ....
h. autorisation. / avons / l' / eu / Nous → ....

663 Mettez les phrases au pluriel. Faites les accords nécessaires.

Exemple : Il a été présentateur à la radio. → Ils ont été présentateurs à la radio.

a. Tu as été parfait ! → ....
b. Elle a été mariée. → ....
c. J'ai été médecin. → ....
d. Tu as été fâché. → ....
e. Il a été seul. → ....
f. Tu as été fatigué. → ....
g. J'ai été motivé. → ....
h. Il a été présent. → ....

28 • Le passé composé

664 Complétez avec les verbes au passé composé.

Exemple : Aujourd'hui je fais la cuisine, mais hier j'ai fait le ménage.

a. Aujourd'hui tu fais la vaisselle, mais hier tu .... les courses.
b. Aujourd'hui on fait du sport, mais hier on .... de la musique.
c. Aujourd'hui ils font de la couture, mais hier ils .... de la peinture.
d. Aujourd'hui nous faisons du volley, mais hier nous .... du basket.
e. Aujourd'hui elle fait un footing, mais hier elle .... une marche.
f. Aujourd'hui vous faites du vélo, mais hier vous .... de la trottinette.
g. Aujourd'hui je fais des projets, mais hier j'................................. une sieste.

• **Les participes passés en « -i »**

J'ai **fini** le livre. Il a **rempli** le document. Nous avons **dormi** dans le train. Vous avez **suivi** les invités.
- Pour former le participe passé des verbes du 2e groupe (-ir), on enlève la terminaison de l'infinitif puis on ajoute la terminaison -i.
- Les verbes comme dormir ou suivre font leur participe passé en -i.
- Les participes passés des verbes du 3e groupe (-ir, -oir, -re) sont irréguliers : il y a différentes formes.
✋ Tous les verbes en -ir n'ont pas un participe passé en -i.

---

665 Écoutez et dites à quel infinitif correspond le participe passé que vous avez entendu. Associez. 143

a.   1. choisir
b.   2. dormir
c.   3. finir
d.   4. réfléchir
e.   5. remplir
f.   6. réunir
g.   7. servir
h.   8. suivre

Grammaire/Conjugaison

666 Entourez les verbes qui ont un participe passé en « -i » et écrivez-le.

Exemple : chanter – parler – (finir)   fini

a. regarder – **choisir** – rester   choisi
b. suivre – avoir – être   suivi
c. manger – déjeuner – **remplir**   rempli
d. **partir** – voyager – tourner   parti
e. garder – jeter – **réfléchir**   réfléchi
f. dîner – traverser – **dormir**   dormi
g. lever – **sortir** – appeler   sorti
h. **servir** – épeler – fêter   servi

667 Mettez les mots dans l'ordre pour former des phrases.

Exemple : fini / Sandra / à / 18 heures / a → Sandra a fini à 18 heures.

a. as / le / choisi / vert. / pull / Tu → ....
b. Elle / son / rempli / inscription. / a → ....
c. un / de / sociologie. / Il / suivi / cours / a → ....
d. avons / verre. / Nous / un / servi → ....
e. à / hôtel. / dormi / Vous / l' / avez → ....
f. ont / hier / Ils / soir. / fini → ....
g. ai / bien / dormi. / J' → ....
h. la / servi / On / soupe. / a → ....

668 Conjuguez les verbes entre parenthèses au passé composé.

Exemple : Elle a dormi huit heures. (dormir)

a. Nous .... l'unité. (finir).
b. Elles .... un cours de français. (suivre)
c. Vous .... la maison aux volets bleus. (choisir)
d. Tu .... au problème. (réfléchir)
e. Il .... les clients. (servir)
f. On .... les enfants. (réunir)
g. Ils .... le formulaire. (remplir)

28 • Le passé composé

> **• Les participes passés en « -is » et « -it »**
>
> **J'ai pris le train. Il a mis la table. Nous avons appris la leçon. Vous avez compris. Ils ont écrit un livre.**
> • Le participe passé du verbe prendre (apprendre, comprendre) termine en -is.
> • Le participe passé du verbe mettre termine en -is.
> • Le participe passé du verbe écrire termine en -it.
> On ne prononce pas le s et le t.

669 Complétez avec le participe passé des verbes entre parenthèses.

Exemple : Elle a pris le bus. (prendre)

a. Tu as ………………………… l'exercice ? (comprendre)
b. J'ai ………………………… de l'eau. (prendre)
c. Nous avons ………………………… la lettre. (comprendre)
d. Elles ont ………………………… le chinois. (apprendre)
e. Vous avez ………………………… le sac. (prendre)
f. Il a ………………………… la bonne nouvelle. (apprendre)

670 Mettez les phrases au pluriel.

Exemple : Il a pris la télé. → Ils ont pris la télé.

a. Tu as appris la nouvelle ? → ………………………………
b. Elle a pris à droite. → ………………………………
c. J'ai compris l'idée. → ………………………………
d. Tu as mis une veste. → ………………………………
e. Il a écrit un article. → ………………………………
f. Tu as pris un repas. → ………………………………
g. J'ai écrit en anglais. → ………………………………
h. Il a mis 10 euros. → ………………………………

671 Reliez le radical à la terminaison pour former le participe passé.

a. Les radicaux

APPR	DORM	M
FIN	ÉCR	COMPR
REMPL	CHOIS	PR

b. Les terminaisons

(I – IS – IT)

Exemple : APPRIS

Grammaire/Conjugaison

672 Conjuguez les verbes entre parenthèses au passé composé.

Aujourd'hui, Sam a eu (avoir) une journée différente. Il ....
.... (travailler) toute la matinée, mais il .... (finir) tôt. Le midi, il
.... (manger) au restaurant avec ses enfants,
ils .... (prendre) le menu du jour. L'après-midi, il
.... (faire) du vélo et il .... (choisir)
de s'arrêter dans un petit village. Il .... (visiter) l'église et
il .... (trouver) un petit hôtel où il ....
(dormir).

• Les participes passés en « -u »

J'ai **attendu** le bus. Il a **connu** son père. Nous avons **su** dire « non ».
Vous avez **pu** le faire. Ils ont **voulu** aller au Portugal. Ils ont **dû** travailler.
Tu as **vécu** à Montréal. On a **bu** de l'eau. Vous avez **lu** un livre.

• Certains verbes du 3e groupe font leur participe passé en -u :
  attendre → attendu   connaître → connu   savoir → su
  pouvoir → pu   vouloir → voulu   devoir → dû
  vivre → vécu   boire → bu   lire → lu

673 Écoutez et dites à quel infinitif correspond le participe passé que vous avez entendu. Associez. 144

a.   1. attendre
b.   2. descendre
c.   3. entendre
d.   4. rendre
e.   5. répondre
f.   6. vendre

674 Complétez avec les participes passés de « connaître » ou « savoir ».

Exemple : Tu as connu la prof d'histoire ?

a. Il a .... cette ville.
b. Nous avons .... sa mère.
c. Tu as .... répondre.
d. Vous avez .... cuisiner des crêpes.
e. J'ai .... ta maison.
f. Ils ont .... trouver le chemin.
g. Elles ont .... leur arrière-grand-mère.
h. Vous avez .... faire les exercices ?

28 • Le passé composé

675 Complétez la conjugaison de ces verbes.

	pouvoir	vouloir	devoir
J'	ai	....	ai dû
Tu	as pu	as	.... dû
Il / Elle / On	....	a	.... dû
Nous	avons pu	avons	....
Vous	....	avez	.... dû
Ils / Elles	....	ont	....

676 Dans quelle phrase apparaît chaque verbe au passé composé ? Associez.

a. vouloir   1. Tu as su la nouvelle ?
b. connaître   2. Nous avons vécu dans une maison.
c. devoir   3. Il a lu le document.
d. lire   4. Elle a voulu faire du basket.
e. pouvoir   5. On a connu son village.
f. savoir   6. J'ai pu arriver à l'heure.
g. vivre   7. Elles ont bu un café.
h. boire   8. Vous avez dû prendre le bus.

677 Mettez les mots dans l'ordre pour former des phrases.

Exemple : bus. / a / attendu / Il / le → Il a attendu le bus.

a. partir. / Elle / voulu / a → ....
b. bu / Vous / vin ? / avez / du → ....
c. le / ont / livre. / lu / Ils → ....
d. ami. / connu / son / On / a → ....
e. répondu / as / téléphone. / Tu / au → ....
f. a / son / Il / vélo. / vendu → ....
g. Nous / deux / attendu / heures. / avons / pendant → ....
h. le / pu / J' / prendre / train. / ai → ....

678 Conjuguez les verbes entre parenthèses au passé composé.

Exemple : Tu as eu soif. (avoir)

a. Elle .... en ville. (vivre)
b. Vous .... sa famille. (connaître)
c. Tu .... un bon livre. (lire)
d. Nous .... donner la bonne réponse. (savoir)
e. Ils .... son arrivée. (attendre)
f. Vous .... aller au parc. (vouloir)
g. J' .... mon nom. (entendre)
h. On .... voyager. (pouvoir)

Grammaire/Conjugaison

> • **Les participes passés en « -ert »**
>
> **J'ai ouvert** la porte. Elle **a offert** un livre. Ils **ont découvert** l'Amérique.
>
> • Les verbes comme ouvrir font leur participe passé en -ert.

679 Entourez les verbes qui font leurs participes passés en « -ert ».

vivre – finir – offrir – connaître – dormir – connaître – prendre – ouvrir – attendre – vouloir – lire – écrire – devoir – découvrir – mettre – boire – savoir

680 Complétez avec le sujet et les terminaisons du participe passé. Plusieurs sujets sont possibles.

Exemple : **Nous** avons découv**ert** un resto sympa.

a. .... ont découv............ une cabane dans la forêt.
b. .... ai découv............ un super site pour apprendre le français.
c. .... as ouv............ la porte.
d. .... avez ouv............ un compte à la banque.
e. .... a ouv............ la fenêtre.
f. .... avons off............ des fleurs à nos amis.
g. .... as off............ un jouet.
h. .... ont off............ un jeu vidéo.

681 Écrivez le participe passé de chaque verbe.

Exemple : écouter → écouté

a. vivre → ....
b. prendre → ....
c. finir → ....
d. vouloir → ....
e. être → ....
f. ouvrir → ....
g. connaître → ....
h. mettre → ....
i. chanter → ....
j. savoir → ....
k. avoir → ....

682 Conjuguez les verbes entre parenthèses au passé composé.

a. L'année dernière, ils **ont déménagé** (déménager). Ils .... (trouver) une jolie maison en bord de mer et ils .... (chercher) un nouveau travail. Ils .... (découvrir) la ville et ils .... (rencontrer) de nouveaux amis.

b. Vous .... (prendre) des vacances au Mexique et à votre retour, vous .... (vouloir) changer de vie. Vous .... (ouvrir) un restaurant mexicain et il .... (avoir) beaucoup de succès.

28 • Le passé composé

> **• Le passé composé avec « être »**
>
> Je suis allé(e) au supermarché. Elle est arrivée à la gare. Vous êtes sorti(e)(s) en discothèque. Ils sont partis hier soir. Elles sont venues avec nous.
> - Les verbes qui forment le passé composé avec être sont :
>   - tous les verbes pronominaux ;
>   - les verbes de mouvement, d'état ou de changement d'état : naître, aller, monter, arriver, (re)venir, (r)entrer, passer, rester, partir, sortir, descendre, tomber, mourir, décéder.
> - Avec l'auxiliaire être, le participe passé s'accorde avec le sujet : *il est allé ; elle est allée.*

683 Entourez les verbes qui se conjugue avec l'auxiliaire « être » au passé composé.

Exemple : prendre – retrouver – (aller)

a. connaître – naître – savoir
b. lire – arriver – écrire
c. partir – voyager – découvrir
d. appeler – sortir – déménager
e. pouvoir – vouloir – tomber
f. venir – être – avoir
g. attendre – rester – dormir
h. vivre – apprendre – entrer

684 Complétez avec l'auxiliaire « être ».

Exemple : Il *est* né un 12 avril.

a. Elle .... allée à l'université.
b. Ils .... montés à Paris.
c. Nous .... venus avec vous.
d. Hier soir, je .... sorti.
e. Tu .... tombée en patins à roulette.
f. Vous .... partis en vacances.
g. On .... resté chez moi.
h. Il .... arrivé à 15 heures.

685 Entourez la bonne réponse.

Exemple : Elles sont *arrivée / arrivé /* (*arrivées*) hier

a. Il est *rentré / rentrée / rentrées* tôt.
b. Sabrina est *allé / allée / allés* chez le dentiste.
c. Pierre et Éric sont *passé / passée / passés* me voir.
d. Alice est *resté / restée / restés* au lit.
e. Les enfants sont *parti / partie / partis* hier matin.
f. Les élèves sont *tombé / tombée / tombés* malades.
g. Elles sont *arrivé / arrivée / arrivées* en retard.
h. Il est *revenu / revenue / revenus* la semaine dernière.

Grammaire/Conjugaison

686 Complétez les participes passés.

Exemple : Elle est partie.

a. Il est décéd............ hier.
b. Nous sommes arriv............ en retard.
c. Elles sont ven............ me voir.
d. Vous êtes descend............ à quelle station ?
e. Ils sont sort............ tous les soirs.
f. Elle est pass............ chez moi.
g. Il est rest............ chez lui.
h. Ils sont tomb............ amoureux.

687 Mettez les phrases au passé composé.

Exemple : Je vais chez le coiffeur. → Je suis allé(e) chez le coiffeur.

a. Vous arrivez en train. → ....
b. Elle retourne à Paris. → ....
c. Tu rentres tôt. → ....
d. Nous partons à New York. → ....
e. Ils montent au 5ᵉ étage. → ....
f. Elles restent chez elles. → ....
g. Ils sortent en discothèque. → ....
h. Vous allez au match. → ....

688 Complétez avec l'auxiliaire « être » ou « avoir ».

Exemple : Il a été président du club.

a. Elle .... allée au Brésil.
b. Nous .... partis à 18 heures.
c. Il .... eu son examen.
d. Il .... parti en voyage.
e. Vous .... fait du sport.
f. Tu .... pris le bus.
g. Tu .... sorti tard.
h. Elle .... écrit son nom.

28 • Le passé composé

> **• Le passé composé à la forme négative**
>
> **Tu n'as pas pris l'avion. Il n'est pas allé au cinéma. Nous n'avons pas dansé. Elles ne sont pas arrivées à l'heure.**
>
> • À la forme négative, on met ne/n' avant l'auxiliaire et pas entre l'auxiliaire et le participe passé.

689 Complétez les phrases avec « ne / n' », « pas » et le participe passé du verbe indiqué entre parenthèses.

Exemple : Je n'ai pas trouvé le parc. (trouver)

a. Tu .... as .... l'avion. (prendre)
b. Ils .... ont .... la télé. (regarder)
c. On .... a .... la radio. (écouter)
d. Vous .... avez .... la vaisselle. (faire)
e. Je .... ai .... inquiète. (être)
f. Nous .... avons .... peur. (avoir)
g. Elle .... a .... ses devoirs. (finir)
h. Tu .... as .... ta leçon. (travailler)

690 Mettez les mots dans l'ordre pour former des phrases.

Exemple : de / pas / Tu / n' / mangé / pommes. /as → Tu n'as pas mangé de pommes.

a. fait / pas / Il / vélo. / n' / de / a → ....
b. train. / pris / Vous / avez / pas / n' / le → ....
c. écrit / pas / Marie. / Je / ai / à / n' → ....
d. de / trouvé / Ils / restaurant. / n' / pas / ont → ....
e. entendu / sonnerie. / On / la / a / pas / n' → ....
f. avons / la / fait / Nous / cuisine. / n' / pas → ....
g. toi. / pensé / n' / Il / pas / à / a → ....
h. payé / n' / carte. / pas / par / Elle / a → ....

691 Mettez les phrases à la forme négative.

Exemple : Je suis allé au cinéma. → Je ne suis pas allé au cinéma.

a. Vous êtes arrivé à temps. → ....
b. Ils sont sortis à 8 heures. → ....
c. Tu es montée par l'escalier. → ....
d. Nous sommes partis hier. → ....
e. Elle est venue chez moi. → ....
f. Je suis tombé malade. → ....
g. Tu es né au printemps. → ....
h. Il est décédé. → ....

Grammaire/Conjugaison

692 Conjuguez les verbes entre parenthèses au passé composé. Attention au choix de l'auxiliaire !

Exemple : Je ne suis pas resté(e) chez lui. (ne pas rester)

a. Elle .... au cirque. (ne pas aller)

b. Il .... chez lui. (ne pas retourner)

c. Nous .... la ville. (ne pas visiter)

d. Vous .... de vacances. (ne pas prendre)

e. Ils .... au loto. (ne pas jouer)

f. Je .... y aller. (ne pas pouvoir)

g. Elles .... hier soir. (ne pas sortir)

h. Tu .... en Inde. (ne pas voyager)

Bilan

1. Complétez en conjuguant les verbes suivants au passé composé. (0,5 point/réponse)

préférer – aimer – déjeuner – visiter – regarder – manger – jouer – partager

Aujourd'hui, nous .... au restaurant, Max .... un hamburger végétarien mais moi, j'... prendre un hamburger avec de la viande. Après, on .... une glace et on .... la ville. Le soir, nous .... un film et après nous .... aux cartes. J'... cette journée !

Total : .... /4

2. Conjuguez les verbes entre parenthèses au passé composé. (0,5 point/réponse)

a. Dans la famille, tous .... (être) artistes : Fernando .... (être) peintre, et Jeanne et Chloé .... (être) actrices.

b. Après le match, il y .... (avoir) des blessés. Cristiano .... (avoir) mal au bras, et Lionel et Xavi .... (avoir) mal à la jambe.

c. Toute la famille .... (faire) du sport ce week-end : nous .... (jouer) au basket, vous .... (faire) une randonnée et ils .... (faire) un match de tennis.

Total : .... /5

3. Écoutez et dites à quel infinitif correspond le participe passé que vous avez entendu. Associez. (0,5 point/réponse) 145

a.   1. avoir
b.   2. boire
c.   3. écrire
d.   4. être
e.   5. faire
f.   6. finir
g.   7. manger
h.   8. lire
i.   9. pouvoir
j.   10. vivre

Total : .... /5

4. Entourez la forme correcte de l'auxiliaire. (0,5 point/réponse)

a. Elle *a / est* eu un accident.
b. Tu *as / es* appelé ta sœur.
c. Ils *ont / sont* allés à l'hôpital.
d. Elles *ont / sont* pris la voiture.
e. Qu'est-ce que vous *avez / êtes* fait ?
f. Nous *avons / sommes* arrivés rapidement.
g. Tu *as / es* tombé au ski.
h. On *a / est* écrit à nos amis.

Total : .... /4

5. Mettez les phrases au passé composé. (1 point/réponse)

a. Elle met sa veste. ....
b. Tu pars en voyage. ....
c. Je reste en France. ....
d. Vous rentrez dimanche. ....
e. Elles retournent à Nice. ....
f. Je visite la ville. ....
g. Nous jouons au tennis. ....
h. Je fais les courses. ....

Total : .... /8

6. Mettez les phrases de l'exercice précédent à la forme négative. (0,5 point/réponse)

a. ....
b. ....
c. ....
d. ....
e. ....
f. ....
g. ....
h. ....

Total : .... /4

Mon score : .... /30

N° éditeur : 10305942
Achevé d'imprimer en Novembre 2024 par Vincenzo Bona S.p.A. à Turin en Italie